次世代育成支援行動計画の総合的評価

住民参加を重視した新しい評価手法の試み

小野セレスタ摩耶
Ono Shrestha Maya

関西学院大学出版会

刊行によせて

関西学院大学人間福祉研究科教授　芝野松次郎

　子育て支援が、超高齢社会における単なる少子化対策ではないということを社会が認識することによって、社会全体で子育てを応援する政策が明確となった。そして、その政策を実行する仕組みが動き始めている。

　自治体においては、両親がともに働く家庭への保育対策といった少子化対策の色合いが強かったエンゼルプランから、すべての子育て家庭や父親の育児参加、企業の積極的な取り組みを重視する新エンゼルプラン、次世代育成支援へと仕組みが変化してきた。社会が子育てを支援することをより明確にした次世代育成支援後期計画や、子ども・子育てビジョンとそれを実現する仕組みである子ども・子育て新システムへと変化しようとしている。

　こうした政策は、大きな出来事（ハイプロファイルな事件）によりマスコミや世論の力が政治を動かし生み出される場合と、そうした社会的出来事を受け止め、実態を調査・分析し、目標を定めて計画的に立案される場合とがあるとされる。子育て支援に関わる政策は、社会の超高齢化の一要因であり経済や社会保障に大きな影響を及ぼす少子化問題、あるいは世代を超えて次世代の育成に大きな悪影響を及ぼす児童虐待の深刻化といった問題に対するマスコミや世論の動きによって、高齢者や障害者の政策と同等の国家的政策となったという側面があり、前者の例とも考えられる。しかし、その後の子育て支援の政策が、単なる少子化対策ではなく、子どもの育ちとそれを支える親の育ちを社会が支える仕組みとして検討されるようになったのは、エンゼルプランや新エンゼルプラン、そして次世代育成支援の前期行動計画の調査・検証や、子どもの育ちを支援する親のニーズと地域や自治体そして企業の取り組みについての調査・検証がなされた結果であるといえ、後者の例とも考えられる。

　しかし、こうした調査・検証が具体的にどのように行われたのか、すなわち、何を目的として、どのような手法で実施され、どのように分析、検証されたかは、十分に明確化されておらず、その妥当性については容易に判断で

きない。したがって、そうした調査・検証結果が次世代育成支援の後期計画にどのように反映され、それが果たして妥当であるのかを示すことができていないのである。

こうした現状を踏まえると、本書は、次世代育成支援という政策の計画的な評価とその結果の活用について、具体的な方向性を示す、極めて有用かつ希有な研究の書でもあると思う。

本書は、小野セレスタ摩耶氏の博士論文を一部加筆したものである。一自治体を事例として国の政策に基づく自治体の政策を受け設けられた施策として次世代育成支援行動計画前期計画を策定の段階から計画の実施後までを克明にリアルタイムで辿り、2年間に及ぶ策定プロセスを詳細に取材し、実施後の評価を多角的に試み、分析した成果である。

氏は本書において、ジャーナリスティックな視点を持ちつつ事例を用いて研究を行うことによって、新たな施策の分析方法と新たな施策の策定に結びつける方法を示そうとし、見事にその目的を達成している。読者は、氏が提案する手法がこれまでにない氏独自の分析方法であることを理解し、施策の評価・検証の新たな方法の提示として読み解き、こうした施策の評価・検証がいかに政策の改善と新たな政策の創出に必要であるかを考えていただきたい。

また、次世代育成支援行動計画そのものについても、一自治体の事例ではあるが、その本来の意図、自治体の解釈、自治体の策定方針、評価のあり方、利用者による評価など、さまざまな角度から、多くを学ぶことができる。国の思い、自治体の思い、そして住民の思いの複雑で微妙な関係を汲み取っていただきたい。氏は、利用者の評価をいかに施策評価に組み込むかについて、ICTを用いた方法を提案しているが、これも読者にとって貴重な情報となると信じている。

本書は、博士論文であり、やや難解ではあるが、次世代育成支援行動計画をよりよく理解したいと考えている一般の読者、福祉を専攻する学生、また、次世代育成支援に関わる行政の方達、そして研究者といった幅広い層の方達に読んでいただきたい書であると思う。

目　次

序　章 ………………………………………………………………………… 1
　第1節　研究の背景 ………………………………………………………… 1
　第2節　研究の目的 ………………………………………………………… 7
　第3節　研究の特徴 ………………………………………………………… 7
　第4節　本研究の構成 ……………………………………………………… 9

第1章　次世代育成支援対策に関するレビュー ………………………… 11
　第1節　少子化対策と次世代育成支援対策推進法 …………………… 11
　　第1項　少子化の進行と原因 ………………………………………… 11
　　第2項　次世代育成支援対策推進法までの少子化対策 …………… 12
　　第3項　次世代育成支援対策推進法の策定 ………………………… 15
　　第4項　児童福祉法の一部改正（2003年）………………………… 16
　　第5項　少子化社会対策基本法（2003年）………………………… 17
　　第6項　ハード交付金／ソフト交付金 ……………………………… 17
　第2節　行動計画策定指針と地域行動計画 …………………………… 19
　　第1項　行動計画策定指針 …………………………………………… 19
　　　1　次世代育成支援に関する基本的な事項 ……………………… 19
　　　2　市町村行動計画および都道府県行動計画の策定に関する
　　　　　基本的な事項 ……………………………………………………… 19
　　　3　計画策定に当たって必要な手続き …………………………… 20
　　　4　市町村行動計画策定および実施の時期等 …………………… 20
　　　5　市町村行動計画の実施状況の点検および推進体制 ………… 21
　　　6　他の計画との関係 ……………………………………………… 21
　　　7　市町村行動計画の内容に関する事項 ………………………… 21
　　第2項　行動計画策定の手引き ……………………………………… 22
　　第3項　地域行動計画策定先行市町村 ……………………………… 22

第2章　先行研究 …… 23
　第1節　計画策定に関する先行研究 …… 23
　　第1項　次世代育成支援行動計画の位置づけ …… 23
　　第2項　日本における地方行政計画 …… 24
　　第3項　日本における計画策定の手法 …… 25
　　第4項　住民参加の重要性 …… 27
　第2節　計画の評価に関する先行研究 …… 29
　　第1項　社会福祉分野における評価の実情 …… 29
　　第2項　行政評価の実情 …… 32
　　　1　行政評価の起源と実情 …… 32
　　　2　行政評価の問題点 …… 34
　　第3項　プロセス評価 …… 38
　　　1　プログラム評価 …… 39
　　　2　プロセス評価 …… 40
　　　（1）プロセス評価とは …… 40
　　　（2）プロセス評価の方法 …… 41
　　　（3）プロセス評価のプロトコル …… 43

第3章　研究の方法 …… 45
　第1節　研究の対象 …… 45
　　第1項　特徴 …… 45
　　　1　位置・歴史的背景等 …… 45
　　　2　人口推移 …… 46
　　　3　合計特殊出生率の推移 …… 46
　　　4　婚姻・出生・離婚および男女別非婚率の推移 …… 47
　　　5　世帯構成 …… 47
　　　6　就学前児童の居場所（家庭、保育所、幼稚園） …… 47
　　　7　乳幼児健康診査の状況 …… 48
　　第2項　子育て支援への取組み状況 …… 48
　　第3項　計画策定体制等 …… 48

	1 組織図 ··· 48
	2 計画策定プロセス ··· 49
	3 他の計画との関係・整合性 ··· 50
第4項	計画推進および評価体制 ·· 51
第2節	研究プロセス ·· 51
第3節	研究方法 ··· 53
第1項	A市事例の研究 ·· 53
第2項	プロセス評価 ··· 57
第4節	研究の手続き ·· 58
第5節	用語の定義 ·· 59
第1項	住民参加 ··· 59
第2項	計画策定プロセスの分析とプロセス評価 ································· 59

第4章　計画策定プロセスの分析1　計画策定1年目（2003年度）········ 60
第1節　A市の計画策定プロセス（1年目）····································· 60
　第1項　住民に対しての動き ··· 63
　　1　「次世代育成支援に関するアンケート調査～A市次世
　　　　代育成支援行動計画策定のためのアンケート調査～」············· 63
　　2　ヒアリング ··· 65
　　3　次世代育成支援に向けての懇談会 ···································· 65
　第2項　庁内での動き ·· 66
　　1　事務局、拡大事務局、庁内策定研究会および部長会 ············· 66
　　2　子育てサービス提供者へのヒアリング ······························ 67
　第3項　福祉対策審議会、次世代育成支援部会および
　　　　　次世代育成支援小委員会 ··· 67
　第4項　事業者に対しての動き ··· 68
　　1　次世代育成支援企業アンケート ······································· 69
　　2　事業者ヒアリング ··· 69
第2節　指針の計画策定手順とA市計画策定手順の比較 ····················· 69
　第1項　指針による計画策定手順 ·· 69

1　指針による計画策定スケジュール例 …………………… 69
　　　2　指針に示される計画策定手続き …………………………… 70
　　第2項　指針で示される手続きとA市の手続きの比較 …………… 71
　　　1　計画策定スケジュールの比較 …………………………… 71
　　　2　計画策定手順の比較 ……………………………………… 71
　第3節　指針記載住民アンケートと「A市次世代育成支援
　　　　　に関するアンケート」の対象者および質問項目比較 …… 72
　第4節　素案と指針／国施策／県計画の比較 …………………………… 80
　第5節　「A市次世代育成支援に関するアンケート」および
　　　　　利用者ヒアリング結果と素案との関係 …………………… 83
　第6節　結果 …………………………………………………………… 86

第5章　計画策定プロセスの分析2　計画策定2年目（2004年度）…… 88
　第1節　A市の計画策定プロセス2年目（2004年）……………………… 88
　　第1項　住民に対しての動き ………………………………………… 91
　　　1　「子どもシンポジウム」 ………………………………… 91
　　　2　「次世代育成支援シンポジウム」 ……………………… 91
　　第2項　庁内での動き ……………………………………………… 92
　　第3項　福祉対策審議会、次世代育成支援部会および
　　　　　　次世代育成支援小委員会 …………………………………… 92
　第2節　タウンミーティング概要と内容 ………………………………… 93
　　第1項　タウンミーティング実行委員会 ………………………… 94
　　第2項　タウンミーティング …………………………………… 96
　第3節　タウンミーティングの意見も含めた素案と
　　　　　本案の構成等の比較 …………………………………………… 97
　　第1項　素案と本案の基本目標および構成等の比較 ……………… 98
　　　1　基本目標 ………………………………………………… 98
　　　2　事業の構成 ……………………………………………… 98
　　第2項　タウンミーティングの意見を含めた素案事業と
　　　　　　本案事業の比較 …………………………………………… 100

1　事業数の変化、事業の入れ替え ……………………………… 100
　　　2　事業内容に変更のあった事業および本案で新しく
　　　　　組み込まれた事業 ……………………………………………… 100
　第4節　本案53事業の指針・国施策・県計画との比較 ……………… 102
　第5節　結果 ………………………………………………………………… 110

第6章　プロセス評価　実施1年目の評価（2005年度） ……… 113
　第1節　プロセス評価の目的と方法 ……………………………………… 114
　第2節　庁内評価 …………………………………………………………… 115
　　第1項　庁内評価ツールの作成 ………………………………………… 115
　　第2項　庁内評価の方法 ………………………………………………… 116
　　第3項　庁内評価の結果 ………………………………………………… 117
　　　1　全体の傾向 ………………………………………………………… 117
　　　2　各セクションの平均点と傾向および取組み状況 ……………… 124
　　　3　全体平均 …………………………………………………………… 125
　　第4項　庁内評価の課題 ………………………………………………… 125
　第3節　利用者評価 ………………………………………………………… 127
　　第1項　利用者評価ツールの作成 ……………………………………… 127
　　第2項　利用者評価の方法 ……………………………………………… 128
　　第3項　利用者評価の結果 ……………………………………………… 129
　　　1　回収数 ……………………………………………………………… 129
　　　2　回答者の属性 ……………………………………………………… 130
　　　3　各事業の傾向 ……………………………………………………… 133
　　　4　分類ごとの平均点 ………………………………………………… 134
　　　5　評価項目の全体傾向 ……………………………………………… 134
　　　6　各事業の全体平均 ………………………………………………… 135
　　第4項　利用者評価の課題 ……………………………………………… 135
　第4節　庁内評価と利用者評価の結果比較 ……………………………… 141
　　第1項　比較項目 ………………………………………………………… 141
　　第2項　比較結果 ………………………………………………………… 141

　　　　1　「庁内評価結果」が「利用者評価結果」よりも
　　　　　　1ポイント以上評価の高い項目 …………………………………… 141
　　　　2　「利用者評価結果」が「庁内評価結果」よりも
　　　　　　1ポイント以上評価の高い項目 …………………………………… 144
　　第3項　庁内評価と利用者評価の結果比較の課題 ……………………… 146
　第5節　地域協議会での報告 ……………………………………………… 148

第7章　考察と提言 …………………………………………………………… 150
　第1節　考察 ………………………………………………………………… 150
　　第1項　計画策定2年間の分析 …………………………………………… 150
　　　1　住民ニーズ反映の難しさの背景 …………………………………… 150
　　　　（1）行政における住民参加の定義の問題 ………………………… 151
　　　　（2）量的推計による実施事業の少なさと
　　　　　　質的調査結果反映の難しさ ……………………………………… 152
　　　　（3）住民参加による計画策定の経験不足 ………………………… 153
　　　　（4）財政基盤の問題と住民参加の影響力の問題 ………………… 154
　　　　（5）行政組織の問題 ………………………………………………… 155
　　　　（6）国への報告内容の問題 ………………………………………… 156
　　　2　次世代育成支援の独自性の不足 …………………………………… 156
　　　3　子どもの視点の不足 ………………………………………………… 157
　　　4　「計画策定指針」以降の制度改正との関係 ……………………… 158
　　第2項　実施1年目のプロセス評価 ……………………………………… 158
　　　1　「利用者の視点」、「サービスの質の視点」の重視 …………… 158
　　　2　行政と利用者の評価の差 …………………………………………… 159
　　　3　データ蓄積の必要性 ………………………………………………… 160
　　　4　総合的評価システムの確立 ………………………………………… 161
　　　5　わかりやすい結果の提示 …………………………………………… 162
　　　6　計画策定プロセスとの関係 ………………………………………… 162
　　　7　アウトカム評価に向けての評価ツールの改善 …………………… 162
　　第3項　研究手法について ………………………………………………… 163

1　本研究の手法 …………………………………………… 163
　　2　本研究手法の重要性 …………………………………… 164
　第2節　今後の進捗に向けての提言 ………………………… 165
　　第1項　評価システム構築とデータベースの必要性 ……… 165
　　第2項　次世代育成支援の周知と情報公開の必要性 ……… 166
　　第3項　「住民参加」の積極的推進 ………………………… 167
　第3節　本研究の限界と課題 ………………………………… 167
　　第1項　本研究の限界 ………………………………………… 168
　　第2項　本研究の課題 ………………………………………… 169

第8章　現在の取組み ……………………………………… 171
　第1節　IT活用による次世代育成支援行動計画推進評価の開発的研究
　　　　　………………………………………………………… 171
　　第1項　研究の概要 …………………………………………… 172
　　　1　研究スケジュールとM-D＆Dプロセス ………………… 172
　　　2　2006（平成18）年度の研究の概要 …………………… 173
　　　3　2007（平成19）年度の研究の概要 …………………… 174
　　第2項　庁内評価ツールおよび利用者評価ツールの開発 … 174
　　　1　2007（平成19）年度評価実施事業の抽出 …………… 174
　　　2　庁内評価ツールの開発 ………………………………… 175
　　　3　利用者評価ツールの開発 ……………………………… 175
　　　4　叩き台の作成 …………………………………………… 175
　　　5　叩き台の試行 …………………………………………… 176
　　　6　叩き台の改良 …………………………………………… 176
　　第3項　次世代育成支援行動計画の
　　　　　　総合的評価データベース・システムの概要 ……… 177
　　　1　総合的評価データベース・システムの概要 ………… 177
　　　（1）庁内評価の実施方法 …………………………………… 177
　　　（2）利用者評価の実施方法 ………………………………… 177
　　　（3）データベースの出力イメージ ………………………… 178

2　総合的評価データベース・システムの
　　　　活用（入力および出力）と評価（利点と問題点） ………………… 178
　　（1）総合的評価データベース入力画面 ………………………………… 178
　　（2）総合的評価データベース出力画面 ………………………………… 182
　　（3）利点と問題点 ……………………………………………………… 190
第2節　現在の研究 ……………………………………………………………… 192
　第1項　研究の概要 …………………………………………………………… 192
　第2項　利用者評価ツール開発のための利用者への質的調査 ……… 193
　　1　質的調査実施の目的 …………………………………………………… 193
　　2　事業の抽出方法 ………………………………………………………… 193
　　3　調査方法 ………………………………………………………………… 194
　　（1）FGI協力者のリクルート ……………………………………………… 194
　　（2）FGIの実施 ……………………………………………………………… 194
　　4　調査対象と実施場所、時間と調査期間 ……………………………… 195
　　5　分析方法 ………………………………………………………………… 195
　　6　結果・考察 ……………………………………………………………… 197
　　（1）対象者の属性 ………………………………………………………… 197
　　（2）試案改良に関する結果 ……………………………………………… 198
　　（3）考察 …………………………………………………………………… 198
　第3項　今後の研究 …………………………………………………………… 199

引用文献 …………………………………………………………………………… 200

参考文献 …………………………………………………………………………… 207

資　料　編 ………………………………………………………………………… 210

あとがき …………………………………………………………………………… 364

索　　　引 ………………………………………………………………………… 368

〈図表目次〉

表0-1	本研究の構成	10
表1-1	少子化対策の流れ	13
表2-1	小野（2002）による地方自治体の行政評価導入上の問題点	35
表2-2	プログラム評価の手続き	39
表2-3	プロセス評価のプロトコル	43
表3-1	合計特殊出生率の比較	47
表3-2	トライアンギュレーション	55
表3-3	A市での研究で使用した証拠源	56
表3-4	研究の手続き	58
表4-1	2003（平成15）年度計画策定スケジュール（A市資料をもとに作成）	61
表4-2	「A市次世代育成支援に関するアンケート」調査対象者等	64
表4-3	「A市次世代育成支援に関するアンケート」配布数・回収数・有効回答率	64
表4-4	ヒアリング（A市素案より作成）	65
表4-5	次世代育成支援に向けての懇談会（A市素案より作成）	66
表4-6	子育てサービス提供者へのヒアリング（A市素案および本案を改変）	67
表4-7	2003（平成15）年度　福祉対策審議会（全体会）	68
表4-8	2003（平成15）年度　次世代育成支援部会	68
表4-9	2003（平成15）年度　次世代育成支援小委員会	68
表4-10	事業者ヒアリング	69
表4-11	指針による計画策定スケジュール例（厚生労働省雇用均等・児童家庭局（2003、P.40）より、筆者作成）	70
表4-12	策定手順の比較（厚生労働省雇用均等・児童家庭局、2003およびA市、2003より作成）	72
表4-13	「モデル質問紙」と「A市次世代育成支援に関するアンケート」対象者比較	73
表4-14	就学前児童保護者用「モデル質問紙」と	

	「A市次世代育成支援に関するアンケート」項目比較 ………	73
表4-15	小学校児童保護者用「モデル質問紙」と 「A市次世代育成支援に関するアンケート」項目比較 ………	77
表4-16	指針・国施策・県計画との比較 ………………………………	82
表4-17	「A市次世代育成支援に関するアンケート」 結果による推計目標値 ………………………………………	84
表5-1	2004（平成16）年度計画策定スケジュール （A市資料およびA市計画をもとに作成）………………	89
表5-2	子どもシンポジウム …………………………………………	91
表5-3	2004（平成16）年度　福祉対策審議会（全体会）………	92
表5-4	2004（平成16）年度　次世代育成支援部会 ……………	93
表5-5	2004（平成16）年度　次世代育成支援小委員会 ………	93
表5-6	タウンミーティング実行委員会開催数および内容 （A市資料より抜粋、一部改変）…………………………	95
表5-7	タウンミーティング実施状況 （A市計画による。筆者が一部改変。延べ人数記載）………	97
表5-8	素案・タウンミーティング報告書（タウンミーティングの 意見を含めた素案）および本案の事業数等 ………………	100
表5-9	タウンミーティング報告書（タウンミーティングの 意見を含めた素案）および本案の事業比較（内訳）………	101
表5-10	素案から変更のあった31事業の指針・ 国施策・県計画との比較 ……………………………………	103
表5-11	素案から変更のあった31事業のうち指針・国施策・県計画い ずれにもあてはまらない事業（3事業）及び「部分的に一致」 する事業（1事業）…………………………………………	103
表5-12	TM報告書によって追加されたと考えられる5事業の指針・ 国施策・県計画との比較 ……………………………………	104
表5-13	TM報告書によって追加された5事業のうち、指針・国施策・ 県計画いずれにもあてはまらない事業（1事業）および「部分的 に一致」する事業（1事業）………………………………	105

表5-14	本案で追加された17事業の指針・国施策・県計画との比較	106
表5-15	本案で追加された17事業のうち、指針・国施策・県計画いずれにもあてはまらなかった事業	106
表5-16	本案で追加された17事業のうち、新規事業として記載された事業（3事業）	107
表6-1	2005（平成17）年度評価実施事業	115
表6-2	広場事業関連庁内評価結果	118
表6-3	保育事業関連庁内評価結果	120
表6-4	講座事業関連・相談事業関連庁内評価結果	122
表6-5	広場事業関連・保育事業関連セクション平均点	124
表6-6	講座事業関連・相談事業関連セクション平均点	125
表6-7	庁内評価全体平均	126
表6-8	評価実施17事業の4分類	127
表6-9	利用者評価実施方法	129
表6-10	利用者評価回収数等	130
表6-11	記入者	131
表6-12	記入者の年齢	132
表6-13	事業を知ったきっかけ	132
表6-14	現在の子どもの数と希望の子どもの数	133
表6-15	近所に頼れる人がいるか	133
表6-16	広場事業関連利用者評価結果	136
表6-17	保育事業関連・講座事業関連・相談事業関連利用者評価結果	138
表6-18	利用者評価全体平均	140
表6-19	利用者評価・庁内評価比較項目	142
表6-20	庁内・利用者結果比較（広場事業関連）	143
表6-21	庁内・利用者結果比較（保育事業関連）	144
表6-22	庁内・利用者比較（講座事業関連・相談事業関連）	145
表6-23	庁内・利用者比較（広場事業関連）	146
表6-24	庁内・利用者比較（保育事業関連）	147

表6-25	庁内・利用者比較（講座事業関連・相談事業関連）	148
表8-1	「庁内検討用」：庁内評価　各区分別評価平均	187
表8-2	「庁内検討用」：利用者評価　設問別評価平均	188
表8-3	「庁内検討用」：全体　庁内・利用者得点比較	190
表8-4	FGI実施事業一覧	196
表8-5	FGI協力者の属性	197

図2-1	理想的な政策体系と現実の政策体系 （レビューを元に筆者作成）	34
図3-1	A市組織図	49
図3-2	A市次世代育成支援行動計画作成プロセス	50
図3-3	本研究のプロセス	52
図3-4	複数の情報源	56
図5-1	タウンミーティング実施体制 （A市本案より筆者一部改変）	94
図5-2	素案と本案の「基本目標」および「施策の方向性」比較	99
図7-1	総合的評価システム（イメージ）	161
図8-1	M-D & Dのプロセス	172
図8-2	IT活用による次世代育成支援行動計画推進評価の開発的研究の概要（平成19年度　厚生労働科学研究費補助金政策科学研究事業　総括・総合研究報告書より筆者改変）	173
図8-3	総合的システムの出力イメージ	178
図8-4	トップページ	179
図8-5	庁内評価データ入力画面	180
図8-6	利用者評価：アンケート配布数・回収数入力画面	181
図8-7	利用者評価データ編集画面	181
図8-8	利用者評価：評価内容入力画面	182
図8-9	「庁内検討用」：「事業別」出力結果（一部）	183
図8-10	「庁内検討用」：年度別計画・実績	184

図8-11　「庁内検討用」：年度別合計点 ……………………………………… 184
　図8-12　「庁内検討用」：庁内評価　年度・設問区分別得点 ……………… 185
　図8-13　「庁内検討用」：
　　　　　庁内評価　設問区分別　得点内訳　目標達成妥当性 …………… 185
　図8-14　「庁内検討用」：利用者評価回収率および各得点 ………………… 186
　図8-15　「庁内検討用」：全体　達成度と年度別合計得点 ………………… 188
　図8-16　「庁内検討用」：全体　利用者評価回収率および各評価得点 ‥ 189

〈資料編目次〉
　資料1　A市次世代育成支援行動計画素案 ………………………………… 210
　資料2　素案109事業のうち、指針・国施策・県計画いずれにも
　　　　　あてはまらなかった事業（20事業）……………………………… 268
　資料3　タウンミーティング報告書 ………………………………………… 270
　資料4　TMの意見が採用され変更された12事業とTMによって
　　　　　追加されたと思われる5事業（計17事業）……………………… 328
　資料5　素案から変更のあった事業（本案）（31事業）
　　　　　（内容変更及びTM影響があったもの）…………………………… 332

序　章

第1節　研究の背景

　本研究は、筆者自身がＡ市等の行政と関わる中で生まれた素朴な疑問から始まっている。それは例えば、行政はさまざま計画を立て実施しているが、その計画策定のプロセスがよくわからないと感じたことや、実施されている事業や計画に対して評価が行われているのかどうか見えてこないと感じたことである。少し詳しく言えば、計画策定の段階で住民参加としてのニーズ調査やヒアリング等を行い住民の意見を取り入れようとする動きが高まっているが、具体的に収集されたデータがどのように活用されているのか見えてこないこと、そして実施されている計画について、当然行われていると思っていた各事業や計画の進捗の確認や評価が行われているようには思えなかったことである。さらに、研究者など研究に携わる者が行政の計画策定に関わる機会は増えているように思うが、策定後の関わりはどうなっているのかという疑問もあった。計画策定するときだけ関わりその後は関知しない、というあり方でよいのか、ということである。

　実際日本において、行政計画に対する住民参加の積極的推進、評価の実施という流れはまだ始まったばかりである。特に子ども家庭福祉分野で計画全

体を視野に入れた研究は、現在のところほとんど行われていない。研究者が一貫して継続的に関わること、つまり計画策定から実施にいたるまでのプロセスすべてに関わり、さらに評価の段階にまで関わる必要があるのではないか。

これら疑問を問題意識とし、以下のような背景を含めて、本研究への関心と必要性は生まれたものである。

1989（平成元）年の1.57ショックをうけて、1994（平成6）年の「今後の子育て支援のための施策の基本的方向について（エンゼルプラン）」が策定されて以来、さまざまな少子化対策が行われてきた。しかし、「重点的に推進すべき少子化対策の具体的実施計画について（新エンゼルプラン）」の評価について総務省（2004、P.36）が述べているように、実際のところ直接的な効果（出生数の増加・合計特殊出生率の上昇）があったとは言いがたい。この結果を受けて、国は、"少子化の流れを変える"ためのもう一段の対策として、次世代育成支援対策の推進を打ち出した。「少子化社会を考える懇談会中間とりまとめ」や「少子化対策プラスワン」でその理念や方向性を示し（次世代育成支援対策研究会、2003、P.19-21）、さらに少子化社会対策推進関係閣僚会議による「次世代育成支援に関する当面の取組方針」を出し、この方針の実現のために、2003年7月に次世代育成支援対策推進法（以下、次世代法）を成立させた。また、次世代法とほぼ同時期に、少子化社会において実施される施策の基本理念を明らかにし、少子化に的確に対処するための施策を総合的に推進することを目的として、少子化社会対策基本法が成立している。

次世代法は、国の一連の少子化対策施策の集大成であり、一向に変化しない少子化に歯止めをかけるために成立した10年間の時限立法である。全国各都道府県・市町村に次世代育成行動計画策定を義務付け、さらに301人以上の従業員を抱える事業所への計画策定を義務付けた（300人以下の事業所は努力義務とした）ものである（現在は101人以上に義務、100人以下は努力義務に法改正）。時限立法とはいえ、計画策定をすべての地方公共団体や一定規模以上の企業に義務付けたという点で、児童分野における計画としては画

期的なものである。また同時期に児童福祉法が一部改正され、「地域における子育て支援事業」が追加されることで、「すべての家庭」への支援が明記された（厚生労働省雇用均等・児童家庭局、2003）。この次世代法に基づく計画は、2005年4月から実施されている。少子化対策として子育て支援をはじめさまざまな支援が盛り込まれており、計画内容には、子育て、職業、住居、経済など広範な内容を含んでいる。この次世代育成行動計画は、今後の「すべての家庭」を対象とした少子化対策の中心となるものである。

　次世代法および行動計画策定指針（厚生労働省雇用均等・児童家庭局、2003）では、市町村行動計画策定に当たって必要とされる手続きとして①現状の分析（地域の人口構造、産業構造等の地域特性、利用者ニーズの実情、サービス提供の現状やサービス資源の状況、子どもと家庭を取り巻く環境等）、②ニーズ調査の実施（「サービス利用者の意向および生活実態を把握し、サービスの量的および質的なニーズを把握した上での計画策定をするため、ニーズ調査を行うことが望ましい」）、③住民参加と情報公開（「計画の策定段階において、サービス利用者等としての地域住民の意見を反映させるため、公聴会、懇談会または説明会の開催等を通じて計画策定に係る情報を提供するとともに、住民の意見を幅広く聴取し、反映させることが必要」、「広報誌やホームページへの掲載等により適時かつ適切に広く住民に周知を図ることが必要」）の3つを記載している。つまり、次世代育成行動計画策定に当たっては、住民のニーズを把握するための量的ニーズ調査および幅広く住民の生の声を聞くための公聴会やヒアリング等の機会を持つ必要があることを示している。「住民参加」の視点が一つの重要なポイントとなっているのである。このような計画策定の手法と類似しているものとして、地域福祉計画策定の手法があげられる。しかし、地域福祉計画策定もわずかここ数年のことであり、日本における「住民参加」を意識した計画策定の取組みの歴史は浅い。

　さらに、計画策定後についても、行動計画策定指針（厚生労働省雇用均等・児童家庭局、2003）において、「市町村は毎年少なくとも1回、市町村行動計画等に基づく措置の実施を公表しなければならないこととされており、この計画の実施状況等に係る情報を広報誌やホームページへの掲載等により、

住民にわかりやすく周知を図るとともに、住民の意見等を聴取しつつ、その後の対策の実施や計画の見直し等に反映させることが必要である」と記されている。つまり、(1)毎年進捗状況のチェック、つまり評価を行い、(2)その結果を住民に分かりやすい形で公表しなければならず、(3)また住民の意見等も聞きながら、計画の実施や見直しを行っていくことが望ましいとしているのである。

では、地方公共団体における行政計画の評価の現状はどうであろうか。各地方公共団体では、これまで多くの行政計画を立ててきた。例えば、老人保健福祉計画（老人福祉計画）、障害者福祉計画、児童育成計画などである。そしてこれらの計画には、多くの場合「住民のため（利用者のため）」という一文が明記されている。計画策定の理念等を見ても「住民のため（利用者のため）」ということが明らかなことが多い。だが、どれだけの地方公共団体が、住民や利用者に意識をおいた進捗状況の把握や評価、情報公開を「実施してきた」と答えられるだろうか。現状は厳しいと言わざるを得ない（例えば、中島、2006）。実際に日本における分野計画、特に社会福祉分野における計画の評価の実情を探ってみると、他の行政計画と同様、さまざまな計画や事業が実施されているが、施策・計画・事業に"どれだけ住民のニーズが反映されているのか"という住民参加の視点については大きな疑問がある。また、評価といっても行政内部で計画に対する計画値と実績値の比較を行う程度のものが多く（総務省、2004）、住民参加による計画評価を実施している例は非常にわずかである（中島、2005）。さらに言えば、評価について成果評価偏重の兆しがあり、事業や計画自体が「予定通り進捗しているのか」というプロセス評価の視点が不足している（例えば、冷水、1996；山谷、2002）。特に社会福祉分野においては、成果重視になじまない事業も多く（冷水、1996；山本、1997）プロセス評価が重視されている。

評価について考えた場合、注目すべきは行政評価である。行政評価とは、行政が行った活動に対しての評価であり、行政計画の評価もその一つといえる。多くは総合計画等を念頭に置いた事務事業評価を指すものであるが、この行政評価という考え方は、行政における分野計画においても十分に使用できるものである。

日本において政策評価あるいは行政評価に関連した本が数多く出版されたのは2000年前後（例えば、上山、1998；上山、2001；山本、2000など）であり、日本における行政評価の歴史はせいぜい10年程度と非常に浅いものである。特に2001年の「行政機関が行う政策の評価に関する法律」以来、行政評価は急速に広まりをみせており、評価結果の情報公開も促進されることとなった。これは何も行政が自己の活動を評価するということのみではなく、住民主体の評価と政策が行われることを期待してのものである（総務省、2006）。つまり、一方的に行政が自己の評価を行うだけではなく、住民との協働を意識した評価体制が期待されているのである。

　欧米でのいわゆる行政評価－「行政評価」に相当する英語はなく、近いものとして「プログラム評価」や「業績測定」と訳されるものである（島田、1999；上山、2001；Rossiら、2005）－は多くの事例が存在し、住民を巻き込んだ評価や評価のシステム化も進んでいるが、日本ではその歴史が浅いため、政策評価、行政評価等表現もバラバラで定義すら曖昧な状況である（上山、1998；島田、1999；中島、2006；山谷、2006）。住民ニーズの反映された計画作りや住民参加を重視した評価システム作りはまだ始まったばかりであるといえる（上山、1998；島田、1999；石原、2005；中島、2006；熊坂、2005など）。

　また、行政評価結果は多くの自治体で公表されているが、その評価方法や評価結果は、住民にとって決して理解しやすいものではない。情報公開するという行為においては、住民への説明責任を果たしているが、「住民にとって分かりやすい形で」情報公開するという説明責任は果たしていないのである。

　住民参加型の行政評価を考えた場合、計画立案の段階から、住民ニーズの反映が成されるべきであることは言うまでもない。計画策定後、実施された計画を評価する段階においても住民参加は重要である。このニーズ調査、ニーズの反映された計画実施、利用者による評価、計画の修正という一連の流れは、顧客サービスでは当然行われているものである。行政を「サービス」、国民を「顧客」と捉える（上山、1998）、この発想を社会福祉分野、特に子ども家庭福祉分野においても活用し、評価システムを構築することが必

要である。

　つまり、計画評価に当たっては、行政自身による自己評価と住民あるいは利用者による評価という少なくとも2者の評価が組み込まれるべきなのである。

　さらに、次世代法では、「次世代育成支援対策地域協議会」（以下、「地域協議会」）という地域おける次世代育成支援対策の推進に関し必要となるべき措置について協議する協議会を設置することができると記載されており、この地域協議会の活用が期待されている。この地域協議会のメンバーには、行政職員の他、子育て当事者、企業、医師、子育てに関する専門職、保健師、医師、議員等幅広い分野から人材を集めることが可能であり、この地域協議会は、次世代育成支援行動計画の評価を実施する第三者的な機能を持っているとも言える。

　このような流れから考えた場合、次世代法に基づく次世代育成支援行動計画においては、行政による自己評価、住民（利用者）による評価、地域協議会（第三者的機関）という3者による総合的評価が必要といえる。

　次に、計画策定および計画推進・評価と研究者の関わりについて触れる。多くの計画で社会福祉分野の研究者が策定段階で関与していることは周知のとおりである。策定時に一時的に関わり、その後は関与しないことが多い。つまり、策定から実施、さらに評価まで一貫した関わりを行っている例は非常に少ないのである。しかし、このような関わり方で研究者としての責任を果たせているのか、という疑問が残る。特に「住民参加」が重視される中で、この流れに深く関わる社会福祉に携わる研究者として、計画策定段階でニーズ調査等に関わったのみで、計画のその後に関与しないということは一種の責任放棄のようにも感じられる。やはり、策定後も何らかの形で関わり、計画策定時目指していることが実現できているのか、計画実施によって意図した成果が得られているのかといった評価にまで目を向ける必要がある。ようやく地域福祉計画において、計画策定段階・実施段階・評価に至るまで関わって行く取組みがなされ始めたところである。こういった計画策定から実施・評価までの一貫した研究者の関わりは、その計画がニーズに合ったものであるか、ニーズに対応するだけの資源が存在するのか、利用者の満足度を

高め、効果を上げるものなのかどうかを測る上では非常に重要なのである（Rossi ら、2005）。

第2節　研究の目的

　以上のような問題意識、研究の背景から本研究の目的は、（1）A市における次世代育成支援行動計画策定から計画実施1年目までの3年間について、次世代育成行動計画策定指針に沿った計画策定および計画推進ができているのかを検討すること、（2）新しい研究方法・分析方法の模索を行うこと、（3）今後のA市における次世代育成支援行動計画進捗にむけての提言を行うこと、の3つである。

　（1）では、計画策定の2年間について、1）行動計画策定指針に記載された手続きを実行できているのか、2）計画が住民ニーズを反映したものであるのかの2点を検討し、計画実施1年目では、3）計画推進が順調なものであるのか、4）住民の満足を得ることができたのかの2点について行政、利用者による評価結果から考察を行う。

　これらの目的を果たすために、A市の次世代育成支援行動計画策定から計画実施1年目の3年間を一つの事例として研究し、次世代育成支援行動計画策定プロセスの分析と実施1年目のプロセス評価を実施する。

　本研究は、筆者自身がA市次世代育成支援行動計画の策定、計画実施、評価すべてのプロセスに関わり、住民ニーズの把握、反映、実施というプロセスに注目しながら、計画策定から実施後1年目の評価までの3年間を追うものである。

第3節　研究の特徴

　上記のような研究の背景、研究の目的から、本研究の特徴は次の9点であるといえる。

　まず、第1点目として、A市の次世代育成支援行動計画に係る計画策定期間および実施1年目までの、合わせて3年間を一つの事例として捉え、研究

者自身が計画の策定・実施・評価のプロセスすべてに関わりマクロな現象を分析している点である。これは、最も重要な意義であると考えている。筆者自身が、現場に入り、リアルタイムで収集されたデータを用いているのであり、今まさにA市で起こっている実情を分析しているのである。

第2点目は、新しい研究方法・分析方法の模索を行っている点である。本研究では、計画策定段階・計画実施段階を連続的に捉えて評価をしている。その評価の機軸は「住民参加」である。また、本研究方法・分析方法における研究者の関わり方は、これまでの研究にはないものである。フィールドワークにおける「参与観察」の「観察者としての参加者」(佐藤、2006、P.163-164)のような立場でもなく、住民参加型アクションリサーチのような立場でもない。計画策定段階から計画実施段階まで関わりつつ、既存の資料を主な分析の材料として使用しながら研究を行ったのである。研究者としての客観性に注意しながら、A市という立場でも住民という立場でもない研究者独自の視点で問題を捉える研究方法である。

第3点目は、「住民参加」を重視し分析の機軸にしている点である。これは次世代育成支援における「住民参加」の視点を強調した結果である。次世代育成支援に限らず、今後「住民参加」の視点がさらに重視されていくことは既知のことであり、そういった意味でも「住民参加」の重視は欠かせないものである。

第4点目は、計画評価に視点を置き、行政自己評価(庁内評価)のみでなく、住民(利用者)による評価を取り入れている点である。実施1年目のプロセス評価として「庁内評価」と「利用者評価」の組み合わせで評価を行っている。

第5点目として、地域協議会という第三者的機関を含んだ、行政・住民・地域協議会という3者による総合的評価の必要性を強調している点である。本研究で実際に評価を行ったのは、「庁内評価」と「利用者評価」であるが、この2つの結果を元に次年度課題を議論し、抽出する「地域協議会」の重要性を強調している。

第6点目として、計画策定段階を詳細に捉え、計画策定のプロセスを分析している点である。これは、第2点目の研究方法と関わってくるが、計画策

定にこれだけ注目している研究は今のところ見当たらない。

　第7点目は、計画実施後にプロセス評価を行っている点である。これも第2点目の研究方法と関わるが、日本における研究ではその重要性が指摘されながらも、あまり行われておらず、新しい試みである。

　第8点は、住民に分かりやすい分析方法・分析結果を重視している点である。本研究では、統計的に複雑な分析を特には行っていない。また結果についてもできるだけシンプルなものを心がけている。それは、住民に対しての説明責任を果たすことに意義をおいているからである。

　第9点目は、研究内容が実践に活かされている点である。本研究で作成した評価ツール（第6章参照）等は、実際にA市で計画評価に使用されたものであり、評価結果とともにA市で活用されている。

第4節　本研究の構成

　本研究はA市における計画策定・実施・評価という3年間（平成15年度から平成17年度）を追ったものであり、研究の全体像が複雑で見えにくい。したがって、A市における動き、実践、分析方法および理論について表にまとめた（表0-1）。

表0-1　本研究の構成

論文構成		A市の動き	分析方法	研究の流れ
序章 1章 2章 3章	研究目的 次世代育成支援 先行研究 研究方法	次世代育成行動計画策定先行モデル市に選定		先行研究
4章	策定1年目	＜ニーズ把握＞ ・各関係団体・関係者・当事者へのヒアリング実施 ・住民アンケート調査実施 ・A市内企業アンケート実施 ・上記二つのアンケート調査報告書提示 ・A市行動計画素案の作成	①素案とニーズ結果の比較 ②素案と国・県・指針との比較検討	計画策定プロセスの分析
5章	策定2年目	・タウンミーティング実行委員会開始 ・タウンミーティング実施（計8回・4箇所） ・タウンミーティング実行委員会による報告書作成と市長への提出 ・A市行動計画の本案完成	①素案とタウンミーティング実行委員会による報告書の比較検討 ②タウンミーティング実行委員会報告書と本案との比較検討	
6章	実施1年目の評価	＜実施と1年目の評価＞ ・庁内評価の実施 ・利用者評価の実施 ・地域協議会の開催（全2回） ・次年度課題の設定	①庁内評価結果の検討 ②利用者評価結果の検討 ③庁内評価および利用者評価結果比較検討	プロセス評価
7章	考察・提言 今後の方向性		・次世代育成支援行動計画の推進と評価 ・評価体制の構築 ・データベースの必要性	次世代育成の視点
8章	現在の取組み			
あとがき				

第1章
次世代育成支援対策に関するレビュー

第1節　少子化対策と次世代育成支援対策推進法

■ 第1項　少子化の進行と原因

　日本において少子化が社会的な問題と捉えられはじめたのは1989（平成元）年の「1.57」ショックからであり、これ以降エンゼルプランをはじめ多くの対策がとられてきた。少子化の始まりは、合計特殊出生率（一人の女性が平均して生涯に産む子どもの数）が人口置換水準（人口減少が始まるとされる2.08）を下回った1974（昭和49）年（合計特殊出生率2.05）からである（厚生省、1980、P.13；芝野、2002）。また、少子化問題は、子ども特有の問題というよりも高齢社会との関連で述べられてきた（山縣、2001；小野、2003）。

　近年の合計特殊出生率を見ると1989（平成元）年の1.57以降、低下を続け2003（平成15）年には1.29、2005（平成17）年には1.25であり、将来人口推計（2002年版）から見ると、中位推計と低位推計の間を推移している（度山、2006；厚生統計協会、2007）。これは、ドイツやイタリアの水準を下回る国際的にも最も低い水準となっており、さらに2006（平成18）年の出生数は、現在の形式で調査を開始した1899（明治32）年以降初めて死亡数を下回った

(度山、2006)。人口減少社会が到来したのである。

　少子化の原因としては大きく2つが述べられている。それは、晩婚化による未婚率の上昇と夫婦出生力の低下である（小野、2003；厚生労働省雇用均等・児童家庭局、2003）。

　また少子化の与える影響も大きく2つあるとされている。1つは経済的影響、もう1つは社会面での影響である。少し詳しく述べると、経済的影響では①労働力人口の減少と経済成長への影響、②国民の生活水準への影響：社会保障における現役世代の負担増大であり、社会面での影響では①家族の変容：子どものいない世帯や単身者の増加による「家族」形態の変化、②子どもへの影響：子ども自身の健やかな成長への影響、③地域社会の変容：住民に対する基礎的サービス提供の困難や社会資本や自然環境維持管理の困難、である（山縣、2001；厚生労働省雇用均等・児童家庭局、2003；小野、2003など）。

■第2項　次世代育成支援対策推進法までの少子化対策

　上記のことを踏まえた上で、次世代育成支援対策推進法成立までの少子化対策についてまとめる。

　少子化対策として初めて実施されたのは、1994（平成6）年の「今後の子育て支援のための基本的方向について（エンゼルプラン）」である。これは当時の文部・厚生・労働・建設の4大臣が合意し策定されたもので、「子育て支援社会」構築の柱として、自治体で計画策定（児童育成計画）と連動させ（ただし、地方自治体への強制力はなく、策定に当たり補助金が出された）、1995（平成7）年から10年計画として行われたものである。次いで「緊急保育対策等5か年事業」（1995〜1999年）も実施され、また最終年の1999（平成11）年には、少子化対策臨時特例交付金2,000億円が各自治体に配布され、保育所待機児童解消対策がとられた。

　1999（平成11）年には当時の厚生・文部・建設・労働・大蔵・自治の6大臣合意により「重点的に推進すべき少子化対策の具体的実施計画について（新エンゼルプラン）」が策定された。この計画では、保育サービス等子育て支援サービスの充実、仕事と子育ての両立のための雇用環境の整備等8分野

を取りあげ、具体的事業の目標値が設定され実施されてきた。

少子化対策の流れは表1-1にまとめている。

では、一連の少子化対策の効果はどうであったのか。表1-1のように、実際には対策がとられている間にも少子化は進行している。2004（平成16）年に総務省が「少子化対策に関する政策評価書－新エンゼルプランを対象として－」を発表しているが、「実際のところ直接的な効果（出生数の増加・合計特殊出生率の上昇）があったとはいいがたい」（P.36）と述べているように、国のさまざまな対策にもかかわらず当初求めていたような効果は出ていない。また、山縣（2001）も、総じて少子化対策の評価は厳しいものが多いと述べており、保育サービス等利用者の拡大、子どもの主体的な活動の増加、子育てサークルなどの地域活動の活性化など、一部に評価すべき部分もあるが、全体として有効になっていないとしている。

柏女（2004、2005、2006）は、これまでの少子化対策は、結果的に保育サービス拡充に偏ることとなり、保育所を利用しない家庭も含めて、普遍化した子育て不安や子育ての孤立化などのニーズに十分に応えられておらず、保育所利用の恩恵を受けることのできる層とそうではない層に二極化する状況が生じたと評価している。また、一般的な家庭が主な対象であり、特別なニーズのある子どもへの支援も遅れる結果になったとも述べている。さらに、度山（2006）も、厚生労働省少子化対策企画室長（当時）の立場から、エンゼルプランは、「目標を設定し計画的に取り組まれてきたのは保育関係事業が中心」と述べている。

つまり、これまでの少子化対策は、一部に評価すべき点はあるが、（1）全体として保育サービスに偏ったものであり、子育て家庭すべてを対象にし

表1-1　少子化対策の流れ

年代	少子化に関する出来事	対策
1989（平成2）年	「1.57ショック」	
1994（平成6）年		「今後の子育て支援のための施策の基本的方針について（エンゼルプラン）」（文部・厚生・労働・建設の4大臣による合意）

年		
		「当面の緊急保育対策等を推進するための基本的考え方(緊急保育対策等5か年事業)」(大蔵・厚生・自治の3大臣による合意)
1995(平成7)年		育児休業給付制度の施行
1997(平成9)年	「日本の将来推計人口」公表 合計特殊出生率予測 1.80 ⇒ 1.61へ下方修正	厚生省人口問題審議会報告「少子化に関する基本的考え方について-人口減少社会、未来への責任と選択-」
1998(平成10)年		「児童福祉法」一部改正 (保育所選択制の導入)
		「少子化への対応を考える有識者会議」の開催(内閣総理大臣主催)と提言
1999(平成11)年		「少子化対策推進基本方針」(少子化対策推進関係閣僚会議)
		「重点的に推進すべき少子化対策の具体的実施計画について(新エンゼルプラン)」(厚生・文部・建設・労働・大蔵・自治の6大臣による合意)
2000(平成12)年		「国民的な広がりのある取組みの推進について(少子化への対応を推進する国民会議)
2001(平成13)年		「仕事と子育ての両立支援策の方針について」閣議決定
2002(平成14)年	「日本の将来推計人口」公表 合計特殊出生率予測 1.61 ⇒ 1.39へ下方修正 少子化が一層進展するとの見込み	「少子化社会を考える懇談会」開催(厚生労働大臣主催)
		少子化社会を考える懇談会「中間とりまとめ」(厚生労働省)
		「少子化対策プラスワン」公表
2003(平成15)年		「次世代育成支援に関する当面の取組方針」策定(少子化対策推進関係閣僚会議)
		「児童福祉法」の一部改正 (子育て支援事業を新たに法定化:すべての家庭の子どもが対象に)
		「次世代育成支援対策推進法」成立・公布
		「少子化社会対策基本法」成立・公布
2004(平成16)年	合計特殊出生率1.29 統計史上最低値	「少子化社会対策大綱」の閣議決定

		「子ども・子育て応援プラン（新新エンゼルプラン）」策定
2005（平成17）年		次世代法における行動計画実施開始
2006（平成18）年		「新しい少子化対策について」取りまとめ

（総務省、2004・柏女、2005より筆者作成）

たとは言いがたいということ、（2）少子化対策として直接的な効果をあげることはできなかったということが言える。

■ 第3項　次世代育成支援対策推進法の策定

　第2項のような流れを受け、とどまらない少子化に歯止めをかけるために次世代育成支援対策推進法が成立した。この法は、10年間の時限立法であり、これまでの少子化対策の集大成といえる。少し詳しく述べると、新エンゼルプランの評価等を受けて、"少子化の流れを変える"ためのもう一段の対策として、「少子化社会を考える懇談会中間とりまとめ」や「少子化対策プラスワン」でその理念や方向性が示され（次世代育成支援対策研究会、2003、P.19-21）、さらに少子化社会対策推進関係閣僚会議による「次世代育成支援に関する当面の取組方針」が出された。そしてこの方針の実現のために、この法が成立したのである。また、次世代育成支援対策推進法とほぼ同時期に、少子化社会において実施される施策の基本理念を明らかにし、少子化に的確に対処するための施策を総合的に推進することを目的として、少子化社会対策基本法が成立している。

　以下、次世代育成支援対策推進法（以下、次世代法）について、厚生労働省雇用均等・児童家庭局（2003）および次世代育成支援システム研究会（2003）の2つの文献を中心にまとめることとする。

　次世代法の特徴を簡単に述べるなら、「わが国における急速な少子化の進行等を踏まえ、次代の社会を担う子どもが健やかに生まれ、かつ、育成される環境の整備を図るため、次世代育成支援対策について基本理念を定めるとともに、国による行動計画策定指針並びに地方公共団体及び事業主による行動計画の策定等の次世代育成支援対策を迅速かつ重点的に推進するために必

要な措置を講じる」法（次世代育成支援対策研究会、2003）である。

　基本理念を、子どもを産み育てることを社会がもっと評価し、「保護者が子育ての第一義的責任を持つ」ことを基本認識とした上で、「家庭その他の場において、子育ての意義について理解が深められ、かつ子育てに伴う喜びが実感されるように配慮しなければならない」としている。

　当面の取組方針として、新エンゼルプランの際の「仕事と子育ての両立支援」に加え、①男性を含めた働き方の見直し、②地域における子育て支援、③社会保障における次世代支援、④子どもの社会性の向上や自立の促進の4つを重点的に推進することを明示している。

　この法の最も大きな特徴は、行動計画策定指針を定め、地方公共団体、特定事業主（国や地方公共団体自身）および301人以上の従業員を抱える事業主に計画策定を義務付けた（300人以下の事業所は努力義務とした）ことである（現在は、101人以上に義務化、100人以下は努力義務に法改正している）。これは、国、地方公共団体、事業主という3者によって社会全体で「すべての家庭」を対象に「次世代の育成」をしようとするものであり、日本における児童分野の計画においては画期的である。さらに、「少子化社会対策基本法」の規定から、2005（平成16）年に少子化社会対策大綱が作られた。そしてこの大綱に基づいて2005（平成17）年度から2009（平成21）年度までの5か年に講ずる施策の具体的実施計画として「子ども・子育て応援プラン」（国による次世代育成行動計画であり新新エンゼルプラン）が策定されたのである。子育て支援サービスについては、概ね10年後を展望した「目指すべき社会の姿」を示し、さらに具体的な目標値を設定している。この目標値は、地方公共団体の行動計画とリンクしており、これによって「子ども・子育て応援プラン」は、少子化社会対策大綱の具体的実施計画であるとともに、全国の地方公共団体の行動計画の実現に向けた取組みを国として支援するという形をとったものである（度山、2006）。この国と地方公共団体との目標値のリンクという方法も初めての取組みである。

■ 第4項　児童福祉法の一部改正（2003年）

　2003（平成15）年の児童福祉法一部改正は、次世代育成支援と非常に関わ

りが深い。最も関わりの深い改正点は、「地域における子育て支援事業」が児童福祉法に位置付けられたことである。これによって、「すべての家庭」に対する子育て支援が市町村の責務として明確に位置づけられることとなった（厚生労働省雇用均等・児童家庭局、2003）。

■ 第5項　少子化社会対策基本法（2003年）

第3項でも簡単に触れているが、少子化社会対策基本法は少子化対策において欠かせないものである。この法は2003年、次世代法とほぼ同時期に議員立法として成立している。急速な少子化の進行に対して、「少子化の進展に歯止めをかけること」を趣旨とし、施策の基本理念や国・地方公共団体・事業主・国民の責務や具体的に実施すべき施策について規定している。また、少子化社会対策会議を内閣府に置き、少子化対策として総合的かつ長期的な施策の大綱を定めなければならないこととしており、この規定に基づいて2004（平成16）年に「少子化社会対策大綱」が決定された（柏女、2005、P.45-46）。

■ 第6項　ハード交付金／ソフト交付金

もう一つ次世代育成支援行動計画には大きな特徴がある。それは国の地方交付税改革、国庫補助金改革、財源委譲のいわゆる三位一体の財政改革の中で生まれた、次世代育成支援対策に関する交付金の存在である。この交付金は、三位一体改革の中で廃止が提案された国庫補助負担金の多くが児童福祉関係であったことに強い反対があったことから設けられたものである。三位一体改革以前の各種児童福祉関係国庫補助金は、交付金化あるいは統合補助金化されている（柏女、2005、P.91-95）。次世代育成支援に関する交付金は、次世代育成支援対策施設整備費交付金（以下、ハード交付金）、次世代育成支援対策交付金（以下、ソフト交付金）に分かれている。計画初年度（2005年度）のソフト交付金は、34.568百万円、ハード交付金は16.704百万円であり、毎年の予算案によって金額は変動する。

ハード交付金とは、次世代法に規定する都道府県行動計画、市町村行動計画に定められている地域の実情に応じた次世代育成対策に資する施設整備の

実施を支援するものである（厚生労働省雇用均等・児童家庭局、2005、2006a）。

　ソフト交付金とは、次世代法に規定する市町村行動計画に定められている地域の特性や創意工夫を活かした子育て支援事業その他、次世代育成支援対策に資する事業の実施を支援するためのものである（厚生労働省雇用均等・児童家庭局、2005、2006a）。

　以下、本研究と関連のある、ソフト交付金の対象となる事業についてまとめたい。2005（平成17）年度対象事業は2004（平成16）年度予算事業から移行した、下記のものである。

・つどいの広場事業
・子育て短期支援事業（ショートステイ事業・トワイライト事業）
・乳幼児健康支援一時預かり事業
・ファミリー・サポート・センター事業
・延長保育促進事業
・育児支援家庭訪問事業
・へき地保育事業
・家庭支援推進保育事業
・その他、創意工夫のある取組みについて（安心して子どもを産み育てることができる社会について地域住民や関係者が参加して共に考える機会の提供／老若男女の地域住民の主体的な子育て支援活動、交流の促進／虐待防止ネットワークの設置／乳児健診未受診児など生後4ヵ月までの全乳児の状況把握／「食育」の推進／家庭内等における子どもの事故防止対策の推進／思春期保健対策等の推進／子育てバリアフリーの意識啓発等の推進）

　これらの事業を各市町村で「特定事業」として、どの程度実施していくか数値目標を立て各年国へ申請し、実施を行う。申請した事業の達成度は毎年国へ報告しなければならない。報告した達成度によって、その市町村の交付金獲得金額が決定される仕組みである。

　また、ソフト交付金の特徴は、交付された金額の使い道が申請した事業のみに限られておらず、次世代育成支援を目的に市町村に裁量権が与えられて

いる点である。本研究の調査対象であるA市もこの「特定事業」を申請している。A市についての詳細は、第3章第1節で述べる。

第2節　行動計画策定指針と地域行動計画

■ 第1項　行動計画策定指針

　次世代法に基づき、行動計画策定指針（以下、指針）が規定された。指針について市町村行動計画と関連付けて要点をまとめる。本研究において、この指針は非常に重要なものであり、分析の柱となるものである。すなわち、指針の内容をどれだけ遂行できているかを評価することが、本研究における重要な分析の視点の一つとなっている。

　指針には、基本的視点や策定の手続き、策定後の推進、計画内容等多くの事柄が記載されている。各市町村はこれに基づいて計画策定を行い、先に述べたソフト交付金に係る事業等数値目標を立てる必要のある項目について具体的に目標を立てたのである。

　なお、指針の内容について、本論文では、本研究と関連の深い各自治体により策定される地域行動計画について述べるにとどめ、一般事業主および特定事業主行動計画については触れないこととする。

　以下、その要点をあげる。

1　次世代育成支援に関する基本的な事項

　関係者の連携、市町村・都道府県内の関係部局間の連携、市町村と都道府県の連携、市町村間の連携、さらに国・地方公共団体等と一般事業主との連携と、非常に"連携"の重要性を強調している。

　また、次世代法によって「組織することができる」とされている、「次世代育成支援対策地域協議会」（以下、地域協議会）を組織し、活用することを強調している。

2　市町村行動計画および都道府県行動計画の策定に関する基本的な事項

　計画策定に当たっての基本的視点として、①子どもの視点（子どもの権利

条約を意識した子どもの最善の利益の尊重）、②次代の親づくりという視点（子どもは次代の親になるという認識のもとに長期的な視野に立った子どもの健全育成の取組）、③サービス利用者の視点（利用者の多様化したニーズに対応できるような柔軟且つ総合的な取組）、④社会全体による支援の視点（保護者が子育ての第一義的責任を有するが、社会全体で協力して取組むべき）、⑤すべての子どもと家庭への支援の視点、⑥地域における社会資源の効果的な活用の視点（地域に存在する社会資源を十分かつ効果的に活用する）、⑦サービスの質の視点（サービスの質を評価し向上させていくといった視点から、人材の資質向上とともに、情報公開やサービス評価等の取組みが必要）、⑧地域特性の視点（人口構造や産業構造、社会資源の状況などの地域の特定を踏まえた主体的な取組みが必要）、の８つをあげている。

3　計画策定に当たって必要な手続き

　計画策定の手続きとして大きく３つを記載している。それは①現状の分析（人口構造、産業構造等の地域特性、利用者のニーズの実情、サービス提供の現状やサービス資源の状況等次世代育成支援に関する各種資料を分析して計画策定に生かしていくこと）、②ニーズ調査の実施（市町村は、サービス利用者の意向および生活実態を把握し、サービスの量的および質的なニーズを把握した上で計画を策定すること）、③住民参加と情報公開（計画策定の段階において、サービス利用者等としての地域住民の意見を反映させるため、公聴会、懇談会または説明会の開催等を通じて計画策定に係る情報提供をすると共に、住民の意見を幅広く聴取し、反映させること）である。また、計画を策定しまたは変更したときは、広報誌やホームページ等の掲載等により公表し、適時かつ適切に広く住民に周知を図る必要があることを示している。

4　市町村行動計画策定および実施の時期等

　計画策定期間は地域行動計画先行策定市町村（先行モデル市町村）では、2003（平成15）年度からの１年もしくは２年間、それ以外の市町村では2004（平成16）年度から１年間であった。計画実施は2005（平成17）年４月１日からである。また、計画の期間は、５年を１期とするため、前期計画は2005

（平成17）年度から2009（平成21）年度までである。後期計画については、前期計画を2009（平成21）年度までに見直し、2010（平成22）年度から5年間で実施する。

5　市町村行動計画の実施状況の点検および推進体制

　全庁的な体制の下に、各年度において実施状況を一括して把握・点検しつつ、その後の対策を実施することが必要と記載されている。

　また、毎年少なくとも1回、市町村行動計画に基づく措置の実施の状況を公表しなければならず、実施状況等を広報誌やホームページ等で掲載し、住民に分かりやすく周知するとともに、住民の意見等を聴取しつつ、その後の対策の実施や計画の見直し等に反映させることが必要とされている。

　したがって、市町村行動計画においては、全庁的な取組みのもと①毎年進捗状況のチェック、評価を行いつつ、②その結果を住民に分かりやすい形で公表しなければならず、③また住民からの意見等を聞きながら、つまり評価を得ながら、計画の実施や見直しを行うことが望ましいとされているのである。

6　他の計画との関係

　市町村行動計画は、保育計画や、地域福祉計画、母子家庭および寡婦自立促進計画、障害者計画等との間に調和が保たれたものであること、また都道府県行動計画と一体のものであること、地方自治法における基本構想に即したものであることが必要とされている。

7　市町村行動計画の内容に関する事項

　内容に関しては非常に多くのことが指針に記載されている。ここでは、大きな枠組みについてのみ触れ、分析等の際に必要な部分を適宜詳細に記載することとしたい。最も大きな枠組みで考えると、大きく7つの事項について盛り込むよう記載されている。それは、①地域における子育て支援、②母性並びに乳児および幼児等の健康の確保および増進、③子どもの心身の健やかな成長に資する教育環境の整備、④子育てを支援する生活環境の整備、⑤職

業生活と家庭生活との両立の推進、⑥子ども等の安全の確保、⑦要保護児童への対応などきめ細かな取組の推進、である。

■ 第2項　行動計画策定の手引き

　行動計画策定の手引き（以下、手引き）は、こども未来財団によって2003（平成15）年に作られている。この手引きでは、先に述べた策定手続きで示された3つの内容の進め方を記載している。具体的には、現状分析の方法、事業目標の設定方法（ソフト交付金に係る特定事業10事業）、ニーズ調査のモデル質問紙（これについては、各市町村の状況や政策的判断により、自由度の高いものとなっている）である。特に数値目標の設定においては、手引きに基づいた自動計算表ファイルが市町村に配布され、市町村は一括して県に報告することが義務付けられたのと同じ状況となった。

■ 第3項　地域行動計画策定先行市町村

　指針作成と共に、2005（平成17）年より全国一斉に計画実施ができるよう、国は各自治体の参考とすることを意図して、53市町村を選び、地域行動計画先行市町村（先行モデル市町村）として、1年早く行動計画策定に取組ませた。

　先行市町村への支援措置としては、行動計画策定費に対する国庫補助（事業費の2分の1〈5,400千円を限度〉）、子育て支援事業の優先採択、先駆的取組みの広報の3つがあげられている。

　本研究で扱うA市は、この先行市町村にB県で唯一選ばれた市であり、2003（平成15）年から先行して計画策定に取組み、2年をかけて計画策定を行っている。A市についての詳細は、第3章第1節で述べることとする。

第2章
先行研究

第1節　計画策定に関する先行研究

　本節では、次世代育成支援行動計画の位置づけを明確にし、日本における計画策定およびその手法に関する先行研究について述べる。日本において、計画策定やその手法が注目されるようになった歴史は浅く、文献や研究は多いとは言えない。歴史的側面も含めて検討していくこととする。

■ 第1項　次世代育成支援行動計画の位置づけ

　西尾（1990、P.60）は、計画を『未来の複数または継起的な人間行動について、一定の関連性のある行動系列を提案する活動』と定義した上で、「方針、構想、要綱などと呼称される広義の政策と区別することは難しい」と指摘し、計画は政策を表現する一つの形式であると位置づけた。また、武川ら（2005、P.5）は、計画を「事前に目的が設定されていて、この目的を合目的的に実現していくための手順、ないしそのための営み」と定義している。つまり、社会福祉における計画とは、政策の一つの表明であり、あらかじめ設定された目的を達成するための営みであるといえる。

　1969（昭和44）年の地方自治法改正以来、市町村には、基本構想の策定が

義務付けられた。それにともなって基本構想、基本計画の策定という社会政策を計画化する流れが始まった（大森編、2002、P.66-67；定藤・坂田・小林ら編、1998、P.62-69）。この計画化は、全分野にわたるもの、総合化を目指したものであったが、1990年代、遅れのある分野を特に推進するために、個別計画が策定されるようになった。個別計画策定の流れは、児童育成計画から次世代育成行動計画へとつながっている。

　また、計画といってもさまざまな区分の方法があり、例えば抽象度の高いものから、「構想計画」、「課題計画」、「実施計画」の3つに区分しているもの（定藤・坂田・小林ら編、1998、P.9）、総合と個別という大まかな分類を横軸とし、策定主体（国か市町村）を縦軸と見る空間的な把握をしたもの（例えば、個別部門計画は、国が策定するエンゼルプランをさし、個別事業計画は、市町村の立案する児童育成計画をさす）（高森・高田・加納・平野、2003、P.198-199）、単に総合計画と分野計画に分類しているもの（上野谷・松端・山縣編、2007、P.46-47）などがある。いずれにしても、区分を行った者の視点や立場（国の立場か、地方自治体の立場か）がその区分方法に影響を与えている。

　以上のことから、次世代育成支援行動計画は、国が推進に遅れがあると判断した分野の一つに所属し、計画策定が義務化された個別計画あるいは個別事業計画と位置づけることができる。また、基本構想を頂点とする市町村の計画行政体系の一部を構成するものといえる（武川ら、2005、P.31）。

■ 第2項　日本における地方行政計画

　地方行政計画は、地方分権の流れとの関わりが非常に大きい。市町村における計画策定の本格的取組みが実現したのは、1990（平成2）年の「老人保健福祉計画」の義務化以降である（岩田・小林・中谷ら編、2006、P.262；定藤・坂田・小林ら編、1996、P.62-63；高森・高田・加納ら、2003、P.197-199）。それ以前の社会福祉における計画は、全国レベルでの計画が中心であり、国の政策と一致した内容を推進するという（岩田・小林・中谷ら編、2006、P.263）いわば中央集権的組織機構による体制であった。市町村は、国の方針を制度として忠実に進める国の事業実施の下請け的役割を

担ってきたのである（定藤・坂田・小林ら編、1996、P.63）。それが1986（昭和61）年の団体委任事務化により、自治体の裁量権が求められるように方向転換がなされた。

「老人保健福祉計画」が1994（平成6）年に実施されて以来、地方自治体における福祉計画策定について市町村も関心を持ち始め、またその策定方法についても同時に検討されるようになった。また、「老人保健福祉計画」はそれぞれの地方自治体が策定した数値目標を総計すると国のゴールドプランでは到底間に合わないことがわかり、その実態を受けて「新ゴールドプラン」として修正するという、それまでの国が策定した計画を地方に下ろすというトップ・ダウン形式から、初めてボトム・アップの兆候が見られたのである（高森・高田・加納ら、2003）。

次に注目すべきは地域福祉計画である。2000（平成12）年の社会福祉法改正により、地域福祉の推進が社会福祉法に記載されたが、この地域福祉の推進の主体は市町村であり、都道府県の役割はその支援に限定されている。地域福祉計画は、条文上、市町村・都道府県の義務とはなっていないが、策定することが当然であるように記載されており（武川ら、2005、P.1-2）、このことは、市町村が主体的に地域福祉推進を行う義務があり、またそのための地域福祉計画を市町村が自らの力で策定するという、計画策定の手法や力が試されたのである。地域福祉計画は2003（平成15）年からの実施であり、次世代育成における行動計画実施のわずか2年前の出来事に過ぎない。

次世代育成支援対策における地域行動計画も市町村が主体となり、責任を持ってその役割を果たしていく必要がある。しかしながら、市町村が主体となった計画策定の歴史は、非常に浅く、計画策定の手法についても同様といわざるを得ない（定藤・坂田・小林編、1996、P.29-43）。

■ 第3項　日本における計画策定の手法

第2項でも述べたように、市町村が主体となった計画策定の歴史はまだ浅く、したがって計画策定の手法も未熟である。社会福祉計画そのものに関する文献も非常に少なく、多くは政策科学の領域（例えば、西尾、1990；白鳥、1990；宮川、1994）であり、社会福祉領域であっても社会福祉経営論や供給

体制論によるものが多い。また、計画研究そのものの立場が、社会福祉においては確立されていない（岩田・小林・中谷ら、2006、P.263-265）。しかし、計画策定の手法に注目してみると、その手続きを明示しているものはいくつか存在している。事業経営、つまり行政評価の流れの一端としての計画策定手法と、地域福祉計画における計画策定のそれである。

　まずは、事業経営、つまり行政評価の流れの一端としての計画策定手法である。それは、国の政策評価で使用されているPlan（政策の企画立案）－Do（政策の実施）－See（政策評価）の政策のマネジメント・サイクル（総務省行政評価局、2006）における「Plan」の手法や、アメリカの品質管理分野から生まれ、日本でも企業や地方自治体で急激に広まったPDCAサイクル（Plan〔計画〕）－（Do〔実行〕）－（Check〔評価〕）－（Act〔改善〕）における「Plan」の手法、アメリカで発展した「プログラム評価」における計画策定の手法などである。しかし、こちらも日本において本格的に導入されたのは、2001（平成13）年の「行政機関が行う政策の評価に関する法律」以降であり、その歴史はわずか10年程度である。また、行政の立てた事業を「評価」するためには、立案の際の手続きにも十分注意をしなければ、意義・意味のある「評価」実施は困難であるはずだが、日本における行政評価の流れでは、「評価」することに注意が行きがちであり、計画策定手法にまで手が回っていないことが多いというのが現状である（詳細は第2節で述べる）。

　次に、地域福祉計画における計画策定手法である。社会福祉の立場、特に地域福祉の立場でいち早く計画策定の手法に注目した高田（2003、P.256-259）は、計画策定の手続きをPlan（構想計画）→ Program（課題計画）→ Do（実施計画）→ See（評価）とし、それぞれの段階での検討課題や作業課題を具体的に示した。これは先に述べた行政評価の手法から来たものであることは明らかであるが、社会福祉の立場での言及は貴重である。また地域福祉計画に関しては、社会福祉審議会福祉部会による計画策定指針（2002）も存在している。地域福祉計画における計画策定手法では、行政評価における計画策定手法に加えて、住民参加を重視したコミュニティワークを枠組みとした「地域組織化」「住民組織化」を意図したものという特徴が

ある。

　ここまで述べてきたように、計画策定の手法そのものについての文献は存在する。しかしながら、具体的に計画策定そのものに注目した文献はほとんどみあたらない。また、行政評価においては「評価」に重点が、分野計画、特に社会福祉分野計画においては、「計画策定手法」に重点が行きがちであり、「計画策定手法」、「評価」の両方に視点を置いた研究は非常に少ない。本研究のように、計画策定のプロセスを分析しようとするものもほとんどない。日本において文献が存在するのは、先に述べた地域福祉の立場でコミュニティワークやインターグループワーク等の理論に基づいて分析を行った、「地域組織化」「住民組織化」を意図したもの（岩田・小林・中谷ら編、2005；武川ら編、2005）であり、先駆的事例として紹介されたり、事例研究として報告されたりしているもののみである。

■ 第4項　住民参加の重要性

　これまでにも住民参加の重要性については触れたが、本項では、少し詳しく述べることとする。

　次世代法に基づく地域行動計画では、第1章第2節で述べたように、住民参加への注目が一つの特徴といえる。計画策定段階から、実施後の評価に至るまで一貫して住民参加の必要性を説いている点である。

　また、「住民参加」の必要性の流れは、地方分権とも決して分離されたものではない。武川（2002、P.68；2005、P.52）は、分権化を突き詰めて考えるのであれば、それは政府間での関係だけでは完結しないはずであり、住民と市町村との関係のあり方にも及んでくると述べている。また、中央政府と地方政府との関係における「補完性の原則」も、突き詰めれば同様であると述べている。この「補完性の原則」から住民参加の必要性については右田（2005、P.43-46）も同じような主張を行っている。

　住民参加を考えた場合、注目すべきは地域福祉における計画策定である。地域福祉計画策定においては、住民参加を重視しているため、どのような手段で住民参加を行うかが鍵となっている。武川ら（2005、P.49-51）は、それぞれ地域特性に見合った進め方をしていくことが重要としながら

(P.149)、その今日的な住民参加の手段として、①福祉サービスの利用者等へのアンケートやヒアリング、②住民座談会・小地域委員会、③ワークショップ、④百人委員会、⑤セミナーや公聴会の開催、⑥各種委員会における委員の公募、⑦パブリック・コメント、⑧すべての住民に情報を伝える工夫、⑨インターネットやケーブルテレビなどの新しい媒体（メディア）を活用した広報、⑩地域福祉の担い手としての計画策定の実務への参加の10項目をあげている。地域福祉計画に関するさまざまな文献が出版されているが、その手順には、上記武川ら（2005）の10項目すべてが網羅されていないにしろ、必ず類似した内容が含まれている（例えば、上野谷・松端・山縣編、2007；鈴木・島津編、2005；上野谷・杉崎・松端編、2006）。行動計画策定指針にも、先にあげた10項目の中の①、②、⑤、⑥の記載があり、詳細は本章第1節第2項・第3項で計画策定手続きや評価で述べたとおりである。しかし、地域福祉計画策定の歴史もまだ浅く、人口規模や地域特性の考慮が重要であることから、事例研究として策定についてまとめたものが多く、住民参加による計画策定手法が確立されている訳ではない。

　また行政の説明責任として、進捗状況や評価の情報公開の必要性を述べる中で、住民による評価を意識したものが出てきている（中島、2006）が、まだその数は非常に少ない。住民が評価するというスタンス自体が日本ではあまり浸透していないのが現状である。さらに、住民への説明責任の一端として、行政評価やその他評価結果をホームページなどで情報公開している自治体が増加しているが、公開内容は非常に複雑で分かりにくい。情報公開という"行為"はなされているが、情報公開本来の"意義"は果たせていないのである。

　以上、「住民参加」は地域福祉においてのみでなく、次世代育成支援においてもその重要性が指摘されている。また、地方分権という行政運営そのものとも関わってくる重要な課題のひとつである。しかしながら、実情として計画策定段階においても、評価の段階においても「住民参加」の手法は確立されていないのである。

第2節　計画の評価に関する先行研究

　本節では、計画を評価するに当たって、評価に関して社会福祉分野における計画評価という視点で、日本の実情および日本で行われてきた評価についてレビューを行う。そして、本研究における評価の方法についてまとめることとする。

■ 第1項　社会福祉分野における評価の実情

　社会福祉分野における評価の重要性については、誰もが認識している。マイクロ視点での評価については、重要性の指摘と共に量的・質的に多くの研究が行われつつあることは周知のとおりである。しかしマクロ視点における評価については、日本ではほとんど文献がみあたらない。

　日本において地方自治体における社会福祉分野計画評価が行われ始めたのは、老人保健福祉計画の見直しの時期であるが、実際には計画の終了時に総括的な評価として、成果（設置数や利用者数、サービス量と計画開始時を終了時に比較したものが多く、その手続きや手法についても疑問が多い）や達成度を示したものがほとんどである。数少ない評価の文献として、中島（2000）は、岩手県遠野市を事例として評価枠組みや分析方法を検討している。そしてあまり評価が行われてこなかったことを批判し、地域福祉における住民参加の考え方を機軸に評価を実施して、一つの評価手法として提案を行っている。

　また、地域福祉分野においても評価がはじまり、例えば、増子・三浦・糟谷ら（2002）は、地域福祉活動計画について、社会福祉協議会の立場で評価を行っている。計画策定時の段階ではあるが、住民参加に重点を置き、コミュニケーション調査の方法を用いて、事業評価を実施している。しかし、地域福祉計画の歴史も浅く、まだ評価手法については模索段階にあるといえる。

　本研究の対象である、子ども家庭福祉分野で計画評価を試みたものとしては、山本（1997）と福永（1999、2000a、2000b）がある。山本（1997）は、「計画」を「作ったことに意義がある」運動的な計画として終わらせてはな

らない、として今後の評価方法開発に向けた考察を行っている。その中で、評価の視点としてアカウンタビリティ、利用者への効果、投入と効果のバランスの3つは不可欠とした上で、社会福祉分野では、直接効果を見ることが難しいと指摘し、評価方法としてプロセス評価の重要性を指摘している。評価の視点として、児童育成計画の視点の一つである「子どもの視点」を取り上げているが、課題を提示するまでで終わっており、具体的に評価を実施するには至っていない。

福永（1999、2000a、2000b）は、T市を事例として児童育成計画について総合的評価を行うことを最終目的とし、T市における計画策定手順や組織体制等について詳細に分析している。しかし、計画実施されて以降の評価が記載されておらず、評価結果として結論を出すまでに至っていない。

以上のように、子ども家庭福祉分野に限らず、マクロレベルでの評価についてもその重要性は認識・指摘されているが、実際には評価の難しさ等もあいまって十分に行われていないのが現状である。

次に社会福祉における評価手法について述べた文献について触れる。

地域福祉計画の評価研究の立場から、和気（2006）は、社会福祉の領域では、長らく「計画は策定するものであって、評価するものではない」という意識が研究者や実践者の間に強く、また、評価自体がこれまでアカウンタビリティ等の視点からも厳しく追求されることがなかったため、計画の評価に関する先行研究や先駆的な実践活動は少なく、その方法論が確立されていないのが現状であると述べている。

芝野（2004、2006）は、マイクロレベルに視点をおきながらもマクロレベルでの援用も可能として、改めてソーシャルワーク実践における評価の重要性と必要性を指摘している。その中で芝野は、評価には大きくアウトカム評価とプロセス評価の2つがあるとし、それぞれの重要性について述べている。アウトカム評価は、「最終的な産物（エンド・プロダクツ）」を観察・分析することであり（2006、P.382）、プロセス評価は、援助が「どのように問題の解決やニーズの充足に影響するかを評価する調査方法」（2006、P.383）としている。さらに、最終的な成果物であるアウトカム評価を行うのみでは、「どのように援助が利用者の問題解決に影響し、効果という最終的な結果に

至るのかを見逃してしまうことになる」(2006、P.407) とプロセス評価の重要性を指摘している。

また、渡部 (2005) は、評価方法の一つとしてプログラム評価に注目し、その特徴を①プログラム評価がニーズ評価からコスト評価を含めた成果評価までの一連の活動であること、②あるプログラムの存在は、すぐに評価につながるわけではなく、実はそのプログラムが「評価」されるに十分な条件を備えているのかどうか評価可能性を確実にしてからでないと評価できないこと（実際には、成果評価困難なプログラムも多いと指摘）、③成果の評価だけではなく、プログラムの実践状況とクライエントに対するサービス提供の現状を明らかにし、それを評価するプロセスの評価が重要であること、④プログラムの成果は多面的に捉える必要があり、結果の解釈には厳密な検証が必要であること、の4点としている。また、Fein の文献を引用しながら、プログラムのプロセスは「ブラックボックスの中身」と呼ばれていること、プログラムの内容を明確にせず、成果評価のみに力点が置かれると、同じ介入方法の繰り返しや、修正、使用の回避に意味が見出せなくなると指摘し、そのプログラムの有効性や効果をきちんと測るためには、成果のみでなくプロセスにも注目すべきであると述べている。

計画論の立場から冷水 (1983) は、福祉サービスの評価について、サービス評価 = Program Evaluation として、Program Evaluation の手続きに沿って、サービス評価について課題を述べている。その中でサービスの結果・効果の評価は最も直線的で第一義的であるが、福祉サービスにおける結果・効率評価実施には課題が多いと指摘している。その課題とは、①福祉サービスでは、サービスの結果や効果が、潜在的、間接的、長期的にしか現れないことが多い、②結果や効果が個別的に、また主観的要素を含んで現れることが多いため、客観的・普遍的な評価のインデックスが確定しがたく、数値的把握が困難である、③結果・効果の評価のために実験デザインを採用することに、倫理的、技術的双方の面から非常に大きな困難を伴うという3点をあげている。そして、これらの問題に対応する形として、プロセス評価の必要性を指摘している。そして、Program Evaluation でプロセス評価は主流ではないが、福祉サービス評価においては特に重要であると述べている。後に冷水は、1996

年の文献（P.183）でも計画評価についての課題を①福祉サービスや日常の基本的な行動や生活関係の代替、補完を一つの機能としているため、効果が潜在的、間接的、長期的にしか現れないことが多い、②積極的な改善、発達などが期待できない、あるいは非常にそれらが微妙であるような人を対象にしていることが多い、③効果が個別的、主観的要素を持って現れることが多く、効果の客観的指標を設定しがたいことが多いとして、改めてプロセス評価の必要性と重要性を指摘している。

以上のように、社会福祉分野計画における評価の取組みは始まったばかりであり、先行研究や先駆的な取組みも少ないことが明らかとなった。社会福祉は利用者やクライエントの問題を解決する「過程」つまり、プロセスを重視するものであることも周知のとおりであり、そのように考えれば「プロセス評価」の重要性についても十分理解できる。それはマイクロ分野であってもマクロ分野であっても社会福祉という領域であるのであれば、その重要性に疑問の余地はない。また、福祉サービスの効果を数値として評価すること、実験デザインを用いて評価することには困難も多く、それに対処する方法としてプロセス評価が必要であることは、山本（1997）や冷水（1983、1996）などが指摘しているとおりである。

■ 第2項　行政評価の実情

1　行政評価の起源と実情

次世代育成支援行動計画は、行政によるさまざまな計画体系の一部を担っていることから、行政における評価の実情についてレビューを行う。先に述べたように、一つの計画についての評価は次の計画策定のためや計画終了時に、その量的充実の成果を示す程度のものであることが多い。であるならば、計画も含めてその全体を見る行政評価に注目したい。

日本における行政評価の起源は、1990年代三重県による事務事業評価に業績測定を加えた方式のものと中央省庁による方式のもの2つである（山谷、2002）と考えられている。この2つの方式は、それぞれアメリカのGPRA（Government Performance and Results Act of 1993）法の影響を受けた、業績評価手法を使用した評価の流れと、アメリカのGAO（General Accounting Office：会計検査院）のプログラム評価の流れを受けたものである（山谷、2002；外山、2003）。佐々木・西川（2001）によると、業績測定（Performance Measurement）は政策立案者がプログラム評価の手続きが大規模で、現場の実施者が必要とするタイミングで提供されていないことに失望したことがきっかけで、フォーマルな評価方法からはなれて、簡単に導入できる方法として生み出されたものであるとしている。また、石原（1999）や島田（1999；P.42）、小野（2002）は、日本における行政評価は、プログラム評価と業績測定（Performance Measurement）の和であると述べている。

その後、2001（平成13）年に「行政機関が行う政策の評価に関する法律」ができ、2002（平成14）年に施行されて以来、急速に全国に行政評価が広まっているがその歴史はまだわずかに過ぎない。現在は、業績測定（Performance Measurement）からNPM（New Public Management）へ関心の力点が行き、成果重視を強調した評価を行っている自治体が増えてきている（熊坂、2005；石原、2005）。そもそも、日本においては行政評価、政策評価等表現すら一致して使用されておらず、定義や概念にも統一されたものは未だ存在していない（石原、1999；中島、2006；山谷、2002、1997、P.9-15、2006、P.3-5；小野、2002）。多くの研究者がさまざまなことを述べているが、行政システムに関して「政策（Policy）」、「施策（Program）」、「事業（Project）」の3つの段階が存在するということについては共通している（図2-1）。しかし、その解釈はそれぞれ異なり、このことが行政評価あるいは政策評価の定義についても影響を与えている。中島（2006）は「政策」を行政活動で一般的に使用される上記3つの段階をそれぞれの関係性を含んだ概念として、「政策評価」という表現を使用している（P.16）。石原（1999）は、「極端に言えば、使う人ごとにその定義が異なる」（P.40）とした上で、先の3つの段階の特定部分だけを対象とするのではなく、広く行政活動を対象とするものとして捉えているから「行政評価」とすると述べている。龍・佐々木（2000）は、3つの段階はあるが、それがきれいに分かれるわけではないため、3つを含んだ広い概念を「政策」として表記している（P.8）。また、上山（1998）は、行政評価には、政策評価と執行評価の2つがあるとしそれぞれについて説明を行っている。また、総務省（2006）は、国が行うものを

政策評価、地方自治体が行うものを行政評価とわけている。未だ「行政評価」の定義すら定まっていないことは明らかである。

本研究は計画の評価を実施するものである。したがって、さまざまな考え方があるが、本研究においては、次世代育成支援行動計画を一つの「施策」と捉え、計画に属する多くの事業を「事業」と捉えることとする。また、施策とそれに属する事業を評価するため「行政評価」という表現を用いることとする（ただし、文献引用の場合は、その文献の著者の表現をそのまま使用している）。

図2-1　理想的な政策体系と現実の政策体系（レビューを元に筆者作成）

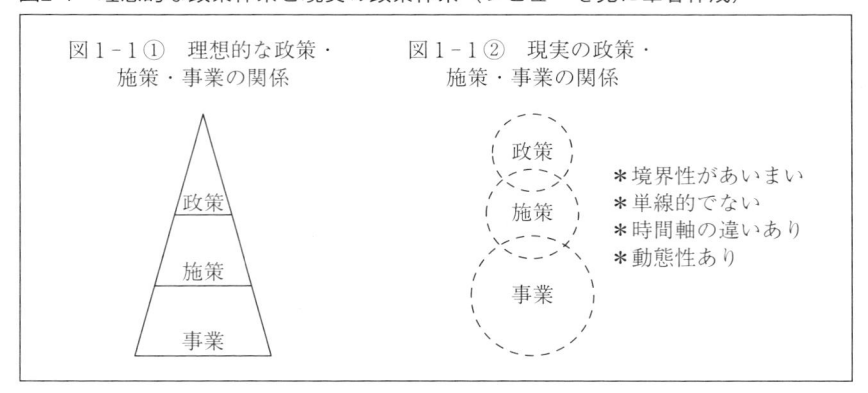

図1-1①　理想的な政策・施策・事業の関係
図1-1②　現実の政策・施策・事業の関係

＊境界性があいまい
＊単線的でない
＊時間軸の違いあり
＊動態性あり

2　行政評価の問題点

次に、現時点での行政評価の問題を取り上げる。先に述べた三重県にはじまる形式と中央省庁による形式とが、2002（平成14）年の法施行により十分な議論がなされないまま急速に広まっており、現状には多く問題がある（古川、2002；佐々木、2003；山谷、2002、2006；小野、2002；外山、2003）。以下、その問題点についてまとめ、本研究における計画評価の視点に役立てたい。

山谷（2002）は、日本における政策評価導入のルーツからレビューを行っている。2002年の「行政機関が行う政策の評価に関する法律」施行によって、

急速に政策評価・行政評価が広まったが、なぜそれが導入されたかや学問的ルーツについて十分議論されないままであったと指摘し、そこから多くの混乱や問題が起きていると述べている。今後の課題として大きく4点あげている。第1点として、業績測定重視の傾向によって、数量評価、定量評価が重視されるため、「定性評価は手抜きだ」という誤解がある点である。実際にかなりの部分を占める対人サービスについては、数量的アプローチよりも、記述的アプローチが有効な場合があるにもかかわらず、定量評価に偏っている。ツールとして定量評価のみでなく定性評価についても議論がなされるべ

表2-1 小野（2002）による地方自治体の行政評価導入上の問題点

	広範 extensive	徹底 intensive	外部 external
評価ツール	（1）評価シートの設計上の不備（客観性の不足）		（8）住民からのデータ収集の軽視
	（2）評価ツールにおけるITの活用不足 （3）評価シートと評価以外の調書との重複 （4）統一的な事業体系の不在、予算－計画の不対応など （5）評価対象の枠組みとしての総合計画の非戦略性	（6）二次評価の欠如（客観性の不足） （7）コスト（事業別、人件費など）の把握困難	（9）アカウンタビリティや情報提供などにおけるITの活用不足 （10）公表ツールの工夫不足
導入戦略	（11）中長期的な戦略の不在 （12）行政運営の円滑化、住民・職員の満足向上などの「前向き姿勢」の不足 （13）トップ（首長）の理解・支持の欠如		
	（14）評価関連データの整備・蓄積・活用の不足 （15）評価作業と他事務との輻輳 （16）職員への課題への負荷	（17）行政評価導入の目的未確立	（18）監査と連携不足
実践活動	（19）数量データの不用意な取り扱い （20）評価作業への抵抗、回避		（21）アカウンタビリティへの消極姿勢、否定的姿勢 （22）顧客志向への消極的姿勢、否定的姿勢

（小野（2002）を日本における問題点に特化して筆者作成）

きであるという指摘である。第2点として、評価対象は何かということである。対象が違えば評価の方法も変わるが、この方法について十分検討がなされていないという点である。第3点として、公平性の問題を指摘している。効率性のみでなく、公平性の観点で受益者、納税者、男女間の公平、地域間の公平等について十分議論されていない点である。そして第4点目に最も大きな課題として、政策評価について今後安易な収束がはかられるのではないかという点をあげている。いろいろな手法の工夫が可能であるはずが、今ある方法のみでやっていく方向への懸念である。

小野（2002）は、導入された行政評価システムについて、評価ツール、導入戦略、実践活動という3つと広範（extensive）、徹底（intensive）、外部（external）という3つの視点によるマトリックスを作り、課題を検討している。その中で日本における特徴的問題点として非常に多く（全22項目）を指摘している（表2-1）。これらの問題については一つ一つ自覚した上で対応していくことが必要であると述べている。

外山（2003）は、プログラム評価と業績測定の違いを明確にしながら、日本における施策評価との関係について述べているが、その中で課題についても言及している。日本の政策評価は、プログラム評価と業績測定の和の形式に近いと述べ、厳密な評価を実施するためには、政策体系が整備されていることが大前提であるが、現実にはそれが難しいという点を指摘している。「厳密な政策体系の構築に本気で取り組む「覚悟」があるのであれば、（中略）意義を有するであろうが、そうでなければ「壮大な資源浪費」」と述べている。そして、政策体系構築にはさまざまな問題があるとし、6つの問題点をあげている。①政策はそれぞれ相互依存関係にあり、政策─施策─事業を「単線的」な関係として記述することが難しいという問題、②政策体系における政策等がすべて同時に実施されるわけではなく、施策Bは施策Aがある程度の成果を達成した後でないと、実施効果が現れない等といった時間軸上での差異の問題、③政策体系は、極端に言えば日々変更が加えられる性質がある。こうした「動態性」は評価に何らかのバイアスを与えるし、また政策体系の「管理」も必要であるという問題、④目的や効果が必ずしも明確ではないが、住民の自治意識により、いわば象徴的に行わなければならない

事業等があり、こうした事業等をキチンとした形で政策体系にはめ込むことが難しいという問題、⑤施策・事業に占める国庫補助事業の割合はいまだ高く、地方で効果的な政策体系の構築を考えても、すぐにそれらの事業を止めることができないという問題、⑥施策や事業にはさまざまな政治権力関係が作用しており、こうした権力関係を無視した理念的な政策体系の構築は現実には難しいという問題である。これらの問題を十分に考慮した上で検討する必要があるとしている。

　これらの議論を総括するものとして、古川（2002）は、短い制度化にもかかわらず、多くの課題が顕在化しており、そのうちよく指摘されるものとして"どのようなモデルが最適か"という課題があると述べている。しかし、それは目的により異なるのであり、現在の操作可能なレベルで具体的に認識されていない段階では、試行錯誤が横溢してしまうと述べ、試行錯誤自体は悪くないが、時間と費用のロスに繋がり兼ねないと懸念している。詳しくは述べられていないが、企業経営において実践されている評価とは違い、公共部門特有の課題もある点もあわせて指摘している。同じく総括して佐々木（2003）は、評価手法についてさまざまな論争が行われてきたことを指摘し、例えば、定性的評価手法か定量的評価手法かといった論争、第三者評価と自己評価に関する論争、業績測定とプログラム評価の対立や相互補完関係に関する論争などをあげている。しかし、これらの論争は一見すると手法に関する論争に見えるが、実は評価とは何なのか、評価は何を目的として行われるべきなのかという根本的問いへの論争であると述べている。そして、単一で最上の評価手法が存在するわけではなく、評価の目的やニーズによって用いられるべき評価手法は選択されるべきだとしている。

　以上、さまざまな立場、視点で行政評価の問題点をまとめた。これらのことから考えると、日本における行政評価は必ずしも成功しているとは言えず、また評価手法についても非常に多くの課題を抱えていることがわかる。これが「正解」という評価手法はなく、何を目的に行うのかという根本的問いに始まり、その自治体の政策理念や特性によってもその手法は検討され、取捨選択していく必要があるものである。しかしながら、取捨選択をいかにして行うのかも十分議論されておらず、さらにどのように取捨選択すればいいの

かについても議論が行われている過程であることが理解できる。また、どの理論に論拠を置いて（業績測定なのか、プログラム評価なのか、あるいはその和なのか）評価を実施していくかについてもバラバラの状態であり、自治体は混乱のさなかにあるといえる。ただ、傾向として行政評価が定量的測定による成果主義に偏りつつあることは明らかであり、手法の有効性が指示される一方で、今後の見通しには不安がある。逆に言えば、現在は行政評価手法に関しては過渡期であり、評価の目的や意図が明確であるならば、試行錯誤しつつ、自由にその手法を選択して評価を行うことが可能であるということである。本研究においては、先にあげた問題および社会福祉分野計画における独自の問題点から考えて、プロセス評価の実施を行うこととする。その理由等詳細は次項で述べることとする。

■ 第3項　プロセス評価

　本節第1項では、社会福祉における評価の実情についてまとめ、福祉サービスにおける評価の難しさと社会福祉における援助の特徴から、プロセス評価の重要性について指摘した。第2項では、行政評価の問題点を抑えた。行政評価は現状では、定義や方法も確立しておらず、何よりもまず評価を何のために行うのかが重要であるが、それすらあいまいなままに行われている可能性があること、また評価の目的や意図がはっきりしていれば、手法を選択する余地が残されていることなどが明らかとなった。現状の行政評価は、プログラム評価と業績測定の和という傾向から、業績測定、特に成果重視へと変化しつつある。しかしながら、成果に視点が行き過ぎることによって、その事業がそもそも正しく遂行されているのか、また理念等を具現化した計画や事業となっているのか、意図したことが実行できる事業となっているのかといった基本的視点についての検討が行われにくくなっている現状がある。また、事業や施策がどのような成果をもたらすのかは行政評価で決してはずせない視点であるが、その一方で対人サービス分野における成果重視の評価の難しさは、社会福祉の立場からも行政評価の立場からも指摘されている。

　そこで、本研究では、（1）社会福祉の視点から、1）社会福祉におけるプロセス評価の重要性、2）対人援助サービス・福祉サービスにおける成果

評価の難しさ、(2) 行政評価の視点から、1) 評価手法の継続的模索の必要性、2) 計画策定の手続きや策定のモニタリングの必要性、という理由から、A市における次世代育成行動計画の実施1年目については、プロセス評価の手法を用いて評価を行う。

1　プログラム評価

プロセス評価は、先に述べたようにアメリカ会計検査院（GAO）で開発されたプログラム評価の手続きの一つである。以下、プログラム評価について簡単に触れたい。

プログラム評価とは、アメリカにおいて長年プログラム評価の教科書として使用されている Rossi, Freeman, Lipsay による"Evaluation : A Systematic Approach 7th Edition"（大島・平岡・森ら監訳）によると、「社会的介入プログラムの効果性をシステマティックに検討するために、プログラムを取り巻く政治的・組織的環境に適合し、かつ社会状況を改善するための社会活動に有益な知識を提供する方法で、社会調査法を利用すること」(P.28-29) である。また、龍・佐々木 (2000) は、アメリカにおけるプログラム評価は、日本における政策評価であるという定義を行ったうえで、政策評価を「目的、目標、介入理論、実施過程、結果、成果、効率性を明らかにするための体系的な社会調査活動」(P.8-9) としている。つまり、目的や目標を持って、そのプログラムの効果性を体系的に社会調査を用いて明らかにしていく手法であるといえる。

表2-2　プログラム評価の手続き

	Rossi ら（2004）(P.51-60)	GAO（外山、2003）	龍・佐々木 (2000)(P.8-9)
プログラム評価の手続き	1) ニーズアセスメント 2) プログラム理論のアセスメント 3) <u>プログラムプロセスのアセスメント（プログラムモニタリング）</u> 4) インパクトアセスメント 5) 効率アセスメント	1) <u>プロセス評価</u> 2) アウトカム評価 3) インパクト評価 4) 費用便益分析（費用効果分析）	1) セオリー評価 2) <u>プロセス評価</u> 3) インパクト評価 4) コスト・パフォーマンス評価

(Rossi ら (2004)、外山 (2002)、龍・佐々木 (2000) より筆者作成。下線はプロセス評価。)

プログラム評価の手続きにも、諸説あるためそれを表2-2にまとめた。

Rossiら（2004）は、プログラム評価の手続きを5つにわけ、その3番目にプロセス評価を位置づけている。外山（2003）によるGAO（General Accounting Office）のまとめではプロセス評価は1番目に、龍・佐々木（2000）では、2番目に位置づけられている。表2-2のとおり、相違点はいくつかあるが、プロセス評価については共通しており、基本的な部分は一致していると考えることができる。本研究では、この中にあるプロセス評価を実施する。

2 プロセス評価

（1）プロセス評価とは

プロセス評価には大きく二つのタイプがあり、一つはいわゆるプロセス評価、もう一つはプログラムプロセス・モニタリングである（Rossiら、2004、P.165-166）。前者には、①プログラム評価として独立したものとして行う場合、②インパクト評価の補完として行う場合があり、①は、比較的新しいプログラムに適しているとして、「どの程度その運営やサービスが計画どおりに行われているかを検討する」ことなどをあげている（Rossiら、2004、P.165-166）。また、後者については、プログラムプロセスのある面に関する指標を継続的にモニタリングするものであり、長期間のあるいは定期的なフィードバックを行うものであると定義している（Rossiら、2004、P.165-166）。

本研究は、計画実施後、新しい計画が実施1年目でどの程度推進されているのかをいくつかの事業に焦点を当てて評価するものである。したがって、本研究では、①のプロセス評価をさす。

プロセス評価とは、①プログラムが適切な標的集団に届いているかどうか、②そのサービス提供や支援機能がプログラムの設計仕様また他の適切な標準と一致しているかどうかを見るものである（Rossiら、2004、P.165）。龍・佐々木（2000）は、日本における政策評価を意図した著書の中で、プロセス評価について、プログラムの執行過程が①当初のデザインどおりに実施されているか、②想定された質・量のサービスを提供しているかであると述べている（P.37-38）。プロセス評価が必要な理由として、実施上の失敗の3類型

をあげて説明している。実施上の失敗 3 類型とは、①不完全な実施：サービス自体は提供されているが、想定された量・質の水準に届いていない、②間違った実施：サービスは提供されているが、当初想定されたサービスと違うサービスが届けられている、③標準化されていない実施：サービスは提供されているが、その時々、あるいはその場所その場所でバラバラのサービスが提供されている、である（P.39）。実際に、当初のデザインどおりに実施されていない事業や政策は意外に多いことから、プロセス評価の重要性を指摘しているのである。

Rossi ら（2004）は、プログラムは容易に意図したプログラムと実施したプログラムとの間に乖離が生じるとし、それを防ぐために「プログラムがいかにうまく運営されているかを確かめることは、重要かつ有用な評価の一形態である」（P.160）とプロセス評価の重要性を指摘している。また、プロセス評価の重要性についての指摘は、Wholey ら（1994）（P.41-42）や Weiss（1998）（P.9-10、P.73）でも同様のことが言われている。要約すれば、プログラムがきちんと予定通り進捗しているか、予定していた人びとに届いているかということを確かめるものであるといえる。

（2）プロセス評価の方法

次にプロセス評価の方法について述べる。プロセス評価そのものはプログラム評価では一般的なものであるが、そこで用いられるアプローチや専門用語もさまざまである（Rossi ら、2004、P.164）。プロセス評価は、目的に合わせてさまざまな方法を用いて行われる。Weiss（1998、P.130-131）は、プロセス評価で聞くべき内容を検討する材料として以下を示している（訳は筆者による）。

・プログラム活動のタイプ
・スタッフのサービス提供の特徴
・サービスの頻度（治療の程度）
・サービスの期間
・サービスの程度（強さや量）
・意図したデザインでのサービスが行われているか

・サービスの受け手集団の大きさ
・活動の安定性
・サービスの質
・個人のニーズへの応答性

そして、これらすべての変数について聞く必要は必ずしもなく、そのプログラムが何を期待しているのか、何を到達点としているかによって変数を選ぶことを進めている（Weiss、1998、P.131）。Weiss（1998）の項目を見ると、「サービス提供者」に実施すべき内容と「利用者側」に実施すべき内容に大きく分類できることが分かる。

Rossi（2004）も、プロセス評価には評価クエスチョンに合った手法を用いて実施されることが望ましいと述べ、評価クエスチョンとして、「標的集団のメンバーは、プログラムのことを知っているのか」、「参加者はプログラムの職員やその進行でのやり取りに満足しているのか」、「参加者は自分達の受けるサービスに満足しているか」といった「利用者側」の視点、「必要なプログラム機能は十分に実行されているか」、「実行されるべき機能に対してスタッフの数と能力は十分なものであるか」といった「サービス提供者側」の視点という2つのタイプの例を挙げている（P.160-162）。さらに、こういった評価クエスチョンに応えるために、プログラムの実績を記述するだけでなく、それが満足いくものであるかどうかもアセスメントする必要があると述べている（P.161）。

Weiss（1998）やRossiら（2004）の述べていることから考えて、プロセス評価実施に当たっては、「サービス提供者側」である行政のみの評価では不十分であり、「利用者」を含めて評価を実施するべきであることが分かる。

また、プロセス評価の手続きにはいろいろなものがあり、どれを選択して実施していくのかは、その目的によることも明らかとなった。計画の目的や、組織のタイプ、評価者の立場によってもその手法は変わる（Rossi、2004）。つまり、評価の手法には、ある程度の自由度が与えられているといえる。本来プログラム評価では、実験デザインを用いた「確定的評価」を実施することが望ましいといわれているが、現実として制約と限界があり（和気、2006）、また、部分的なサービス要素や細かな援助方法のプロセスや効果を

記述的に評価し、部分的にサービスを改善していくための資料とするといったタイプの「形成的評価」を行う傾向が強い（定藤・坂田・小林編、1996、P.98）。この点については、Rossi ら（2004）も、形成的評価の意義を重視している（P.165）。

したがって、本研究におけるプロセス評価では、評価の目的から、庁内評価という「自己評価」と「利用者評価」とを用いることとする。1年目の評価については第6章で詳細を述べる。

（3）プロセス評価のプロトコル

プロセス評価は、その組織や計画、目的等に合わせて評価設計を行うことができる。ここでは、本研究におけるプロセス評価のプロトコルを示す。ここで示すのは、A市計画の実情や評価の目的に沿った独自の手法である（表2-3）。

プロトコルとは、手順、手続き、作法、命令、記録等いろいろな意味があ

表2-3 プロセス評価のプロトコル

プロトコル	詳　細
目的の設定	「A市次世代育成支援行動計画という新しい計画が実施1年目でどの程度推進されているのか」
方法の決定	①評価事業の選定 ②設定した目的に照らして、「何を評価するのか」を決定 　・庁内評価：自己評価を行い、進捗状況を評価 　・利用者評価：利用した人が満足しているかどうかを評価 ③評価ツール作成（庁内評価・利用者評価）
分析の実施	①庁内評価と利用者評価のそれぞれの分析 ②庁内評価／利用者評価比較 ③地域協議会での検討結果
結果と考察	①進捗状況に関する結果 　・庁内評価結果 　・利用者評価結果 　・庁内評価・利用者評価結果の比較 ②次年度に向けての課題の抽出

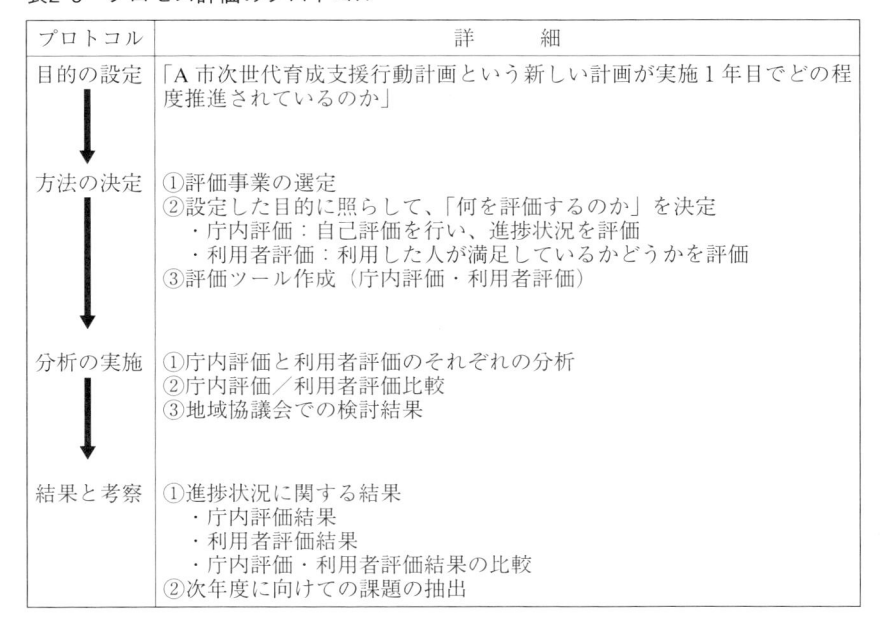

る。手順や手続きの意味合いに近いが、本研究ではそれに加えて、作法や記録といった意味合いを含めているため、この表現を用いている。

第3章
研究の方法

本章では、本研究における研究の方法について、3年間の研究プロセスを明らかにしながら述べる。また、用語の定義も行う。

第1節　研究の対象

本節では、A市について特徴や現状、計画策定体制等についてまとめる。計画策定プロセスおよび実施体制と深く関わる部分については、詳細を第4章以降に記載することとする。また、計画策定時、特に2004（平成16）年当時の人口や現状について、A市計画素案、および本案を中心にまとめる。

■ 第1項　特徴

A市は、次世代育成支援行動計画策定先行モデル市（全国で53市町村）として、B県で唯一の市である。そのため、計画策定に1年早く取り掛かり、2年をかけて計画策定を実施した。

1　位置・歴史的背景等

A市ホームページ（2007年10月24日付け）よりまとめる（ただし、市が特

定されるような情報は一部改変・削除している）。

A市はB県東部に位置し、周囲6市と接している。C市からは約10kmと近く、Cの衛星都市の一つとも位置づけられている。地形は全体に平坦で、市の東端・西端にそれぞれ川が流れている。Aは古来、交通の要衝であり、現在は空港で有名である。

A市にかつてあった城の城下町では江戸時代初期、酒造業がおこり、全国に先駆けて産業としての清酒醸造法を確立、清酒出荷量全国一の地位は途中で他に譲ったが、味の良さで人気を集めた。

園芸業も古くから盛んで「芽接ぎ」などの独特な技術を受け継ぎ、隣接するD市とともに日本3大樹木生産地の一つを形成。紀州有田の温州ミカン、山口県萩のミカン、鳥取県の二十世紀ナシなどの苗木はA市E地区で生産された。

またA市は、臨空都市としての利点を生かした、半導体などの「現代のハイテク産業」も立地し、E地域間有数の産業都市として発展を続けている。

2　人口推移

2004（平成16）年10月当時の人口は193,428人である。2000（平成12）年の国勢調査時とその10年前の1990（平成2）年とを比較すると、3.2％増加しており、緩やかに人口が増加する傾向にある。しかし、年少人口（0歳～14歳）については、2000（平成12）年と1990（平成2）年を比較すると、11.9％減っており、総人口に占める割合も2.8ポイント減少している。これは、国の減少傾向と似ており、ともに緩やかに年少人口の減少が進んでいる。

児童人口（0歳～18歳）については、6歳～12歳の子どもは微増している（1990（平成12）年：13,292人に対し、2004（平成16）年：14,100人）が、全体としては減少している（1990（平成12）年：38,619人に対し、2004（平成16）年：37,546人）。

3　合計特殊出生率の推移

合計特殊出生率の推移は以下（表3-1）のとおりである。国や県に比べて高い数値を維持していることが分かる。

表3-1 合計特殊出生率の比較

	1985 （昭和60） 年	1990 （平成2） 年	1995 （平成7） 年	2000 （平成12） 年	2001 （平成13） 年	2002 （平成14） 年	2003 （平成15） 年
A市	1.75	1.65	1.50	1.43*	1.38*	1.37*	1.35*
B県	1.75	1.53	1.41	1.38	1.29	1.29	1.25
全国	1.76	1.54	1.42	1.36	1.33	1.32	1.29

（A市行動計画本案より筆者作成。＊ただし、2000（平成12）年以降はA市独自の算出。）

4 婚姻・出生・離婚および男女別非婚率の推移

　婚姻数は、1996（平成8）年をピークに減少傾向にあるが、1990（平成2）年と2000（平成12）年ではほぼ同数（1990（平成2）年1.279件、2000（平成12）年1297件）となっている。出生数も1996（平成8）年をピークに減少しており、1990（平成2）年は2.287件であるのに対し、2000（平成12）年では2.160件となっている。離婚数は、1990（平成2）年215件に対し、2000（平成12）年523件と増加傾向にある。

　男女別の非婚率は、20歳代後半で見ると、2000（平成12）年は1990（平成2）年に比べて男性が5ポイント増加（1990（平成2）年：59.8％、2000（平成12）年：64.8％）、女性では、12ポイント増加（1990（平成2）年：35.3％、2000（平成12）年47.3％）と女性の増加が顕著である。

5 世帯構成

　核家族世帯が最も多く約7割を占めている。その他の親族世帯（多世代の世帯を含む）が減少し、単独世帯が増加してきている。

6 就学前児童の居場所（家庭、保育所、幼稚園）

　2003（平成15）年の就学前児童数の合計は、12.685人であり、うち家庭で子育てをされている子どもの数は6.771人であり、約53％が家庭で子育てを行っている。幼稚園に行っている子どもは3.962人で約31％、保育所は1.952人、約15％となっている。

7　乳幼児健康診査の状況

　A市では4ヵ月児、10ヵ月児、1歳6ヵ月児、3歳児を対象に行っているが、4ヵ月児では96.6％、10ヵ月児では92％、1歳6ヵ月児では99.2％、3歳児では96.0％といずれの受診率も90％を超えて（2003（平成15）年A市保健センター調べ）おり、高い受診率である。

■ 第2項　子育て支援への取組み状況

　A市では、次世代育成支援行動計画策定以前に、国の新エンゼルプランに基づいて、1998（平成10）年に「A市児童福祉計画」を策定し、地域子育て支援システム構築を行うことを提言している。また、地域子育て支援事業への取組には早い時期から関心を持ち、1993（平成5）年に旧厚生省による「地域子育てモデル事業」（現：地域子育て支援センター事業）の指定を受け、育児相談、園庭開放、在宅乳幼児の集団生活体験保育、高校生との交流保育、親子教室など在宅の子育て家庭を視野に入れた事業を幅広く実施してきている。2004（平成16）年現在、市内の公・私立保育所すべてで園庭開放などの「地域交流事業」が行われている。

　さらに、1997（平成9）年には、「育児ファミリー・サポート・センター」を開始、また2002（平成14）年には、子育て支援の拠点として「子育て支援センター」を開設し、子育てボランティアの育成支援、子育てサークル支援、各種講座や相談、フリースペースの提供などを行っている。この他、保育所、幼稚園等を活用し、「みんなのひろば事業」を展開している。

　こういった事業展開に対応していくために、2000（平成12）年に市民福祉部にこども室を設置し、就学児童の育ちを中心に対応していくこととなった。また、教育委員会として同じく2000（平成12）年に家庭教育推進班（家庭教育推進課）が設置され、家庭教育支援の取組が実施されることとなった。

■ 第3項　計画策定体制等

1　組織図

　2003（平成15）年および2004（平成16）年当時は、市民福祉部として地域福祉室、市民課、介護保険課、こども室があり、こども室はさらに子育て支

援課と保育課に分かれていた。次世代育成支援行動計画策定および推進に当たっては、市民福祉部こども室子育て支援課が担うこととなっていた（図3-1）。

図3-1　A市組織図

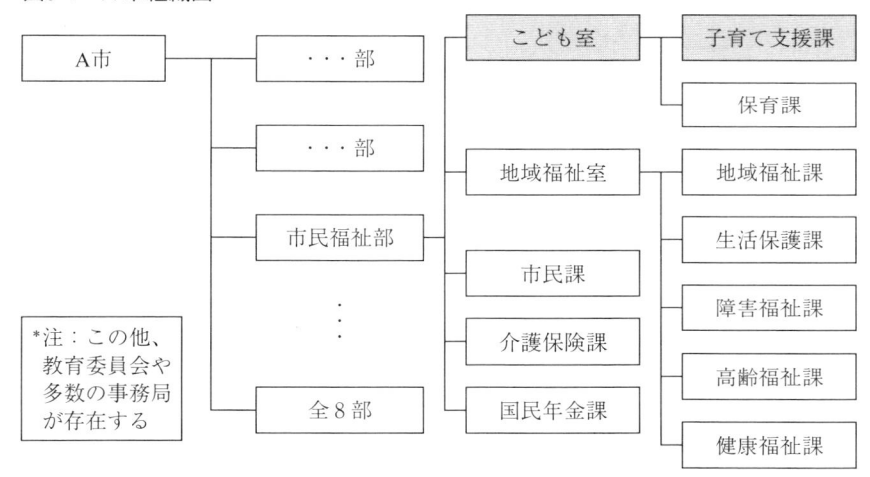

```
A市 ─┬─ ・・・部
     │
     ├─ ・・・部
     │
     ├─ 市民福祉部 ─┬─ こども室 ─┬─ 子育て支援課
     │              │              └─ 保育課
     │              ├─ 地域福祉室 ─┬─ 地域福祉課
     │              │              ├─ 生活保護課
     │              │              ├─ 障害福祉課
     │              │              ├─ 高齢福祉課
     │              │              └─ 健康福祉課
     │              ├─ 市民課
     │              ├─ 介護保険課
     │              └─ 国民年金課
     │
     └─ 全8部

*注：この他、教育委員会や多数の事務局が存在する
```

（A市資料を元に筆者作成。ただし、市名がわかる情報は改変している）

2　計画策定プロセス

　詳しい計画策定プロセスは次章以降説明するため概要を記載する。2003（平成15）年から2004（平成16）年の計画策定プロセスをまとめる（図3-2）。図3-2のとおり、A市は2003（平成15）年および2004（平成16）年の2年間をかけて計画策定をしている。子育て支援課が事務局となり、庁内の部長会および庁内策定研究会の庁内調整、大学研究室との調整、審議会等会議の調整、市民・事業者ヒアリング・アンケート調査を実施している。ただし、タウンミーティングについては、子育て支援課が事務局ではあるが、実際の運営は住民が中心となって行っていた。子育て支援課が中心となってさまざまな調整を行いながら計画策定を行っている（A市、2003a；A市、2004）。

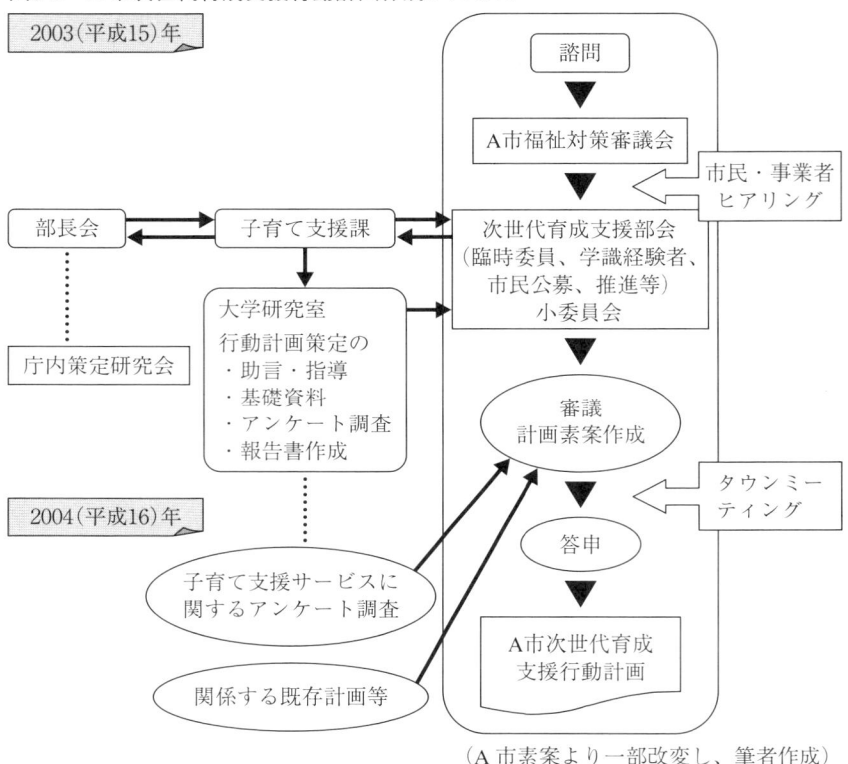

図3-2　A市次世代育成支援行動計画作成プロセス

```
2003(平成15)年
                                        ┌─────┐
                                        │ 諮問 │
                                        └──┬──┘
                                           ▼
                                    ┌──────────────┐
                                    │ A市福祉対策審議会 │
                                    └──────┬───────┘      ┌─────────┐
                                           │         ←──  │市民・事業者│
                                           ▼              │ヒアリング │
┌──────┐    ┌──────────┐    ┌──────────────┐    └─────────┘
│部長会 │←→│子育て支援課│←──│次世代育成支援部会│
└──┬───┘    └─────┬────┘    │(臨時委員、学識経験者、│
   :              ▼           │市民公募、推進等)    │
   :         ┌──────────┐    │小委員会          │
   :         │大学研究室  │    └──────┬───────┘
┌──────┐   │行動計画策定の│           │
│庁内策定│   │・助言・指導 │           │
│研究会 │   │・基礎資料   │           ▼
└──────┘   │・アンケート調査│─→ ┌──────┐
            │・報告書作成  │    │ 審議  │
            └──────────┘    │計画素案作成│
                              └──┬───┘      ┌────────┐
2004(平成16)年                    │        ← │タウンミー │
                                  ▼          │ティング  │
        ┌────────────┐          ┌──────┐   └────────┘
        │子育て支援サービスに│─→   │ 答申 │
        │関するアンケート調査│      └──┬───┘
        └────────────┘             ▼
        ┌────────────┐      ┌──────────┐
        │関係する既存計画等  │─→   │A市次世代育成│
        └────────────┘      │支援行動計画 │
                              └──────────┘
```

（A市素案より一部改変し、筆者作成）

3　他の計画との関係・整合性

　A市の次世代育成支援行動計画と他の計画との関係・整合性である。「第4次A市総合計画」における基本目標4「ひとを大切にする自立と共生のまち」・基本課題3「未来を担う子どもを地域で育む環境づくり」を具体化する計画として位置づけられている。また、「A市児童福祉計画」（1998（平成10）年～2005（平成17）年度）を包括する行動計画としても位置づけている。他に、「A市地域福祉計画」、「第2次A市保健医療計画」、「A市障害者計画」、「A市女性のための行動計画」「第2次家庭教育推進三ヵ年計画」などを取り上げ、整合性と連携を図ることを明記している（A市、2004）。

■ 第4項　計画推進および評価体制

子育て支援課を事務局とし、全庁的な推進をはかることを記載している。また、次世代法における、「A市次世代育成支援地域協議会」を設置し、計画の進捗状況や実効性について評価、検証、議論し、関係団体の積極的な取組を進め、計画の着実な推進を図ることを計画に明記している。さらに、各事業の評価については、大学研究室等とタイアップしながらデータベース化し、事業改善、新規施策導入に活用していくことも記載している（A市、2004）。

第2節　研究プロセス

本研究のプロセスは、図3-3のとおりである。

本研究は、筆者がこれまでA市の次世代育成支援行動計画策定に関わる中で感じた、計画策定手続きが指針どおり踏まれているのか、住民参加ができているのか、計画策定後に評価できているのか、といった問題意識から始まった。

先行研究では、次世代育成支援が生まれた歴史的背景や位置づけを明らかにした上で、住民参加の重要性および計画評価の重要性について、社会福祉および行政評価の視点から明らかにした。そして、問題点を明らかにし、今後のA市次世代育成支援行動計画を推進していくには、A市を一つの事例と捉えて、計画策定プロセス等に注目した分析を行うことが適当であると判断した。したがって本研究は、A市における2003（平成15）年度から2005（平成17）年度までの次世代育成支援行動計画の策定段階2年間と実施1年間の3年間を対象としている。

計画策定1年目は、計画素案（以下、素案）策定の年である。大規模ニーズ調査の実施やヒアリング等を行い、住民ニーズの素案への反映を強調しながら計画策定が実施されていたが、ニーズ調査の結果がどれだけ素案に具体的に生かされていたか、を素案と計画策定指針、国により推進が期待されている事業（国施策）や県次世代育成支援行動計画（県計画）との比較を行うことで明らかにしていく。

計画策定2年目は、素案を修正し計画本案（以下、本案）とする年である。A市では、住民参加を実施するため、大規模なタウンミーティングを実施し、住民の手による報告書を作成し、市長へ提出を行った。このタウンミーティング報告書は直接素案に手が入れられた住民の意見が凝縮された報告書であ

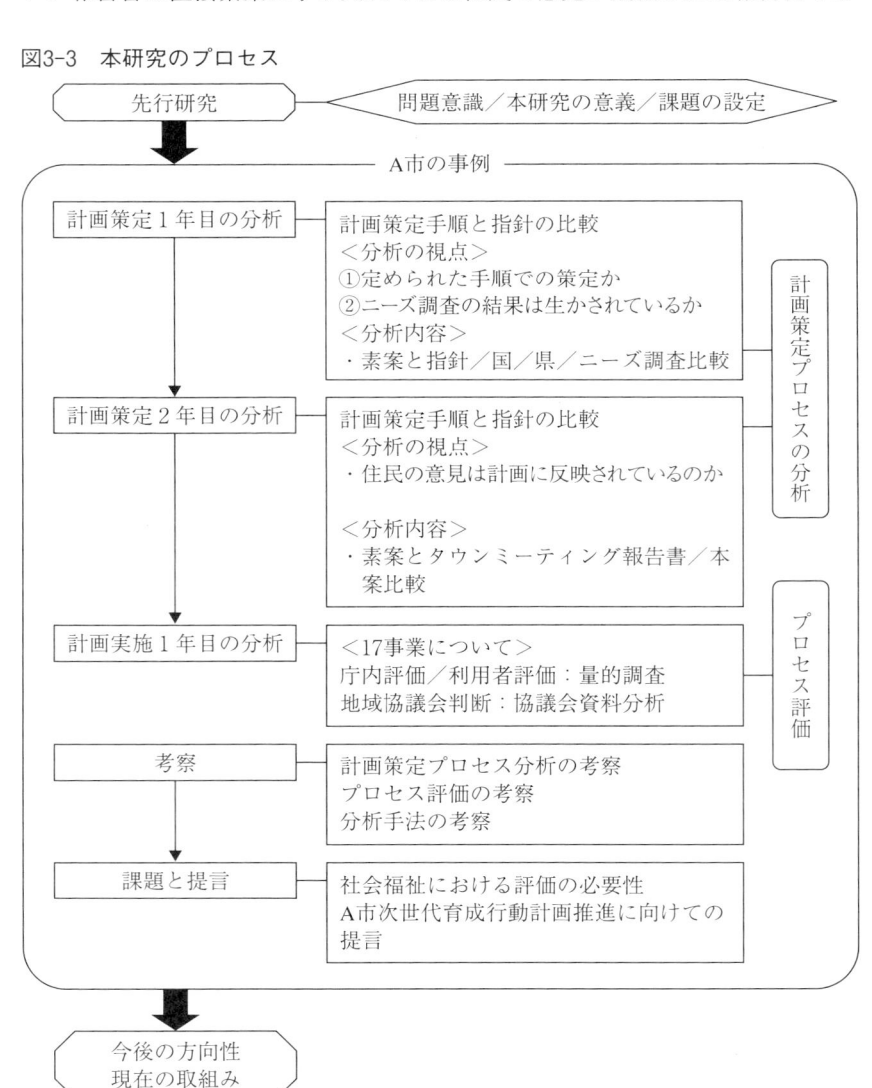

図3-3　本研究のプロセス

```
          ┌─────────┐                ┌──────────────────────────┐
          │ 先行研究 │                │ 問題意識／本研究の意義／課題の設定 │
          └─────────┘                └──────────────────────────┘
               │
               ▼
  ─────────────────── A市の事例 ───────────────────
 ┌─────────────────┬──────────────────────────────┐
 │ 計画策定1年目の分析 │ 計画策定手順と指針の比較              │
 │                 │ ＜分析の視点＞                        │  ┐
 │                 │ ①定められた手順での策定か             │  │
 │                 │ ②ニーズ調査の結果は生かされているか    │  │ 計画策定
 │                 │ ＜分析内容＞                          │  │ プロセス
 │                 │ ・素案と指針／国／県／ニーズ調査比較   │  │ の分析
 ├─────────────────┼──────────────────────────────┤  │
 │ 計画策定2年目の分析 │ 計画策定手順と指針の比較              │  │
 │                 │ ＜分析の視点＞                        │  │
 │                 │ ・住民の意見は計画に反映されているのか  │  │
 │                 │ ＜分析内容＞                          │  │
 │                 │ ・素案とタウンミーティング報告書／本案比較│  ┘
 ├─────────────────┼──────────────────────────────┤
 │ 計画実施1年目の分析 │ ＜17事業について＞                    │  ┐ プロセス
 │                 │ 庁内評価／利用者評価：量的調査         │  │ 評価
 │                 │ 地域協議会判断：協議会資料分析         │  ┘
 ├─────────────────┼──────────────────────────────┤
 │      考察       │ 計画策定プロセス分析の考察             │
 │                 │ プロセス評価の考察                    │
 │                 │ 分析手法の考察                        │
 ├─────────────────┼──────────────────────────────┤
 │   課題と提言    │ 社会福祉における評価の必要性           │
 │                 │ A市次世代育成行動計画推進に向けての提言 │
 └─────────────────┴──────────────────────────────┘
               │
               ▼
     ┌──────────────┐
     │ 今後の方向性     │
     │ 現在の取組み     │
     └──────────────┘
```

り、この報告書と本案を比較することで、どれだけ住民の意見を受けて素案が変更されたかを明らかにする。また、素案と本案を比較することで、どれだけの変更があったかも明らかにする。さらに、素案と本案の違いをより明確にするために、計画策定1年目と同様に国により推進が期待されている事業（国施策）や県次世代育成支援行動計画（県計画）との比較も行う。

計画実施1年目は、計画進捗状況の把握、住民の満足度を測ることを目的に、それぞれ庁内評価と利用者評価を実施した。また、次世代育成支援対策地域協議会に両者の結果報告を行うことで、次年度に向けての課題を抽出した。庁内評価、利用者評価、次世代育成支援対策地域協議会という3者による総合的評価の実施はA市計画に記載済みであり、実施が必須であった。計画実施1年目であり129事業すべての評価を行うことは、A市職員と協議の結果難しいと判断されたため、重点施策およびソフト交付金関連事業の17事業について評価を実施した（将来的には、すべての事業での評価を意図している）。評価に当たっては、庁内評価ツール、利用者評価ツールをA市と協議の上作成した。この評価ツールを使用しての評価は、本研究においてはプロセス評価であるが、同時に今後の評価のための評価ツール開発の意義もある。しかし、本研究ではあくまで評価を行うことに主眼を置くため、ツール開発については詳細に述べないこととする。

そして3年間の研究をまとめた後、全体の考察を行い計画評価の重要性と今後のA市の次世代育成支援行動計画策定進捗について提言を行う。また本研究の限界や課題についても述べる。最後に本研究以降、現在まで行っている研究について述べることとする。それぞれの分析方法等の詳細は、第4章以降で記載する。

第3節　研究方法

■ 第1項　A市事例の研究

本研究はA市を取り上げて、計画策定プロセスと実施1年目について分析する事例の研究である。あくまでA市の事例を取り上げた研究であるが、事例研究との共通点や相違点を明らかにするために、事例研究について触れ

ることとする。

　事例研究は、ケース・スタディとも言われ（以下、事例研究）、多くの分野でさまざまに実施されてきており、現在も多くの事例研究が実施されているが、その正確さや客観性等が不十分であるという判断を下されることが多い（Yin、2003、P.1：Yin、1996、近藤訳、P.1-3：米本・高橋・志村ら、2004、P.3-16）。実際に手法について明示された文献は少ない（米本・高橋・志村ら、2004、P.3-16）。武藤（1999）は、事例研究法とは何かということ自体、研究者間でかなりのズレがあると述べている。

　事例研究としてフィールドワークやエスノメソドロジーを中心に論じているもの（柴坂、1999；箕浦2001）、エスノメソドロジーや参与観察と事例研究は別個のものであると捉えているもの（Yin、1996、近藤訳、P.15）、また、社会福祉における多くの事例研究がそうであるように事例研究にどのような方法が含まれるのか明示されていないものなど立場が分かれている。どういった方法でどのように行うものなのかについても、その研究者の分野や理論によって異なる。

　社会福祉の立場では、マイクロ分野中心で事例研究が行われてきたということは周知のとおりである。事例研究をもとにした事例集は数多く存在するが、手法等について十分に議論された文献は非常に少ない。米本・高橋・志村ら（2004）は、コミュニティワークにおける事例研究も当然含まれると述べ（P.12-13）、実際に事例研究としてコミュニティワーク事例を取り上げている（P.217-223）。また、長年事例研究の手法の教科書として使用されているYin（1996）の"Case Study Research Design and Methods"では、当然マクロ分野でも使用が可能なものであるとして、評価リサーチ（プログラム評価）の例を挙げ、事例研究を評価の一つとして位置づけている（P.29-31）。つまり、事例研究はマクロ分野での実施可能な評価手法の一つであるといえる。さらに、Yin（1996、近藤訳）は、事例研究は、現場で参与観察等の結果得られたようなデータでなく、図書館や電話の前から離れなくても、しっかりとした質の高い研究は行える（P.15）と述べている。

　Yin（1996）は事例研究をひとつのリサーチ戦略として考えており、事例研究の特徴として、「どのように」「なぜ」という説明的な問いに向いている

こと、現在の事象に焦点を当てたものであること、また、実験等と異なって事業に対して何らかの制限をかけるということがないと述べている（P.7-12）。そして事例研究を「経験的探求であり、特に現象と文脈の境界が明確でない場合に、その現実の文脈で起こる現在の現象を研究するもの」（P.18）と定義している。リサーチ戦略としての事例研究はデータ収集やデータ分析への特定のアプローチを取り込んだ設計の倫理を持つ、すべてを包括する方法からなる包括的なリサーチ戦略であるとものべている（P.19）。また、岩間（2004）は、事例研究をソーシャルワークの「研究方法」として捉えた場合、「帰納法」としてのアプローチであると述べている。和気（2006）は、地域福祉計画の策定方法の研究・開発と評価研究という文脈の中であるが、事例研究の重要性について触れ、「研究・開発の方法を用いた、実践→理論という帰納的な研究方法もまた有効な理論構築の方法である」と述べている。

　事例研究の証拠源（データ）には6つの種類がある（Yin、1996、P.105-121）。以下、まとめる。①「文章」：手紙やメモ、会議の議題、研究中の「現場」に関する公式の研究や評価など、②「資料記録」；サービス記録、組織図などの組織記録、「現場」について収集されたサーベイデータなど、③面接；自由回答形式、焦点化面接およびサーベイを含む、④直接観察、⑤参与観察、技術機器、⑥物理的人工物；道具や用品等である。また、データ収集原則の一つに「複数の証拠源（データ）の利用」がある（Yin、1996、P.121-133）。それは、6つの証拠源のうち複数を利用することが必要であるという原則である。その理由として、トライアンギュレーションをあげている。4つのトライアンギュレーションのタイプ（表3-2）があり、事例研究は1のタイプに関わる。複数の情報源からデータを収集するが、その目的は同じ事実を明らかにすることにある。また、このことを図に表すと図3-4になる。

表3-2　トライアンギュレーション

1．データ源（データのトライアンギュレーション）
2．異なった評価者間（研究者のトライアンギュレーション）
3．同じデータ群に関する視点（理論のトライアンギュレーション）
4．方法（方法論のトライアンギュレーション）

　（Yin、1996（近藤訳）、P.123-124およびYin、2003、P.98-99をもとに筆者作成）

図3-4 複数の情報源

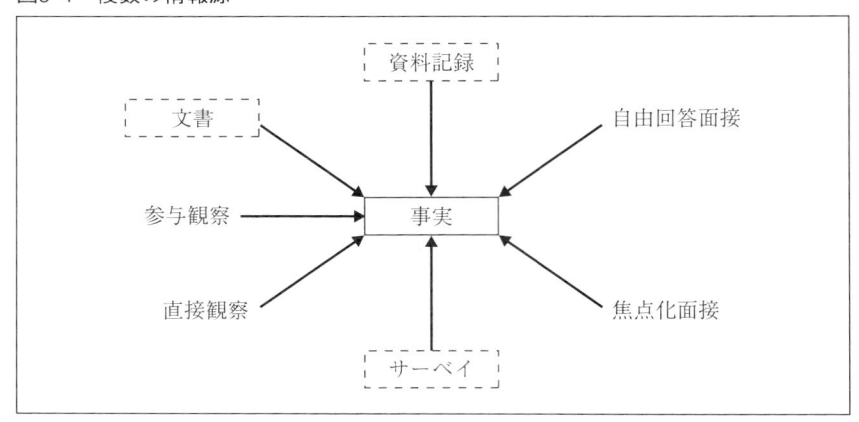

```
        資料記録
  文書              自由回答面接
参与観察  → 事実 ←
  直接観察           焦点化面接
        サーベイ
```

(Yin（1996（近藤訳）、P124；2003、P100）より筆者作成。破線は本研究での証拠源)。

表3-3 A市での研究で使用した証拠源

使用した証拠源	
①「文書」 （手紙やメモ、会議の議題、研究中の「現場」に関する公式の研究や評価など）	計画策定指針 国により推進が期待されている事業（国施策） 会議資料 A市に関する統計資料
②「資料記録」 （サービス記録、組織図などの組織記録、「現場」について収集されたサーベイデータなど）	ニーズ調査結果報告書 ヒアリング資料 タウンミーティング報告書 県次世代育成支援行動計画（県計画） A市計画素案 A市計画本案
③「面接」 （自由回答形式、焦点化面接およびサーベイを含む）	ニーズ調査結果報告書 タウンミーティング報告書

トライアンギュレーションの実施により、構成概念妥当性の確保を行うことができる。

　本研究では、計画策定およびその実施において住民参加（住民ニーズの反映）が行われているかどうかを明らかにすることを目的としている。収集したデータは、文書、資料記録、およびサーベイである（図3-4、表3-3）。つまり、本研究は事例研究としての一定の要件を満たしているといえる。しか

しながら、本研究では、A市計画実施1年目について、次項で述べるプロセス評価の手法と組み合わせて研究を行う。また、事例研究としての一定の要件を満たしているとはいえ、事例研究そのものの手法が確立されていない。以上のことを考えると、本研究は"事例研究"ではなく、あくまでも"A市の事例を取り上げた事例の研究"として取り扱うことが適切である。よって、分析には、事例研究に一定の根拠を置きつつも独自の手法を用いている。独自の手法とは、A市計画策定から実施1年目までの3年間に収集されたデータを中心に、計画策定期間の2年については「計画策定プロセスの分析」を、実施1年目については「プロセス評価」を実施している点である。

　計画が正しく実行されるためには、目的に沿った計画策定がなされていなければいけない。そのためには、計画策定の2年間について（1）計画策定の手順が指針に沿ったものであるかどうか、（2）「住民参加」という視点でのニーズや意見が反映されているか、という視点が必要である。この視点に沿った分析資料として、計画策定指針、ニーズ調査結果報告書、A市計画素案、国により推進が期待されている事業（国施策）、県次世代育成支援行動計画（県計画）、タウンミーティング報告書、およびA市計画本案を用いる。また、会議資料等の既存資料も含めて、詳細に分析を行うこととする。

■ 第2項　プロセス評価

　先行研究で述べたとおり、プロセス評価は社会福祉分野の計画では重要なものである。また行政評価の視点でも、成果重視の重要性も念頭に置きながら、再度プロセス評価へ注目することの重要性が指摘された。プロセス評価の実施方法にはさまざまな方法があり、目的に応じてそれを使用することが可能であることも同時に述べた。先行研究から日本における計画策定とその評価について、原点に立ち返り、どのような手続きで何のために策定されているかを確認するという"計画策定まで"のプロセスの確認が必要であることが言うまでもないが、実情、計画実施後の評価が十分なされておらず、次世代育成支援を10年間という長期的視点で考えた場合には、継続的に評価を行うことを前提に、プロセス評価としてまず1年目に計画が進捗しているのかどうか、また利用者の満足を得られるものであるかどうかを確かめること

に価値があることも明らかとなった。

　計画実施1年目については、(1)計画が予定通り進捗しているか、(2)利用者の満足を得られるものであるのかを評価の視点として、(1)に対しては、庁内評価を、(2)に対しては利用者評価を実施している。また、事業実施者と利用者との間での満足度の乖離（実施者は満足を与えるものとして実施しているが、利用者はそのように感じているのかどうか）を見るため、部分的に庁内評価と利用者評価の比較も行った。最後に、次世代育成支援対策地域協議会において、庁内評価結果および利用者評価結果が公表され、次年度に向けた課題が抽出されている。これについても評価の一つとして触れることとする。これらのプロセス評価のプロトコルは、本研究独自のものである。第1章で述べたようにプロセス評価は、目的や実情にあった手法を選択することが好ましいため、この方法が妥当であると判断した。

第4節　研究の手続き

　本研究における研究の評価の手続きは、以下の表3-4のようになる。計画策定1年目および2年目については、計画策定プロセスの分析を、実施1年

表3-4　研究の手続き

	方　法	内　容
計画策定 1年目	計画策定プロセスの分析 〈既存記述データの分析〉 ・文章 ・資料 ・サーベイ	1. 国の定めた手続きとA市計画策定手続きとの比較検討 2. 国施策、県計画との整合性比較検討 3. ニーズ調査結果の反映有無
計画策定 2年目	計画策定プロセスの分析 〈既存記述データの分析〉 ・文章 ・資料 ・サーベイ	1. 国の定めた手続きとA市計画策定手続きとの比較検討 2. タウンミーティング結果の反映有無 3. 国施策、県計画との整合性比較検討
計画実施 1年目	プロセス評価 〈既存記述データの分析〉 ・文章 ・資料 〈量的調査〉 ・庁内評価 ・利用者評価	1. 実施進捗状況の確認（庁内評価） 2. 利用者満足度（住民評価） 3. 次世代育成支援対策地域協議会における判断（課題明示）

目については、プロセス評価を実施する。

第5節　用語の定義

本節では、混乱しやすい用語の定義を行う。

■ 第1項　住民参加

「市民参加」という表現もあるが、指針において「住民参加」という表現が用いられていること、社会福祉法においても同様の表現が用いられていることから、本研究では、「住民参加」に表現を統一する。ただし、文献に引用されている表現はそのまま引用している。

■ 第2項　計画策定プロセスの分析とプロセス評価

「計画策定プロセスの分析」と「プロセス評価」は、全く別のものである。

「計画策定プロセスの分析」とは、計画策定期間2年間についての分析を行ったものである。具体的には、収集した文章・資料・サーベイ結果等を使用し、計画策定のプロセスについての記述を詳細に行い、分析を行うことを指す。この方法は、本研究独自のものである。

「プロセス評価」とは、「プログラム評価」の手法の一つの段階で実施される評価手法であり（Rossiら、2005）、本研究では計画実施1年目の進捗状況のチェックとして「庁内評価」・「利用者評価」を実施している。

本研究は、この「計画策定プロセスの分析」と「プロセス評価」を組み合わせるという独自の手法を用いている。

第4章
計画策定プロセスの分析1
計画策定1年目（2003年度）

　本章では、計画策定1年目について計画策定プロセスの分析を行う。2003（平成15）年度は、計画策定期間2年間の前半部分である。（1）2003（平成15）年度次世代育成支援行動計画素案を策定するまでのプロセスの分析、（2）できあがった素案と国・県および住民アンケート結果等との比較による分析を行った。まず、第1節では、どのようなプロセスで素案策定が行われたのかを示す。第2節では、国の指針の策定手続きとA市の手続きを比較し、次に第3節で住民アンケート項目と指針による「モデル質問紙」とを比較している。第4節では、第1節の手続きを経てできた計画素案と、国施策・県計画との比較を、第5節では、住民アンケート調査等との関係をみ、第6節で結果を述べる。

第1節　A市の計画策定プロセス（1年目）

　計画策定プロセスの全体像については第3章図3-2で述べたとおりである。本節では、A市次世代育成支援行動計画素案及びA市次世代育成支援行動計画本案から、そのうち1年目の計画策定プロセスについて、少し詳しく述べる。

計画策定に当たっては、市民福祉部子育て支援課（当時）が事務局となり、さまざまな連絡調整及び実務等を行っている。2003（平成15）年度計画策定スケジュールは、次の表の通りである（表4-1）。

表4-1　2003（平成15）年度計画策定スケジュール（A市資料をもとに作成）

月	事務局	拡大事務局*1	大学*2	庁内策定研究会*3	部長会	福祉対策審議会（全体会）および次世代育成支援部会*4	次世代育成支援小委員会*5	住民等に対しての動き
4月	・6月補正案の検討（行動計画策定費）							
5月	・市長・助役に説明 ・現業作業の課題整理	・立ち上げ	アンケート作成	プレ庁内策定研究会				
6月	〈補正予算〉 ・各種打ち合わせ		アンケート作成			第1回全体会（6月4日）		
7月	・各種打ち合わせ		アンケート作成	庁内策定研究会（第1回）				
8月	・厚生労働省先行50市課題会議 ・現状課題の収集		アンケート作成		第1回	第1回次世代育成支援部会（8月6日）		
9月	・各種打ち合わせ ・ヒアリング実施 ・住民アンケート実施	・人口推計について	アンケート発送（9月25日）					・「次世代育成支援に関するアンケート」実施 ・ヒアリング実施
10月	・各種打ち合わせ ・骨子内容 ・企業アンケート（文書回答）実施	・現状と課題のまとめ ・計画のメイン事業 ・各課ヒアリング	・アンケート回収および集計	庁内策定研究会（第2回）				

11月	・各種打ち合わせ ・素案	・骨子内容 ・企業アンケート（文書回答）	・アンケート分析 ・素案（案）	庁内策定研究会（第3回）			第1回小委員会（11月25日）	
12月	・各種打ち合わせ ・計画案	・計画案検討	・計画案	庁内策定研究会（第4回）			第2回小委員会（12月18日）	次世代育成支援に向けた懇親会
1月	・各種打ち合わせ ・計画案	・計画案検討	・計画案	庁内策定研究会（第5回）		第2回全体会（1月26日） 第2回次世代育成支援部会（1月27日）	第3回小委員会（1月14日）	次世代育成支援に向けた懇親会
2月					第2回	第3回全体会（2月4日）	第4回小委員会（2月24日）	次世代育成支援に向けた懇親会
3月	・印刷					第3回次世代育成支援部会（3月23日） 第4回全体会（3月29日）	第5回小委員会（3月11日）	

*1 拡大事務局とは、事務局以外関係課を含めたもの（各課主幹クラス）
*2 大学とは、筆者の所属していた研究室。委託を受け、アンケート作成・実施分析等を行った。
*3 庁内策定研究会とは、全庁的に次世代育成支援に取り組むために庁内で組織化されたもの。関係課すべてによる意見交換等を行っている。
*4 次世代育成支援部会とは、福祉対策審議会（全体会）のうち、次世代育成支援に造詣の深い委員と新しく次世代育成支援部会のために招集された委員とで構成されたものであり、次世代育成支援に特化して協議するものである。
*5 次世代育成支援小委員会とは、事務局と次世代育成支援部会の会長・副会長から組織されている。

　計画策定のプロセスを大きく、住民、庁内、福祉対策審議会および次世代育成支援部会、事業者に分けて述べていく。事務局については全体を把握しているものであるので、詳細に述べることは避け、特に住民に対しての動きに重点を置いてまとめる。きれいに分類されないものもあるが、その際は中心となる対象から考えてまとめている。

■ 第1項　住民に対しての動き

　住民に対してニーズ把握のために行ったものとして、住民アンケート調査である「次世代育成支援に関するアンケート調査～A市次世代育成支援行動計画策定のためのアンケート調査～」（以下、「A市次世代育成支援に関するアンケート」）、ヒアリング、次世代育成支援に向けての懇談会の3つがあげられる。

1　「次世代育成支援に関するアンケート調査～A市次世代育成支援行動計画策定のためのアンケート調査～」

　まず調査の目的であるが、大きく3点ある。①サービス利用者の意向および動向、実態を把握すること、②次世代育成支援に必要なサービスの量的なニーズを的確に把握し、行動計画を策定するための基礎資料を得ること、③現行サービス・事業の評価とともに、子ども市民を含むA市民が望んでいるサービスや子育てに関する考え方を把握することである（A市、2003a）。

　調査対象者は、就学前児童保護者、小学1-3年生保護者、小学校5年生・中学校2年生保護者、小学校5年生本人、中学校2年生本人、20歳代男女、50～79歳の男女の7対象であった。調査方法は、これら7対象者に対する郵送および学校配布・回収によるアンケート調査であった。調査時期は、郵送調査については、2003（平成15）年9月22日～10月1日、学校配布・回収については、2003（平成15）年9月25日～30日であった。

　表4-2に、対象者および対象者数、調査方法、調査期間をまとめている。

　なお、本節では策定段階でどのような手順を踏んで計画策定が行われたかについて重点的に説明するため、この調査結果については、有効回答数および有効回答率等にとどめる（表4-3）こととする。本調査の結果は、次世代育成支援行動計画素案で報告される分析結果の記述とは別に、「A市次世代育成支援行動計画策定のための次世代育成支援に関するアンケート調査結果報告書」として、2004（平成16）年3月に公表され、配布されている。

表4-2 「A市次世代育成支援に関するアンケート」調査対象者等

対象者	対象者数	調査方法	調査期間（2003年）	備考
就学前児童保護者	1,300名	郵送記述の後返送	9月22日～10月1日	住民基本台帳から就学前児童のいる家庭を抽出したのち無作為抽出。対象年齢人口の約20%を抽出。
小学1-3年生保護者	834名	学校配布・回収	9月25日～9月30日	市内小学校から学校およびクラスを無作為抽出。小学校に通う対象年齢児童の20%を目標に抽出。
小学5年生・中校2年生保護者	568名	学校配布・回収	9月25日～9月30日	市内小学校から学校およびクラスを無作為抽出。小中学校に通う対象年齢児童の20%を目標に抽出。
小学校5年生本人	282名	学校配布・回収	9月25日～9月30日	市内小学校から学校およびクラスを無作為抽出。小学校に通う対象年齢児童の20%を目標に抽出。
中学校2年生本人	286名	学校配布・回収	9月25日～9月30日	市内小学校から学校およびクラスを無作為抽出。中学校に通う対象年齢児童の20%を目標に抽出。
20歳代男女*	500名	郵送・記述の後返送	9月22日～10月1日	住民基本台帳から無作為抽出。
50歳～79歳男女*	500名	郵送・記述の後返送	9月22日～10月1日	住民基本台帳から無作為抽出。
合計	4,270名			

（*20歳男女および50～79歳男女については、調査予算等の問題で他の調査対象者と同等の抽出率に達していない）

表4-3 「A市次世代育成支援に関するアンケート」配布数・回収数・有効回答率

対象者	配布数	回収数	回収率	有効回答数	有効回答率
就学前児童保護者	1,300	566	43.5%	545	41.9%
小学1-3年生保護者	834	654	78.4%	637	76.4%
小学校5年生・中学校2年生保護者	568	476	83.8%	465	81.9%
小学校5年生本人	282	275	97.5%	274	97.2%
中学校2年生本人	286	263	92.0%	260	90.9%
20歳代男女	500	138	27.6%	137	27.4%
50歳～79歳男女	500	243	48.6%	232	46.4%
合計／平均	4,270	2,615	61.2%	2,550	59.7%

（「A市次世代育成支援行動計画策定のための次世代育成支援に関するアンケート調査結果報告書」より）

2 ヒアリング

　子育ての当事者（3対象）に各1回ずつ、合計3回のヒアリングを実施している。実施対象、調査日、参加人数等については以下の通りである（表4-4）。いずれも計画に意見を生かすことが目的で実施されている。この結果については、素案に記述がある以外、公表された結果は存在していない。素案に記載されている結果については別途記述する。

　表4-4の4については、厳密にはヒアリングには入らない。しかし、A市の分類に従って記載している。少し説明を加えると、A4サイズ1枚の用紙に、数行ずつ自由筆記が可能なアンケートを子育て支援センターや幼稚園で配布し、その場で回答してもらう形式を取ったものである。実際には、親子で参加する事業であるため、親の負担とならないように、親自身が直接に記述するというより、子育て支援センター職員等が、一人一人聞き取ってその文言のまま記述するという形式で収集したものも多い。そのため、ヒアリングに分類していると思われる。

表4-4　ヒアリング（A市素案より作成）

回数	対象	調査日（2003年）	参加人数	備考
1	保育所父母の会	9月17日（水）	9名	子どもが保育所に通所している保護者
2	育児ファミリー・サポート・センター依頼会員	9月24日（水）	5名	ファミリー・サポート・センターにおいて育児支援を受ける依頼会員
3	4ヵ月健診を受診した乳幼児の親	10月21日（火）	8名	健診受診後の親
4*	子育て支援センター事業参加者、来所者、母親サークル	9月8日（月）〜9月26日（金）	581名	公立幼稚園に子どもが通っている保護者も含まれる

（＊厳密には、ヒアリングに入らないが、A市計画素案および本案どおり記載している）

3 次世代育成支援に向けての懇談会

　さまざまな分野で活躍している住民の声を聞き、計画に生かすことを目的として、合計6回実施されている。参加者としては、子育てサービス支援者、子育て当事者、NPO法人、事業者、小児科医、教育関係者、地域福祉関係

者などである。この懇談会は、次年度（2004年度）実施のタウンミーティングに向けての準備という意味合いもかねていた。日時や懇談内容については、表4-5の通りである。この結果についても特に素案等に記載はなく、詳細等は公表されていない。

表4-5　次世代育成支援に向けての懇談会（A市素案より作成）

回数	日時	懇談内容
第1回	2003年12月9日（火）	次のAを担う市民を育むために －それぞれの立場から－
第2回	2003年12月25日（木）	子育て支援　母親は何を求めているのか 　　　　　　父親の子育て観について
第3回	2004年1月20日（火）	次世代の育成の支援に立ち、主人公である子どもの育ちをトータルに支援する環境づくり
第4回	2004年2月13日（金）	生まれる前からの、そして乳幼児健診と連携した子育て支援に必要なもの
第5回	2004年2月18日（水）	今求められている、福祉と教育の縦割りを超えた子育て支援のスタイルは？
第6回	2004年2月25日（水）	子どもにとって安全・安心な地域とは？ 子どもの居場所と大人の役割

■ 第2項　庁内での動き

　庁内での動きについて、計画策定体制および関係団体へのヒアリングについて述べる。

1　事務局、拡大事務局、庁内策定研究会および部長会

　先に述べたように、子育て支援課（当時）が事務局となって各種調整を行っていた。事務局の他に、特に次世代育成支援と関係の深い課や団体等を加えた「拡大事務局」があり、さらに、全庁的な取組みを実施するための組織として「庁内策定研究会」を設けている。その上の組織として「部長会」がある。それぞれ事務局の調整により会議等が実施されていた（表4-1）。また、「A市次世代育成支援に関するアンケート調査」実施等に当たって、筆者の所属していた研究室が、A市より調査を委託されていた。
　2003（平成15）年度は、庁内策定研究会として5回、部長会として2回の

会議の機会をもうけ、素案策定のための話し合いを行っている。

2　子育てサービス提供者へのヒアリング

　子育てサービス提供者に対して、ヒアリングを4対象者、各1回ずつ行っている。子育てサービス提供者には、ボランティアグループ等正確には庁内体制に含まれていないものもあるが、子育てに関わる団体を「拡大事務局」として扱っているため、庁内ヒアリングに含めている。詳細は以下である（表4-6）。

表4-6　子育てサービス提供者へのヒアリング（A市素案および本案を改変）

回数	対象	調査日（2003年）	参加人数	備考
1	子育てボランティアグループ	9月1日(月)	11名	親子仲間づくり広場において活動するボランティアグループ
2	育児ファミリー・サポート・センター協力会員（サブリーダー）	9月11日(木)	6名	ファミリー・サポート・センターにおいて育児支援を行う協力会員
3	公立保育所（保育士）	9月11日(木)	8名	公立保育所保育士（各園1名）
4	私立幼稚園（園長）	10月8日(水)	7名	私立幼稚園園長

■ 第3項　福祉対策審議会、次世代育成支援部会および次世代育成支援小委員会

　A市福祉対策審議会において、次世代育成支援についても審議を行っている。また、福祉対策審議会の中に、次世代育成支援部会を置き、新たに臨時委員を任命することで、計画策定についての審議を行っている。次世代育成支援小委員会とは、次世代育成支援部会の会長および副会長と事務局が審議を行ったものである。

　2003（平成15）年度は、福祉対策審議会（以下、全体会）は計4回、次世代育成支援部会は計3回、次世代育成支援小委員会は計5回実施されている。
　詳細は以下である（表4-7、表4-8、表4-9）。

表4-7 2003（平成15）年度　福祉対策審議会（全体会）

回数	日時	内容
第1回	2003年6月4日	諮問 A市次世代育成支援行動計画策定について 次世代育成支援部会設置
第2回	2004年1月21日	次世代育成支援行動計画（素案）の策定経過報告について
第3回	2004年2月4日	次世代育成支援アンケート調査結果概要について 次世代育成支援行動計画（素案）骨子について
第4回	2004年3月29日	次世代育成支援アンケート調査結果について 次世代育成支援行動計画（素案）について 先行策定モデル市としての国への報告について

表4-8 2003（平成15）年度　次世代育成支援部会

回数	日時	内容
第1回	2003年8月6日	部会長、副部会長の選任 計画策定の背景と現在の状況について 次世代育成支援アンケート調査の実施について
第2回	2004年1月27日	次世代育成支援アンケート調査結果概要について 次世代育成支援行動計画（素案）骨子について
第3回	2004年3月23日	次世代育成支援アンケート調査結果について 次世代育成支援行動計画（素案）について

表4-9 2003（平成15）年度　次世代育成支援小委員会

回数	日時	内容
第1回	2003年11月25日	次世代育成支援行動計画（素案）の策定について
第2回	2003年12月18日	次世代育成支援行動計画（素案）の全体概要について
第3回	2004年1月14日	次世代育成支援行動計画（素案）の全体概要の修正について
第4回	2004年2月24日	次世代育成支援行動計画（素案）について
第5回	2004年3月11日	次世代育成支援行動計画（素案）部会報告最終調整について タウンミーティングについて

■第4項　事業者に対しての動き

　次世代法における市町村行動計画では、事業者との連携・連帯についても述べられている（厚生労働省雇用均等・児童家庭局、2003）。また、同時に301人以上の従業員を抱える事業所は、次世代育成支援行動計画策定が義務付けられている（当時）（厚生労働省雇用均等・児童家庭局、2003）。A市で

は、これをふまえて事業所に対して、アンケート調査およびヒアリングを実施している。

1 次世代育成支援企業アンケート

A市内にある301人以上の従業員をかかえる企業97社を抽出し、郵送によるアンケート調査を実施している。配布時には、一般事業主行動計画策定指針（抜粋）を資料として添付している。調査期間は、2003（平成15）年10月31日から11月7日であった。結果については、回収数が、97社のうち数十社であったこと、実際に計画策定を行うのは本社であることの2つの理由からA市内に本社のある6社についてのみ結果を報告している（A市、2003c）。

2 事業者ヒアリング

2社に対して各1回ずつヒアリングを実施している。詳細は以下である（表4-10）。

表4-10 事業者ヒアリング

回数	対象	調査日（2003年）	参加人数	備考
1	C電気工業（株）A製作所	10月31日（金）	3名	人事担当者および労働組合役員
2	（株）Dスーパーマーケット本社	11月6日（木）	2名	人事担当者

第2節　指針の計画策定手順とA市計画策定手順の比較

次に第1節で述べたA市の計画策定手続きが、指針に基づいたものであるかどうかを比較検討する。まず、指針に記載されている計画策定スケジュールについて述べ、その後、比較検討した結果についてまとめる。

■ 第1項　指針による計画策定手順

1　指針による計画策定スケジュール例

指針には、計画策定スケジュール例が大まかであるが示されている（厚生労働省雇用均等・児童家庭局、2003）。それは次のとおりである（表4-11）。

表4-11　指針による計画策定スケジュール例（厚生労働省雇用均等・児童家庭局（2003、P.40）より、筆者作成）

年月	厚生労働省	都道府県	先行策定市町村
8月	・先行策定市町村公表 ・先行市町村および都道府県担当課長会議開催 ・策定指針および策定の手続き決定、通知 ・先行市町村および都道府県担当課長会議開催（中間報告）		
9月			・計画策定のニーズ調査の開始
10月			・ニーズ調査結果の集計・まとめ
11月			・行動計画素案の策定開始 ・サービスのニーズ量を推計・把握
16年2月	・先行策定市町村の定量的な目標事業量の取りまとめ ・先行市町村および都道府県担当課長会議の開催（素案についての報告）	・先行策定市町村の定量的な目標事業量を国に報告	・定量的な目標事業量を都道府県に報告 ・計画素案の決定
3月	・素案の全国への通知		

2　指針に示される計画策定手続き

　第1章であげたとおり、計画策定の手続きとして大きく3つを記載している。それは①現状の分析（人口構造、産業構造等の地域特性、利用者のニーズの実情、サービス提供の現状やサービス資源の状況等次世代育成支援に関する各種資料を分析して計画策定に生かしていくこと）、②ニーズ調査の実施（市町村は、サービス利用者の意向および生活実態を把握し、サービスの量的および質的なニーズを把握した上で計画を策定すること）、③住民参加と情報公開（計画策定の段階において、サービス利用者等としての地域住民の意見を反映させるため、公聴会、懇談会または説明会の開催等を通じて計画策定に係る情報を提供すると共に、住民の意見を幅広く聴取し、反映させること）である。また、計画を策定または変更したときは、広報誌やホー

ムページ等の掲載等により公表し、適時かつ適切に広く住民に周知を図る必要があることを示している。また、市町村内での全庁的な体制の必要性についても記載がある。

■第2項　指針で示される手続きとA市の手続きの比較

本節第1項でのべた手続きと、第1節で述べたA市の策定手続きを比較する。

1　計画策定スケジュールの比較

第1節表4-1と本節表4-11を比較すると、概ね指針に沿った形で計画策定が進行していたことが理解できる。これは、A市が先行モデル市町村であり、国の示す手続きに沿った進行が必須と考えた上で行動してきたことの現われであるといえる。

2　計画策定手順の比較

本章第1節で述べた、A市の行ってきたことと、計画策定手順を簡単に比較すると表のようになる（表4-12）。

例えば、指針手順の「①現状の分析」で記載されている人口構造や産業構造等の地域特性については、A市素案の「概要と特色」や「人口動態の特色」「婚姻数と非婚率の特色」として記載されており、計画策定手順として示されている3つの内容（表4-12）についてはすべて実施されていることがわかる。さらに、手順には記載されていない企業アンケートや事業者、庁内に対してのヒアリングを実施するなどしており、指針記載内容（事業者との連携、全庁的取組みの必要性）についても考慮した上で、素案作成を行っていることがわかる。

全庁的取組みに関しては、拡大事務局の設置や庁内研究会の計5回の実施、部長会の実施を行っている。

福祉対策審議会においても次世代育成支援部会をもうけ、計3回会議を行い、さらに小委員会の実施も5回行っている。

以上のことから、A市における計画素案策定手順については、手続き上、

指針に忠実に従って策定されているということができる。指針の策定手順に加えて、A市としての姿勢を含めた計画策定体制があったといえる。

表4-12 策定手順の比較（厚生労働省雇用均等・児童家庭局、2003およびA市、2003より作成）

指針策定手順	指針手順の詳細	A市素案策定における記載または策定手順
①現状の分析	・人口構造 ・産業構造等の地域特性 ・利用者のニーズ実情 ・サービス資源の状況等	〈素案への記載〉 ・概要と特色：伝統と歴史、豊かな自然に包まれた子育て・子育てのまち ・人口動態の特色 ・婚姻数と非婚率の特色 ・少子化、地域子育て支援に関するこれまでの取組み ・アンケート調査の結果と分析
②ニーズ調査の実施	・利用者の意向と生活実態の把握 ・サービスの量的・質的ニーズの把握	・7対象者に向けての量的ニーズ調査の実施 ・ヒアリング（利用者）の実施
③住民参加と情報公開	・公聴会、懇談会または説明会の開催等 ・計画策定に係る情報提供する ・住民の意見を幅広く聴取し、反映させる	・ヒアリング（利用者）の実施 ・次世代育成支援に向けての懇談会 ・素案のホームページ公開 ・量的ニーズ調査結果報告書の公開
指針に記載のないもの		・企業アンケート ・ヒアリング（事業者、庁内）

第3節　指針記載住民アンケートと「A市次世代育成支援に関するアンケート」の対象者および質問項目比較

　先にも述べたように、A市においては大掛かりな住民ニーズ調査を実施した（第1節表4-3）。

　この住民ニーズ調査については、指針に「モデル質問紙」が用意されており、「～が望ましい」という表現が用いられ、調査対象、調査種類、調査対象、質問項目および配布方法・回収方法が示されている。つまり、市町村の状況に合わせて「モデル質問紙」の内容を適宜変更しながら実施することが「望ましい」とされているのである。この「モデル質問紙」の質問項目の多

くが、保育ニーズおよび放課後児童健全クラブニーズを量的に把握するものとなっている。さらに、この量的ニーズ把握の設問に関しては、後に配布された量的ニーズ推計のための計算ファイルに用いることが想定されていた。

なお、「モデル質問紙」の最後には、「保育サービスなどの利用満足度や子育て一般に関する意識・要望などに関する設問を、各市区町村で任意に加えて下さい」との記述と共に、選択肢案が提示されている。

以下、表4-13・表4-14・表4-15で、調査対象および質問項目概要を比較する。比較には、「モデル質問紙」と「A市次世代育成支援に関するアンケート」を使用する。表中のゴチック体文字は、「モデル質問紙」と「A市次世代育成支援に関するアンケート」のどちらか一方にしかない項目を指す。また、表4-14および表4-15内で、網掛けとなっている項目は、各市町村任意の項目として「モデル質問紙」に記載されていたものである。なお、比較には、「就学前児童保護者」および「小学校児童保護者」のみを使用する。まず「就学前児童保護者」を比較し、次いで「小学校児童保護者」を比較する。

表4-13 「モデル質問紙」と「A市次世代育成支援に関するアンケート」対象者比較
（厚生労働省雇用均等・児童家庭局、2003およびA市、2003および「A市次世代育成支援に関するアンケート」用紙より、筆者作成）

「モデル質問紙」	「A市次世代育成支援に関するアンケート」
就学前児童保護者用	就学前児童保護者用
小学校児童保護者用	小学1-3年生保護者用
	小学校5年生・中学校2年生保護者用
	小学校5年生本人
	中学校2年生本人
	20歳代男女（子育て世代）
	50歳～79歳男女（子育て応援世代）

表4-14 就学前児童保護者用「モデル質問紙」と「A市次世代育成支援に関するアンケート」項目比較
（厚生労働省雇用均等・児童家庭局、2003およびA市、2003および「A市次世代育成支援に関するアンケート」用紙より、筆者作成）

「モデル質問紙」(就学前児童保護者用)		「A市次世代育成支援に関するアンケート」(就学前児童保護者用)	
属性		属性	子どもの性別

属性	子どもの生年月日	属性	子どもの生年月日
	子どもの数および年齢		子どもの数および年齢
			同居家族人数
			家族構成
			近くに頼れる親戚の有無
	子どもの世話の主担当		子どもの世話の主担当
			アンケート記入者
			居住年数
			A市内での子育て経験有無
			インターネット使用有無
			住居タイプ
			保護者年齢
			保護者職業
			保護者勤務形態
			保護者収入（1年間）
	住まいの地区		住まいの地区
子育て支援サービスの認知度・利用意向	認知度	A市での子育て支援事業・サービス・施設についての設問	A市内子育て支援事業・サービス・施設の認知度（全43項目）
			A市内子育て支援事業・サービス・施設の利用度（全43項目）
	利用意向		A市内子育て支援事業・サービス・施設の利用意向（全43項目）
	利用経験		
	（必要に応じて加えるべき項目：サービス等の満足度）		A市内子育て支援事業・サービス・施設の満足度（前43項目）
			事業・サービスを利用しての感想
			子育て支援活動で使用してみたい場所
平日の保育希望	利用意思	平日の保育希望	利用意思
	利用希望日数		利用希望日数
	利用希望時間帯		利用希望時間帯
	主な希望サービス		主な希望サービス
	預けたい理由		預けたい理由

平日の保育状況	利用している保育サービスの種類（認可保育所、幼稚園、認可外、ベビーシッター、ファミリーサポート、親戚、知人等）	平日の保育状況	利用している保育サービスの種類（認可保育所、幼稚園、認可外、ベビーシッター、ファミリーサポート、親戚、知人等）
	利用日数		利用日数
	利用時間帯		利用時間帯
	今後の希望		今後の希望
土曜・休日の保育希望	利用意思	土曜・休日の保育希望	利用意思
	利用希望日数		利用希望日数
	利用希望時間帯		利用希望時間帯
		保育サービスに預けている親への質問	子どもの送り迎え
			自宅から保育施設までの距離
			職場から保育施設までの距離
			希望保育施設に入所できたか
			保育所を選ぶ理由
１年間に子どもが病気で預けている場所（保育所、幼稚園、認可外保育所等）を休んだ経験【病後児保育】	休んだ有無	１年間に子どもが病気で預けている場所（保育所、幼稚園、認可外保育所等）を休んだ経験【病後児保育】	休んだ有無
	その際、誰が子どもの面倒を見たか（日数含む）		その際、誰が子どもの面倒を見たか（日数含む）
	保護者が仕事を休んだ、あるいは親族・知人等に預けた場合の困難度		
この１年間に冠婚葬祭等で、子どもの面倒を日中見られなくなった経験【一時預かり】	経験有無	この１年間に冠婚葬祭等で、子どもの面倒を日中見られなくなった経験【一時預かり】	経験有無
	その際、誰が子どもの面倒を見たか（日数含む）		その際、誰が子どもの面倒を見たか（日数含む）
	面倒を見ることや親族・知人等に預ける場合の困難度		
この１年間に、保護者の用事などにより、子どもを泊りがけで家族以外に預けた経験	経験有無	この１年間に、保護者の用事などにより、子どもを泊りがけで家族以外に預けた経験	経験有無
	その際、誰が子どもの面倒を見たか（日数含む）		その際、誰が子どもの面倒を見たか（日数含む）
	親族・知人に預けた場合の困難度		親族・知人に預けた場合の困難度
		母親の就労について	勤務有無および勤務日数
			勤務時間
			土・日・祝日の勤務程度
			就労開始時間

		母親の就労について	終業時間
			母親の就労理由
			就労中の子どもの居場所
		未就労の母親について	就労意思有無
			就労意思のある場合の条件（例：子どもを預けられたら働く　等）
			就労意思のある場合の就労形態
			就労する場合の子どもの保育場所
			預かり保育実施の場合、どの施設に預けたいか（保育所、幼稚園等）
			就労意思のない場合の理由
		子育て支援に関する設問	仕事と子育ての両立
			住居
			経済支援
			子育て支援
			保育
			母子保健
			地域づくり・環境
			教育
	（必要に応じて加えるべき項目：子どもの遊び場）		遊び場
	（必要に応じて加えるべき項目：外出時困ること）		外出時困ること
		子育てに関する考え方	
（必要に応じて加えるべき項目：子育てに関する悩みや不安感、相談相手）		子育ての不安や負担、相談相手	子育ての不安
			子育ての負担
			子育てをしていて感じること
			相談相手
（必要に応じて加えるべき項目：子育てに関する情報の入手方法）		子育てに関する情報の入手方法	
		情報提供の方法として利用したいもの	
		男女の家事育児分担等	

第4章 計画策定プロセスの分析1　計画策定1年目（2003年度）　77

		育児休業に関する設問	
（必要に応じて加えるべき項目：行政サービスへの要望）		行政サービスへの要望	
（必要に応じて加えるべき項目）	自主的な活動への参加状況		
（必要に応じて加えるべき項目）	一時保育に関する意向		

　表4-13および表4-14から、「A市次世代育成支援に関するアンケート」は、「モデル質問紙」に記載されている、量的ニーズ推計に係る項目のみでなく、A市独自の項目を含めて調査を実施していることがわかる。

　また、「モデル質問紙」記載の、「必要に応じて加えるべき項目」についても「自主的な活動への参加状況」や「一時保育関する意向」以外は、ほぼ質問項目に盛り込まれている（ただし、病後児保育や一時預かりに係る保護者の困難度についてはたずねていない。これはA市がこういった"緊急事態"に子どもを預けることを当然「困難」と考え調査を実施したためであり、ニーズ算出時には「困難度」を「高い」ものとして計算を行っている）。「自主的な活動への参加状況」については、母親サークル等の参加者へのヒアリングを行っている。従って、就学前児童保護者に対するアンケートは、国の「モデル質問紙」を使用しつつも、A市の実情やA市の知りたい情報を組み合わせて聞いている質問紙であり、独自性のあるものであると判断できる。

　表4-15から、小学校児童保護者についても、「モデル質問紙」の項目を使

表4-15　小学校児童保護者用「モデル質問紙」と「A市次世代育成支援に関するアンケート」項目比較
（厚生労働省雇用均等・児童家庭局、2003およびA市、2003および「A市次世代育成支援に関するアンケート」用紙より、筆者作成）

「モデル質問紙」（小学校保護者用）		「A市次世代育成支援に関するアンケート」（小学校保護者用）	
属性		属性	子どもの性別
	子どもの学年		子どもの学年
	子どもの数および年齢		子どもの数および年齢
			同居家族人数

属性		属性	家族構成
			近くに頼れる親戚の有無
	子どもの世話の主担当		子どもの世話の主担当
			アンケート記入者
			居住年数
			A市内での子育て経験有無
			インターネット使用有無
			住居タイプ
			保護者年齢
			保護者職業
			保護者勤務形態
			保護者収入（1年間）
	住まいの地区		住まいの地区
子育て支援サービスの認知度・利用意向	認知度	A市での子育て支援事業・サービス・施設についての設問	A市内子育て支援事業・サービス・施設の認知度（全33項目）
			A市内子育て支援事業・サービス・施設の利用度（全33項目）
	利用意向		A市内子育て支援事業・サービス・施設の利用意向（全33項目）
	利用経験		
	（必要に応じて加えるべき項目：サービス等の満足度）		A市内子育て支援事業・サービス・施設の満足度（前33項目）
			事業・サービスを利用しての感想
			子育て支援活動で使用してみたい場所
平日の放課後児童クラブ利用希望	利用希望有無	平日の放課後児童クラブ利用希望	利用希望有無
	利用希望日数		利用希望日数
	利用希望時間帯		利用希望時間帯
	利用したい理由		利用したい理由
土曜日の放課後児童クラブ利用希望	利用希望有無	土曜日の放課後児童クラブ利用希望	利用希望有無
	利用希望日数		利用希望日数
	利用希望時間帯		利用希望時間帯
	利用したい理由		利用したい理由

平日の放課後児童クラブの利用状況	利用有無	平日の放課後児童クラブの利用状況	利用有無
	利用頻度		利用頻度
	利用時間帯		利用時間帯
			利用したい理由
土曜日の放課後児童クラブの利用状況	利用有無	土曜日の放課後児童クラブの利用状況	利用有無
	利用頻度		利用頻度
	利用時間帯		利用時間帯
			利用したい理由
この1年間に、保護者の用事などにより、子どもを泊りがけで家族以外に預けた経験	経験有無	この1年間に、保護者の用事などにより、子どもを泊りがけで家族以外に預けた経験	経験有無
	その際、誰が子どもの面倒を見たか（日数含む）		その際、誰が子どもの面倒を見たか（日数含む）
	親族・知人に預けた場合の困難度		親族・知人に預けた場合の困難度
		子育て支援に関する設問	仕事と子育ての両立
			住居
			経済支援
			子育て支援
			保育
			母子保健
			地域づくり・環境
			教育
	（必要に応じて加えるべき項目：子どもの遊び場）		遊び場
	（必要に応じて加えるべき項目：外出時困ること）		外出時困ること
		子育てに関する考え方	
（必要に応じて加えるべき項目：子育てに関する悩みや不安感、相談相手）		子育ての不安や負担、相談相手	子育ての不安
			子育ての負担
			子育てをしていて感じること
			相談相手
（必要に応じて加えるべき項目：子育てに関する情報の入手方法）		子育てに関する情報の入手方法	
		情報提供の方法として利用したいもの	
		男女の家事育児分担等	家事育児分担等の考え方

		育児休業に関する設問	育児休業取得有無等
（必要に応じて加えるべき項目：行政サービスへの要望）		行政サービスへの要望	行政サービスへの要望
（必要に応じて加えるべき項目）	自主的な活動への参加状況		
（必要に応じて加えるべき項目）	放課後児童健全育成事業への要望		
（必要に応じて加えるべき項目）	子どもの居場所		
（必要に応じて加えるべき項目）	児童館		
（必要に応じて加えるべき項目）	子どもの地域活動への参加状況		

用しながら、独自性のある質問紙を作成して調査を実施したことがわかる。「必要に応じて加えるべき項目」の中の、「自主的な活動への参加状況」「子どもの居場所」「児童館」「子どもの地域活動への参加状況」については、「小学校5年生本人用」および「中学校2年生本人用」という子ども用質問紙でたずねており、一応の網羅は出来ていると考えられる。

ここまで質問紙の比較をしてきたが、結果としてA市の質問紙は、対象者および質問内容どちらについても指針内容を忠実に守りつつ、独自の項目を盛り込んでいると判断できる。

第4節　素案と指針／国施策／県計画の比較

本節では、素案記載事業と指針、国による指針記載の事業（国により推進が期待されている事業）（以下、国施策）、県の次世代育成支援行動計画（以下、県計画）とを比較する。その理由は、大きく3点ある。（1）指針に基づいた内容が計画素案に盛り込まれているかを把握するため、（2）国施策との関連および県計画との整合性の観点から計画素案に盛り込まれた可能性のある事業を把握するため、（3）（1）および（2）を実施することによって、指針、国および県との関係から、「実施しなければならない」あるいは

「実施する必要のある」事業を明らかにするため、である。本来の意図は、住民ニーズとしてあげられている項目と素案事業とを比較することにあった。しかしながら、住民アンケート結果やヒアリング結果が具体的にどのように計画素案に生かされているかを明確にあらわす資料はない。したがって、市として「実施しなければいけない」あるいは「実施する必要のある」事業がどれほどあるのかということを明らかにすることで、市の事業の独自性を探ることとした。なお、住民アンケート結果やヒアリング等の結果と素案との関係については、第5節で述べる。

（1）のために、計画素案にあげられていた事業（109事業）と指針による「市町村行動計画の内容に関する事項」（以下、内容事項）に挙げられている内容の比較を行った。計画素案事業名および事業内容を読み込み、その事業と合致する内容事項を抜き出した。

（2）のために、計画素案にあげられていた事業（109事業）と国施策と県計画に上げられている事業を比較した。（1）と同様に、事業を抜き出した。なお、国施策とは、次世代育成支援対策推進法施行を受けて、平成15年に示されたこれまでの少子化対策を含めて次世代育成支援に係る事業（国による推進が期待されている事業）を指す。

（1）および（2）の作業では、一致していると考えられる事業には、「○」、部分的にあてはまる事業については「△」をつけた。

（3）のために、（1）および（2）の結果から、それぞれ「○」のついた事業、「△」のついた事業、どれにもあてはまらなかった事業の数を数えた。なお作業は、学部学生の協力を得て、分類後のチェックを行い、さらに指導教授の確認を受けながら行うことによって、客観性を確保する努力を行った。

なお、これらの作業を行った結果については資料1および資料2に一覧で記載している。

その結果をまとめると以下の表4-16のようになった。

表4-16　指針・国施策・県計画との比較

	指針	国施策	県計画
一致（〇）	55事業	25事業	29事業
	50.4%	22.9%	26.6%
部分的に一致（△）	15事業	9事業	12事業
	13.8%	8.3%	11.0%
複数の項目があてはまり、完全に一致する項目と部分的に一致する項目が混在（〇および△）	9事業	1事業	3事業
	8.3%	0.9%	2.8%
どれにもあてはまらない	30事業	74事業	65事業
	27.5%	67.9%	59.6%
合計	109事業	109事業	109事業
	100.0%	100.0%	100.0%

　その結果、指針にあてはまらなかった事業は30事業、国施策にあてはまらなかったのは74事業、県計画では65事業であった。指針・国施策・県計画のいずれにもあてはまらなかった事業の数は、109事業中20事業（18.3％）であった（資料2）。

　以上から、計画素案にあげられている事業の半数以上（完全に一致しているものと複数の項目が一致または部分的に一致しているものをあわせると、約6割）が指針に基づいたものであることがわかる。また、国の施策として何らかの補助金（平成15年8月当時）がそれまで出されていた可能性のある事業は25事業（22.9％）、県計画との関係で記述されていると思われる事業は29事業（26.6％）であった。県計画の影響は決して少なくない。

　指針・国施策・県計画どれにも当てはまらなかった事業は20事業であり、これらについては、一応A市独自の項目と考えることができる。逆に言えば、20事業についてのみが、A市独自のものであり、他の89事業（81.7％）については、「実施しなければいけない」あるいは「実施する必要のある」事業であるから、計画に記載されているということになる。さらに言えば、この20事業についても次世代法関連以外の法や計画から記載した可能性がある。

第5節 「A市次世代育成支援に関するアンケート」および利用者ヒアリング結果と素案との関係

　第5節では、「A市次世代育成支援に関するアンケート」および利用者ヒアリングの結果と素案記載事業との関係について述べる。

　本来ならアンケート結果および利用者ヒアリング結果と素案記載事業との関係を他と同じく比較すべきである。しかしながら、先に述べたように、住民アンケート結果や利用者ヒアリングの結果が、どのような点で素案に生かされているかを示す具体的な資料はない。素案では簡単に結果が報告されているに留まっている。また、アンケート結果を報告した報告書（A市、2003c）は存在するが、それによって必要なサービス量を推計するというよりは、住民の現状を知ることや住民のサービスへの意識を知る意味合いが強い。サービスの質を高めるための参考として、次世代育成支援各課がデータを使用した可能性は高いが、具体的にそれを示す証拠となる資料等は残念ながら見当たらない。したがって、明確な結果を述べることは難しいが、第4節とあわせて考えることで、1年目の計画素案策定の段階で、住民ニーズが生かされているかどうかについての考察につなげていきたい。

　ただ、指針および「モデル質問紙」によって、量的推計の求められている事業については、具体的に「次世代育成支援に関するアンケート」から推計を行い、目標値を設定している。それらの事業のみを一覧にした（表4-17）。目標値設定に当たっては、「A市次世代育成支援に関するアンケート」データを使用して、指針および地域行動計画策定の手引き（厚生労働省雇用均等・児童家庭局、2003）に示されている計算方法でニーズ抽出を行っている。なおこの計算方法は、人口推計等も考慮されたものである。目標値は、上記計算方法で算出されたニーズ推計量を元に、各担当課や庁内策定研究会等でその実現性や供給基盤・財政基盤等を含めて検討され、設定された。素案においては目標値までは設定されていなかったため、表4-17の目標数値は本案からのものである。しかし、実際には、1年目の「A市次世代育成支援に関するアンケート」から計算しているため、1年目の分析である本章にあげることとした。

表4-17 「A市次世代育成支援に関するアンケート」結果による推計目標値

A市計画			「A市次世代育成支援に関するアンケート」結果	
事業名	内　容	有無	目　標	
子育て支援むっくむっくルーム事業	就学前の子どもと保護者が自由に集い、子育てについての情報交換や友達づくりをすすめる場として開催する。事業の啓発と内容を充実させる。	△	特定事業として数値目標を設定。2009（平成21）年までに、現在市独自のひろば事業の内容を見直し2箇所設置。	
保育所の地域子育て支援センター事業	子育てに関する育児不安解消のため、保育所が有する人的物的資源を地域に還元する支援策として、体験保育・園庭開放・育児相談・サークル支援などを市立X保育所で実施。	△	特定事業の数値目標を設定。2009（平成21）年までに1箇所から2箇所へ。	
子育てコーディネート事業（新規事業）	多様な子育て支援サービス情報を一元的に把握する「子育て支援総合コーディネーター」を配置し、インターネット等を活用したサービス利用者への情報提供、ケースマネジメント及び利用援助等の支援を行うことにより、利用者の利便性の向上及びサービス利用の円滑化を図る。 ＊コーディネーターの配置 ＊つどいの広場事業 ＊情報の集約・蓄積→データベース化 ＊助言、実施機関に対して利用の援助・斡旋を行う。	○	特定事業として数値目標を設定。2009（平成21）年までに、現在市独自のひろば事業の内容を見直し2箇所設置。	
育児ファミリーサポートセンター事業	育児の援助を受けたい人（依頼会員）と行いたい人（協力会員）が、お互いに助けたり、助けられたりして、育児の相互援助を行う会員組織の支援活動。事業の啓発活動をすすめ、会員相互の交流が図れる事業及び市民向けの公開講座を開催する。	○	特定事業として数値目標を設定。既に設置済みで特に目標なし。	
児童くらぶ事業	市内の小学校等に在学する1年生〜3年生までの児童のうち、保護者の就労、病気そのほかの理由により放課後家庭において適切な保育を受けられない児童を対象に、その健全育成を図ることを目的に実施する。	○	特定事業として数値目標を設定。2009（平成21）年までに80人増員。 すべての小学校で設置済み。	
一時保育	育児ノイローゼの解消や疾病などの緊急時に対応するため、市内の保育所において保育所入所児童以外の就学前児童を一時保育することにより育児支援を行う。	○	特定事業として数値目標を設定。2009（平成21）年までに50人に10人増員。	

延長保育	保育所に入所している児童で、延長保育を必要とする児童に対して保育を行う。	○	特定事業として数値目標を設定。2009（平成21）年までに2箇所設置、12人の増員。
休日保育	保育所に入所している児童で、休日に保育に欠ける児童に対して保育を行う。	○	特定事業として数値目標を設定。2009（平成21）年までに1箇所設置、10人増員。
病後児保育	子育てと就労の両立支援の一環として、病気や怪我の回復期にあたり、家庭や集団での保育が困難な乳幼児を一時的に預かる事業としてZ乳児院に委託して実施。	○	特定事業として数値目標を設定。2009（平成21）年度までに4人に2人増員。
子育て家庭ショートステイ事業	保護者が疾病などの社会的な理由で一時的に家庭での養育が困難となった場合に、児童や保護者を児童福祉施設で預かる。	○	特定事業として数値目標を設定。2009（平成21）年までに2人増員。

　表4-17からわかるように、実際に数値目標があげられているのは、109事業中10事業である。つまり、「A市次世代育成支援に関するアンケート」の結果が明確に影響していることが明らかな事業は、10事業に留まっているということである。これら10事業はすべてソフト交付金等に関連し、毎年達成度等を報告するものばかりである。本研究は"既存の公表された資料"を分析に使用することをひとつの特徴としており、この結果も"既存の公表された資料"から導き出されたものである。

第6節　結果

　これまで行ってきた1年目の計画素案策定プロセスの分析について結果をまとめる。

　第1節、第2節、第3節では、策定の手続きを中心に分析を行った。まず、計画策定のプロセスを指針と比較し、次に実際に行った計画策定の手続きと指針との比較を行った。そして、最後に次世代育成支援行動計画策定の一つの特徴である、「住民参加」の重要性から、「A市次世代育成支援に関するアンケート」について、指針・「モデル質問紙」における対象者や質問項目を比較した。その結果、計画策定の手続きは、指針にほぼ完全に沿った形で行われていることがわかった。また、計画策定の手続きとして指針に記載されている内容にA市独自の解釈を加えて、より広範な対象者にニーズ調査やヒアリングを実施していることも明らかとなった。計画策定手続き内に記載されている「全庁的取組みの必要性」についても、「拡大事務局」「庁内策定研究会」「部長会」を設け、全庁的取組みへの努力を行っている。「A市次世代育成支援に関するアンケート」についても「モデル質問紙」に記載されている項目の他に多くの内容を聞いており、ここにもA市独自の姿勢を感じることができる。以上から、計画策定手続きとしては国の定める指針に沿って行われているということができる。さらに、A市独自の視点を含めて計画策定が行われていたことも明らかとなった。

　第4節、第5節では、第1節から第3節までの手続きを経て作られた素案を、指針・国施策・県計画と比較することによって、市として「実施しなければいけない」あるいは「実施する必要のある」事業がどれほどあるのかということを明らかにした。その結果、指針・国・県との関係以外で素案に記載されていた事業は、109事業中20事業（18.3％）にとどまっていた。また、具体的に住民ニーズから必要量を推計し、素案に生かした事業は、国のソフト交付金関連事業の10事業であった。ほとんどの事業は、指針や国、県との関係から出来上がったものであり、具体的にどの程度住民のニーズが生かされているのかを明らかにすることは難しかった。つまり、実際には、住民ニーズが生かされて計画策定されたという事業はほとんどないことが明らか

となったのである。住民のニーズを目に見える形で証拠として使用して、量的に、あるいは質的に具体的に事業に反映していくことの難しさが示された。特に、質的な向上や充実については、住民の意見やニーズを目に見える証拠として残し、またそれを生かしていくことは非常に難しいことが分かる。この難しさの原因については、第7章で考察することとする。

　まとめると、手続きについては十分に指針に沿った計画策定ができていること、指針内容に加えて「住民参加」の強調や、全庁的取組み等、A市独自の視点があることが明らかとなったが、これらプロセスを経て策定された素案には、指針に記載されている「住民参加」の視点、つまり、さまざまな調査やヒアリングの結果が生かされているとは言えない。これは同時にA市独自の視点としての「住民参加」も生かされているとは言えないことになる。

第5章
計画策定プロセスの分析2
計画策定2年目（2004年度）

　本章では、計画策定2年目について計画策定プロセスの分析を行う。計画策定後半の年である。（1）素案から本案完成までの計画策定プロセスの分析、（2）本案とタウンミーティングの意見を含めた素案との比較による分析、の2つを行った。第1節では、まずどのようなプロセスで2年目の計画策定が行われたのかを明らかにし、第2節では、大規模に実施されたタウンミーティングの概要と実施内容等を示し、第3節では、タウンミーティングの意見も含めた素案と本案の比較を行い、どのような変化があったかを明らかにする。第4節では、素案と本案で内容に変化のあった31事業、本案で追加された事業22事業について、指針・国施策・県計画との比較を行う。第5節でこれらの結果をまとめる。

第1節　A市の計画策定プロセス2年目（2004年）

　計画策定体制は、子育て支援課が中心となった事務局で進行され、2003（平成15）年度とほぼ同じである。大きな特徴は、A市が2004（平成16）年度主に実施した、「住民参加」を意識した「タウンミーティング実行委員会」および「タウンミーティング」である。さらに、次世代育成支援への意

識を高めるために「次世代育成支援シンポジウム」の開催、子どもから直接意見を聞く機会としての「子どもシンポジウム」（教育委員会主催）への事務局およびタウンミーティング実行委員会による参加が行われた。以下、第3章と同じく計画策定プロセスについて詳細を述べる。計画策定プロセスについては、表5-1のとおりである。

表5-1　2004（平成16）年度計画策定スケジュール（A市資料およびA市計画をもとに作成）

月	事務局（拡大事務局・庁内策定研究会含む）*1	タウンミーティング実行委員会*2	タウンミーティング	パブリックコメント*3シンポジウム等	福祉対策審議会（全体会）次世代育成支援部会	次世代育成支援小委員会
4月	・タウンミーティング（以下、TM）実行委員会への関わり等調整	第1回（4月6日）第2回（4月16日）第3回（4月28日）				
5月	・TM実行委員会への関わり等調整	第4回（5月14日）第5回（5月25日）				
6月	・TM実行委員会への関わり等調整	第6回（6月2日）第7回（6月18日）	第1回（6月7日）第2回（6月24日）			
7月	・TM実行委員会への関わり等調整		第3回（7月4日）第4回（7月11日）第5回（7月23日）第6回（7月30日）	・「子どもシンポジウム」事前打ち合わせ（7月16日）・「子どもシンポジウム」リハーサル（7月27日）		
8月	・TM実行委員会への関わり等調整	第8回（8月11日）	第7回（8月3日）第8回（8月20日）			

9月	・TM実行委員会への関わり等調整	第9回（9月7日）第10回（9月14日）第11回（9月22日）第12回（9月28日）					
10月	・TM実行委員会への関わり等調整 ・計画案作成 ・各部局との調整	第13回（10月5日）第14回（10月12日）報告書完成					
11月	・計画案の作成 ・平成17年度予算要求					第4回次世代育成支援部会（11月30日）	第6回（11月25日）
12月	・計画案の作成				パブリックコメント公表（広報紙）および計画案公開		第7回（12月20日）
1月	・計画案の作成				パブリックコメント意見集約	第5回全体会（2月10日）	
2月	・計画案の作成 ・決済				・「次世代育成支援シンポジウム」開催（2月19日） ・シンポジウム報告書完成 ・パブリックコメント結果公表		
3月	・計画書完成						

＊1　2003（平成15）年度と異なり、拡大事務局や庁内策定研究会は適宜開催。
＊2　住民が中心となっているが、事務局も調整役として参加。他に、社会福祉協議会職員等も参加。筆者もTM実行委員会のメンバーとして会議に出席。
＊3　パブリックコメントは収集に努めたが、ほとんど意見が集まらなかった。

■ 第1項　住民に対しての動き

　住民に対しての動きとしては、「タウンミーティング実行委員会」、「タウンミーティング」、「子どもシンポジウム」、「次世代育成支援シンポジウム」の4つである。パブリックコメントも収集されたが、意見がほとんど集まらなかったため省略することとする。

　また、「タウンミーティング実行委員会」および「タウンミーティング」については、第2節で詳細を述べるため割愛する。

1　「子どもシンポジウム」

　学校教育課が主催しており、本案の一つの事業としてあげられている。市内各小中高等学校の代表児童によるシンポジウムである。本案によると、「タウンミーティングの一環として、子どもと意見を交換するために参加」と記載してあり、「タウンミーティング実行委員会」メンバーおよび事務局が出席している。直接子どもの意見を聞く場面として設定されたものであるが、実際には、事前打ち合わせとリハーサルに参加しているのみで、「子どもシンポジウム」本番への参加は行っていない。また、シンポジウムの内容についても特に本案等では触れられていない。詳細は、表5-2に示す。

表5-2　子どもシンポジウム

	日時	内容	出席人数	備考
1	7月16日（金）	事前打ち合わせ	4人	タウンミーティングの一環として、子どもと意見交換する場を持つために参加。
2	7月27日（火）	リハーサル	9人	
	合計		13人	

2　「次世代育成支援シンポジウム」

　次世代育成支援および次世代育成支援行動計画の住民への周知を目的として、2005（平成17）年2月19日にA市内ホールにおいて実施された。内容は、A市市長による主催者あいさつ、第1部：パネルディスカッション、第2部：子育てトークである。参加者は、A市住民である。

　第1部では、学識経験者をコーディネーターとし、パネラーとして子育て

当事者、企業、学識経験者、A市市民福祉部長の4人を迎え、パネルディスカッションが行われた。テーマは、「子ども・家庭・地域　共に育ちあうA」という計画の基本理念であった。また、第1部に関わった学識経験者および子育て当事者は、A市福祉対策審議会次世代育成支援部会の委員である。

第2部は、子育て経験を持つタレントを講師に迎えた子育てについての体験談であった。

当日参加者には、本シンポジウムのしおりと共に次世代育成支援行動計画が配布された。また、次世代育成支援事業のチラシもいくつか配布されていた。

■第2項　庁内での動き

2003（平成15）年度とほぼ同じ体制であった。しかし、拡大事務局や庁内策定研究会は、必要に応じて小規模な調整も含めてさまざまに行われていた。事務局は、庁内での調整等に加え、「タウンミーティング実行委員会」および「タウンミーティング」に関する調整等にかなりの時間を費やしていることがわかる。タウンミーティング終了後から具体的に計画案の修正に取り掛かっている。

■第3項　福祉対策審議会、次世代育成支援部会および次世代育成支援小委員会

2003（平成15）年度に引き続いて実施されているが、回数は1年目に比べ少ない。福祉対策審議会（全体会）は第5回の1回、次世代育成支援部会は第4回の1回、次世代育成支援小委員会は第6回、第7回の合計2回であった。詳細は、以下の表5-3・表5-4・表5-5である。なお、回数はすべて2003（平成15）年度からの合計で数えている。

表5-3　2004（平成16）年度　福祉対策審議会（全体会）

回数	日時	内容
第5回	2005年2月17日	次世代育成支援行動計画（案）の最終まとめについて 答申（案）について

表5-4　2004（平成16）年度　次世代育成支援部会

回数	日時	内容
第4回	2004年11月30日	タウンミーティングの実施報告について 次世代育成支援行動計画（案）について

表5-5　2004（平成16）年度　次世代育成支援小委員会

回数	日時	内容
第6回	2004年11月25日	次世代育成支援行動計画（案）について
第7回	2004年12月20日	次世代育成支援行動計画（案）の修正について

第2節　タウンミーティング概要と内容

　本節では、2004（平成16）年度の行動計画策定プロセスにおいて、A市がもっとも時間をかけて実行したタウンミーティングについてその概要と内容の詳細を述べる。タウンミーティングは、企画・準備・運営やPR・開催および報告書作成のための「タウンミーティング実行委員会」が中心となって行われた。そこで、「タウンミーティング実行委員会」および、行われた「タウンミーティング」について詳細をまとめる。

　全体像を簡単に説明すると、まず「タウンミーティング実行委員会」によって、タウンミーティングを"どのように、何回実施し、結果をどのようにまとめるのか"等について話し合いが繰り返された。また、いかに多くの住民に参加してもらうかというタウンミーティングのPR方法についても話し合っている。そして、実際のタウンミーティングの運営を行い、受付から記録、司会等も「タウンミーティング実行委員会」メンバーによって行われた。

　タウンミーティングは市内4箇所で各2回実施され、素案を叩き台としてさまざまな意見が出された。その意見を「タウンミーティング実行委員会」が記録し、それを素案とつき合わせて一つ一つ検討し、意見をまとめて報告書として提出するという流れとなっている。

　タウンミーティングの位置づけや全体像については図5-1である。

図5-1　タウンミーティング実施体制（A市本案より筆者一部改変）

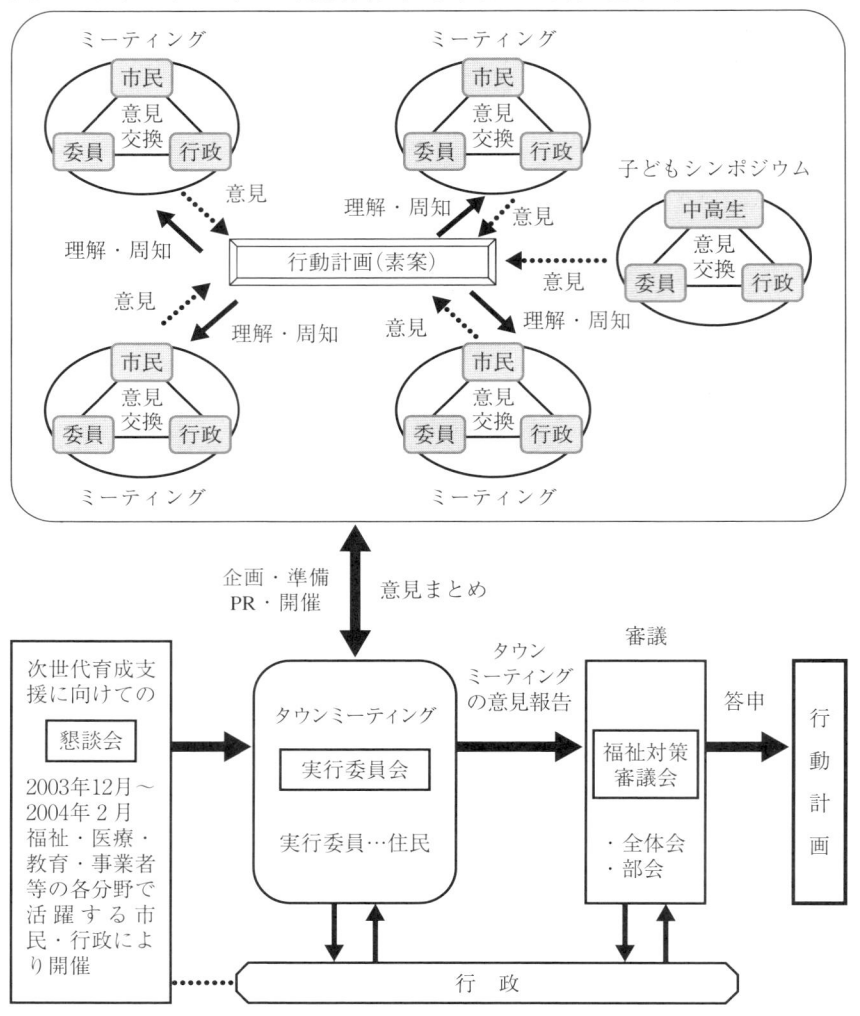

■ 第1項　タウンミーティング実行委員会

　子育て当事者、地域福祉関係者（A市社会福祉協議会職員含む）、子育て支援サービス提供者による委員会である。委員会は7名で構成され、その他調整役として事務局である子育て支援課も参加していた。また、筆者も事務

局の一員として参加した。

「タウンミーティング実行委員会」（以下、実行委員会）の主な目的は、2004（平成16）年度の主な計画策定手続きとして実行されたタウンミーティングの企画・運営準備、タウンミーティングのPRや開催および意見集約・報告書作成である。タウンミーティングの事前準備から、開催、終了後の報告書作成まで一貫して「住民の手で」というスタンスで行われた。会議は、14回行われた。まず、第1回から第6回で、企画・運営方法およびPRの方法について考えた。第6回の際には実行委員会で模擬タウンミーティングを行い、タウンミーティングの司会や記録等運営全般の進行を確認している。

タウンミーティングA会場1回目が終了した後には、運営方法等の反省会等を兼ねて集まり、今後の運営について話し合う機会を設けている（第7回）。タウンミーティング期間中は、実行委員会メンバーが、受付・司会・記録等の係を役割分担していた。

タウンミーティング終了後、第8回から第10回までは、タウンミーティングで収集された意見をどのようにまとめていくのかについて話し合いがもたれた。そして第11回から第14回までは、報告書の作成に当たっての具体的な話し合いが行われた。第14回終了の後に、作成された報告書を印刷し（印刷は事務局実施）、市長に提出した。報告書は、「A市次世代育成支援行動計画策定タウンミーティング実施報告書　よ～くかんがえよう　こどもとみらい」（以下、TM報告書）という名で作成され、素案の変更を具体的に提案している。本研究においては、第3節でこの報告書をタウンミーティングの意見を加えた素案として扱い、本案と比較を行う。

以下、実行委員会開催内容等を表5-6に示した。

表5-6　タウンミーティング実行委員会開催数および内容（A市資料より抜粋、一部改変）

	日時（2004年）	会議内容
第1回	4月6日（火）	実行委員長・副委員長の選出について 実行委員会のネーミングについて 実行委員会について タウンミーティングについて
第2回	4月16日（金）	タウンミーティングの開催内容について 実行委員会の運営について

第3回	4月28日（水）	タウンミーティングの実施方法（広報掲載依頼内容について） タウンミーティング開催周知の方法について（チラシ、ポスター）
第4回	5月14日（金）	タウンミーティング開催の周知方法について（報告） タウンミーティングの進め方について
第5回	5月25日（火）	応募状況の方法について（報告） タウンミーティングの進め方について
第6回	6月2日（水）	A会場実施分の最終参加人数・分科会・司会者等について 模擬タウンミーティング
第7回	6月18日（金）	A会場1回目（6月7日）を振り返って A会場2回目（6月24日）開催に向けて B会場他の会場の応募状況
第8回	8月11日（水）	タウンミーティングを振り返って 今後の進め方（タウンミーティングのまとめ）について
第9回	9月7日（火）	まとめ（会議録）の編集方針について 今後のスケジュール
第10回	9月14日（火）	各作業結果の検討 報告書の編集スタイルについて 今後のスケジュール
第11回	9月22日（水）	タウンミーティング報告書作成のための会議
第12回	9月28日（火）	タウンミーティング報告書作成のための会議
第13回	10月5日（火）	タウンミーティング報告書作成のための会議
第14回	10月12日（火）	タウンミーティング報告書作成のための会議

■ 第2項　タウンミーティング

　タウンミーティングの目的は、計画素案をベースに次世代育成支援について住民と意見交換し、計画策定に反映していくと共に計画の内容を周知し、住民の参画と協働を下に子育てを社会全体でしていこうとする意識の醸成を図ることにあった（A市、2004）。

　市内4箇所で各2回開かれ、1回目で参加者に意見を出してもらい、2回目ではそれをより深めて話し合うという形式がとられた。タウンミーティングの出席希望者は、事前応募が必要であり、応募により計画素案等の資料があらかじめ配布され、それら資料に目を通した上で参加するよう依頼されていた。

　「地域性・会場の条件（アクセス・託児）・時間帯、対象世代の選定など」（A市次世代育成支援行動計画タウンミーティング実行委員会、2004）が配慮され、できるだけ多くの住民が参加できるよう、開催場所・回数等が検討された。その結果、市内4箇所各2回、時間帯も午前中実施のものから夜実

施のものまで設定された。また、A市計画の対象年齢4分類（赤ちゃん期・就学前期・学齢期・青少年期）に沿った形でグループ分けした上で実施し、できるだけ対象年齢ごとのニーズや意見を収集できるよう配慮された。

実施時期は、2004（平成16）年6月から8月までの約3ヶ月間で、市内4箇所各2回の合計8回であった。参加人数は、103名。実行委員を含めた全8回の延べ人数の合計は、246名であった。

詳細は、以下表5-7で示している。

表5-7　タウンミーティング実施状況（A市計画による。筆者が一部改変。延べ人数記載）

	日時 (2004年)	場所	分科会延べ出席人数（実行委員含む）					その他 (事務局他)
			赤・就学前期	学齢期	青少年期	計	(内実行委員)	
1	6月7日（月） 13：30〜16：30	場所A	17	7	9	33	(7)	10
2	6月24日（水） 13：30〜15：30		19	9	9	37	(7)	8
3	7月4日（日） 13：30〜15：30	場所B	13	16	7	36	(6)	9
4	7月11日（日） 13：30〜15：30		14	16	6	36	(6)	6
5	7月23日（金） 18：30〜20：30	場所C	11	0	8	19	(4)	7
6	7月30日（金） 18：30〜20：30		11	0	13	24	(5)	7
7	8月3日（火） 10：00〜12：00	場所D	23	0	6	29	(4)	7
8	8月20日（金） 10：00〜12：00		24	0	8	32	(5)	7
	合計		132	48	66	246	(44)	61

＊住民参加者・実数103名＋実行委員・実数7名＝110名の参加

第3節　タウンミーティングの意見も含めた素案と本案の構成等の比較

本節では、タウンミーティングによって集められた住民の意見が、具体的にどのように本案に生かされているのかを明らかにする。そのために、第1

項で、素案と本案における基本目標や構成等の全体の比較を行い、第2項で、タウンミーティングでの意見が直接書き込まれた素案と本案を比較することで、具体的にどの部分が変更になったのかを明らかにする。

■ 第1項　素案と本案の基本目標および構成等の比較

1　基本目標

　計画全体の構成を見るために、基本目標の比較を行う。素案と比較して、本案では基本目標が一つ増え、7つになっている。増えた目標は、「基本目標2　学校における次世代育成支援の推進」である。この影響で「施策の方向性」にも変更が出ている。具体的には、素案で「基本目標1」に構成されていた「施策の方向性」のいくつかが、「基本目標2」に移動していること、"教育"という名のついている「施策の方向性」が「基本目標2」に移動していることである。他の「基本目標」には、大きな移動はなく、名称が変更されているに留まっている。詳細は図5-2に示している。

　この原因の一つと考えられるのは、TM報告書での「基本理念に学校（教育）の視点が欠けている」という指摘（P.3）であるが、具体的因果関係を示すことはできない。

2　事業の構成

　素案、本案ともに「子どもを育む」、「家庭を育む」、「地域を育む」という3つの考え方をもとに、事業を構成している。素案では、各事業をこの3つの考え方に基づいて分類して記載していた。しかし本案では、上記3つの考え方を重要としながらも事業を3つに分類することをやめている。その理由として、各事業はそれぞれ「子ども」「家庭」「地域」のいずれかに分類されるものではなく、どれにも関わるものであることをあげている。

　また素案では、各事業の担当課が記載されていなかったが、各担当課が責任を持って次世代育成支援を行っていくため、本案ではその記載がなされている。

第5章 計画策定プロセスの分析2　計画策定2年目（2004年度）　99

図5-2　素案と本案の「基本目標」および「施策の方向性」比較

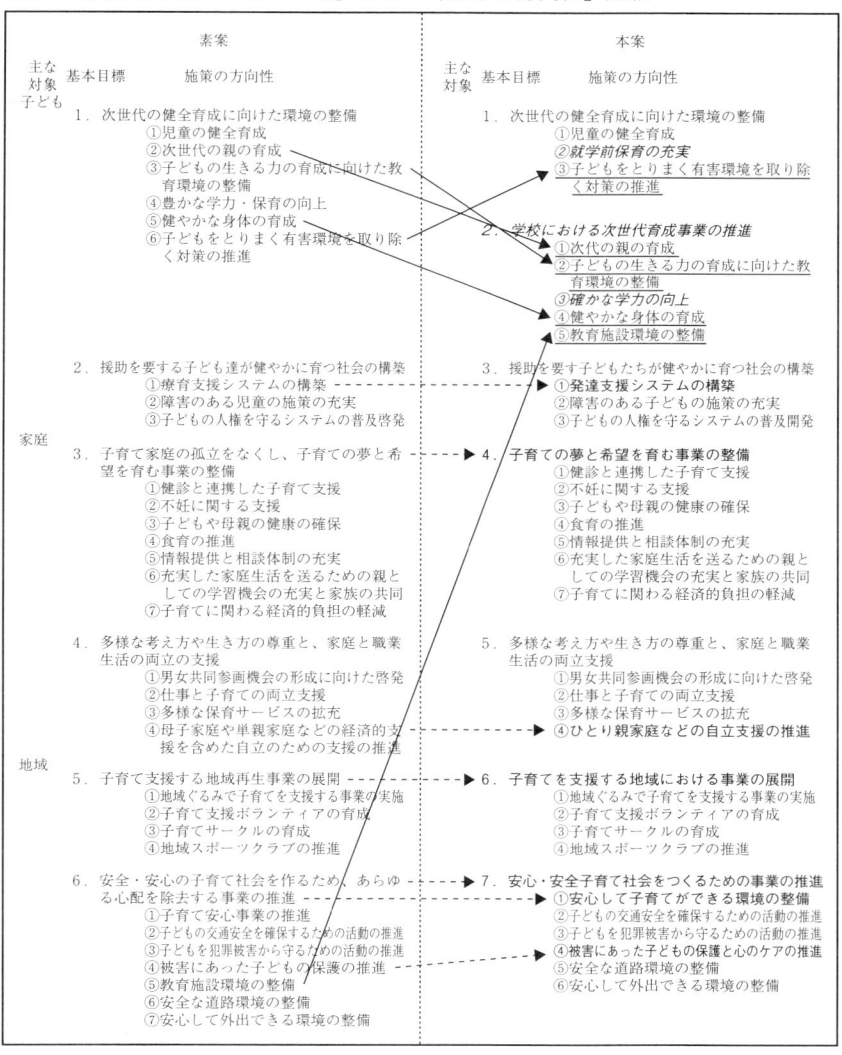

	素案	本案
主な対象	基本目標　施策の方向性	主な対象　基本目標　施策の方向性

子ども

1．次世代の健全育成に向けた環境の整備
　①児童の健全育成
　②次世代の親の育成
　③子どもの生きる力の育成に向けた教育環境の整備
　④豊かな学力・保育の向上
　⑤健やかな身体の育成
　⑥子どもをとりまく有害環境を取り除く対策の推進

家庭

2．援助を要する子ども達が健やかに育つ社会の構築
　①療育支援システムの構築
　②障害のある児童の施策の充実
　③子どもの人権を守るシステムの普及啓発

3．子育て家庭の孤立をなくし、子育ての夢と希望を育む事業の整備
　①健診と連携した子育て支援
　②不妊に関する支援
　③子どもや母親の健康の確保
　④食育の推進
　⑤情報提供と相談体制の充実
　⑥充実した家庭生活を送るための親としての学習機会の充実と家族の共同
　⑦子育てに関わる経済的負担の軽減

4．多様な考え方や生き方の尊重と、家庭と職業生活の両立の支援
　①男女共同参画機会の形成に向けた啓発
　②仕事と子育ての両立支援
　③多様な保育サービスの拡充
　④母子家庭や単親家庭などの経済的支援を含めた自立のための支援の推進

地域

5．子育て支援る地域再生事業の展開
　①地域ぐるみで子育てを支援する事業の実施
　②子育て支援ボランティアの育成
　③子育てサークルの育成
　④地域スポーツクラブの推進

6．安全・安心の子育て社会を作るため、あらゆる心配を除去する事業の推進
　①子育て安心事業の推進
　②子どもの交通安全を確保するための活動の推進
　③子どもを犯罪被害から守るための活動の推進
　④被害にあった子どもの保護の推進
　⑤教育施設環境の整備
　⑥安全な道路環境の整備
　⑦安心して外出できる環境の整備

1．次世代の健全育成に向けた環境の整備
　①児童の健全育成
　②*就学前保育の充実*
　③子どもをとりまく有害環境を取り除く対策の推進

2．*学校における次世代育成事業の推進*
　①次代の親の育成
　②子どもの生きる力の育成に向けた教育環境の整備
　③*確かな学力の向上*
　④健やかな身体の育成
　⑤*教育施設環境の整備*

3．援助を要する子どもたちが健やかに育つ社会の構築
　①*発達支援システムの構築*
　②障害のある子どもの施策の充実
　③子どもの人権を守るシステムの普及開発

4．子育ての夢と希望を育む事業の整備
　①健診と連携した子育て支援
　②不妊に関する支援
　③子どもや母親の健康の確保
　④食育の推進
　⑤情報提供と相談体制の充実
　⑥充実した家庭生活を送るための親としての学習機会の充実と家族の共同
　⑦子育てに関わる経済的負担の軽減

5．多様な考え方や生き方の尊重と、家庭と職業生活の両立支援
　①男女共同参画機会の形成に向けた啓発
　②仕事と子育ての両立支援
　③多様な保育サービスの拡充
　④*ひとり親家庭などの自立支援の推進*

6．子育てを支援する地域における事業の展開
　①地域ぐるみで子育てを支援する事業の実施
　②子育て支援ボランティアの育成
　③子育てサークルの育成
　④地域スポーツクラブの推進

7．安心・安全子育て社会をつくるための事業の推進
　①安心して子育てができる環境の整備
　②子どもの交通安全を確保するための活動の推進
　③子どもを犯罪被害から守るための活動の推進
　④*被害にあった子どもの保護と心のケアの推進*
　⑤安全な道路環境の整備
　⑥安心して外出できる環境の整備

（注）＊1　斜体・太字は本案新規項目を示す。
　　　＊2　矢印は場所の移動を表している。
　　　＊3　破線矢印および丸ゴチック文字は、名称変更を表している。

■ 第2項　タウンミーティングの意見を含めた素案事業と本案事業の比較

第3章と同様の方法で、タウンミーティングの意見を含めた素案と本案を比較する。タウンミーティングでの意見が書き込まれた素案と本案の事業を一つ一つ見比べ、タウンミーティングの意見が取り入れられていると考えられるものには、「○」を、内容等が変更されているがタウンミーティングとの因果関係が不明、あるいは、タウンミーティングの影響ではないと考えられるものに「△」とつけた。内容に変更のないものに「×」をつけ、「変更なし」と記載した。タウンミーティングで事業追加の必要性が指摘されたが、その意見が反映されなかったものには「×」をつけ、「反映なし」と記載した。表一覧は、資料3および資料4に記載している。

1　事業数の変化、事業の入れ替え

素案の事業数は109事業であったが、本案では129事業と20事業増加している。素案から削除された事業は2事業、本案作成時に追加された事業は22事業であった。また、タウンミーティングによって追加が求められた事業数は26事業であり、TM報告書には135事業が記載されている（表5-8および表5-9）。

基本目標が一つ増えたことによって、事業がかなり移動しており、素案の際につけられていた事業番号に大きな変更があった。特に「基本目標2」は新しく作られたものであり、その基本目標に沿った事業が素案から再構成されて集められている。

2　事業内容に変更のあった事業および本案で新しく組み込まれた事業

素案と本案で事業内容に何らかの違いがあった事業は、36事業あった。

表5-8　素案・タウンミーティング報告書（タウンミーティングの意見を含めた素案）および本案の事業数等

TM報告書事業数（135事業）	素案事業数（109事業）＋TM報告書での追加要求事業（26事業）＝135事業
本案と素案での事業数差（20事業）	本案事業数（129事業）－素案事業数（109事業）＝20事業
本案事業数（129事業）	素案事業数（109事業）＋本案で組み込まれた事業（22事業）－本案削除事業（2事業）＝129事業

表5-9 タウンミーティング報告書（タウンミーティングの意見を含めた素案）および本案の事業比較（内訳）

	TM報告書	本　案
タウンミーティングの意見採用（○）	17事業	12事業（本案で追加された事業5事業を除く）[*1]
	12.5%	9.3%
内容に変更あり（△）	19事業	19事業
	14.1%	14.7%
変更なし（×）	76事業	76事業
	56.3%	58.9%
反映なし	21事業	
	15.6%	
本案では削除	2事業	（2事業）
	1.5%	
本案で追加された事業		22事業（タウンミーティング意見採用5事業を含む）
		17.1%
合計	135事業	129事業
	100.0%	100.0%

[*1] タウンミーティングの意見が採用された17事業のうち、5事業は本案で追加された事業

　そのうち、タウンミーティングの意見による影響と考えられるものは、17事業であった。19事業については、タウンミーティングと関係ない、あるいは因果関係が不明であった。表5-9を見ると、76事業は素案のまま本案に記載されていることがわかる。また、タウンミーティングの意見により追加されたと考えられる5事業を含めた22事業については、本案で新しく組み込まれている。詳細は、資料3および資料4に記載している。

　内容に変更のあった19事業、タウンミーティングの意見が採用されていると考えられる12事業（本案で追加された5事業を除く）および本案で追加された22事業の合計53事業については、次節（第4節）で指針・国施策および県計画との比較を行い、さらに分析を行うこととする。

第4節　本案53事業の指針・国施策・県計画との比較

　本節では、素案と本案で事業内容に変化があった31事業（タウンミーティングの意見を採用されたと考えられる12事業とタウンミーティングとの因果関係は不明であるが事業内容に変化があった19事業）、TM報告書で追加され本案に記載された5事業および本案で新しく取り上げられた17事業の合計53事業について、指針、国施策、県計画との比較を行う。その理由は、大きく3点ある。（1）素案と比較して本案で内容変更のあった事業（31事業）が、指針に基づいた変更であるのか、国施策との関連および県計画との整合性の観点からの変更であるのかを把握するため、（2）新しく盛り込まれた事業（22事業）が、指針に基づいているのか、国施策との関連および県計画との整合性の観点から盛り込まれた可能性があるのかを把握するため、（3）（1）および（2）を実施することによって、TM報告書に盛り込まれた住民の意見が、本案に生かされているのかどうかを明らかにするため、である。

　（1）および（2）のために、先に述べた53事業と指針による「内容事項」に挙げられている項目の比較、国施策および県計画との比較を行った。53事業名および事業内容を読み込み、その事業と合致する内容事項を抜き出した。

　（1）および（2）の作業では、一致していると考えられる事業には、「○」、部分的にあてはまる事業については「△」をつけた。さらに、第4章の素案分析結果と比較し、違いが出ているものをチェックした。

　（3）のために、（1）および（2）の結果から、それぞれ「○」のついた事業、「△」のついた事業、どれにもあてはまらなかった事業の数を数えた。なお、作業は、学部学生の協力を得て、分類後のチェックを行い、さらに指導教授の確認を受けながら行うことによって、客観性を確保する努力を行った。

　なお、これらの作業を行った結果については資料5に一覧で記載している。

　結果をまとめると次のようになった。内容変更のあった31事業についてまとめた表5-10および表5-11を見ると、31事業のうち、指針・国施策・県計画の「どれにも当てはまらない」事業は、3事業であった。これら3事業は、素案の段階でも指針・国施策・県計画の「どれにもあてはまらない」事業であった。さらに31事業の分析結果と素案分析結果を比較してみると、「県計

表5-10　素案から変更のあった31事業の指針・国施策・県計画との比較

素案から変更のあった事業31事業	指針	国施策	県計画
一致（○）	20事業 64.5%	8事業 25.8%	10事業 32.2%
部分的に一致（△）	2事業 6.5%	5事業 16.1%	6事業 19.4%
複数の項目があてはまり、完全に一致する項目と部分的に一致する項目が混在（○および△）	4事業 12.9%	0事業 0.0%	1事業 3.2%
どれにもあてはまらない	5事業 16.1%	18事業 58.1%	14事業 45.2%
合計	31事業 100%	31事業 100%	31事業 100%

表5-11　素案から変更のあった31事業のうち指針・国施策・県計画いずれにもあてはまらない事業（3事業）および「部分的に一致」する事業（1事業）

NO	事業名	事業概要	赤	前	学	青
1109	継続 人権啓発映画会の実施	人権啓発映画会を開催し、映像を通して人権について考え、人権尊重の輪を広げていく。また、「出前講座」の実施や学校園の教材用としてビデオの貸し出し等を含め、広く周知を図り学校園、地域等と連携しながら推進していく。				
1205	継続 人権保育事業	子どもの人権に焦点をおいた保育実践の中で、乳幼児の成長を保障し、それぞれがお互いを認め合う保育を展開する。また、遊びの中から「平等」「思いやり」などの意識の高揚を図り、子どもの時から人権を尊重し、共に生きる社会を創造する意識や感性を育てる。				
7102	充実 市立A病院	小児科における育児支援サービス事業 外来・入院患者を対象に健康教育、虐待防止、薬の上手な飲ませ方、子育て初心者の育児相談などを外来スペースに設置した相談コーナーで行い、子どもが病気の時などの育児不安の解消をめざす。				
3101*	新規　重点 発達支援マネジメント事業	障害の程度を問わず発達に関して支援が必要な子どもに対して、総合的な相談ができるシステムを構築し、情報を一元化する。また、医療を含めた専門的な支援方針を策定し、各成長過程を通じた支援を行う。				

*3101「新規　重点　発達マネジメント事業」については、「県計画」の「部分的に一致（△）」する事業であった。

画」の「部分的に一致（△）」の項目において1事業が増えたのみであった。増えた事業は、「3101　新規　重点　発達支援マネジメント事業」である。よって、内容に変更のあった31事業については、指針や国施策・県計画の影響はほとんどなかったということができる。つまり、内容変更のあった31事業のうち、タウンミーティングの意見を採用したと思われる本案12事業については、やはりタウンミーティングの影響があったということができる。内容変更はあったが、その原因が不明の19事業については、庁内での調整等から生まれたものであるという予測はできるが、それ以上の解釈が不可能である。

次に、表5-12および表5-13を見る。タウンミーティングの影響によって追加されたと考えられる5事業について同様に比較を行った。その結果、「どれにもあてはまらない」と分類された事業は、指針・国施策・県計画それぞれ、2事業、3事業、2事業であった。指針・国施策・県計画「どれにもあてはまらない」事業は1事業のみであった。その事業は「2306　充実　学校図書館」であった。この事業も新規事業ではなく、既存事業を計画に追記したにとどまっており、タウンミーティングによる住民の意見の影響による新規事業ではない。指針の内容と「部分的に一致（△）」するものの、国施策や県計画との関連のなかった事業は「2302　新規　学校サポーター事業」の1事業であった。これは、新規事業であり、指針との関連は一部あるものの、一定の住民意見反映の成果ということができる。

表5-12　TM報告書によって追加されたと考えられる5事業の指針・国施策・県計画との比較

TM報告書によって追加された5事業	指針	国の施策	県計画
一致（○）	2事業	1事業	2事業
	40.0%	20.0%	40.0%
部分的に一致（△）	1事業	1事業	1事業
	20.0%	20.0%	20.0%
どれにもあてはまらない	2事業	3事業	2事業
	40.0%	60.0%	40.0%
合計	5事業	5事業	5事業
	100%	100%	100%

表5-13 TM報告書によって追加された5事業のうち、指針・国施策・県計画いずれにもあてはまらない事業（1事業）および「部分的に一致」する事業（1事業）

NO	事業名	事業概要	赤	前	学	青
2306	充実 学校図書館	学校図書館における図書購入の検討やボランティアの活用による学校図書館の活性化を図ると共に児童生徒の国語力向上のため、朝の読書等の取り組みを推進する。 また、司書教諭の資格を有する指導員の配置についても検討する。				
2302*	新規 学校サポーター事業	教師志望の学生等との連携の上、学校の要望に応じ、基礎学力や学習意欲の向上、遊びや相談などサポート体制を検討する。				

＊2302「新規　学校サポーター事業」は、「指針」に「部分的に一致（△）」する事業であった。

　最後に表5-14、表5-15および表5-16を見る。本案で追加された17事業について同様の方法で比較を行った。これら17事業は、タウンミーティングの影響は見られず、追加された要因が不明であった。「どれにもあてはまらない」と分類された事業は、指針・国施策・県計画それぞれ、8事業、16事業、11事業であった。指針・国施策・県計画の「どれにもあてはまらない」事業は5事業であった。これら5事業は、A市独自の事業ということができるが、しかし、いずれも「継続」事業であり、既存の事業を計画に追記したに過ぎなかった（表5-15）。また、17事業のうち新規事業は、「3202　障害児タイムケア事業」、「4305　乳幼児発達相談事業」、「4315　育児支援家庭訪問事業」の3事業である。「4305　乳幼児発達相談事業」、「4315　育児支援家庭訪問事業」については、指針との関係の他、「県計画」との関係もあり、新規事業とは言え、A市独自のものということは難しい（表5-16）。

表5-14 本案で追加された17事業の指針・国施策・県計画との比較

本案で追加された17事業	指針	国の施策	県計画
一致（○）	9事業	0事業	2事業
	52.9%	0.0%	11.8%
部分的に一致（△）	0事業	1事業	4事業
	0.0%	5.9%	23.5%
どれにも当てはまらない	8事業	16事業	11事業
	47.1%	94.1%	64.7%
合計	17事業 100%	17事業 100%	17事業 100%

表5-15 本案で追加された17事業のうち、指針・国施策・県計画いずれにもあてはまらなかった事業

NO	事業名	事業概要	赤	前	学	青
2204	継続 子どもシンポジウム	次代を担う子どもたちが、学校や社会の問題を主体的に学び、社会を構成する一員としての自覚を高めるとともに、自由に自分の意見を発表する場を確保し、21世紀を担うリーダーづくりに資する。				
4714	継続 市バス子ども運賃の一部無料化	従来の市バス運賃は、乳児（1歳未満）は無料であったが、1歳から小学校就学前の子どもは、旅客1人に対して同伴1人が無料であった。2004（平成16）年11月29日から、小学校就学前の子どもについては、2人まで無料とし、子育て家庭の経済負担の軽減に努め、市バスサービスの充実を図る。				
6201	継続 ジュニアボランティアクラブ	児童生徒に対する福祉学習の一環として、年間を通じてさまざまなボランティア活動や車いす体験、手話体験等の体験学習を実施する。				
6202	継続 夏季ボランティア体験学習（明日に架ける橋）	児童生徒が夏休み期間中に地域において実施しているさまざまな地域福祉活動に、地域の一員として参加することにより地域ボランティアを経験する機会として実施する。				
6203	継続 ハンディキャップスポーツフェスタ	ボランティア活動の実践の場として、また障害者スポーツを通して障害者への理解を深め、今後の継続したボランティア活動に発展させることを目的に、ハンディキャップスポーツフェスタ実行委員会を組織して実施する。				

第5章　計画策定プロセスの分析2　計画策定2年目（2004年度）　107

表5-16　本案で追加された17事業のうち、新規事業として記載された事業（3事業）

NO	本案					指針		県計画		
	事業名	事業概要	赤前	学	青	記載有無	指針記載内容	記載有無	分類	県計画
						記載有無				
新規3202	障害児タイムケア事業	障害のある児童生徒の、放課後や夏休み等の長期休業時における居場所を確保し、健全育成のための活動の場とする。あわせて、親の就業支援と介護休息（レスパイト）を図る。				○	（7）要保護児童への対応などきめ細かな取組の推進 ウ　障害児施策の充実 障害の原因となる疾病や事故の予防及び早期発見・治療の推進を図るため、妊婦及び乳幼児に対する健康診査や学校における健康診断等を推進することが必要である。 また、障害児の健全な発達を支援し、身近な地域で安心して生活できるようにする観点から、保健、医療、福祉、教育等の各種施策の円滑な連携により、適切な医療及び医学的リハビリテーションの提供、在宅支援体制の整備充実、就学支援を含めた総合的な支援を推進するとともに、障害児通園（デイサービス）事業を通じて保護者に対する育児相談を併せて行うことが必要である。 さらに、学習障害（LD）、注意欠陥／多動性障害（ADHD）、高機能自閉症等教育及び療育に特別な支援のある子どもについて、教員の資質向上を図りつつ、適切な教育的支援を行うことが必要である。			

NO	事業名	本案 事業概要	赤前	学	青	記載有無	指針 指針記載内容	記載有無	県計画 分類	県計画 県計画
4305	新規乳幼児発達相談事業	乳幼児期における身体面での発達等に関して、小児科医による相談・指導を行い、必要な場合は、専門機関との連携を図る。				○	(2) 母性並びに乳児及び幼児等の健康の確保及び増進 ア 子どもや母親の健康の確保 妊娠期、出産期、新生児期及び乳幼児期を通じて母子の健康が確保されるよう、乳幼児健診、新生児訪問、両親学級等の母子保健における健康診査、訪問指導、保健指導等の充実が必要である。 特に、親の育児不安の解消等を図るため、乳幼児健診の場を活用し、親への相談指導等を実施するとともに、児童虐待の発生予防の観点から、妊娠期からの継続した支援体制の整備を図ることが必要である。 また、誤飲、転倒、転落、溺水等の子どもの事故の予防のための取組みを進めるとともに、妊娠及び出産の経過に満足することが、良い子育てにつながることから、安全かつ快適であるとともに、主体的な選択が可能であるなど、母親の視点からみて満足できる「いいお産」の適切な普及を図ることが重要である。医療機関等に対する積極的な情報の提供を行うことが望ましい。また、出産を経済的、精神的又は社会的に負担を感じつつ、相談等しては、市町村は経済的な連携を図りながら、相談等の支援の充実を図ることが望ましい。	○	市町における母子保健事業の推進 ・市町が実施する乳幼児健康診査等の充実	市町が実施する乳幼児健康診査や相談等の充実化のための技術的支援を行います。 ・乳幼児健診診査の充実・強化 ・乳幼児健康相談、健康教育、情報提供の充実・強化

第5章　計画策定プロセスの分析2　計画策定2年目（2004年度）　109

| 本案 ||||||| 指針 || 県計画 ||
NO	事業名	事業概要	赤	前	学	青	記載有無	指針記載内容	記載有無	分類	県計画
4315	新規育児支援家庭訪問事業	出産後間もない時期（概ね1年程度）の育児等に不安や負担感を強く感じている家庭等を対象として、助産師等が訪問して育児等に関しての指導・相談を行う。					○	（2）母性並びに乳児及び幼児等の健康の確保及び増進 ア　妊娠期、出産期、新生児期及び乳幼児期を通じて母子の健康が確保されるよう、乳幼児健診、新生児訪問、両親学級等の母子保健における健康診査、訪問指導、保健指導等の充実が必要である。 特に、親の育児不安の解消等を図るため、乳幼児健診の場を活用し、親への相談指導等を実施するとともに、児童虐待の発生予防の観点を含め、妊娠期からの継続した支援体制の整備を図ることが必要である。 また、こうした乳幼児健診等の場を通じて、誤飲、転落・転倒、やけど等の子どもの事故の予防のための啓発等の取組みを進めることが望ましい。さらに、妊娠及び出産の経過に満足することが良い子育てにつながることから、安全かつ快適であるなど、主体的な選択が可能である「いいお産」の視点からみて満足できることが重要であり、母親の経済的な選択・満足に対する積極的な情報の提供を行うことが望ましい。また、出産を望む妊婦等に対しては、市町村と連携を図りつつ、相談等の支援の充実を図ることが望ましい。	△	育児支援ネットの総合的推進事業	未熟児等のハイリスク児や養育上支援を必要とする家庭を早期に把握していくため、育児の子育ての支援を充実化します。

第5節　結果

　ここまで行ってきた計画策定2年目の分析について結果をまとめる。第1節、第2節では、計画策定の手続きを中心にまとめた。計画策定に2年間を費やすことは、本来行われないものである。しかし、A市は先行モデル市であることから、もう1年策定に費やすこととした。第3章で述べたように、A市の計画策定は指針にほぼ沿った形で実施されていることはすでにわかっている。指針には計画策定1年目のスケジュールについては記載されているが、その後のスケジュールについては特に記載されていない（厚生労働省雇用均等・児童家庭局、2003）。また、先行モデル市町村によっては、計画策定を1年で行い、2004（平成16）年度から2010（平成21）年までの6年を前期計画としているところもある（厚生労働省ホームページ、2007）。つまり、この2年目の計画策定は、A市独自の判断によるものであると考えられる。計画策定2年目は、指針に記載されている「住民参加」をより重視することに焦点化されている。そのため、タウンミーティング実行委員会を設置して、住民の手によるタウンミーティングの計画・実施を中心に計画策定スケジュールが組まれていた。また、子どもから直接意見を聞く機会として、「子どもシンポジウム」への出席や、ひろく次世代育成支援およびA市計画を知ってもらうための「次世代育成支援シンポジウム」の開催を行っている。これは指針に記載されている「③住民参加と情報公開（計画策定の段階において、サービス利用者等としての地域住民の意見を反映させるため、公聴会、懇談会または説明会の開催等を通じて計画策定に係る情報を提供すると共に、住民の意見を幅広く聴取し、反映させること）」という記述をA市独自の解釈で実施したものであるといえる。

　タウンミーティングについては、計画・PR・実施・報告書作成を「タウンミーティング実行委員会」という住民によって組織されたメンバーで行っている点、「タウンミーティング実行委員会」をタウンミーティング開始前・開始後にわたって14回実施し、打ち合わせを繰り返している点、タウンミーティング実施場所・実施回数等がより多くの住民による参加ができるよう考えて設定されている点、TM報告書作成では、タウンミーティング実施

時に録音したデータのテープおこしから始まり、検討を繰り返す中で一つ一つ素案事業に手を入れる作業を行っている点、でき上がった報告書を市長に提出し次世代育成支援の充実を呼びかけている点など、「住民参加」として評価できる点が多い。

　一方で実際に4箇所各2回、合計8回のタウンミーティングを実施したにもかかわらず、実際の参加者は100名程度であり、延べ人数で換算したとしても250名あまりに過ぎない。この人数は、A市の人口から考えるとほんのわずかにしかすぎず、果たして100名程度の人々からのニーズ等がどれだけ住民全体のニーズと合致するのかという点については、疑問が残る。しかしながら、「住民参加」を意識した計画策定という手続きについては、第4章と同様に指針記載内容以上のことを行っているということができる。

　第3節、第4節では、タウンミーティングの意見を含めた素案と本案との比較を行うことで、タウンミーティングで集められた意見がどれだけ本案に影響を与えているのかを明らかにした。第3節では、素案と本案の構成の違いや事業数の変化をおさえた。そして、タウンミーティングの意見が採用されたことで内容が変更されたと考えられる事業、内容に変更はあるがその理由が定かでない事業、本案で追加された事業等について明らかにした。第4節では、第3節で明らかとなった、本案で内容が変更されていた31事業、本案で追加された22事業の合計53事業について、指針と国施策および県計画との比較を行った。その結果、素案と本案で事業内容に変更のあった31事業について指針・国施策および県計画の影響が新たにあると考えられるのは、1事業にすぎなかった。したがって、タウンミーティングによる影響はある程度あったと考えることができる。しかしながら、内容変更はあったが、その因果関係が不明であった17事業については、庁内での調整の中で変更されたものということしかできず、分析を行ってもその要因を明らかにすることはできなかった。

　また、タウンミーティングで本案に追加要求のあった事業は26事業あったが、そのうち5事業についてのみ本案に追加されていた。これら5事業についても、同様に分析を行ったが、指針等の影響のない事業は1事業、指針の影響は一部あるものの、新規事業として追加されたものが1事業にとどまっ

ていた。つまり、タウンミーティングでの追加要求26事業のうち、2事業のみがタウンミーティングの影響であるということになる。追加要求があったにもかかわらず本案に追加されなかった21事業のその理由については、残念ながら明らかとならなかった。追加されなかった背景等については、第7章で考察することとする。

さらに、タウンミーティングとの因果関係の不明な17事業についても同様の方法で分析を行ったが、指針等の影響がなかったものは5事業であり、しかもいずれも「継続」事業であった。「新規」事業として追加された3事業のうち2事業についても、県計画との影響があり、A市の独自のものということはできなかった。

以上のことから、計画策定1年目と同様、計画策定の手順については、「住民参加」を意識した綿密かつ独自性のあるものであったということができる。しかしながら、策定2年目のいわば"目玉"として行われたタウンミーティングの本案への影響は、それほどあったとはいえない。なぜなら、事業説明内容にタウンミーティングの意見が追記されていたものは129事業中26事業にすぎず、また、実際にタウンミーティングによって追加された事業は1事業であったからである。TM報告書と本案だけを見比べると、一見タウンミーティングの意見が採用されているように思えるものも、県計画との関係で追加されているなど、いわば外的な要因で追加されたものが多いということが明らかとなった。結局のところ、「住民参加」を意識して行われたタウンミーティングは、A市本案への意見反映という視点だけで見た場合、それほどの影響を与えることはできなかったのである。この要因についても第7章で考察することとする。

第6章
プロセス評価
実施1年目の評価（2005年度）

　本章では、2年間の計画策定期間を経て実施に至ったA市次世代育成支援行動計画の実施1年目の評価について述べる。「計画が進捗しているかどうか」を確認するプロセス評価を行う。

　プロセス評価については、先行研究や用語の定義で述べたとおりであるが、これまでの社会福祉分野計画は、計画実施後に評価を行うことはほとんどなかった。本研究では、プロセス評価として、計画実施1年目の計画進捗状況の確認を行う。進捗状況の確認として、実際に計画推進をしている担当課による庁内評価、計画記載事業を利用している利用者評価の2つを行った。

　第1節では、プロセス評価の目的や内容、手法等について少し詳しく触れる。第2節では、庁内評価について、質問紙作成過程や、評価実施方法、結果について述べる。第3節では、利用者評価について、第2節と同じく質問紙作成過程、評価実施方法、結果をまとめる。第4節では、庁内評価と利用者評価項目での比較を行い、第5節では、これら庁内評価や利用者評価が、次世代育成支援対策地域協議会においてどのように報告されているかに触れることとする。

第1節　プロセス評価の目的と方法

　プロセス評価実施の目的は、「A市次世代育成支援行動計画が進捗しているかどうか」を見ることで、今後の計画進捗に向けての課題を明らかにすることである。その方法として、自己評価としての庁内評価および、利用者評価を実施した。プロセス評価の手法には、多くのものがあるが、本研究ではまず実施1年目として、計画を遂行していく行政側の視点で進捗状況を自己評価することが大前提であると考えた。また、利用する側である住民が、果たして計画記載事業を利用してみてどう感じたのかを明らかにする、利用者評価も行う必要があると考えた。この庁内評価および利用者評価の両方を行うことによって、進捗状況の確認を行うことができるのである。評価の方法として、庁内評価、利用者評価それぞれについて評価のためのツール（以下、評価ツール）を作成し、量的調査を実施した。

　庁内評価および利用者評価実施に当たっては、A市計画の事務局である子育て支援課職員とたびたび話し合いや調整を行った。その結果、実施1年目の評価を行うこととなったのは、全129事業中17事業であった。その主な理由として、（1）計画実施1年目であり、すべての事業での評価は現実問題として難しいという意見が多かったこと、（2）ソフト交付金に係る事業については、利用者評価等を実施した方が、ソフト交付金獲得に有利な可能性があること（A市次世代育成協議会資料、2003）の2つをあげることができる。（1）については、当初全事業での実施を念頭に話し合いを行ったが、特に利用者評価での実施が難しいというA市側の意見が多く、事業数を減らさざるを得ない状況となった。また、（2）のソフト交付金に関係する事業については、厚生労働省による「次世代育成支援対策交付金（ソフト交付金）における事業計画の事後的評価について」（2003）において、事業実施と平行して、事業内容の点検や課題等の抽出をすることで評価するという記載があり、子育て家庭に対するアンケート調査の活用や学識経験者等の第三者による点検などが例として挙げられている。これを根拠として評価を実施することが、庁内で了解を得やすく、また、次年度のソフト交付金獲得においても意義があるという判断であった。

しかしながら、将来的には計画記載事業全事業での実施を念頭に置いて評価ツールを作成した。また、このようなプロセス評価の取組みは初めてであるため、評価ツール改善も念頭に置いた上で評価を実施した。よって、1年目の評価の目的は当然、進捗状況の確認の意味合いが最も強いが、同時に評価ツール開発の第一歩でもある。以下、表6-1において、実施1年目に評価を実施した事業を示している。なお、計画NO.とは、A市計画における事業番号を指す。

表6-1　2005（平成17）年度評価実施事業

	計画NO.	名称	所管課	位置づけ
1	4101	子育てオリエンテーション事業	子育て支援課	Aプラン重点施策
2	6101	地域ぐるみの子育て支援事業	子育て支援課	Aプラン重点施策
3	7101	小児医療体制の充実	健康福祉課	Aプラン重点施策
4	1101	つどいの広場事業	子育て支援課	ソフト交付金対象特定事業
5	5307	子育て短期支援事業	子育て支援課	ソフト交付金対象特定事業
6	5306	乳幼児健康支援一時預かり事業	保育課	ソフト交付金対象特定事業
7	5201	ファミリーサポートセンター事業	子育て支援課	ソフト交付金対象特定事業
8	5304	延長保育促進事業	保育課	ソフト交付金対象特定事業
9	6302	子育てサークルのネットワーク化の推進	子育て支援課	ソフト交付金・その他創意工夫のある取組
10	1208	世代間交流事業	保育課	ソフト交付金・その他創意工夫のある取組
11	3301	児童虐待防止対策事業	子育て支援課	ソフト交付金・その他創意工夫のある取組
12	4401	モグモグ離乳食教室	健康福祉課	ソフト交付金・その他創意工夫のある取組
13	4307	マタニティクラス	健康福祉課	ソフト交付金・その他創意工夫のある取組
14	2103	思春期の身体と心の教育		ソフト交付金・その他創意工夫のある取組
15	4305	乳幼児発達相談事業	健康福祉課	その他の事業
16	4306	健診の事後指導	健康福祉課	その他の事業
17	1102	保育所の地域子育て支援センター事業	保育課	その他の事業

第2節　庁内評価

■ 第1項　庁内評価ツールの作成

　庁内評価ツールは、他の行政機関等で行われてきた評価表および文献研究

を元に案をだし、その案を叩き台として子育て支援課を中心としたＡ市職員との協議を繰り返すことにより作成された。評価ツール作成には、2005（平成17）年9月から12月の約3ヶ月をかけて検討を行った。将来的には全事業共通で使用できるものを目指し、「計画理念・基本目標に関する事項」11問、「事業に関する事項」6問、「予算に関する事項」7問、「事業の分析に関する事項」11問、「職員の対応に関する事項」19問の合計5セクション54問となった。これら54問は、いずれも「1．あてはまらない」から「5．あてはまる」までの5件法となっている。また、実施1年目であるため、「0．わからない」という選択肢も設けた。各セクションの後には、自由記述欄を設定した。全54問に回答後、「今年度の取組状況」および「次年度の取組状況」について5件法（「1．力を入れていない、または、力をいれない」から「5．かなり力をいれた、または、力をいれる」）でたずねた。さらに、「次年度に向けての課題」「その他特記事項」「本質問紙への意見」という自由記述欄を設けた。また、利用者評価ツールにあわせて、評価実施17事業を4つに分類している。その分類とは、「広場事業関連」、「保育事業関連」、「講座事業関連」、「相談事業関連」である。詳細は、第3節利用者評価で述べることとする。

■ 第2項　庁内評価の方法

評価ツールをMicrosoft Excelで作成し、子育て支援課が窓口となって各担当課に電子メールで添付ファイルとして配布し、各担当課で検討の上、直接ファイル上にデータ入力を依頼した。入力後、再び子育て支援課に添付ファイルで返信してもらい、それを子育て支援課が取りまとめ、それらデータを筆者が分析した。調査期間は、2006（平成18）年1月である。

分析および作図には、同じくMicrosoft Excelを使用した。評価した事業が17事業と限られていたため、それぞれの設問セクションの平均点を算出した。さらに、全体の平均点を算出した。また、各設問の得点が一覧で見えるよう表を作成した。

■ 第3項　庁内評価の結果

1　全体の傾向

　まず、すべての設問を一覧で見ることのできるよう、表6-2、表6-3、表6-4を作成し、全体の得点の傾向を事業ごとに見た。その結果、全体として「あてはまる」の5点を記載している項目が非常に多く、したがって17事業全体を見ても比較的高い評価となっている。行政内部としては、担当課としての責任をある程度果たしていると判断していると思われる。

　特に、「基本理念・基本目標に関する事項」セクションは、全体として評価が高い。これは、A市計画の基本理念・基本目標との整合性をたずねたものであるため、当然、高い評価となることが予測されたものであるが、実際に評価をすることでその事実が明らかとなった。しかし、「職員は利用者・参加者への計画の周知に努めている」という項目では、評価が分かれている。この理由として、担当課からは、「利用できる枠に限りがあるため、積極的に広報することが現状難しい」との記述もあり、考慮が必要である。

　「事業に関する事項」セクションは、事業目標の整合性および進捗についてたずねたものであるが、概ね評価は高いものであった。

　「予算に関する事項」セクションでは、事業によってはばらつきのある項目があった。「思春期の身体と心の教育」事業については、「0：わからない」という回答があり、解釈には注意が必要である。

　「事業の分析に関する事項」セクションでは、事業の妥当性や効果等についてたずねている。比較的回答にばらつきがあり、「2：あまりあてはまらない」という回答も少なくない。

　「職員の対応に関する事項」セクションでは、利用者等に対して、職員としてどのような対応をしているのかをたずねた項目である。項目数が他のセクションに比べて多くなっているが、全体として評価は決して低くない。担当課としては、利用者に対しても、ある程度満足を得られるような対応をしていると判断している。

　なお、「乳幼児一時預かり事業」および「健診の事後指導」の2事業は、利用者評価が結果としてできなかったため、庁内評価のみとなった。

表6-2　広場事業関連庁内評価結果

質問種別	項　目	広場事業関連					
		1101 つどいの広場事業	1102 保育所の地域子育て支援センター事業	1208 世代間交流事業	4401 子育てオリエンテーション事業	6101 地域ぐるみの子育て支援事業	6302 子育てサークルのネットワーク化の推進
基本理念・基本目標に関する事項	基本理念「子ども・家庭・地域　共に育ちあう　A」との整合性が保たれている	5	5	5	5	5	5
	Aプランの5つの視点との整合性が保たれている	5	5	5	5	5	5
	上位基本理念との整合性が保たれている(P.17)	5	5	5	5	5	5
	基本目標(子ども　家庭　地域　いずれかの上位目標)との整合性が保たれている	5	5	5	5	5	5
	本事業の属する上位基本目標(7つのうちいずれか)との整合性が保たれている	5	5	5	5	5	5
	各基本目標の下にある各事業目標との整合性が保たれている	5	5	5	5	5	5
	本事業は、理念に沿った次世代の育成に向けた着実な進行をしている	5	5	5	5	5	5
	本事業は、理念に沿った次世代育成支援(安心して子どもを産み育てる環境づくり)に貢献している	5	4	4	5	5	5
	すべての担当課の職員が理念や基本目標を理解している	5	4	3	5	5	5
	職員は理念や基本目標の実現に向けて取り組んでいる	5	4	3	5	5	5
	職員は利用者・参加者への計画の周知に努めている	5	4	3	5	5	5
	基本理念・基本目標に関する事項全体平均点	5.00	4.64	4.18	5.00	5.00	5.00
事業に関する事項	現在の事業目標(単年度)は、次世代育成支援に整合している	5	5	5	5	5	5
	現在の事業目標(5年後：平成21年度)は、次世代育成支援に整合している	5	5	5	5	3	5
	現在の事業目標(最終：平成26年度)は、次世代育成支援に整合している	5	5	5	5	5	5
	事業の単年度目標を達成している	5	5	3	5	5	5
	事業の中期目標(5年後：平成21年度)に向けて着実な進行をしている	5	3	3	5	5	5
	事業の最終目標(最終：平成26年度)に向けて着実な進行をしている	3	3	3	5	3	5
	事業に関する事項全体平均点	4.67	4.33	3.33	5.00	4.33	5.00
予算に関する事項	本年度の事業評価を実施するのに必要な予算編成である	4	2	4	5	5	4
	予算の編成過程において職員の意見を聴取している	5	2	3	5	5	5
	本年度の予算について初期の目的に合った執行をしている	5	2	4	5	5	5
	各事業の推進程度に沿って使用している	5	2	3	5	5	5
	バランスの取れた予算使用をしている	4	4	3	5	5	5
	現状予算で最大限の努力をしている	5	5	4	5	5	5
	現状予算に追加されればよりよい事業展開ができる	5	2	5	5	5	5
	予算に関する事項全体平均点	4.71	2.71	3.71	5.00	5.00	4.86

第6章 プロセス評価 実施1年目の評価（2005年度） 119

質問種別	項目	広場事業関連					
		1101 つどいの広場事業	1102 保育所の地域子育て支援センター事業	1208 世代間交流事業	4401 子育てオリエンテーション事業	6101 地域ぐるみの子育て支援事業	6302 子育てサークルのネットワーク化の推進
事業の分析に関する事項	施策の目的が市民ニーズに照らして妥当である	5	5	4	5	5	4
	投入された予算に見合った効果がある	5	5	4	5	5	3
	当初予定していた目標を達成している	5	5	5	5	5	5
	同一の予算でより大きな効果が得られる	5	3	3	5	5	3
	行政が担う必要のある事業である	5	5	5	5	5	5
	他の事業よりも優先的に実施している	5	3	3	5	5	4
	事業の受益が公平に分配されている	5	2	3	5	5	4
	事業実施により期待された効果が得られている	5	5	5	5	5	5
	事業の透明性が保たれている	5	5	5	5	5	5
	事業は市民にとって不可欠なものである	5	5	3	5	5	5
	事業の費用負担が公平に分配されている	4	2	3	5	5	4
	事業の分析に関する事項全体平均点	4.91	4.09	3.73	5.00	5.00	4.00
職員の対応に関する事項	利用者・参加者の満足を得ている	5	5	5	5	5	5
	市民へサービスや事業内容についての情報を分かりやすく伝えている	5	4	5	5	5	4
	利用・参加しやすい雰囲気作りを行っている	5	5	5	4	5	5
	職員は本事業が次世代育成支援に貢献すると感じている	5	5	5	5	5	5
	次世代育成支援に必要な各機関との連携が十分取れている	5	3	3	5	5	4
	職員は目的意識を持って動いている	5	5	5	5	5	4
	職員の利用者への対応は適切である	5	5	5	5	5	3
	職員の苦情への対応は適切である	5	5	5	5	5	4
	事業上知りえた個人情報の秘密保持を徹底している	5	5	5	3	5	2
	事業展開（サービス提供）を通じて次世代育成支援に関する市民の意識醸成に寄与している	5	5	5	4	5	5
	利用者・参加者の要望を取り入れた事業展開を行っている	4	4	4	4	5	5
	職員は本事業の重要性を十分認識している	5	5	5	5	5	5
	利用者・参加者が過ごしやすい設備を整えている	5	4	5	2	4	3
	職員は目的遂行のために努力している	5	5	5	5	5	5
	利用・参加しやすい費用設定をしている（担当課で設定できない事業の場合は「3」を記入）	4	3	3	3	3	5
	利用者・参加者のニーズに応えている	5	5	4	4	5	5
	次世代育成支援に必要な各課との連携が十分取れている	5	4	3	5	5	4
	職員は事業目的を周知している	5	5	5	5	5	5
	プライバシー保護に配慮している	5	5	5	3	5	3
	職員の対応に関する事項全体平均点	4.89	4.58	4.58	4.32	4.84	4.16
全体平均		4.84	4.07	3.91	4.86	4.84	4.60
今年度の取組状況		5.00	3.00	3.00	5.00	4.00	5.00
次年度の取組予定		5.00	3.00	3.00	4.00	4.00	4.00

表6-3 保育事業関連庁内評価結果

| 質問種別 | 項目 | 保育事業関連 |||||
		5201 ファミリーサポートセンター事業	5304 延長保育事業	5306 乳幼児健康支援一時預かり事業	5307 子育て短期支援事業	7101 小児医療体制の充実
基本理念・基本目標に関する事項	基本理念「子ども・家庭・地域 共に育ちあうA」との整合性が保たれている	5	4	5	5	5
	Aプランの5つの視点との整合性が保たれている	5	4	5	5	5
	上位基本理念との整合性が保たれている（P.17）	5	4	5	5	5
	基本目標（子ども 家庭 地域 いずれかの上位目標）との整合性が保たれている	5	5	5	5	5
	本事業の属する上位基本目標（7つのうちいずれか）との整合性が保たれている	5	5	5	5	5
	各基本目標の下にある各事業目標との整合性が保たれている	5	5	5	5	5
	本事業は、理念に沿った次世代の育成に向けた着実な進行をしている	5	4	5	5	5
	本事業は、理念に沿った次世代育成支援（安心して子どもを産み育てる環境づくり）に貢献している	5	4	5	5	5
	すべての担当課の職員が理念や基本目標を理解している	4	5	5	5	2
	職員は理念や基本目標の実現に向けて取り組んでいる	5	5	5	5	5
	職員は利用者・参加者への計画の周知に努めている	5	5	5	4	1
	基本理念・基本目標に関する事項全体平均点	4.91	4.55	4.82	4.91	4.36
事業に関する事項	現在の事業目標（単年度）は、次世代育成支援に整合している	5	4	5	5	5
	現在の事業目標（5年後：平成21年度）は、次世代育成支援に整合している	5	4	5	5	5
	現在の事業目標（最終：平成26年度）は、次世代育成支援に整合している	5	4	5	5	5
	事業の単年度目標を達成している	5	4	5	4	3
	事業の中期目標（5年後：平成21年度）に向けて着実な進行をしている	5	3	3	5	5
	事業の最終目標（最終：平成26年度）に向けて着実な進行をしている	5	3	3	5	5
	事業に関する事項全体平均点	5.00	3.67	4.33	4.83	4.67
予算に関する事項	本年度の事業評価を実施するのに必要な予算編成である	5	4	3	4	5
	予算の編成過程において職員の意見を聴取している	5	3	3	5	5
	本年度の予算について初期の目的に合った執行をしている	5	4	5	4	4
	各事業の推進程度に沿って使用している	5	4	3	4	5
	バランスの取れた予算使用をしている	5	3	3	5	5
	現状予算で最大限の努力をしている	5	3	3	5	5
	現状予算に追加されればよりよい事業展開ができる	5	4	3	5	1
	予算に関する事項全体平均点	5.00	3.57	3.29	4.57	4.29

第6章 プロセス評価 実施1年目の評価（2005年度） 121

質問種別	項目	保育事業関連				
		5201 ファミリーサポートセンター事業	5304 延長保育事業	5306 乳幼児健康支援一時預かり事業	5307 子育て短期支援事業	7101 小児医療体制の充実
事業の分析に関する事項	施策の目的が市民ニーズに照らして妥当である	5	3	5	5	5
	投入された予算に見合った効果がある	5	3	2	5	5
	当初予定していた目標を達成している	5	4	2	4	4
	同一の予算でより大きな効果が得られる	5	4	2	5	1
	行政が担う必要のある事業である	4	4	5	5	5
	他の事業よりも優先的に実施している	5	4	3	4	5
	事業の受益が公平に分配されている	5	4	2	3	5
	事業実施により期待された効果が得られている	5	3	3	4	5
	事業の透明性が保たれている	5	5	3	4	5
	事業は市民にとって不可欠なものである	5	3	5	5	5
	事業の費用負担が公平に分配されている	5	3	2	5	5
	事業の分析に関する事項全体平均点	4.91	3.64	3.09	4.45	4.55
職員の対応に関する事項	利用者・参加者の満足を得ている	5	5	5	5	5
	市民へサービスや事業内容についての情報を分かりやすく伝えている	5	4	3	3	5
	利用・参加しやすい雰囲気作りを行っている	5	4	3	3	5
	職員は本事業が次世代育成支援に貢献すると感じている	5	5	5	5	5
	次世代育成支援に必要な各機関との連携が十分取れている	5	4	5	5	5
	職員は目的意識を持って動いている	5	5	5	5	5
	職員の利用者への対応は適切である	5	5	5	5	5
	職員の苦情への対応は適切である	5	5	5	5	5
	事業上知りえた個人情報の秘密保持を徹底している	5	5	5	5	5
	事業展開（サービス提供）を通じて次世代育成支援に関する市民の意識醸成に寄与している	5	4	5	3	1
	利用者・参加者の要望を取り入れた事業展開を行っている	5	4	3	4	4
	職員は本事業の重要性を十分認識している	5	5	4	5	5
	利用者・参加者が過ごしやすい設備を整えている	3	5	3	5	4
	職員は目的遂行のために努力している	5	5	4	5	5
	利用・参加しやすい費用設定をしている（担当課で設定できない事業の場合は「3」を記入）	4	4	5	5	3
	利用者・参加者のニーズに応えている	5	5	3	4	5
	次世代育成支援に必要な各課との連携が十分取れている	5	4	2	4	3
	職員は事業目的を周知している	5	5	3	5	5
	プライバシー保護に配慮している	5	5	3	5	5
	職員の対応に関する事項全体平均点	4.84	4.63	4.00	4.53	4.47
全体平均		4.93	4.01	3.91	4.66	4.47
今年度の取組状況		3.00	3.00	3.00	3.00	5.00
次年度の取組予定		5.00	3.00	4.00	4.00	5.00

表6-4　講座事業関連・相談事業関連庁内評価結果

質問種別	項目	講座事業関連				相談事業関連	
		2103 思春期の身体と心の教育	3301 児童虐待防止対策事業	4401 もぐもぐ離乳食教室	4307 マタニティクラス	4305 乳幼児発達相談事業	5308 健診の事後指導
基本理念・基本目標に関する事項	基本理念「子ども・家庭・地域 共に育ちあう　Ａ」との整合性が保たれている	4	5	5	5	5	5
	Ａプランの5つの視点との整合性が保たれている	4	5	5	5	5	5
	上位基本理念との整合性が保たれている（P.17）	4	5	5	5	5	5
	基本目標（子ども　家庭　地域　いずれかの上位目標）との整合性が保たれている	4	5	5	5	5	5
	本事業の属する上位基本目標（7つのうちいずれか）との整合性が保たれている	4	5	5	5	5	5
	各基本目標の下にある各事業目標との整合性が保たれている	4	5	5	5	5	5
	本事業は、理念に沿った次世代の育成に向けた着実な進行をしている	4	5	5	5	5	5
	本事業は、理念に沿った次世代育成支援（安心して子どもを産み育てる環境づくり）に貢献している	3	5	5	5	5	5
	すべての担当課の職員が理念や基本目標を理解している	3	5	2	2	2	2
	職員は理念や基本目標の実現に向けて取り組んでいる	3	5	5	5	5	5
	職員は利用者・参加者への計画の周知に努めている	3	5	1	1	1	1
	基本理念・基本目標に関する事項全体平均点	3.64	5.00	4.36	4.36	4.36	4.36
事業に関する事項	現在の事業目標（単年度）は、次世代育成支援に整合している	4	5	5	5	5	5
	現在の事業目標（5年後：平成21年度）は、次世代育成支援に整合している	4	5	5	5	5	5
	現在の事業目標（最終：平成26年度）は、次世代育成支援に整合している	4	5	5	5	5	5
	事業の単年度目標を達成している	4	5	3	3	3	3
	事業の中期目標（5年後：平成21年度）に向けて着実な進行をしている	4	5	5	5	5	5
	事業の最終目標（最終：平成26年度）に向けて着実な進行をしている	4	5	5	5	5	5
	事業に関する事項全体平均点	4.00	5.00	4.67	4.67	4.67	4.67
予算に関する事項	本年度の事業評価を実施するのに必要な予算編成である	0	4	5	5	5	5
	予算の編成過程において職員の意見を聴取している	5	5	5	5	5	5
	本年度の予算について初期の目的に合った執行をしている	5	5	5	5	5	5
	各事業の推進程度に沿って使用している	0	5	5	5	5	5
	バランスの取れた予算使用をしている	0	5	5	5	5	5
	現状予算で最大限の努力をしている	5	5	5	5	5	5
	現状予算に追加されればよりよい事業展開ができる	5	5	4	1	3	3
	予算に関する事項全体平均点	2.86	4.86	4.86	4.43	4.71	4.71

質問種別	項目	講座事業関連 2103 思春期の身体と心の教育	講座事業関連 3301 児童虐待防止対策事業	講座事業関連 4401 もぐもぐ離乳食教室	講座事業関連 4307 マタニティクラス	相談事業関連 4305 乳幼児発達相談事業	相談事業関連 5308 健診の事後指導
事業の分析に関する事項	施策の目的が市民ニーズに照らして妥当である	4	5	5	4	5	5
	投入された予算に見合った効果がある	4	4	4	4	5	5
	当初予定していた目標を達成している	5	4	4	4	4	4
	同一の予算でより大きな効果が得られる	2	5	3	2	3	3
	行政が担う必要のある事業である	3	5	5	5	5	5
	他の事業よりも優先的に実施している	3	5	2	2	3	3
	事業の受益が公平に分配されている	4	5	4	4	4	4
	事業実施により期待された効果が得られている	4	5	5	4	5	5
	事業の透明性が保たれている	4	5	5	5	5	4
	事業は市民にとって不可欠なものである	3	5	5	5	5	5
	事業の費用負担が公平に分配されている	0	3	4	5	4	4
	事業の分析に関する事項全体平均点	3.27	4.64	4.09	4.00	4.36	4.18
職員の対応に関する事項	利用者・参加者の満足を得ている	5	4	5	5	5	3
	市民へサービスや事業内容についての情報を分かりやすく伝えている	2	5	5	5	4	5
	利用・参加しやすい雰囲気作りを行っている	5	4	5	5	5	4
	職員は本事業が次世代育成支援に貢献すると感じている	5	5	5	5	5	5
	次世代育成支援に必要な各機関との連携が十分取れている	3	5	5	2	4	5
	職員は目的意識を持って動いている	5	5	5	5	5	5
	職員の利用者への対応は適切である	4	4	5	5	5	5
	職員の苦情への対応は適切である	0	5	5	5	5	5
	事業上知りえた個人情報の秘密保持を徹底している	3	5	5	5	5	5
	事業展開（サービス提供）を通じて次世代育成支援に関する市民の意識醸成に寄与している	5	5	4	4	2	3
	利用者・参加者の要望を取り入れた事業展開を行っている	5	5	5	5	4	4
	職員は本事業の重要性を十分認識している	5	5	5	5	5	5
	利用者・参加者が過ごしやすい設備を整えている	4	5	5	5	5	5
	職員は目的遂行のために努力している	5	5	5	5	5	5
	利用・参加しやすい費用設定をしている（担当課で設定できない事業の場合は「3」を記入）	5	3	3	3	3	3
	利用者・参加者のニーズに応えている	5	5	4	5	5	5
	次世代育成支援に必要な各課との連携が十分取れている	2	5	2	2	4	4
	職員は事業目的を周知している	3	5	5	5	5	5
	プライバシー保護に配慮している	3	5	5	5	5	5
	職員の対応に関する事項全体平均点	3.89	4.63	4.63	4.53	4.47	4.42
全体平均		3.53	4.83	4.52	4.40	4.52	4.47
今年度の取組状況		3.00	5.00	4.00	3.00	4.00	4.00
次年度の取組予定		3.00	5.00	4.00	3.00	4.00	4.00

2 各セクションの平均点と傾向および取組み状況

次に、各セクションの平均点のみを表6-5、表6-6に一覧にした。各セクションの平均点が4点未満の項目をみた。各セクションの平均点が4点未満の項目が多い事業は、「思春期の身体と心の教育」の4セクション、「世代間交流事業」・「延長保育事業」・「乳幼児一時預かり事業」の3セクションとなっている。平均点が最も低い事業は、「保育所の地域子育て支援センター事業」における「予算に関する事項」セクションの2.71点であった。

次に、「今年度の取組状況」および「次年度の取組予定」を見る。「今年度の取組み状況」では、「3：前年度程度」と回答している事業が8事業、「次年度の取組み状況」では、5事業となっているが、他の事業では概ね「4：力を入れるまたは、力を入れた」、「5：かなり力を入れるまたは、かなり力を入れた」と回答している。

表6-5 広場事業関連・保育事業関連セクション平均点

	広場事業関連						保育事業関連				
	1101 つどいの広場事業	1102 保育所の地域子育て支援センター事業	1208 世代間交流事業	4401 子育てオリエンテーション事業	6101 地域ぐるみの子育て支援事業	6302 子育てサークルのネットワーク化の推進	5201 ファミリーサポートセンター事業	5304 延長保育事業	5306 乳幼児健康支援一時預かり事業	5307 子育て短期支援事業	7101 小児医療体制の充実
基本理念・基本目標に関する事項全体平均点	5.00	4.64	4.18	5.00	5.00	5.00	4.91	4.55	4.82	4.91	4.36
事業に関する事項全体平均点	4.67	4.33	3.33	5.00	4.33	5.00	5.00	3.67	4.33	4.83	4.67
予算に関する事項全体平均点	4.71	2.71	3.71	5.00	5.00	4.86	5.00	3.57	3.29	4.57	4.29
事業の分析に関する事項全体平均点	4.91	4.09	3.73	5.00	5.00	4.00	4.91	3.64	3.09	4.45	4.55
職員の対応に関する事項全体平均点	4.89	4.58	4.58	4.32	4.84	4.16	4.84	4.63	4.00	4.53	4.47
全体平均	4.84	4.07	3.91	4.86	4.84	4.60	4.93	4.01	3.91	4.66	4.47
今年度の取組状況	5.00	3.00	3.00	4.00	4.00	5.00	3.00	3.00	3.00	3.00	5.00
次年度の取組予定	5.00	3.00	3.00	4.00	4.00	4.00	5.00	3.00	4.00	4.00	5.00

表6-6 講座事業関連・相談事業関連セクション平均点

	講座事業関連				相談事業関連	
	2103 思春期の身体と心の教育*1	3301 児童虐待防止対策事業	4401 もぐもぐ離乳食教室	4307 マタニティクラス	4305 乳幼児発達相談事業	5308 健診の事後指導
基本理念・基本目標に関する事項全体平均点	3.64	5.00	4.36	4.36	4.36	4.36
事業に関する事項全体平均点	4.00	5.00	4.67	4.67	4.67	4.67
予算に関する事項全体平均点	2.86	4.86	4.86	4.43	4.71	4.71
事業の分析に関する事項全体平均点	3.27	4.64	4.09	4.00	4.36	4.18
職員の対応に関する事項全体平均点	3.89	4.63	4.63	4.53	4.47	4.42
全体平均	3.53	4.83	4.52	4.40	4.52	4.47
今年度の取組状況	3.00	5.00	4.00	3.00	4.00	4.00
次年度の取組予定	3.00	5.00	4.00	3.00	4.00	4.00

*1 「0：わからない」と回答している項目あり

3 全体平均

　最後に全54問の全体平均をみる。表6-5および表6-6を参照されたい。54問全体の平均点をみると、最も高い事業は「ファミリーサポート事業」（4.93）であった。次いで、「子育てオリエンテーション事業」（4.86）、「つどいの広場事業」と「地域ぐるみの子育て支援事業」の4.84点であった。最も全体平均点の低い事業は「思春期の身体と心の教育」の3.53点であった。概ね評価としては低くない。

　全体の傾向をグラフ化したものが表6-7である。

■ 第4項　庁内評価の課題

　庁内評価の課題は2点ある。まず、第1点は、評価ツール自体の問題である。今回のツールは、非常に主観的な項目となっている。本来ならば、実際の目標値や達成度、貢献度など、具体的な基準による数値評価を行うべきである。しかしながら、今回はそのようなツール作りを行うことが難しかった。

表6-7　庁内評価全体平均

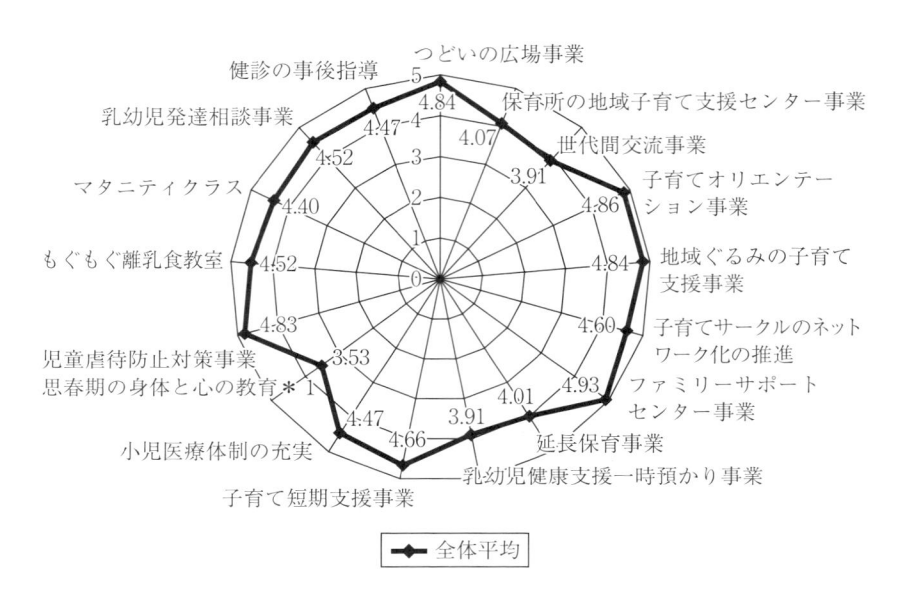

庁内評価全体平均

つどいの広場事業	4.84
保育所の地域子育て支援センター事業	4.07
世代間交流事業	3.91
子育てオリエンテーション事業	4.86
地域ぐるみの子育て支援事業	4.84
子育てサークルのネットワーク化の推進	4.60
ファミリーサポートセンター事業	4.93
延長保育事業	4.01
乳幼児健康支援一時預かり事業	3.91
子育て短期支援事業	4.66
小児医療体制の充実	4.47
思春期の身体と心の教育＊1	3.53
児童虐待防止対策事業	4.83
もぐもぐ離乳食教室	4.52
マタニティクラス	4.40
乳幼児発達相談事業	4.52
健診の事後指導	4.47

━◆━ 全体平均

＊1「0：わからない」と回答している項目あり

　そのため、担当課の判断とはいえ、実際には課長クラスの職員の判断になることも考え合わせると、非常に主観的な評価しかできていない。これは最も大きな課題であり、改良の必要性が迫られる点である。第2点目は、評価の各項目についての問題である。1年目のプロセス評価であると同時に評価ツール開発の一歩である、ということはすでに述べたとおりであるが、答えにくい設問、今後継続的に聞く必要のない設問等もある。例えば、基本目標等との整合性は、一度整合性がわかれば、事業内容の変更がない限り、毎年評価を行う必要はない。第1点目とも関連して、項目一つ一つの再検討が必要である。

　しかし、これらの課題はあるものの、一定の評価を行うことができており、進捗状況の確認という意味ではその役割を果たしていると考えられる。

第3節　利用者評価

■ 第1項　利用者評価ツールの作成

　利用者評価ツールは、文献研究を中心に評価項目案を作り、その案を叩き台として子育て支援課を中心としたA市職員との協議を繰り返すことによって作成された（小野、2005）。庁内評価と同様、将来的には全事業での実施を目指してツール作成を行った。文献研究の結果、満足度や利便性、利用費用、職員対応、求めているサービスであったかどうかおよび理念との合致程度などをたずねることとした（小野、2005）。利用者が回答しやすいシートにするためには、全事業共通の評価シートでは漠然としすぎてしまうこと、また、それぞれの事業につき評価シートを作る方法では、実質上129種類の評価シートとなり、一つの計画としてトータルな判断を下すことが難しくなること、以上2つの理由から、17事業の内容から考えて、事業を4種類に分類することとした。その分類とは、「広場事業関連」、「保育事業関連」、「講座事業関連」、「相談事業関連」の4つである。評価対象17事業が4つのいずれに分類されるかについては、以下の表6-8を参照されたい。さらに、利用者の回答の負担も考え、できるだけ簡便で答えやすい評価ツールにするため、評価項目数にも配慮した。

表6-8　評価実施17事業の4分類

広場事業関連	相談事業関連
1101：つどいの広場事業 1102：保育所の地域子育て支援センター事業 1208：世代間交流事業 4101：子育てオリエンテーション事業 5101：地域ぐるみの子育て支援事業 6302：子育てサークルのネットワーク化の推進	4305：乳幼児発達相談事業 4306：健診の事後指導
講座事業関連	保育事業関連
2103：思春期の身体と心の教育 3310：児童虐待防止対策事業 4401：もぐもぐ離乳食教室 4307：マタニティクラス	5307：子育て短期支援事業 5306：乳幼児健康支援一時預かり事業 5201：ファミリーサポート事業 5304：延長保育事業 7101：小児医療体制の充実

そして評価項目には、これら4種類のシートすべてに共通している「共通項目」とそれぞれの分類独自の質問項目「独自項目」を設定した。具体的には、共通項目としては「サービス全般について」(11問)、「Aプランとの関連について」(6問)「子育ての不安や負担に関する設問」(4問)の合計21問、独自項目として「この事業のサービス内容について」(6問)とした。この独自項目については、分類ごとに設問が異なっている。これら「共通項目」「独自項目」の合計27問は、「1．あてはまらない」から「5．あてはまる」までの5件法でたずねている。また、評価設問と同時に、回答者の属性として、「アンケートの回答者」、「記入者年齢」、「誰と参加・利用したか」、「連れてきた子どもの年齢」、「初回利用か2回以上の利用か」、「事業を知ったきっかけ」、「現在の子どもの数」、「理想の子どもの数」、「近所に子どもを見てくれる人の有無」、「近所に頼りにできる親戚の有無」、「近所に相談などができる友人の有無」、「居住小学校区」を設け、最後に自由記述欄を設けた。

■第2項　利用者評価の方法

　評価ツール4種類を作成・印刷の後、担当課がそれぞれ利用者に配布し、利用した事業についての評価を得た。調査実施時期は、2005 (平成17) 年11月である。具体的には、各事業担当課および関連課職員が、事業実施現場に出向き、評価の趣旨・方法等を説明した上で、回答を依頼した。実施方法は、(1) その事業実施現場で配布・回収する方法を取ったもの、(2) 現場で配布の後、郵送を依頼したもの、(3) 郵送依頼・郵送返送の方法をとったもの、の3つである。配布・回収の際には、利用者個人が特定されないよう十分配慮し、また同様のことを利用者にも周知した上で実施した。また、筆者もA市職員と同様、現場に出向き、利用者に評価協力を依頼した。なお、調査方法を表6-9にまとめている。

　分析には、SPSS for Windows ver.13.0を、作図にはMicrosoft Excelを使用した。項目ごと、事業ごとの平均点および全体の平均点を算出し、それらの結果を一覧表にして平均点を見た。

表6-9　利用者評価実施方法

評価事業名	調査方法
つどいの広場事業	現場で配布の上記入・回収
保育所の地域子育て支援センター事業	現場で配布の上記入・回収
世代間交流事業	現場で配布の上記入・回収
思春期の身体と心の教育	現場で配布の上記入・回収
児童虐待防止対策事業	現場で配布の上記入・回収
子育てオリエンテーション事業	現場で配布後、郵送返送
乳幼児発達相談事業	現場で配布の上記入・回収
健診の事後指導	＊1
マタニティクラス	現場で配布の上記入・回収
もぐもぐ離乳食教室	現場で配布の上記入・回収
ファミリーサポート事業	郵送
延長保育事業	現場で配布の上記入・回収
子育て短期支援事業	現場で配布後、郵送返送
乳幼児健康支援一時預かり事業	＊1
地域ぐるみの子育て支援事業	現場で配布の上記入・回収
子育てサークルのネットワーク化の推進	現場で配布の上記入・回収
小児医療体制の充実	現場で配布後、郵送返送

＊1　利用者数が少なく、個人が特定される可能性があったため実施できず。

■第3項　利用者評価の結果

1　回収数

　実際に利用者に評価を依頼した結果、17事業中15事業について回答を得ることができた。「健診の事後指導」および「乳幼児健康支援一時預かり事業」の2事業については、年間の利用者が少なく、評価することで利用者個人が特定される可能性のあるものであったため、A市子育て支援課と協議の上、回収を断念した。回収数は15事業合計で955名、最も多くの利用者から評価を得ることができたのは、「地域ぐるみの子育て支援事業」（443件）で、次いで、「子育てサークルのネットワーク化の推進」（101件）、「つどいの広場事業」（100件）となっている。最も利用者からの回答数が少なかったのは「子育て短期支援事業」（3件）、次いで「乳幼児発達相談事業」（7件）、「思

春期の身体と心の教育」（8件）となっている。よって、15事業で回収数にかなりのばらつきがあり、結果を見る際には十分に配慮が必要である。回収数等は、表6-10で示している。なお、自由記述については、（1）記述されていた数が非常に少数であったこと、（2）記述されているものでもその内容の多くが各事業を利用しての感想やコメントであったことの2点の理由から、各事業担当課にフィードバックするにとどめた。

表6-10　利用者評価回収数等

	回収数	%	累積%
つどいの広場事業	100	10.1	10.1
保育所の地域子育て支援センター事業	35	3.5	13.6
世代間交流事業	38	3.8	17.4
思春期の身体と心の教育	8	0.8	18.2
児童虐待防止対策事業	12	1.2	19.4
子育てオリエンテーション事業	15	1.5	20.9
乳幼児発達相談事業	7	0.7	21.6
健診の事後指導			
マタニティクラス	17	1.7	23.3
もぐもぐ離乳食教室	27	2.7	26.0
ファミリーサポート事業	53	5.3	31.4
延長保育事業	83	8.3	39.7
子育て短期支援事業	3	0.3	40.0
乳幼児健康支援一時預かり事業			
地域ぐるみの子育て支援事業	443	44.5	84.5
子育てサークルのネットワーク化の推進	101	10.2	94.7
小児医療体制の充実	53	5.3	100.0
合　計	995	100.0	

2　回答者の属性

回答者の属性を15事業全体でみる。A市がいずれの市かわかってしまう情報は、一部変更している。

記入者で最も多かったのは「母親」で約9割となっている（表6-11）。また、回答者の年齢は、「30～34歳」が最も多く39.5％、ついで「35～39歳」

(23.8%) であった（表6-12）。

「事業を知ったきっかけ」（表6-13）では、A市の「広報」（31.9%）、「友人・知人」（18.5%）、「保育所・幼稚園・学校など」（15.8%）となっている。

「現在の子どもの数」では、1人が最も多く（46.0%）、「理想の子どもの数」では、2人が最も多く53.5%となっており、次いで3人が31.6%であった（表6-14）。

「近所に子どもを見てくれる人がいるか」「近所に頼りにできる親戚はいるか」「近所に相談などができる友人・知人がいるか」の3つの問いでは、それぞれ「はい」と解答した割合は、78.5%、49.4%、48.9%であり、頼りにできる親戚や友人・知人については、半数近くが「いない」ということになる（表6-15）。

表6-11　記入者

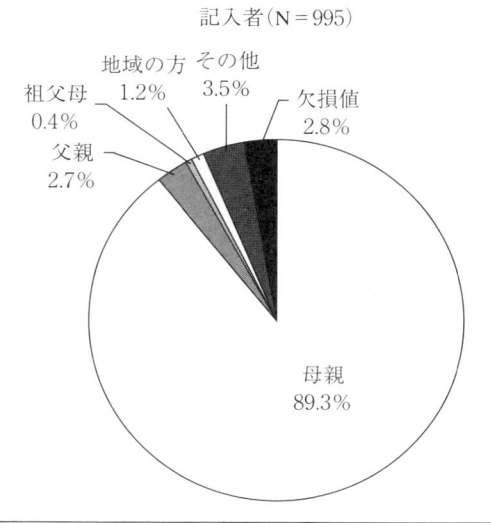

記入者（N＝995）

- 母親 89.3%
- 父親 2.7%
- 祖父母 0.4%
- 地域の方 1.2%
- その他 3.5%
- 欠損値 2.8%

表6-12　記入者の年齢

記入者の年齢

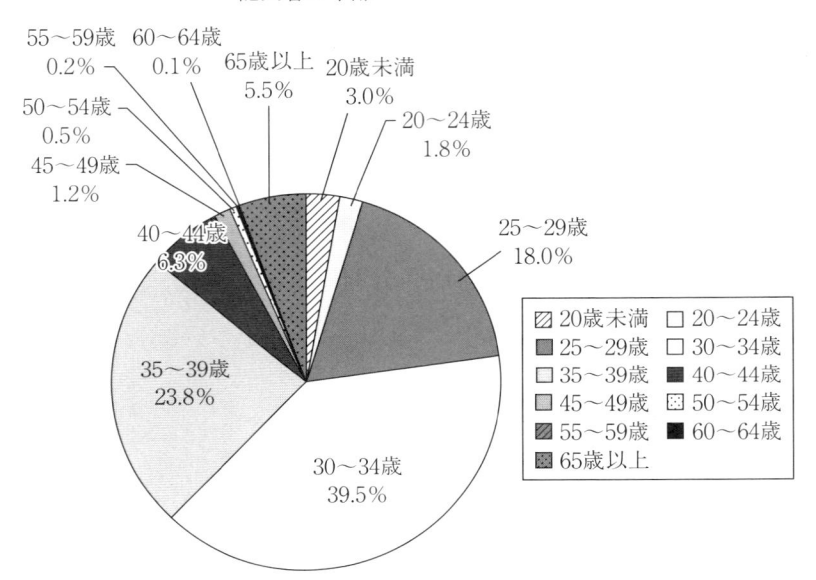

年齢	割合
20歳未満	3.0%
20～24歳	1.8%
25～29歳	18.0%
30～34歳	39.5%
35～39歳	23.8%
40～44歳	6.3%
45～49歳	1.2%
50～54歳	0.5%
55～59歳	0.2%
60～64歳	0.1%
65歳以上	5.5%

表6-13　事業を知ったきっかけ

この事業を知ったきっかけ(N=955)

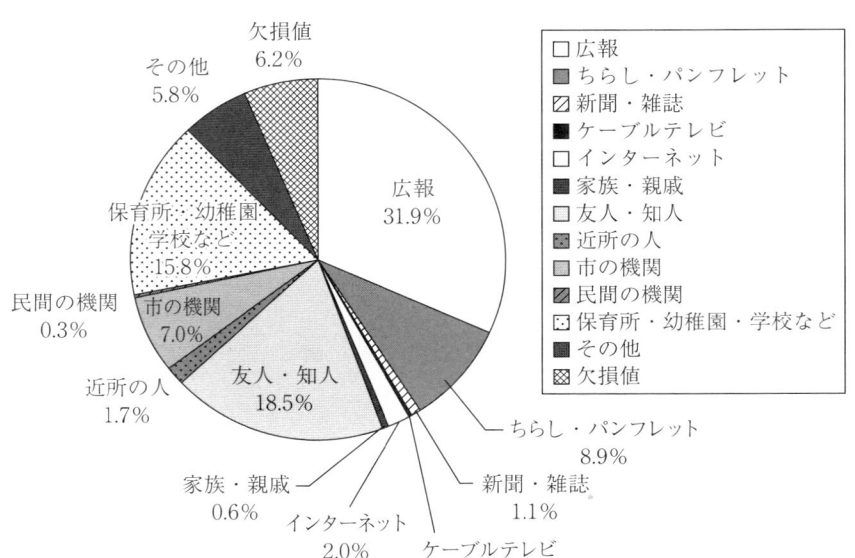

きっかけ	割合
広報	31.9%
ちらし・パンフレット	8.9%
新聞・雑誌	1.1%
ケーブルテレビ	—
インターネット	2.0%
家族・親戚	0.6%
友人・知人	18.5%
近所の人	1.7%
市の機関	7.0%
民間の機関	0.3%
保育所・幼稚園・学校など	15.8%
その他	5.8%
欠損値	6.2%

表6-14 現在の子どもの数と希望の子どもの数

現在の子どもの数と希望の子どもの数(N=955)

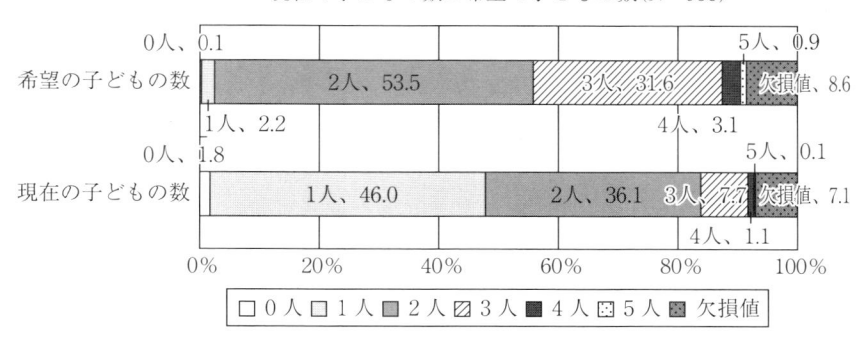

	0人	1人	2人	3人	4人	5人	欠損値
希望の子どもの数	0.1	2.2	53.5	31.6	3.1	0.9	8.6
現在の子どもの数	1.8	46.0	36.1	7.7	1.1	0.1	7.1

表6-15 近所に頼れる人がいるか

近所に頼れる人がいるか(N=955)

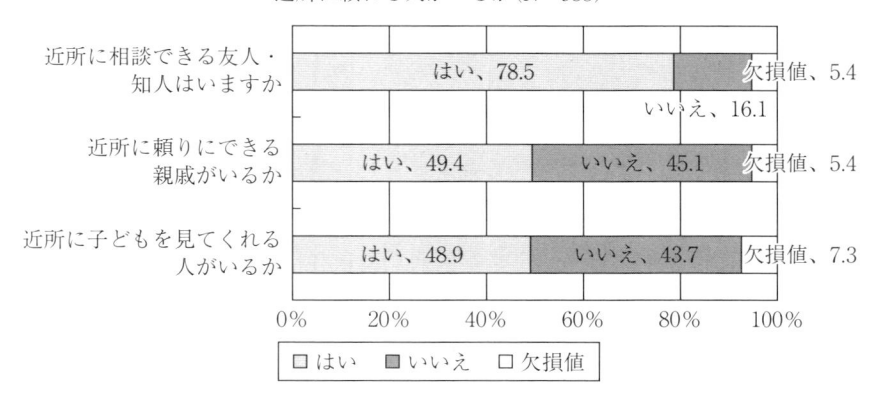

	はい	いいえ	欠損値
近所に相談できる友人・知人はいますか	78.5	16.1	5.4
近所に頼りにできる親戚がいるか	49.4	45.1	5.4
近所に子どもを見てくれる人がいるか	48.9	43.7	7.3

3 各事業の傾向

　4.0ポイント未満の項目が多い事業を見る。「世代間交流事業」(25項目)、「子育てオリエンテーション事業」(22項目)の2事業が圧倒的に4.0ポイント未満の項目が多かった。平均点を見ると、それぞれ3.32、3.49であった。4.0ポイント未満の項目が少ないのは、「保育所の地域子育て支援センター事業」(1事業)、「子育て短期支援事業」(2事業)、「乳幼児発達相談事業」

（3事業）の順となっている。いずれも回答者の数が少ないため、評価の判断には注意が必要であるが、平均点を見てもそれぞれ、4.27、4.58、4.52といずれも4点以上となっており、概ねよい評価である。結果は、表6-16および表6-17に示している。

4　分類ごとの平均点

4つの系列の平均点を見ると、「広場事業関連」では、3.91、「保育事業関連」では4.21、「講座事業関連」では、4.07、1事業しかないが「相談事業関連」では、4.52となっている。最も評価が低い系列は、「広場事業関連」であった。結果は、表6-16および表6-17に示している。

5　評価項目の全体傾向

回答者全体の平均を見る。全体平均は、4.21ポイントであった。評価が4.0未満の評価項目を見ていく。「共通項目」では、「かかる費用が適切であった」（3.39）、「苦情を伝えやすかった」（3.72）、「Aプランの事業だと知っていた」（1.76）、「基本理念に合致している」（3.73）、「子育ての自信になった」（3.89）、「子育ての不安が軽減された」（3.98）、「子育ての負担が軽減された」（3.97）の7項目であった。「広場事業関連」では、「子育ての仲間ができた」（3.82）、「子どもの遊び仲間ができた」（3.82）、「職員に気軽に悩みや疑問を尋ねることができた」（3.93）の3項目、「保育事業関連」では、「申し込み手続きについて十分な説明があった」（3.93）、「サービス内容について十分な説明・情報提供があった」（3.93）の2項目であった。「講座事業関連」および「相談事業関連」では、4.0未満の項目はなかった。結果は、表6-16および表6-17に示している。

これらの平均点が低い項目については、評価項目そのものに問題があり、設問が不適切である可能性、回答しにくい文体である等十分考察が必要である。

なお、「共通項目」の「かかる費用が適切であった」については、無料の事業あるいは、設問が向いていないと判断される事業があり、その場合には、自動的に中央値である「3」が入力されることになっているため、解釈には

注意が必要である。

6　各事業の全体平均

最後に各事業の評価全体平均をみる。全体平均が最も高かった事業は「子育て短期支援事業」の4.58、次いで「乳幼児発達相談事業」(4.52)、「もぐもぐ離乳食教室」(4.31) となっている。いずれも評価人数が少なく、特に「子育て短期支援事業」や「乳幼児発達相談事業」では、それぞれ3人、7人であるため、解釈には注意が必要である。

最も全体平均が低かったのは、「世代間交流事業」の3.32、次いで「子育てオリエンテーション事業」(3.49)、「小児医療体制の充実」(3.99) となっている。全体としては、評価の悪い事業は少ないが、飛びぬけて評価のよい事業もない。以下、15事業全体平均を表したのが、表6-18である。

■ 第4項　利用者評価の課題

課題は大きく5点ある。まず、第1点は、庁内評価と同様、評価ツールそのものの問題である。項目の中には、項目全体の平均点が低いものが存在する。これらについては、評価項目そのものが不適切あるいは、非常に答えにくい設問であった可能性がある。例えば、「共通設問」の「苦情を伝えやすかった」という設問は、あまりにも表現が直接的すぎ、利用者にとって答えいにくい質問であった可能性がある。また、基本理念についての設問は、他の設問に比べてあまりにも漠然としており、回答しにくかったと思われる。第2点は、4分類そのものの問題である。今回は、17事業を4つに分類したが、今後評価事業が増えた際に4分類でよいのか、あるいはこの4分類そのものがそれでいいのかを十分検討していく必要がある。第3点は、17事業の分類方法の問題である。A市職員と協議しながら、事業内容を判断材料に分類したが、分類が不適切であったがために「独自項目」で回答が難しかった事業があった可能性がある。例えば、「1208　世代間交流事業」では、子どもと高齢者の交流を目的としたものであるため、子ども・高齢者の双方を利用者として捉え、調査を実施したが、高齢者の多くは子どもを援助・支援する側として関わっていたことから、非常に回答しにくい設問となってし

表6-16 広場事業関連利用者評価結果

		全体 (n=995)	広場事業関連					
			1101 つどい の広場 事業 (n=100)	1102 保育所 子育て 支援セ ンター 事業 (n=35)	1208 世代間 交流事 業 (N=38)	4401 子育て オリエ ンテー ション 事業 (n=15)	6101 地域ぐ るみの 子育て 支援事 業 (n=443)	6302 子育て サーク ルのネット ワーク化の 推進 (n=101)
共通	自分の求めているサービスだった	4.41	4.57	4.51	3.08	4.00	4.43	4.52
	かかる費用が適切であった	3.39	3.25	4.00	3.03	3.13	3.20	3.71
	すぐ利用・参加できた	4.41	4.39	4.03	2.97	3.33	4.48	4.57
	利用・参加しやすい雰囲気だった	4.56	4.58	4.66	3.95	3.33	4.62	4.73
	設備が充実していた	4.04	4.35	4.49	3.24	3.33	4.11	4.52
	今後役に立つ	4.47	4.51	4.54	4.24	4.07	4.45	4.41
	自分の為になった	4.41	4.44	4.74	4.21	4.07	4.36	4.47
	友人や知人にも紹介したい	4.40	4.64	4.74	3.18	3.33	4.51	4.49
	職員の対応がよかった	4.64	4.80	4.54	3.82	4.20	4.70	4.73
	苦情を伝えやすかった	3.72	3.70	4.00	3.11	3.20	3.75	3.95
	全体として満足できた	4.49	4.64	4.63	3.92	3.87	4.52	4.58
	「Aプラン」の事業だと知っていた	1.76	1.65	1.29	2.79	1.53	1.75	2.46
	基本理念に合致している	3.73	3.55	4.06	3.16	3.67	3.72	4.07
	子どもへの支援に役立っている	4.05	4.03	4.23	3.11	3.67	4.13	4.29
	家庭への支援に役立っている	4.12	4.17	4.51	3.21	3.87	4.24	4.40
	地域への支援に役立っている	4.18	4.29	4.34	3.21	3.67	4.24	4.47
	次世代育成支援に役立っている	4.15	4.27	4.26	3.21	3.67	4.12	4.40
	子育てのためになった	4.38	4.48	4.63	3.87	4.13	4.45	4.46
	子育ての自信になった	3.89	3.87	4.26	3.37	3.80	3.96	3.93
	子育ての不安が軽減された	3.98	4.14	4.20	3.08	3.67	3.98	3.98
	子育ての負担が軽減された	3.97	4.18	4.26	3.08	3.27	3.93	4.11
広場事業関連	息抜きができた	4.28	4.41	4.71	3.61	3.53	4.26	4.44
	親同士で会話することができた	4.14	4.25	4.54	3.08	3.27	4.30	3.77
	子育ての仲間ができた	3.82	3.81	4.29	3.11	3.00	4.00	3.25
	子どもの遊び仲間ができた	3.82	3.95	4.20	3.05	2.87	3.96	3.37
	親子のコミュニケーションの助けになった	4.20	4.17	4.43	3.24	3.33	4.28	4.29
	職員に気軽に悩みや疑問をたずねることができた	3.93	4.04	4.29	2.71	3.47	4.01	3.90

第 6 章　プロセス評価　実施 1 年目の評価（2005年度）　137

		全体 (n=995)	広場事業関連					
			1101 つどい の広場 事業 (n=100)	1102 保育所 子育て 支援セ ンター 事業 (n=35)	1208 世代間 交流事 業 (N=38)	4401 子育て オリエ ンテー ション 事業 (n=15)	6101 地域ぐ るみの 子育て 支援事 業 (n=443)	6302 子育て サーク ルのネット ワーク化の 推進 (n=101)
保育事業関連	申し込み手続きについて充分な説明があった	3.93						
	サービスの内容について充分な説明・情報提供があった	3.93						
	自分の考えや要望を十分聞いてくれた	4.07						
	自分の考えや要望を尊重してくれた	4.00						
	子どもの状況に応じた対応をしてくれた	4.35						
	今後も利用したい	4.69						
講座事業関連	息抜きができた	4.14						
	知識が広がった	4.52						
	疑問が解決した	4.06						
	わかりやすかった	4.56						
	自分でも実践していけそうだ	4.25						
	今後もこのような講座があれば利用する	4.50						
相談事業関連	話しやすい雰囲気であった	5.00						
	職員は、自分の話を充分に聞いてくれた	4.86						
	職員は、自分の考えや要望を尊重してくれた	4.86						
	職員は適切なアドバイスをくれた	4.86						
	プライバシーに配慮されていた	4.71						
	今後も相談に来たい	4.86						
全体平均		4.21	4.12	4.27	3.32	3.49	4.09	4.16

系列平均	3.91

表6-17 保育事業関連・講座事業関連・相談事業関連利用者評価結果

		保育事業関連				講座事業関連				相談事業関連
		5201 ファミリーサポートセンター事業 (n=53)	5304 延長保育事業 (n=83)	5307 子育て短期支援事業 (n=3)	7101 小児医療体制の充実 (n=53)	2103 思春期の身体と心の教育 (n=8)	3301 児童虐待防止対策事業 (n=12)	4401 もぐもぐ離乳食教室 (n=27)	4307 マタニティクラス (n=17)	4305 乳幼児発達相談事業 (n=7)
共通	自分の求めているサービスだった	4.70	4.42	4.67	4.17	3.75	3.83	4.74	4.06	4.71
	かかる費用が適切であった	4.04	3.54	3.67	4.19	3.25	3.17	3.30	3.12	3.29
	すぐ利用・参加できた	4.77	4.51	5.00	3.13	4.25	4.83	4.59	4.47	5.00
	利用・参加しやすい雰囲気だった	4.74	4.43	5.00	4.25	4.38	4.50	4.85	4.29	5.00
	設備が充実していた	3.00	4.10	4.00	1.08	3.88	4.50	4.26	3.35	4.57
	今後役に立つ	4.77	4.41	5.00	3.87	4.50	4.58	4.78	4.47	4.86
	自分の為になった	4.72	4.60	5.00	3.98	4.38	4.58	4.74	4.59	4.86
	友人や知人にも紹介したい	4.66	4.08	4.33	3.64	4.13	4.42	4.59	3.94	4.57
	職員の対応がよかった	4.92	4.43	5.00	3.89	4.13	4.58	4.96	4.76	5.00
	苦情を伝えやすかった	3.87	3.73	4.67	4.25	3.75	3.83	3.89	3.47	3.71
	全体として満足できた	4.64	4.34	5.00	4.26	3.88	4.67	4.78	4.53	4.71
	「Aプラン」の事業だと知っていた	1.70	1.60	2.33	3.32	2.00	2.33	1.30	1.24	1.14
	基本理念に合致している	3.91	3.46	4.67	3.87	4.00	4.25	3.85	3.18	4.29
	子どもへの支援に役立っている	4.04	3.82	5.00	3.53	4.13	4.17	4.33	3.41	4.43
	家庭への支援に役立っている	3.83	3.87	4.33	4.33	4.00	4.33	4.33	3.59	4.71
	地域への支援に役立っている	4.23	3.99	5.00	5.00	4.00	4.50	4.19	3.76	4.71
	次世代育成支援に役立っている	4.21	4.23	5.00	5.00	4.00	4.33	4.37	3.65	4.57
	子育てのためになった	4.19	4.11	5.00	5.00	4.50	4.17	4.70	4.24	4.86
	子育ての自信になった	3.74	3.81	4.33	4.33	3.75	4.08	4.11	4.12	4.71
	子育ての不安が軽減された	4.17	4.04	5.00	5.00	4.00	3.75	4.15	4.12	4.86
	子育ての負担が軽減された	4.26	4.31	5.00	5.00	3.25	3.75	3.96	3.71	4.43
広場事業関連	息抜きができた									
	親同士で会話することができた									
	子育ての仲間ができた									
	子どもの遊び仲間ができた									

第6章　プロセス評価　実施1年目の評価（2005年度）　139

		保育事業関連				講座事業関連				相談事業関連
		5201 ファミリーサポートセンター事業 (n=53)	5304 延長保育事業 (n=83)	5307 子育て短期支援事業 (n=3)	7101 小児医療体制の充実 (n=53)	2103 思春期の身体と心の教育 (n=8)	3301 児童虐待防止対策事業 (n=12)	4401 もぐもぐ離乳食教室 (n=27)	4307 マタニティクラス (n=17)	4305 乳幼児発達相談事業 (n=7)
広場事業関連	親子のコミュニケーションの助けになった									
	職員に気軽に悩みや疑問をたずねることができた									
保育事業関連	申し込み手続きについて充分な説明があった	4.53	3.99	4.00	3.23					
	サービスの内容について充分な説明・情報提供があった	4.55	3.92	4.00	3.32					
	自分の考えや要望を十分聞いてくれた	4.74	3.86	5.00	3.70					
	自分の考えや要望を尊重してくれた	4.75	3.82	4.33	3.51					
	子どもの状況に応じた対応をしてくれた	4.79	4.10	5.00	4.28					
	今後も利用したい	4.81	4.64	4.33	4.66					
講座事業関連	息抜きができた					4.00	4.08	4.33	3.94	
	知識が広がった					4.38	4.50	4.63	4.41	
	疑問が解決した					3.75	3.67	4.41	3.94	
	わかりやすかった					4.38	4.58	4.78	4.29	
	自分でも実践していけそうだ					3.75	4.00	4.67	4.00	
	今後もこのような講座があれば利用する					4.25	4.33	4.78	4.29	
相談事業関連	話しやすい雰囲気であった									5.00
	職員は、自分の話を充分に聞いてくれた									4.86
	職員は、自分の考えや要望を尊重してくれた									4.86
	職員は適切なアドバイスをくれた									4.86
	プライバシーに配慮されていた									4.71
	今後も相談に来たい									4.86
全体平均		4.27	4.01	4.58	3.99	3.94	4.16	4.31	3.89	4.52
				系列平均	4.21			系列平均	4.07	4.52

表6-18 利用者評価全体平均

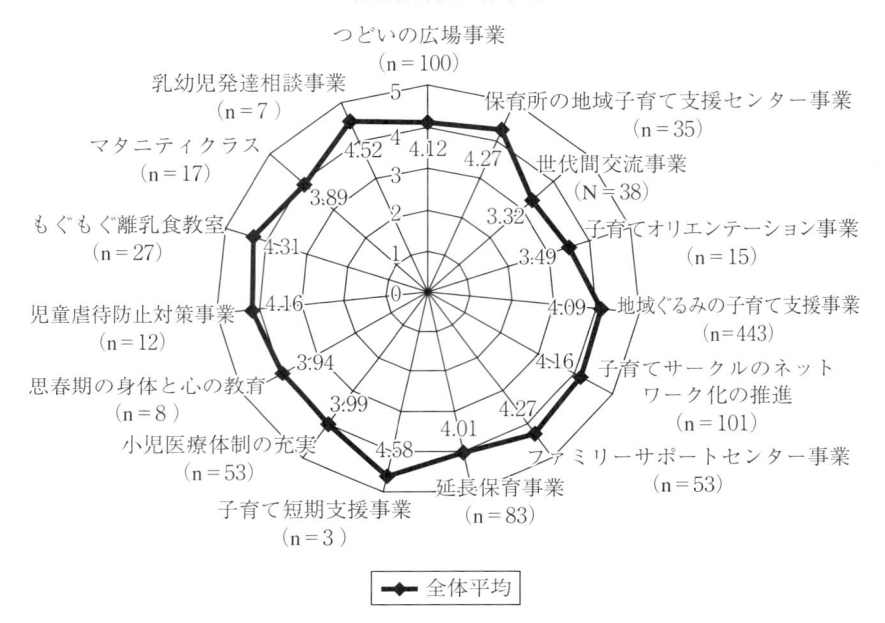

利用者評価全体平均

- つどいの広場事業 (n=100): 4.12
- 保育所の地域子育て支援センター事業 (n=35): 4.27
- 世代間交流事業 (N=38): 3.32
- 子育てオリエンテーション事業 (n=15): 3.49
- 地域ぐるみの子育て支援事業 (n=443): 4.09
- 子育てサークルのネットワーク化の推進 (n=101): 4.16
- ファミリーサポートセンター事業 (n=53): 4.27
- 延長保育事業 (n=83): 4.01
- 子育て短期支援事業 (n=3): 4.58
- 小児医療体制の充実 (n=53): 3.99
- 思春期の身体と心の教育 (n=8): 3.94
- 児童虐待防止対策事業 (n=12): 4.16
- もぐもぐ離乳食教室 (n=27): 4.31
- マタニティクラス (n=17): 3.89
- 乳幼児発達相談事業 (n=7): 4.52

まった。第4点目は、調査にかかる時間等コストの問題である。今回の評価には、外部者である筆者を含めて多くのA市職員の協力のもと実施された。しかし、例えば、「小児医療体制の充実」など、事業そのものの性質から、休日出勤して利用者に評価依頼をする必要があった事業があった。また、できるだけ多くの利用者から評価を得るために、多くの職員を動員した事業もある。よって、評価シート自体は手作りのため安価であるが、職員が利用者調査に費やす時間は決して少ないとは言えない。また休日出勤なども考えれば人件費等もかかる。したがって、決してコストの低いものではないのも事実である。今後評価方法等についても考えていく必要がある。第5点目は、第4点目とも関わるが、評価の実施時期・期間の問題である。今回は、11月の1ヶ月間であったが、それが評価時期としてよいかどうかは検討が必要である。1年を通して利用者全員に評価を依頼できることが望ましいが、現在のところそれは難しい。であるならば、年間の利用者数等も考えた上で、さ

らには利用者全体から代表性も考慮して評価を実施することが今後は必要になってくると考えられる。

第4節　庁内評価と利用者評価の結果比較

　本節では、庁内評価と利用者評価で比較可能な項目について比較を行い、両者の差を見ていくこととする。なお、庁内評価ツールと利用者評価ツールとで、完全に同じ表現の項目があるわけではなく、また庁内評価は1事業につき1サンプルなのに対し、利用者評価は、評価者の数が複数名であるため、結果を単純に比較することはできない。しかしながら、庁内評価と利用者評価の食い違い、あるいは一致点を明らかにすることは、今後のサービス提供において非常に重要なことである。評価ツール作成の際にも、庁内評価と利用者評価での結果の比較を意識してきた。したがって、今回の分析では、特に庁内評価における「職員の対応に関する項目」を中心に、利用者評価と比較可能な項目を抽出し、実際に比較を行うこととした。

■ 第1項　比較項目

　比較可能な項目を以下の表6-19にまとめた。比較を行う際の設問の表現を整理している。中には、利用者評価で2項目のものが、庁内評価では1項目を指す等、2項目を1項目に整理したものもある。なお、2項目を1項目に整理した場合、評価得点は2項目の平均をとっている。

■ 第2項　比較結果

1　「庁内評価結果」が「利用者評価結果」よりも1ポイント以上評価の高い項目

　比較した結果について述べる。「利用者評価結果」－「庁内評価結果」の差がマイナス1.00ポイント以上ある項目、つまり、「庁内評価結果」の方が「利用者評価結果」よりも1.00ポイント以上評価の高い項目に注目する。表6-20、表6-21、表6-22に一覧でまとめている。セルの色が異なっているものが、1.00ポイント以上差のあった項目である。「広場事業関連」では、その

表6-19　利用者評価・庁内評価比較項目

		利用者項目	庁内評価項目	比較項目としての設問表現
項目		全体として満足できた	利用者・参加者の満足を得ている	1. 全体として満足できた
		利用・参加しやすい雰囲気だった	利用・参加しやすい雰囲気作りを行っている	2. 利用・参加しやすい雰囲気だった
		職員の対応がよかった	職員の利用者への対応は適切である	3. 職員の対応がよかった
		苦情を伝えやすかった	職員の苦情への対応は適切である	4. 苦情が伝えやすかった
		設備が充実していた	利用者・参加者が過ごしやすい設備を整えている	5. 設備が充実していた
		かかる費用が適切であった	利用・参加しやすい費用設定をしている	6. かかる費用が適切であった
関連事業	広場	職員に気軽に悩みや疑問を尋ねることができた	職員の利用者の対応は適切である	7. 職員に気軽に尋ねることができた
			職員の苦情への対応は適切である	
関連事業	保育	申し込み手続きについて十分な説明があった	市民へのサービスや事業内容についての情報を分かりやすく伝えている	8. サービスや事業内容についての情報を分かりやすく伝えられていた
		サービス内容について十分な説明・情報提供があった		
関連事業	講座	該当なし	該当なし	該当なし
関連事業	相談	プライバシーに配慮されていた	プライバシー保護に配慮している	9. プライバシーに配慮されていた

ような項目は延べ13項目あった。「保育事業関連」では、延べ3項目、「講座事業関連」では、延べ6項目、「相談事業関連」（1事業のみ）は、1項目であった。

差のあった項目が最も多かった事業は、「世代間交流事業」では、7項目中6項目に1.00ポイント以上の差があった。次いで、「子育てオリエンテーション事業」でも4項目に1.00ポイント以上差があった。他は、いずれも2項目程度に収まっていた。

次に、各評価項目について注目すると、「4. 苦情が伝えやすかった」については、15事業中、11事業で差があり、全体として行政職員が思っている

表6-20 庁内・利用者結果比較（広場事業関連）

共通項目としての設問表現	1101 つどいの広場事業 (n=100) 利用者評価平均点	1101 庁内評価	1102 保育所の地域子育て支援センター事業 (n=35) 利用者評価平均点	1102 庁内評価	1208 世代間交流事業 (N=38) 利用者評価平均点	1208 庁内評価	4401 子育てオリエンテーション事業 (n=15) 利用者評価平均点	4401 庁内評価	6101 地域ぐるみの子育て支援事業 (n=443) 利用者評価平均点	6101 庁内評価	6302 子育てサークルのネットワーク化の推進 (n=101) 利用者評価平均点	6302 庁内評価
1．全体として満足できた	4.64	5.00	4.63	5.00	3.92	5.00	3.87	5.00	4.52	5.00	4.58	5.00
2．利用・参加しやすい雰囲気だった	4.58	5.00	4.66	5.00	3.95	5.00	3.33	4.00	4.62	5.00	4.73	4.00
3．職員の対応がよかった	4.80	5.00	4.54	5.00	3.82	5.00	4.20	5.00	4.70	5.00	4.73	3.00
4．苦情が伝えやすかった	3.70	5.00	4.00	5.00	3.11	5.00	3.20	5.00	3.75	5.00	3.95	4.00
5．設備が充実していた	4.35	5.00	4.49	5.00	3.24	5.00	3.33	2.00	4.11	4.00	4.52	5.00
6．かかる費用が適切であった	3.25	4.00	4.00	3.00	3.03	3.00	3.13	3.00	3.20	3.00	3.71	3.00
7．職員に気軽に尋ねることができた	4.04	5.00	4.29	5.00	2.71	5.00	3.47	5.00	4.01	5.00	3.90	3.50
8．サービスや事業内容についての情報を分かりやすく伝えられていた												
9．プライバシーに配慮されていた												
平均点	4.19	4.86	4.37	4.57	3.39	4.71	3.50	4.14	4.13	4.57	4.31	3.64

庁内評価─利用者評価平均点の差が－1.00以上ある項目

ほど、利用者にとっては"苦情が伝えやすい"状況でないことが明らかとなった。また他の4分類共通の項目をみてみると、「1．全体として満足できた」では3事業、「2．利用・参加しやすい雰囲気だった」2事業、「3．職員の対応がよかった」1事業、「5．設備が充実していた」2事業、「6．かかる費用が適切であった」2事業に差があることがわかった。この中で「6．かかる費用が適切であった」については、費用設定が可能な事業とそうでない事業があるため、解釈には注意が必要である。

特に、差の大きい項目としては、「世代間交流事業」の「7．職員に気軽に尋ねることができた」のマイナス2.29ポイント差であった。

平均点を見ると、15事業中14事業について、「庁内評価結果」の方が「利

表6-21 庁内・利用者結果比較（保育事業関連）

共通項目としての設問表現	5201 ファミリーサポートセンター事業 (n=53) 利用者評価平均点	庁内評価	5304 延長保育事業 (n=83) 利用者評価平均点	庁内評価	5307 子育て短期支援事業 (n=3) 利用者評価平均点	庁内評価	7101 小児医療体制の充実 (n=53) 利用者評価平均点	庁内評価
1．全体として満足できた	4.64	5.00	4.34	5.00	5.00	5.00	5.00	5.00
2．利用・参加しやすい雰囲気だった	4.74	5.00	4.43	4.00	5.00	3.00	5.00	5.00
3．職員の対応がよかった	4.92	5.00	4.43	5.00	5.00	5.00	5.00	5.00
4．苦情が伝えやすかった	3.87	5.00	3.73	5.00	4.67	5.00	4.67	5.00
5．設備が充実していた	3.00	3.00	4.10	5.00	4.00	5.00	4.00	4.00
6．かかる費用が適切であった	4.04	4.00	3.54	4.00	3.67	5.00	3.67	3.00
7．職員に気軽に尋ねることができた								
8．サービスや事業内容についての情報を分かりやすく伝えられていた	4.54	5.00	3.96	4.00	4.00	3.00	4.00	5.00
9．プライバシーに配慮されていた								
平均点	4.25	4.57	4.08	4.57	4.48	4.43	4.48	4.57

■ 庁内評価－利用者評価平均点の差が－1.00以上ある項目

用者評価結果」よりも評価が高くなっていることがわかる。その中で、1.00ポイント以上差があったのは、表6-20の「世代間交流事業」（1.32ポイント差）であった。

　以上から全体として、「庁内評価結果」の方が「利用者評価結果」よりも、高い評価を下していることが明らかとなった。つまり、行政職員としては、「できることはやっている」と評価しているが、利用者側としては、そのように受け止めていない点があるということである。

2　「利用者評価結果」が「庁内評価結果」よりも1ポイント以上評価の高い項目

　「利用者評価結果」－「庁内評価結果」の差がプラス1.00ポイント以上あ

表6-22 庁内・利用者比較（講座事業関連・相談事業関連）

共通項目としての設問表現	講座事業関連 2103 思春期の身体と心の教育 (n=8) 利用者評価平均点	庁内評価	3301 児童虐待防止対策事業 (n=12) 利用者評価平均点	庁内評価	4401 もぐもぐ離乳食教室 (n=27) 利用者評価平均点	庁内評価	4307 マタニティクラス (n=17) 利用者評価平均点	庁内評価	相談事業関連 4305 乳幼児発達相談事業 (n=7) 利用者評価平均点	庁内評価
1．全体として満足できた	3.88	5.00	4.67	4.00	4.78	5.00	4.53	5.00	4.71	5.00
2．利用・参加しやすい雰囲気だった	4.38	5.00	4.50	4.00	4.85	5.00	4.29	5.00	5.00	5.00
3．職員の対応がよかった	4.13	4.00	4.58	4.00	4.96	5.00	4.76	5.00	5.00	5.00
4．苦情が伝えやすかった	3.75	0.00*	3.83	5.00	3.89	5.00	3.47	5.00	3.71	5.00
5．設備が充実していた	3.88	4.00		3.00	4.26	5.00	3.35	5.00	4.57	4.00
6．かかる費用が適切であった	3.25	5.00	3.17	3.00	3.30	3.00	3.12	3.00	3.29	3.00
7．職員に気軽に尋ねることができた										
8．サービスや事業内容についての情報を分かりやすく伝えられていた										
9．プライバシーに配慮されていた										4.71	5.00
平均点	3.88	3.83	4.21	3.83	4.34	4.67	3.92	4.67	4.43	4.57

▓▓▓ 庁内評価－利用者評価平均点の差が－1.00以上ある項目

る項目、つまり、「利用者評価結果」の方が「庁内評価結果」よりも1.00ポイント以上評価の高い項目に注目する。表6-23、表6-24、表6-25で一覧でまとめている。セルの色が異なっているものが、1.00ポイント以上差のあった項目である。

　全体として、利用者評価の方が庁内評価よりも評価の高い項目が少ない。15事業中6事業にとどまっている。一つの事業で複数項目に差があったのは、唯一「子育て短期支援事業」の2項目のみである。項目としてみてみると「設備が充実していた」に2事業で1ポイント以上の差があった。

　平均点を見ると、「子育て短期支援事業」のみ、「利用者評価結果」の方が「庁内評価結果」よりも評価が高い結果となっているが、その差はわずか

表6-23　庁内・利用者結果比較（広場事業関連）

共通項目としての設問表現	1101 つどいの広場事業 (n=100) 利用者評価平均点	1101 庁内評価	1102 保育所の地域子育て支援センター事業 (n=35) 利用者評価平均点	1102 庁内評価	1208 世代間交流事業 (N=38) 利用者評価平均点	1208 庁内評価	4401 子育てオリエンテーション事業 (n=15) 利用者評価平均点	4401 庁内評価	6101 地域ぐるみの子育て支援事業 (n=443) 利用者評価平均点	6101 庁内評価	6302 子育てサークルのネットワーク化の推進 (n=101) 利用者評価平均点	6302 庁内評価
1．全体として満足できた	4.64	5.00	4.63	5.00	3.92	5.00	3.87	5.00	4.52	5.00	4.58	5.00
2．利用・参加しやすい雰囲気だった	4.58	5.00	4.66	5.00	3.95	5.00	3.33	4.00	4.62	5.00	4.73	4.00
3．職員の対応がよかった	4.80	5.00	4.54	5.00	3.82	5.00	4.20	5.00	4.70	5.00	4.73	3.00
4．苦情が伝えやすかった	3.70	5.00	4.00	5.00	3.11	5.00			3.75	5.00	3.95	4.00
5．設備が充実していた	4.35	5.00	4.49	4.00	3.24	5.00	3.33	2.00	4.11	4.00	4.52	3.00
6．かかる費用が適切であった	3.25	4.00	4.00	3.00	3.03	3.00	3.13	3.00	3.20	3.00	3.71	3.00
7．職員に気軽に尋ねることができた	4.04	5.00	4.29	5.00	2.71	5.00	3.47	5.00	4.01	5.00	3.90	3.50
8．サービスや事業内容についての情報を分かりやすく伝えられていた												
9．プライバシーに配慮されていた												
平均点	4.19	4.86	4.37	4.57	3.39	4.71	3.50	4.14	4.13	4.57	4.31	3.64

　　　　庁内評価―利用者評価平均点の差が＋1.00以上ある項目

0.05ポイントに過ぎない（表6-24）。

　以上から、全体として、「利用者評価結果」の方が「庁内評価結果」よりも評価が高い項目は少ない。しかしながら、項目の中には、1.00ポイント以上の差はないにせよ、「利用者評価結果」の方が高い項目もいくつか見ることができる。よって、これらの評価項目については、利用者のある程度の満足が得られるようなサービス提供をしていると考えられる。

■第3項　庁内評価と利用者評価の結果比較の課題

　課題は大きく2点ある。まず第1点目としては、先に述べたように、比較項目とはいえ、完全に比較できるような内容の項目ではなかったため、解釈

表6-24 庁内・利用者結果比較（保育事業関連）

共通項目としての設問表現	5201 ファミリーサポートセンター事業 (n=53) 利用者評価平均点	庁内評価	5304 延長保育事業 (n=83) 利用者評価平均点	庁内評価	5307 子育て短期支援事業 (n=3) 利用者評価平均点	庁内評価	7101 小児医療体制の充実 (n=53) 利用者評価平均点	庁内評価
1．全体として満足できた	4.64	5.00	4.34	5.00	5.00	5.00	5.00	5.00
2．利用・参加しやすい雰囲気だった	4.74	5.00	4.43	4.00	5.00	3.00	5.00	5.00
3．職員の対応がよかった	4.92	5.00	4.43	5.00	5.00	5.00	5.00	5.00
4．苦情が伝えやすかった	3.87	5.00	3.73	5.00	4.67	5.00	4.67	5.00
5．設備が充実していた	3.00	3.00	4.10	4.00	4.00	5.00	4.00	4.00
6．かかる費用が適切であった	4.04	4.00	3.54	4.00	3.67	5.00	3.67	3.00
7．職員に気軽に尋ねることができた								
8．サービスや事業内容についての情報を分かりやすく伝えられていた	4.54	5.00	3.96	4.00	4.00	3.00	4.00	5.00
9．プライバシーに配慮されていた								
平均点	4.25	4.57	4.08	4.57	4.48	4.43	4.48	4.57

　　　　庁内評価—利用者評価平均点の差が＋1.00以上ある項目

には注意が必要であるという点である。今後、比較することを念頭に、評価ツールを作り変えていく必要性が示唆される。第2点目は、「利用者評価結果」と「庁内評価結果」で差があった項目について、どう解釈するのかという点である。もちろん、出ている"差"をそのまま、評価として捉えることは重要である。だが、「利用者評価結果」には「平均点」、「庁内評価結果」には各課判断の「素点」を使用しているため、やはり解釈には注意が必要である。

　しかしながら、上記2点の課題はあるが、一定の差が出ている項目については、行政職員と利用者側とで意見の相違があるということであり、この差を検討する意義はあると考えられる。この差についての考察は、第7章で行

表6-25　庁内・利用者結果比較（講座事業関連・相談事業関連）

共通項目としての設問表現	講座事業関連 2103 思春期の身体と心の教育 (n=8) 利用者評価平均点	庁内評価	3301 児童虐待防止対策事業 (n=12) 利用者評価平均点	庁内評価	4401 もぐもぐ離乳食教室 (n=27) 利用者評価平均点	庁内評価	4307 マタニティクラス (n=17) 利用者評価平均点	庁内評価	相談事業関連 4305 乳幼児発達相談事業 (n=7) 利用者評価平均点	庁内評価
1．全体として満足できた	3.88	5.00	4.67	4.00	4.78	5.00	4.53	5.00	4.71	5.00
2．利用・参加しやすい雰囲気だった	4.38	5.00	4.50	4.00	4.85	5.00	4.29	5.00	5.00	5.00
3．職員の対応がよかった	4.13	4.00	4.58	4.00	4.96	5.00	4.76	5.00	5.00	5.00
4．苦情が伝えやすかった	3.75	0.00*	3.83	5.00	3.89	5.00	3.47	5.00	3.71	5.00
5．設備が充実していた	3.88	4.00	4.50	3.00	4.26	5.00	3.35	5.00	4.57	4.00
6．かかる費用が適切であった	3.25	5.00	3.17	3.00	3.30	5.00	3.12	3.00	3.29	3.00
7．職員に気軽に尋ねることができた										
8．サービスや事業内容についての情報を分かりやすく伝えられていた										
9．プライバシーに配慮されていた									4.71	5.00
平均点	3.88	3.83	4.21	3.83	4.34	4.67	3.92	4.67	4.43	4.57

　　　　庁内評価—利用者評価平均点の差が+1.00以上ある項目

うこととする。

第5節　地域協議会での報告

　本節では、2005（平成17）年度の庁内評価や利用者評価が地域協議会でどのように報告されているか述べる。2005（平成17）年度は2回の地域協議会が開催されているが、2回目（2008（平成18）年2月24日）で評価実施後の報告をしている。当日配布された資料は、式次第、地域協議会会員名簿、2008（平成18）年度新規施策案、利用者評価結果要約の4つおよび「平成17年度Ａ市次世代育成支援事業アンケート調査結果報告書」（以下、評価報告書）である（Ａ市、2005）。利用者評価結果要約資料は、評価報告書で記載

されている利用者評価の内容をより分かりやすくまとめたものである。「1. あてはまらない」から「5. あてはまる」の5件法でたずねた項目について、「あてはまる」「ややあてはまる」の合計をパーセンテージで表して一覧にまとめることで、評価の低いものを明らかにしている。評価報告書では、17事業すべての評価結果を詳細に記載している。特に庁内評価については、レーダーチャートを使用し、達成度などが視覚的に理解できるように工夫を行った。なお、この評価報告書は筆者が作成したものである。

　地域協議会では、これら資料を用いて事務局がまず結果を報告し、それに対して委員が意見交換し、協議会会長のもと次年度に向けての課題が明確にされていった。2005（平成17）年度に抽出された課題は大きく4点であった（A市、2006）。それらは、①評価結果でサービス利用者と提供者との評価に乖離がある、②グループを対象にした新規子育て支援事業がない、③施策自体のPR方法やAプランの事業のPR方法（情報提供）が重要、④広場事業や子育て事業に出て来られず、評価シートに回答できない人の意見聴取の方法について検討が必要、といった内容であった。A市はこれらの意見に基づき、2006（平成18）年度の事業実施を行っている。

第7章
考察と提言

　本章では、第4章、第5章、第6章の分析結果から考察を行い、今後のA市次世代育成支援行動計画推進に向けての提言を行う。また、今後の課題についても触れる。第1節では、計画策定1年目・2年目のプロセス分析の考察および、計画実施1年目のプロセス評価の考察を行う。また、本研究の研究方法や分析方法についても考察する。第2節では、今後のA市次世代育成支援行動計画進捗に向けての提言を行う。第3節では、本研究の限界や課題について触れる。

第1節　考察

■ 第1項　計画策定2年間の分析
1　住民ニーズ反映の難しさの背景
　第1項では、2003（平成15）年・2004（平成16）年の計画策定2年間の分析から考察を述べる。この2年間については、主にA市で公表されている次世代育成支援関連の資料や報告書を材料に分析を行った。その結果、策定1年目についても2年目についても、計画策定スケジュールや計画策定手順、計画策定のプロセスについては、ほぼ完全に指針に沿ったものであったこと

が明らかとなった。さらに、「住民参加」への積極的取組みという、指針内容を超えたA市独自の視点も加わっていることも明らかとなった。つまり、計画策定に当たっては、次世代育成支援行動計画策定先行モデル市町村として、指針内容を十分に理解し、また独自性を加味した計画作りができているのである。

　しかしながら、このような計画策定手順や計画策定プロセスをたどったにもかかわらず、策定された素案や本案を分析してみると、時間をかけて聞いたはずの「住民の意見」が目に見える形で十分に生かされているとは言えない結果であった。それが最も顕著に現れたのは、タウンミーティングで本案に追加要求された事業26事業のうち、5事業のみしか本案に採用されなかったという結果であろう。確かに計画策定プロセスは、社会福祉のプロセス重視の視点から考えれば大切である。しかしながら、計画策定プロセスのアウトプットである素案や本案に、十分に「住民の意見が生かされていない」という結果は、深刻に受け止めるべきである。このままでは、"計画は策定するまでが重要であり評価は重要でない"という今までの行政計画の二の舞である。

　このように住民の意見を取り入れるのが難しかった背景や理由を考察してみたい。

（1）行政における住民参加の定義の問題

　住民参加と一言で言っても、住民とは誰か、また住民参加とは何を指すのかを行政側が明確にすることができていない点を指摘したい。住民はその地域で暮らす住民であると同時に、事業や政策の利害関係者であったり、納税者であったり、また利用者や顧客と表現されたりもしており、さまざまな可能性を含んでいる（朴、2007：圓山、2007）。つまり、サービス利用者としての側面やNPO活動などをしているサービス提供者としての側面、あるいは政策決定へ賛成し参加する住民とそれに反対する住民などさまざまな立場がある。そういった各立場の違いについての理解が不足し、十分整理されないまま住民参加が行われていたのではないだろうか。そのために、住民参加をどのレベルで行うのかという点も明確にされないまま、今回のタウンミー

ティングが実施された可能性がある。具体的にいえば、住民参加にもさまざまな手法があることはすでに指摘したとおりであるが、手法とは別に住民と行政との関係性を含んだ住民参加のレベルが存在する（佐藤、2006：渡邊、2007）。行政主導型の住民参加なのか、行政と住民が協働するのか等どういったレベルで住民参加を行っていくのかが明確にされなければ、住民のニーズ・意見をどう生かすのかという点まで議論が至らない。A市においても、どのくらいの住民が参加することが住民参加として妥当なのかという点について十分に議論されたとはいえない。であるために、延べ246名の住民がタウンミーティングに参加しているが、その数が多いのか、少ないのか等基準をはっきりとすることができない。参加した住民がどのような立場でタウンミーティングに臨んだのか、についても明らかにはなっていない。また、住民のニーズや意見にもさまざまなレベルがある。行政の政策努力によって実現可能なニーズもあれば、クレームに近いような要求レベルのもの、非常に重要なニーズであるが、実現には長い年月がかかるレベルのものなどである。今回のタウンミーティングでは、「住民の手で」を一つのスタンスに準備段階・実施・報告書作成等を行っているため、住民の視点に依って立ったものであったことは確かである。しかしながら、住民ニーズや意見のレベルについての整理は十分に行われたとは言えない。さらに言えば、A市タウンミーティングの定義に「協働」という言葉が使われているが、「協働」とは何かという点についても議論されていないのが現状である。"住民の意見やニーズを計画に生かす"ということをいかに具体的なレベルで考えるのかが未熟だと考えられる。そのために、住民参加そのものが形骸化しているとの指摘（牧田、2007）にもある程度納得せざるを得ない結果となったのではないだろうか。この点は、行政の立場のみではなく、「住民参加」に関係する専門家や（筆者を含めた）研究者にとってもひとつの課題といえる。

（2）量的推計による実施事業の少なさと質的調査結果反映の難しさ

次に、住民へのニーズ調査やヒアリング等の調査と関連付けて考えてみたい。その中でまず指摘できるのは、量的推計によって実施される事業そのものが少ないということである。行政としても推計の重要性は理解しているが、

実際にはまだあまり行われていない現状がある。本計画では、従来の保育関連事業であるソフト交付金に係る事業については、量的ニーズ把握のための計算ファイルが各自治体に配布され、それによってニーズ推計量を計算することとなっていたが、このような量的推計を行ったものは10数事業に留まっている。また、行政の関心がニーズ推計というよりは実態を知るということに焦点がいきがちであること（定藤・坂田・小林、1996、P.145）、ニーズ推計方式等が確立されていないこと（武川ら、2005、P.123）、ニーズ推計には人口推計から計算するだけでは不十分であり、一定規模のニーズ調査が必要であるが、そういった予算確保が財政難の影響で難しくなっていること等も量的推計に基づいた事業設定が行われてこなかった背景となっていると考えられる。

　続いてヒアリング等の質的調査について考えてみる。ヒアリング等の実施はこれまでも多く行われてきているが、こういった質的調査の結果明らかとなったニーズを推計に活かすことは一段と難しくなる。ヒアリング等の結果は、確かにＡ市職員の心を動かし、実際に新しい取組みに向けての重要な意見として採用されている。筆者はヒアリング等に参加する中でそれを実体験しているが、残念ながら論理的証拠がない。分析手法を用いて客観的に明らかになったものではなく、Ａ市職員の心に響くという主観的なものによる。また、明確な影響を与えなかったとしても職員の意識下に置かれた住民の意見があったかもしれない。そういった内容をニーズとして目に見える形で抽出し、それを推計に活かすことは非常に難しい現状があるのである。

（３）住民参加による計画策定の経験不足

　次に、Ａ市の住民参加への取組みの経験不足、あるいはこれまでの経験を生かせなかったこともあげなければならない。住民参加が強調されるようになったのは、先行研究等で述べたようにまだ最近のことであり、当然Ａ市の経験も十分とは言えない。そのため、特にタウンミーティングでは、社会福祉協議会職員の協力を得るなど尽力した。しかし、経験不足は、今回の結果に少なからず影響を与えていると言わざるを得ない。また、住民参加への働きかけは、行政主導により始まったもので、住民主体のものではない。先

に述べた、住民参加とは何かという点とも重なってくるが、次世代育成支援は子育てを「社会連帯」で行い、最終的には「子育て家庭の育成・自立支援」を目指すものである。住民参加が組み込まれた意図を考えるなら、「いかに住民を主体的に巻き込んでいくのか」という視点が、今後一段と重要になってくる。市は今回の経験から、この点を再考する必要がある。しかしながら、住民の次世代育成支援についての意識の醸成という視点での希望はある。それは、TM実行委員会メンバーが、実行委員会解散後も各地域で次世代育成支援に関わる活動を継続している点である。したがって、本稿の分析対象とは少し離れるが、住民主体への流れに対して、今回のタウンミーティングは一定の貢献をしているといえる。長期的視点で考えれば、「子どもを育てやすい環境作り」には、計画策定を経験した住民による主体的な活動は非常に貴重なものであり、この点は評価すべきである。

(4) 財政基盤の問題と住民参加の影響力の問題

国や県との関係の問題、つまり財政基盤の問題についても検討したい。地方分権化、財源の一般化が進んでいるとは言え、次世代法による計画では、国の指針に従う必要性があり、その中でも財政を支える一つの重要な仕組みであるソフト交付金は非常に影響力が強い。また、県計画との整合性も必要であり、いろいろな側面で県との調整が求められている。したがって、いくら独自性のあるものを作ろうとしても、財政をまず確保しようとするのは当然であるし、国や県との関係を優先しないことには、計画存在そのものが脅かされることとなる。また、これまで脈々と行われてきた国、県との関係が急に変わるものではない。これは、地方分権化過程のやむを得ない現状といえるかもしれない。同時に市の財政難の中では、課内や部内で新規事業を実施したいという思いがあっても、予算化されないため実現できないという問題もある。こういった現状は、次世代育成支援に限らず地域福祉計画においても指摘されている（村松編、2006、P.297-298）。

住民参加手法そのものと財政執行との関係でいえば、住民参加手法そのものには何ら法的な強制がないことがあげられる。したがって、住民参加の成果が政策の執行にまで至りにくい。つまり具体的な事業にまで至りつきにく

く、大きな影響力を持つまで至りにくいという指摘があるのである（佐藤、2006：朴、2007）。また、A市事例では、計画策定終了後にTM実行委員会は解散しているが、次世代育成支援に関する意識の醸成を目的とするのであれば、住民組織として存続する方法も残されていたのではないか。計画策定段階における住民参加のみでなく、計画期間中も住民参加による計画進捗のチェックや評価が指針では期待されている。計画策定段階から実施・評価に至るまで長期的視点でTM委員会が設計されていれば、住民参加の影響力も変化していく、あるいは、変化していた可能性があるのではないだろうか。

（5）行政組織の問題

庁内組織や関係団体との力関係の問題である。本研究では、目に見える資料から分析することを一つのスタンスとしているため、組織内での力関係等に焦点を置いていない。しかし、実際には組織内でかなりのやり取りが行われている。中心事務局である子育て支援課は、これらの調整に心を砕いてきた。例えば、教育委員会や発言力のある次世代育成支援部会委員、関係団体、市議会議員などとの調整である。これらの人びと、団体等の意見や主張の影響力はその是非は別として非常に大きい。また、市長の意向は何より絶大なものである。そういった力関係により、計画の方向性や事業が決定されていく部分があるのが現状であり、筆者自身も実体験している。事務局側が、いくらタウンミーティング等で明らかとなった住民の意見やニーズを反映したいと思って努力しても、それがどこまでできるのかといえば、現状難しい状況も多い。これは事業の予算化の話にも関わってくる。力のある議員を味方につければ、市議会で可決され新規事業が予算化される、あるいは鶴の一声ならぬ「市長の一声」によって事業が予算化される、こういったことは他の先行モデル市町村や地域福祉計画などでも起こっていることである（例えば、和気、2006：地域行動研究会、2005など）。さらに、行政内での次世代育成支援への認識や関心のズレも指摘できる。次代育成支援は全庁的な取組みで実施されるべきものであるが、中心事務局である子育て支援課やこども室と次世代育成支援と直接の関係を意識しにくい関連部局（例えば、住宅関係や公園整備関係など）との間にはかなりの認識・関心の度合に違いがあり、十

分なイニシアチブをとるのには時間がかかる状況であった。住民のニーズや意見が、計画反映されるためには行政の組織や仕組みという分厚い壁があるといえる。

(6) 国への報告内容の問題

A市は先行モデル市として策定手順や方法などについて国に報告しながら計画策定を行ってきたが、その報告内容の問題があげられる。国に報告する内容は、計画の内容というよりも"どのような手続きで計画策定を行ったのか"という形式的なものが多い（厚生労働省・雇用均等児童家庭局、2004）。したがって、計画内容よりも手続きに視点が行き、指針記載内容を形式的に守ろうとする姿勢が自然に強まったと考えられる。また同時に、ソフト交付金関連事業についても、やはり従来の保育関連事業が多く（厚生労働省・雇用均等児童家庭局、2003）、市町村独自の取組みよりも従来型の保育計画を継承する側面が強調された傾向となってしまった。もちろん国は、市町村の実情にあった独自の事業についても評価は行い、独自性のある事業を報告書にまとめている（厚生労働省・雇用均等児童家庭局、2004；次世代育成支援対策研究会、2003）がしかし、市としてはやはり財政基盤と関わりの深い従来型の保育関連事業に関心を持つのは当然の流れであろう。

2　次世代育成支援の独自性の不足

住民の意見が生かされていない事とも関連するが、A市計画は、ほとんどの事業が既に行われてきた「継続事業」で構成されている。言い換えれば、指針に沿って「継続事業」が並び替えられたといえるかもしれない。そう考えると、「次世代育成支援」の独自性とは何なのか、次世代育成支援とは何であるのかを再考する必要がでてくる。

次世代育成支援の基本理念とは、「社会連帯による子どもと子育て家庭の育成・自立支援」（厚生労働省雇用均等・児童家庭局、2003）であり、各自治体で計画策定を行い実施することで、「家庭と地域の子育て力」を増進しつつ、社会全体で子育てを支援することである。また、次世代育成を「すべての国民が自分の問題として捉え」ることも基本理念としてあげられている

(厚生労働省雇用均等・児童家庭局、2003)。だからこそ、「住民参加」の視点が重視されたのである。地域の住民が次世代育成支援を自分達の問題であると感じ、積極的に取組んでいけるような計画を作っていくことが理想だったといえる。これが次世代育成支援の独自性の一端といえる。

しかし、A市計画では、部分的には「すべての家庭と子ども」に向けてのサービス転換があったものの、流れとしては従来型のいわゆる「保育」に関連した事業が多い。新規事業として、育児休業に関する事業や小児医療に関する事業等新しい事業が組み込まれているが、いずれも行政による「サービス提供型」事業である。計画全体としても行政による「サービス提供型」事業が多い。つまりは、「保育中心」の「サービス提供型」事業が計画の多くを占めているのである。この結果は、「次世代育成支援」の本来的意義とは残念ながら異なる。次世代育成支援の独自性を構成している「住民参加」や「出生から青少年期までのトータルな取組」(厚生労働省雇用均等・児童家庭局、2003)を行っていくという理念、「すべての家庭と子どもへの支援の視点」、「社会全体による視点」が生かされた計画にはなっていないのではないだろうか。

3　子どもの視点の不足

「子どもの視点」の不足についても触れたい。指針(厚生労働省雇用均等・児童家庭局、2003)では、「基本的事項」の最初の項目で「子どもの視点」を取り上げている。子どもの権利に関する条約との関係も含めながら「子どもの幸せを第一に考え、子どもの利益が最大限尊重されるような配慮」が大切であると記載されている。A市では、策定1年目では、国のモデル質問紙や対象者を超えて、子どもに量的調査を行い、策定2年目では「子どもシンポジウム」に事務局やタウンミーティング実行委員会が出席するなど一応の工夫を行っている。しかしいずれも"形式的"な範囲を超えていない。なぜなら、具体的に「子どもの意見」が採用された証拠は本研究からは明らかにならなかったからである。特にタウンミーティングでは、子どもから直接意見を聞く機会を特別には設けていない。これは非常に大きな問題点である。中には子どもだけのワークショップを実施しているところ、"子ど

も条例"を作っているところ等「子どもの視点」を積極的に取り入れようという工夫をしている市町村も存在する（地域行動計画研究会、2005）。事実、子どもの意見を聞く際の年齢設定、子どもの保護者からの了承、教育委員会との折衝等直接子どもの意見を聞くためには、いろいろと乗り越えなければならない課題もある。しかし、これから成長発達し、次代の親となっていく子どもを計画の中心に置かないままでは、次世代育成支援の本来的な意義を果たすことはできない。

また、「子どもの居場所づくり事業」等子ども自身のための事業もいくつかできてはいるが、全体としては、「親に対する支援」の事業が多い（A市、2004）。親のための計画でなく、未来を創っていく子どものための計画であることを忘れてはいけない。5年後の見直しの時期には、親のためではなく子どものためという視点で再考する必要があるのではないだろうか。

4　「計画策定指針」以降の制度改正との関係

最後に、計画策定指針が作られた2003（平成15）年以降に変更された制度等へどのように対応していくか、という問題に触れる。特に要保護児童対策地域協議会等、要保護児童に対する制度変更は大きなものである。計画策定当時、指針にはこういった内容が盛り込まれておらず、A市の計画は、この改正との兼ね合いが十分であるとは言えない。先行策定モデル市として、指針に従って計画を作るということの必然性は高かったと考えられるが、計画の5年後の見直しの時期には、改正された制度との関係を十分に見直し、体制の立て直しを図るべきである。

■ 第2項　実施1年目のプロセス評価
1　「利用者の視点」、「サービスの質の視点」の重視

本研究は「住民参加」を分析のひとつの軸としているが、これは指針（厚生労働省雇用均等・児童家庭局、2003）における「利用者の視点」や「サービスの質の視点」と関わる。これらは、計画策定段階のみならず実施後も重視していくべきであり、「利用者による評価」は欠かせないものである。したがって、「進捗状況の確認」という意義で実施したプロセス評価であるが、

上記2つの視点の意義もあると考えられる。この2つの視点は、これまで重視されながらも、あまり実行されてこなかったものであり、今後積極的に取組んでいかなければ次世代育成支援の意義を果たすことができなくなってしまうと考えられる。

2　行政と利用者の評価の差

　プロセス評価を蓄積していくことは、計画の成果である「アウトカム評価」にも繋がっていく。まずは、目的を持って策定された計画が、確実に進捗していくことが「アウトカム評価」のために重要である。評価実施17事業に限っては、概ね進捗していると判断された。なぜなら、庁内評価・利用者評価ともに、極端に評価の低い項目は少なかったからである。

　しかしながら、庁内評価と利用者評価の結果比較については、考えるべきことが多い。多くの事業で、庁内評価よりも利用者評価の結果が低かったからである。これは、行政としては「実施している」・「対応している」と感じていることでも、利用者側はそのように感じていないという結果の表れである。比較項目の多くは、直接の事業内容というよりはいわゆる"接客態度"や"顧客サービス"視点での項目である。これらの満足度を高めるということは、利用者の心象をアップさせ、リピーターの増加やいわゆる口コミ利用の増員へと繋がっていく。先に述べた「利用者の視点」や「サービスの質の向上」につながっていく。ただし、予算に限りがあり利用者が右肩上がりで増加しては対応しきれない事業や、子どもの虐待に関する相談など相談件数が多ければ良いとは限らない事業等、利用率や利用者を増加させることが目的なのかどうか、事業の目的を十分に考慮した上で対処していく必要性はある。

　また、一部の事業については庁内よりも利用者の方が評価の高いものもあった。これは一見、行政が提供したサービスに対して、利用者が満足していると判断できるように見える。確かにそういった側面もあるが、解釈には注意が必要である。なぜなら、そこに利用者と行政との間で評価の視点の違いがあるからである。利用者側は、当然ながら民間サービス利用の際と同様の視点で事業を評価する。一方、行政の側は評価に対して行政独特の視点を持っている。それは例えば、担当事業を低く評価しない傾向や、担当事業を

実施した場所を他課が管轄している場合については、その施設についての評価は避ける（あるいは明言しない）という、関係課や他課から批判を受けたくないといった傾向である。こういった評価の視点により評価された項目（例えば、「設備が充実していた」という項目）は、評価の中央値の「3」やあるいは「0：わからない」という得点となっており、利用者評価の方が高得点となった可能性があるのである。行政の側の評価の意図を考えた上で、その差の理由を考えなければならない。「評価するという経験・文化がない」（山谷、2006、P.302）土壌では評価の視点が利用者とはかなり異なっているのであり、これが評価の差の原因であると考えられる。

　もう少し言えば、利用者評価の方が行政評価よりも評価が高い場合、また、その逆の場合、いずれにしても行政と利用者との間で"評価"の視点そのものが異なる可能性がある。利用者のための事業であるには、行政側が利用者の評価視点を取り入れ、歩みよることが必要である。

3　データ蓄積の必要性

　本研究で実施したプロセス評価は、毎年評価を行い、将来的には計画全体の評価を行うことを念頭に行った。毎年評価を行い、その結果を有効に活用していくためには、データを蓄積していく必要がある。データを蓄積することによるメリットは大きい。例えば、利用費用設定や設備等は、担当課のみで判断できないことも多いが、定期的に利用者の評価を得て、その結果を蓄積していくことで設備投資や事業予算等の折衝材料として説得力のある資料を作成することができるようになる。さらに、職員の対応については、担当課内での改善を意識するのに十分な資料となる。定期的に評価を行い、各年を比較することよって、利用者数の増減把握のみならず実質的な利用者の意見を取り入れていくことができるようになるのである。また、庁内評価についてもこれまでの目標値とその目標に対する達成度という単純な評価のみならず、毎年進捗を確認することができ、それによってよりきめ細かな改善点を明らかにすることができる。それら結果を蓄積し、アウトカム評価のための材料として有効に活用することもできる。10年という比較的長期のスパンでは、担当課職員の異動も必ず起こるが、異動・引継ぎの際の有効なツール

としても活用が可能となるであろう。計画の5年後の見直しの時期みならず、10年後次世代育成支援行動計画が次の計画へ引き継がれる際にも、重要な判断材料となる。したがって今後は、評価結果をいかに有効活用し、行政サービスの向上につなげていくのか、どのようにデータを蓄積し、事業改善、計画改善に生かしていくのかを考えていかなければいけない。

4　総合的評価システムの確立

　今回の評価は、庁内評価、利用者評価をそれぞれ行い、その結果をそれぞれまとめて地域協議会で提出し検討する、という流れで行われた。庁内評価、利用者評価、地域協議会という3者による評価を行ったのである。地域協議会は、完全に第三者的なものではないが、学識経験者や住民、関係団体等で構成されるものであり、ある程度の客観性を保つことのできる組織である。この地域協議会をどのように活用していくのかが、今後の計画評価のポイントになってくる。A市は計画実施に関して、地域協議会において「計画の進捗状況やその実行性について評価、検証、議論し」ていくことを計画に記載している（A市、2004）。従って、地域協議会の活用はA市にとって必ず実行しなければいけない事柄の一つである。となれば、これら3者による評価体制を確立することも必須となる。また、庁内評価結果、利用者評価結果を総合して地域協議会で判断するという総合的評価システムが重要になってくる（図7-1）。評価を定着させ、実施、評価、改善の流れを当然のサイクルとしていくべきである。

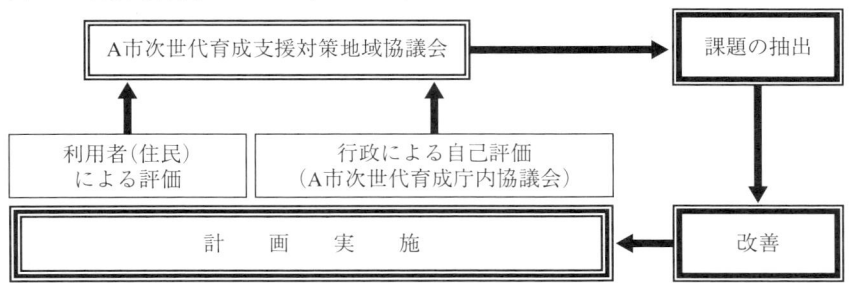

図7-1　総合的評価システム（イメージ）

5 わかりやすい結果の提示

今回の評価結果は地域協議会に提出され、次年度の課題抽出の材料となった。しかし、地域協議会で協議されるには、その資料はあまりにも膨大で分かりにくいものであった（A市、2005）。年に数回の地域協議会をいかに有効に活用できるかが、地域協議会の存在意義を高めることにもなる。また、指針（厚生労働省・雇用均等児童家庭局、2003）にあるように、「情報公開」の必要性を考えれば、いかに住民にとってわかりやすい評価結果を公表するのかも重要である。分かりやすい評価結果の提示をする工夫が必要である。

6 計画策定プロセスとの関係

ここまで計画実施におけるプロセス評価を計画策定と独立させて考察を行ってきたが、計画策定プロセスとの関連で述べてみたい。第1項で述べたように、計画策定段階では残念ながら"住民の意見"は十分に計画に生かすことができなかった。では、"住民の意見"が十分に反映されていない計画を住民の一部である"利用者"が評価するとはどういうことなのか。本来なら、住民の意見やニーズを生かした計画作りを行った上で、それを評価して改善していくべきである。それが出来ない場合、評価の位置づけをどう考えるべきか。計画評価自体が、日本においてはまだ新しい取組みであることを考えるならば、利用者から定期的に評価を得て、事業を改善していくということだけでも十分に意義あると考えられる。ただし、それはあくまでも実施事業についての評価であり、住民や利用者の持つ潜在的なニーズまで把握することはできないという点を十分に理解しておく必要がある。せめて実施事業で利用者評価を得て顕在化されたニーズを把握し、事業改善を行っていくことが、行政としての義務であり説明責任ではないだろうか。今後は計画策定段階から策定後に至るまでを一つの流れとして評価を行っていく必要がある。

7 アウトカム評価に向けての評価ツールの改善

まずはプロセス評価を実施し、計画の進捗を着実なものにした上で、初め

てアウトカム評価本来の意義を達成できる。今後は、全事業での実施に向けて、またプロセス評価からアウトカム評価という流れをA市で定着させるべく、評価ツール等の改善を行っていかなければならない。何よりも今回使用したツールは、一応の結果を得ることができたものの開発段階にあるということを忘れてはいけない。評価ツール改良については、本章第3節および第8章で詳しく述べる。

■ 第3項 研究手法について

1 本研究の手法

　本研究の手法は、A市次世代育成支援行動計画の策定・実施の3年間を一つの事例として取り上げ、「計画策定プロセスの分析」と実施した計画の「プロセス評価」の両方を連続的に行ったこと、一貫して「住民参加」の視点を重視し分析の軸としたこと、比較的に手に入りやすい公表された資料やデータを中心に分析を行ったこと、複雑な統計手法を用いず分析を行ったこと、住民にわかりやすいシンプルな分析方法と結果を提示したこと、これまでにない研究者の関わり方を示したことにその特徴がある。このような研究手法は本研究独自のものである。なぜこのような手法をとったのかといえば、序章「研究の背景」や、第2章「先行研究」でも触れたように、①日本においてマクロ分野で事例を取り扱った研究はまだ少なく、研究手法そのものが確立されていないこと、②日本においてマクロ分野の事例を取り扱ったものであっても計画策定プロセスに注目し、詳細に分析したものがほとんどないこと、③次世代育成支援行動計画を取り扱った事例が皆無であること、④プロセス評価の重要性が指摘されているにもかかわらず、マクロ分野で実施した先行研究が日本では非常に少ないこと、⑤「計画策定プロセスの分析」のみの実施、「プロセス評価」のみの実施では、「住民参加」という理念が一貫して達成されているのかどうかわからず、「計画策定プロセス分析」も「プロセス評価」も計画本来の意図を実現化するには不可欠であること、⑥住民にわかりやすい手法と結果が必要であること、⑦これまでの研究者の行政との関わり方では、研究者としての責務を果たせていないのではないかという疑問があったこと、という7つの理由があったからである。だからこそ、先

行研究を行い、現状や課題等を理解した上で独自の研究手法として分析を行ったのである。

2 本研究手法の重要性

筆者はA市という現場に足を運び続け、また共に参加しながら研究を進めてきたが、分析の結果、既存の資料からであっても、地道な分析を行えば結果を出すことができるという証明ができたと考えている。筆者が研究過程の一環で比較的高度な統計手法や分析手法を用いることはあったが、本論文ではそのような複雑な統計分析を用いることは避けた。それは"住民参加"や"情報公開"という視点で考えた場合、住民にとって分かりやすい手法や結果を特に意識したからである。もちろん高度な統計手法や分析手法を否定するものではなく、当然それらも必要であり、分析者はある程度統計的知識や分析手法を身につけておく必要がある。しかし、結果が"住民"にとってよく分からないものであっては、結局のところ説明責任を果たしたということはできない。本分析手法は確かに時間がかかるが、統計の専門的知識や特別な内部資料がなくとも、分析を行うことができる。また、分析結果についてもシンプルで理解しやすい。これは本研究のひとつの大きな意義であると考えている。つまり、本研究手法によって、住民に対する説明責任への貢献が可能であると考えている。さらに言えば、研究者という立場で分析を行い、客観的に分析・提言を行っていくことは当然重要であるが、こういった研究方法を積み重ねていき、手法として確立することができれば、行政職員や住民自身が分析を行うことも可能であると感じている。

そして、第3章研究方法でプロセス評価のプロトコルを示したが、プロセス評価の目的を明確にした上で、プロトコルを作成しそれに従って評価を行えば、結果を得られることも示すことができた。

また、「計画策定プロセスの分析」と「プロセス評価」を組み合わせて連続的に行った結果、これまでの研究にはない知見を得ることができた。これまでにない知見とは、すなわち、「住民参加」という次世代育成支援の一つの理念が、計画策定段階・実施段階を通して、一貫しているのかどうかを確かめることができたことであり、マクロ分野におけるプロセス重視の重要性

を示すことができたことである。本研究手法は、完全な第三者ではないが、研究者という行政側でも住民側でもない"第三者的立場"から評価を行っているものであり、これまでの研究にはないものであった。成果重視へと傾く行政評価への懸念、計画策定後評価がなされてこなかった福祉計画への批判に対して、一つの方向性を示すことができたと考えている。したがって本研究手法により、完全とは言えないが、意義と成果を見出すことができたのである。もう少し言えば、本研究手法を使用すれば、計画策定段階・実施段階を通して理念の一貫性が確かめられるのであり、今後もさまざまな形で策定され、実施されていく各自治体の福祉計画に活用可能な方法ではないだろうか。さらに、研究者の新しい関わり方としても一つの提示ができたのではないかと考えている。本研究のような研究者の立場は、行政という現場に入り、計画策定等に関わっている研究者にとって、非常に現実的なものであり、また、実践に活かせる結果を導くことができるものではないだろうか。

よって、本研究では、一つの研究方法の確立とまでは行かなかったが、新しい研究手法の重要性を提示できたと考えている。本研究の目的を果たすためには、この手法が最良であったと考えている。

第2節　今後の進捗に向けての提言

第1節の考察を受けて、今後のA市計画の進捗に向けて提言を行う。

■ 第1項　評価システム構築とデータベースの必要性

全体として次世代育成支援という最終目的を見据えた場合、計画策定については残念ながら住民の意見がほとんど生かされていない計画となってしまった。しかし、A市は住民の意見を取り入れようという努力を懸命に行ってきたのであり、また、実施後利用者評価を行ったことからもその積極的な姿勢についてはプラスの評価をするべきである。今後は、計画の進捗のチェックにより力を入れていくことが重要となってくる。進捗状況のチェックを毎年行い、事業を見直していく事によって最終的なアウトカム評価へと繋がっていくのである。5年後（2010（平成22）年）の見直しに向けて、ま

ずは庁内評価・利用者評価の継続と評価ツール改良、評価データの蓄積をしていくことが、見直しのための材料作りとなっていく。つまり、本章第1節第2項で述べたように、庁内評価・利用者評価実施を定着させ、地域協議会で課題を抽出するという総合的評価システムを構築することを提言したい。まずは、この3者による評価システムを定着させ、蓄積したデータを活用していくことである（図7-1）。A市計画ではこの体制を実施することを記載しており（A市、2004）、確実に実施しなければ契約違反となる。データを蓄積するためには、データベースが必要である。事業の基本情報や評価結果など、必要な情報をデータベースとして蓄積し、それを活用することが、評価実施に当たって欠かせないものとなる。蓄積したデータを活用することによって、計画策定段階であまり採用されなかった住民の意見が、具体的に計画に生きてくる可能性が広まる。見直しの時期に再度大掛かりな調査をしなくとも蓄積された既存データからある程度の判断を行うことができる。また、事業の「継続」「拡大」「縮小」「廃止」といった判断材料にもなる。評価システムの構築とデータベース開発と活用。これは、今後のA市次世代計画の進捗に欠かせないものである。そのためには、現在さまざまな課題があるが、評価ツール改良、評価実施事業拡大等一つ一つ課題をクリアして、地域協議会で判断しやすい評価結果の提供を行っていかなければならない。

■ 第2項　次世代育成支援の周知と情報公開の必要性

次に、少し細やかな視点で提言を行いたい。利用者評価の中でA市計画についてたずねているが、残念ながら非常に周知度が低かった。もちろん、利用者数に制限がある事業等考慮すべき点はあるが、A市として計画のアピールをしていく必要がある。なぜなら、A市計画では、行政が一方的にサービスを提供するのではなく、「地域の人びとと共に育てあう」ことを次世代育成支援の理念としているからである。また、A市ホームページを見ると、法的根拠があり、また少子化対策として重要な役割を果たす行政計画であるにもかかわらず、地域福祉計画や老人保健福祉計画の取り扱いとは異なり、A市計画の扱いは非常に小さい。A市社会福祉審議会等の議事録は閲覧することができるが、地域協議会資料や議事録は残念ながら公表されていな

い。これは、「情報公開」を行っていくべきという指針に反している。また、せっかく「住民参加」を意識してさまざまに活動してきた活動そのものを自らの手で無駄にしてしまうことにもなりかねない。地域協議会をはじめ、庁内評価・利用者評価についても情報公開の一端として今後は積極的に公表していく必要がある。

■ 第3項 「住民参加」の積極的推進

最後に「住民参加」についてである。タウンミーティング実行委員会メンバーは、計画実施後も次世代育成支援に関わる活動を行っていることは既に述べたとおりであるが、このような住民による自主的な動きを行政としてどのように支えていくかという視点である。一つ例をあげるなら、A市では計画策定後、計画策定に関わった一部の住民を再度巻き込み、新たな住民を加えた組織を新たに立ち上げ"子育て応援マップ"を作成した。住民が主体となって市内を自らの足で調査し、子どもを持つ親の視点での"子育て応援マップ"が完成した。市が予算化した一つの事業ではあるが、市はマップの印刷費やデザイン費あるいは専門家のアドバイスの収集等側面的支援を中心に行うにとどめていた。市職員は一緒になってワーキンググループに参加し、市と住民が一緒になって活動した。成果としてあがってきた"子育て応援マップ"は、子育て中の親子はもちろん関係者やマスコミにも注目され、有効に活用されている。これはあくまでも一つの例であるが、A市計画策定というきっかけによって集まった住民が自ら主体的に次世代育成支援に向けて活動の輪を広げ、行政はそれを側面的に支援していくという本来の意味での「住民参加」が促進されていくよう積極的な取組みを今後も行っていくべきである。こういった主体性のある住民の活動こそ、将来的には次世代育成支援を支えていくものとなるのである。

第3節　本研究の限界と課題

本節では、本研究の限界と課題について述べる。第1項では本研究の限界について、第2項では課題について述べ、第8章の現在の取組みにつなげて

いく。

■ 第1項　本研究の限界

　本研究の限界は大きく6点ある。まず第1点として、主に既存の資料からの分析という点である。これは本研究のひとつのスタンスであり、筆者が現場に入って直接収集したリアルタイムのデータを用いた分析として価値があると考えている。しかし、そのために庁内組織の力関係や発言力、力動まで明らかにすることができなかった。先に述べたようにそういった力関係や発言力が計画策定に影響するため、将来的にはそういった内部の動きにまで迫ったジャーナリスティックな視点で力動に注目した分析を行ってみたい。

　第2点目として、公表されていない資料等もあるが、それらについてどういった意図で公表されていないのかが本研究では触れられていない点である。本来ならば、なぜ公表しないのかなどを担当者にインタビューする等の質的調査が必要であったかもしれない。

　第3点として、本研究はあくまでもA市の計画策定期間2年間と実施1年目という3年間の事例を扱った研究であり、一般化は難しいという点である。もちろん一般化の可能性は十分あると考えているが、他市については、同じ分析方法を使用するとしても、再度分析を行っていかなければならない。

　第4点として、研究方法についてである。本研究は、研究方法の模索も一つの目標としていた。一つの手法として提示することはできたが、確立する段階までには至っていない。今後他市でも同様の分析方法を行ってみるなどし、今後も使用可能な手法であるのか十分検討していく必要がある。そして、手法として一般化できる段階まで研究を進めていきたい。

　第5点として、実施1年目の評価実施事業数および評価ツールの問題である。実施1年目の評価ということもあり、A市と協議の上、17事業のみしか評価を実施することができなかった。これら17事業は、国が次世代育成支援の目玉と考えているソフト交付金関連事業であり、評価事業としての代表性はある程度確保できている。17事業としては概ね進捗しているという結論を出せたが、それをもって計画そのものが進捗しているとまでは述べることができない。また、評価ツールについても時間をかけA市と協議しながら作

成したが、開発段階であり、評価結果が必ずしも妥当ではない可能性がある。今後は評価ツールの改善および全事業での評価実施を行わなければ、一つの計画として進捗しているか否かを判断することはできない。この点については課題でも触れることとする。

第6点目は、研究者としての関わり方の問題である。本研究では、研究者の関わり方についてもこれまでにないものを提示している。この点も本研究のひとつの特徴である。しかしながら、研究者の中立性や客観性という意味では問題がないわけではない。A市職員の立場でもなく、A市住民の立場でもない視点が、すなわち本研究の研究者としての客観性であり、また、既存の公表された資料で分析を行うことで中立性・客観性担保の努力を行ってきたが、残念ながら十分とはいうことができない。

■ 第2項　本研究の課題

今後の研究に向けての課題を述べる。大きく5点ある。

第1点としては、評価実施のためのツール開発である。しっかりと進捗状況を確認でき、また5年後の見直しの時期に使用でき、データが蓄積できるようなツールを作っていかなければならない。庁内評価では、主観的な項目がほとんどであったため、客観的なデータで判断できるようなものが必要である。例えば、行政評価における事務事業評価で使用している数値目標等を活用し、客観的にも評価できる必要性がある。利用者評価ツールでは、利用者の回答負担軽減を視野に、項目を再検討し精緻化を行って行きたい。

第2点目は、評価体制の構築である。これは考察でも述べたが、進捗状況をチェックし事業を改善していくには、評価体制が不可欠である。庁内評価・利用者評価が定着するよう、A市職員と協議をしながら進めていく予定である。また、地域協議会で検討課題などの評価結果のアウトプットシートを作成し、より有効に地域協議会が活用されるような工夫を行っていきたい。

第3点目は、評価実施事業の拡大についてである。本研究では、17事業しか評価することができなかった。事業全体での実施を視野に入れる必要性がある。このままではソフト交付金関連の事業しか評価しないこととなってしまう。それと同時に評価実施時期や評価にかかる時間や費用のコストも考慮

していく必要がある。
　第4点目は、評価結果の蓄積についてである。評価体制や評価ツールができ、評価が着実に実施できる状況となったとしても、これら評価結果等が蓄積される仕組み、つまりデータベースがなければ蓄積したデータを簡単に見ることができない。今後は、評価結果をいかに蓄積し、見やすい形で取り出すことができるのか、というデータベース構築を考えていく必要がある。
　第5点目は、A市との連携強化である。行政職員は数年で異動する。その移動によってこれまで培ってきたA市との関係が崩れてしまっては、今後の評価体制・評価実施に影響をあたえてしまう。常に良好な関係を心がけ、協働しながら研究活動を進めていきたい。

第8章
現在の取組み

　本章では、第7章第3節第2項の課題に対する取組みも含めて、現在の取組みについて述べる。第1節では、2006（平成18）年度から2007（平成19）年度にかけて実施した厚生労働科学研究費補助金（政策科学総合研究事業（政策科学推進研究事業））「IT活用による次世代育成支援行動計画推進評価と総合的コーディネート・システムに関する開発的研究（主任研究者　芝野松次郎）」の一環で行った研究について述べる。この研究で筆者は研究協力者として研究チームに加わり、積極的に研究推進に取組む役割を担っていた。そして第2節では、現在取組んでいる研究について報告し、最後に今後の研究について触れることとする。

第1節　IT活用による次世代育成支援行動計画推進評価の開発的研究

　研究の目的は、市町村次世代育成支援行動計画の推進について、庁内評価と利用者評価の結果をデータベース化して、施策および事業の総合的評価システムを開発することであった。本研究は、A市の全面的な協力を得て行ったところに一つの特徴がある。この研究は、芝野（2002）による修正デザイ

ン・アンド・ディベロップメント（以下、M-D & D）の手法を用いて行われた。M-D & Dは、4つのフェーズからなる開発的研究の手順である。4つのフェーズとは、「問題の把握と分析」「叩き台のデザイン」「試行と改良」「普及と誂え」のプロセス（図8-1）である。

図8-1　M-D & Dのプロセス

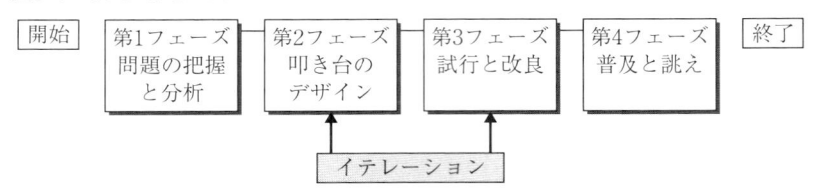

開始 → 第1フェーズ 問題の把握と分析 → 第2フェーズ 叩き台のデザイン → 第3フェーズ 試行と改良 → 第4フェーズ 普及と誂え → 終了

イテレーション（第2・第3フェーズ間）

　2006（平成18）年度から2007（平成19）年度の2年間で行ったことについて、第1項で研究の概要に触れ、第2項では、庁内評価ツールおよび利用者評価ツール開発について、第3項では「叩き台のデザイン」および「試行と改良」のプロセスを経て作成された総合的評価データベース・システムについてその概要を述べることとする。

　なお本書では、第1章から第7章で述べてきたことと関連の強い研究に焦点をあてることとし、この研究の全体像および詳細については、「平成19年度　IT活用による次世代育成支援行動計画推進評価と総合的コーディネート・システムに関する開発的研究　総括・総合研究報告書」（芝野、2008）を参照されたい。

■ 第1項　研究の概要

1　研究スケジュールとM-D & Dプロセス

　目的は先に述べたとおりである。2006（平成18）年度および2007（平成19）年度の2年間をかけて研究を行った。また、M-D & Dのプロセスに基づいて第3フェーズまで実施した（図8-1）。2年間の研究概要とM-D & Dプロセスを組み合わせたものが次の図8-2である。

図8-2 IT活用による次世代育成支援行動計画推進評価の開発的研究の概要（平成19年度　厚生労働科学研究費補助金政策科学研究事業　総括・総合研究報告書より筆者改変）

研究内容（課題）	年度	2006（平成18）年度	2007（平成19）年度
	M-D & D	第1フェーズ　⇒　第2フェーズ　⇒　第3フェーズ	

〈問題の把握と分析〉
1. 次世代育成支援行動計画の策定および評価体制、評価システム等に関する全数実態調査の実施および分析
2. 庁内評価システムに関するヒアリング調査および既存庁内評価票の整理[*1]
3. 利用者評価システムを構成する利用者評価票開発のための既存利用者評価票の多変量解析の実施[*2]

〈叩き台のデザイン〉
1. 庁内評価システムにおける評価項目の決定
2. 利用者評価システムにおける評価項目の決定
3. 総合的評価データベース・システムの叩き台のデザインの作成

〈試行と改良〉
1. 総合的評価データベース・システムの叩き台の試行
2. 上記試行の問題点の抽出と改良

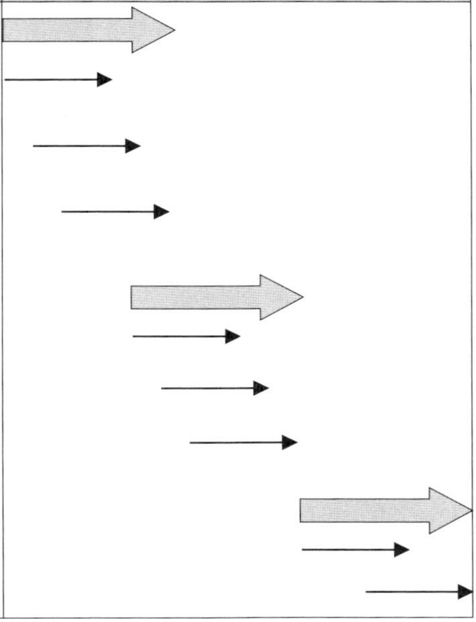

＊1　既存庁内評価票とは、本書第6章で使用した庁内評価ツールのことである。
＊2　ここで述べる既存利用者評価票とは、本書第6章で使用した利用者評価ツールのことである。

2　2006（平成18）年度の研究の概要

　第1フェーズ：問題の把握と分析を行い、第2フェーズ：叩き台のデザインを行った。図8-2にあるように、まずははじめに次世代育成支援行動計画の策定および推進の状況、評価体制の有無、評価ツールおよびデータベース有無等をたずねるための全数実態調査を実施した。調査対象は、全国市町村（東京23区を含む）（2006（平成18）年10月1日当時1840件）であり、実態把握と調査結果の開発研究への反映を目的としていた。実態調査の際、各市町村で既に庁内評価票等の評価ツールを持っている場合には、その添付を依頼しており、回収した庁内評価票は庁内評価ツールの改良に活用した。

また、文献研究と並行して第6章で使用した庁内評価ツールおよび利用者評価ツールを見直し、情報を整理した。庁内評価ツールについては、A市等複数の行政職員にヒアリング調査を行い、再度情報収集を行った。利用者評価ツールについては、因子分析を行って評価設問の整理を行った。その後、ある程度両方の項目整理ができた段階で、協力市であるA市の行政職員と繰り返し打ち合わせを行い、評価項目を決定した。

　両評価ツールの項目が決定した後、総合的評価データベース・システム全体のデザインやデータベースのデザインなどを行い、開発に向けての準備を行っている。具体的には、総合的評価データベース・システムの仕組み、内容、評価項目の順番、データベースに必要な情報、データベースのデザインなどを決定し、データベースの基本的な構造イメージを作成した。

　総合的評価データベース・システムという名称は、第6章で述べた利用者・庁内・次世代育成支援対策地域協議会での評価を総合的に判断するということを最終的な開発の到達点と考えているため名づけたものである。

3　2007（平成19）年度の研究の概要

　第2フェーズ：叩き台のデザインの継続と第3フェーズ：試行と改良を行った。

　まず、第2フェーズの続きとして、データベースの基本的イメージをより具体的にし、総合的データベース・システムの開発を行った。第3フェーズでは、庁内評価と利用者評価をそれぞれ試行し、同時にシステム上の問題点や評価項目上の問題点など改良点を抽出した。その後、改良点を検討して具体的な改良をひとつひとつ実施した。詳細は、第2項で述べる。

■ 第2項　庁内評価ツールおよび利用者評価ツールの開発

　第2項では、庁内評価ツールと利用者評価ツールの開発過程について簡単に述べることとする。

1　2007（平成19）年度評価実施事業の抽出

　まずA市の協力を経て実際に評価可能な事業を抽出した。その際2つの

条件を設けた。一つは、ソフト交付金に係る事業をできるだけ抽出すること、もう一つは、A市行政評価システム内の事務事業評価事業とリンクした事業を抽出することである。その理由は、ソフト交付金事業は具体的目標が掲げられている場合が多く、比較的評価しやすい事業が多いこと、また、事務事業評価事業とリンクすることによって、評価項目の重なりを省くことができ、入力等の作業の時間短縮が図れると判断したためである。協議の結果、14事業について評価することとなった。

2　庁内評価ツールの開発

本書第6章で作成した庁内評価項目とともに、全数実態調査の際に収集した各市町村の評価票（56市町村）および文献研究から評価項目を作成した。また、A市の協力を経て試行を行うために、A市の行政評価システム上にある「事務事業評価表」を活用し、A市既存の評価項目をそのまま次世代育成支援事業の評価に活用できるようにした。

したがって、庁内評価ツールは、「事務事業評価表」既存データ活用部分と、次世代育成支援行動計画独自部分の2部構成となった。

3　利用者評価ツールの開発

第6章で使用した利用者評価ツールの改良のための見直しを行った。まず、前回4分類であったものを3分類に見直した。前回の4分類のうち「相談事業関連」は、利用件数が少なく個人情報保護の観点から今後も利用者評価実施が難しいと判断されたこと、2007（平成19）年度評価する14事業に相談に関わる事業を含んでいないことを大きな理由として分類からはずすこととした。

次に、前回の利用者評価票の項目では、項目数が多い等改善の必要性が示唆されたため、3分類それぞれで因子分析し、項目数を縮小することとした。質問方法は第6章と同じく5件法である。また、属性部分も再整理を行った。最終的にA市職員と協議して利用者評価ツール項目を決定した。

4　叩き台の作成

両評価ツールの内容を元に、データベースのデザインを行い、叩き台の作

成を行った。データベースの開発には、Microsoft Excel および Microsoft Access を使用した。Microsoft Excel を用いた理由は、2006（平成18）年度実施した全数実態調査結果から、データベースを持っている自治体の多くが当該ソフトを用いていることが明らかとなったためである。普及を考えた場合、汎用性の高いソフトを使用することは非常に重要である。Microsoft Access についても、全数実態調査の結果から比較的親和性の高いソフトであることが明らかとなり、Microsoft Excel との相性を考えた場合、データベース機能として用いることが最適であると判断した。

　以上の判断から、Microsoft Excel には、庁内評価データ入力機能を持たせ、Microsoft Access には庁内評価データおよび利用者評価データを蓄積していく、データベース機能を持たせることとして、開発を行った。開発の際には、情報漏えいや管理についても十分に配慮を行った。入力画面デザインは、入力者（主に行政職員）の負担が少なくなるよう配慮し、配色、文字の大きさ等を決定した。出力画面デザインは、プリントアウトしたものをそのまま会議資料として使用できるものを目指した。

5　叩き台の試行

　開発したデータベース（叩き台）の試行を行った。試行に当たっては、A市職員の方々に協力を依頼し、実際にデータを入力していただくことで、入力および出力の不具合、要望、改善点の抽出やトップページや入力・出力のデザインについての意見等を収集した。その際、庁内評価データについては、各担当課担当職員へ依頼し、14事業について実際の評価を入力してもらった。利用者評価については、利用者数の確保や評価時期の問題等もあり、A市職員および筆者所属の研究室によってダミーデータを入力した。データベースの詳細は、第3項総合的評価データベース・システムの概要で説明することとする。

6　叩き台の改良

　叩き台の試行によって抽出された改良点をまとめ、本年度中に改良可能なもの、時間をかけて改良が必要なものに大きく2つに分けた。本年度改良可

能な点を改良し、本年度の成果とした。主な改良点は、入力画面のデザインや入力の際の不具合等である。

■第3項　次世代育成支援行動計画の総合的評価データベース・システムの概要

1．総合的評価データベース・システムの概要、2．総合的評価データベース・システムの活用と評価の2つについて述べる。

1　総合的評価データベース・システムの概要

ここでは本研究で開発した総合的評価データベース・システムの概要について述べる。

（1）庁内評価の実施方法

庁内評価実施方法について述べる。まずA市次世代育成支援担当部局に協力依頼し、開発したMicrosoft Excelによる評価シートファイル（以下、評価シート）を各事業担当課へ庁内メールで配布した。配布された評価シートに各事業担当課が事業の評価を直接入力し、入力したファイルをA市担当課に庁内メールで返信し、担当課が取りまとめるという方法で行った。担当課が取りまとめる際に、Microsoft Accessによるデータベースに庁内評価データが蓄積されていく。

（2）利用者評価の実施方法

利用者評価の実施方法について述べる。開発した利用者評価シートを各事業に参加した利用者に紙媒体で配布し、その場で記入の後、回収し、収集したシートをA市担当課所有の占有PCに入力する。入力画面は、Microsoft Accessにより開発されたものであり、入力すると同時にデータベースにデータが蓄積されていくシステムとなっている。

ただし、2008（平成19）年度は利用者評価実施時期と本データベース開発時期が合致せず、利用者評価データについては、ダミーデータを入力することとした。

（3）データベースの出力イメージ

次に蓄積されたデータがどのように出力されるかを述べる。ただし、詳細は、２．総合的評価データベース・システムの活用と評価で述べることとする。

出力は大きく３つに分かれている。それらは、「次世代育成支援対策地域協議会用」（以下、「地域協議会用」）、「庁内検討用」、「住民公表用」である。「地域協議会用」とは、次世代育成支援対策地域協議会において活用される評価結果を提供するためのものであり、「庁内検討用」とは、次世代育成支援対策庁内協議会において評価結果を検討するためのものである。「住民公表用」とは、住民に対して評価結果を公表するためのいわば情報公開のための出力である。

これら３つの出力には、それぞれ「事業別」：各事業の評価結果が詳細に出てくるもの。最も情報が細かい。「目標別」：A市次世代育成支援行動計画に記載されている７つの目標に沿って、目標ごとに評価結果を出力するもの。「分類別」：評価シートの３つの分類ごとに評価結果を出力するもの。「全体」：評価実施事業全体の結果を出力するものの４つにそれぞれ分かれている（図8-3）。

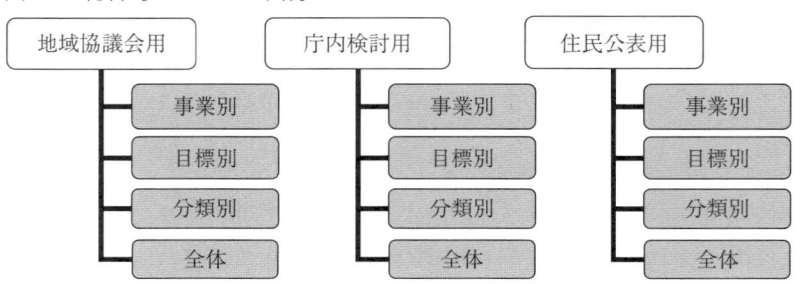

図8-3　総合的システムの出力イメージ

2　総合的評価データベース・システムの活用（入力および出力）と評価（利点と問題点）

（1）総合的評価データベース入力画面

ここでは、実際に開発されたデータベースの入力について開発画面を使用

しながら説明する。

①トップページ

Microsoft Accessの画面を開くと図8-4のような画面が表示される。これがトップページである。画面上に「アンケート配布数・回収数入力」、「アンケート入力」、「庁内評価インポート」、各種「レポート出力」の画面が出てくる。

図8-4　トップページ

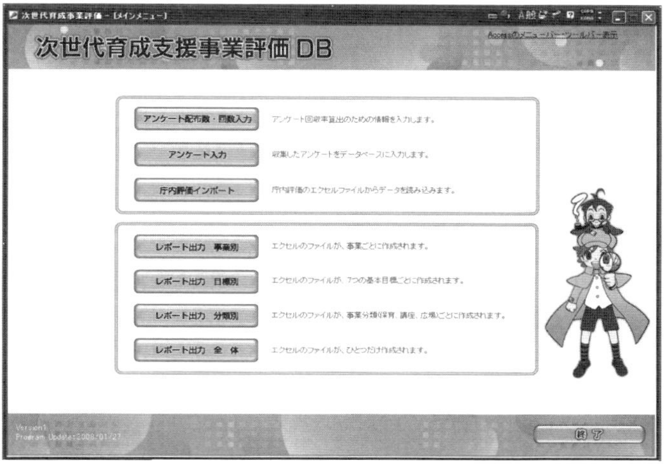

②庁内評価入力画面

　庁内評価の入力は、先に述べたようにMicrosoft Excelによる開発を行った。「事務事業評価シート部分」については、既に事務事業評価表よりデータが貼り付けられているため、再度入力する必要はない。次世代育成支援独自項目の入力画面は、各担当課で入力することとなっている。「入力編集」ボタンを押すと、入力画面が現れる。入力画面にそれぞれ評価を入力し、「書き込み」ボタンを押すと自動的に書き込みがなされる。5件法による評価部分は、「5.あてはまる」から「1.あてはまらない」のいずれかにチェックする（図8-5）。その際、「5」あるいは「4」と入力した場合には、そう判断した理由を記入する形式とした。なぜなら、庁内評価について職員が自ら低い評

価を行うことは少ないため、高い評価をした際にはその根拠記載を求めることで、少しでも正確な評価となるよう配慮したためである。

図8-5　庁内評価データ入力画面

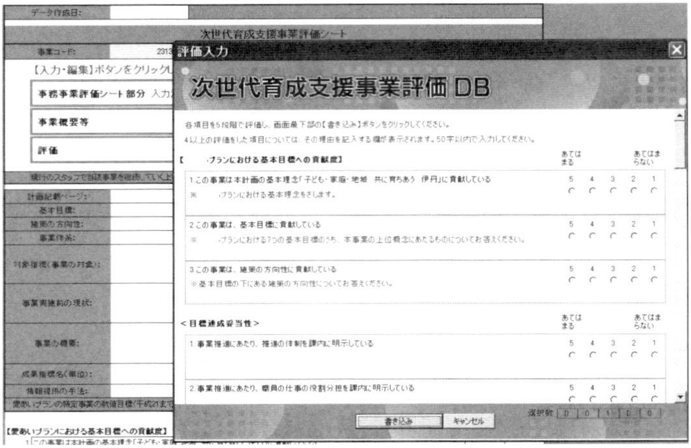

③利用者評価入力画面

「アンケート配布数・回収数入力」（図8-4）をクリックすると、図8-6の画面になる。「編集」ボタンをクリックすると、図8-7の画面となる。直接配布数と回収数を入力し、「OK」ボタンをクリックすると、自動的に「アンケート配布数・回収数」が更新される。

図8-6 利用者評価：アンケート配布数・回収数入力画面

図8-7 利用者評価データ編集画面

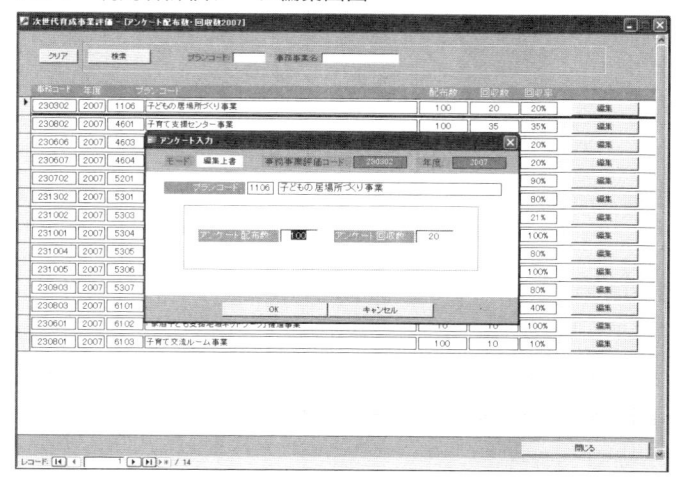

　図8-4の「アンケート入力」を選択し、さらに「編集」ボタンをクリックすると、図8-8の画面へと移動する。利用者から回収した紙媒体での利用者

評価シートを見ながら、入力していく画面となっている。画面の体裁は、紙媒体での評価シートとほぼ同じ形になっており、入力ミス等が少なくなるように工夫されている。5件法部分については、1から5の数値を入れることで自動的に100点満点中何点かが計算され、表示されるようになっている。

また、属性部分は選択式となっており、数値を入力する、あるいは複数回答の場合はチェックボックスにチェックをつける形式をとっている。「OK」ボタンを押せば、自動的にデータベースにデータが蓄積されていく。

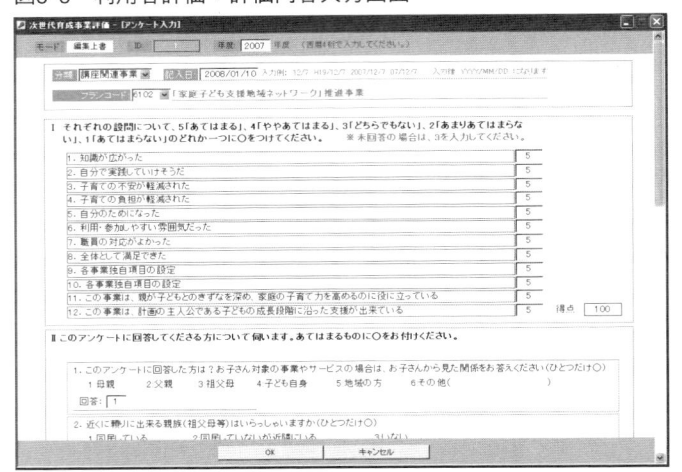

図8-8　利用者評価：評価内容入力画面

（2）総合的評価データベース出力画面

次に、入力したデータの出力画面について説明する。図8-4の「庁内評価インポート」ボタンを押すと、入力したデータが、Microsoft Access に蓄積される。なお、利用者評価データは、入力時に自動的にデータベースであるMicrosoft Access に蓄積されるようになっている。

評価結果の出力には、同様に図8-4の「レポート出力」の各ボタンを押すと、それぞれの結果が自動で出力されるようになっている。ボタン一つで評価結果が出力され、グラフ化等がなされる。

ここからは、実際に出力されたレポートについて少し説明を行う。出力レ

ポートは、先に述べたように大きく3種類あり、さらに「事業別」、「目標別」、「分類別」、「全体」の4つがある。本稿では、そのうち「庁内検討用」の「事業別」、「分類別」および「全体」レポートの一部を取り上げて説明を行う。なお、庁内評価データについては、各担当課による実際の評価データ

図8-9 「庁内検討用」:「事業別」出力結果（一部）

〈目標達成妥当性〉

		評価	得点
1	事業推進にあたり、推進の体制を課内に明示している	4	0.77
2	事業推進にあたり、職員の仕事の役割分担を課内に明示している	4	0.77
3	事業推進にあたり、活動の内容を課内に明示している	3	0.58
4	事業推進にあたり、短期的（1ヶ月～3ヶ月ごと）に進捗状況の見直しをしながら取り組んでいる	2	0.38
5	事業推進にあたり、過去や外部の成功例・失敗例を参考にしながら取り組みを行っている	2	0.38
6	課題の明確化、事業計画策定の時期や手順があらかじめ決まっている	3	0.58
7	課題の明確化、事業計画の作成にあたり、現場の意向を反映できるようにしている	3	0.58
8	目標達成率	50%	0.38
			4.42

〈妥当性〉

		評価	得点
1	事業計画は、サービスの現状（利用者意向、ニーズ、事業環境など）をふまえて作成されている	3	0.92
2	事業計画を想定されるリスク（利用者への影響、職員の業務負担、必要経費の増大など）をふまえて策定されている	3	0.92
3	事業の実施手段が目的に対して妥当である	3	0.92
4	提供されているサービスが量的に適切である	3	0.92
5	提供されているサービスが質的に適切である	3	0.92
			4.62

〈透明性〉

		評価	得点
1	市民の目に触れやすい方法（ちらしやパンフレット等）で地域社会に本事業の情報を開示している	3	1.54
2	外部（市民等）との関わりを通して開かれた組織作りへの取組みを実施している	3	1.54
3	予算・決算の状況を情報公開している	3	1.54
			4.62

〈公平性〉

		評価	得点
1	受益者負担は適正である	5	7.69
			7.69

〈必要性〉

		評価	得点
1	市民ニーズの高い事業である	3	0.92
2	事業を廃止・休止した場合市民生活に与える影響が大きい	2	0.62
3	県や国ではなく市が実施すべき事業である	1	0.31
4	民間への委託やアウトソーシングが難しい事業である	3	0.92
5	他の事業よりも優先度が高い	3	0.92
			3.69

であるが、利用者評価については、あくまでもダミーデータであるため、正確な評価結果が提示されているわけではない。

①庁内検討用:「事業別」出力

事業ごとに評価結果を見ることができる。図8-9は、「次世代育成支援独自部分」の結果である。各設問の評価得点と共に、100点満点で換算するための得点化が行われている。

計画値や実績値もグラフ化される。本年度は1年分の計画値と実測値であるが、年度が積み重なると棒グラフが増え、増減が折れ線グラフで示されるため、年度別変化を見ることができる（図8-10）。また、年度別の利用者評価と庁内評価の合計を100点満点で換算した得点化も行われ、一目で得点結果を見ることができる。これも毎年評価が行われることによって比較可能となっている（図8-11）。

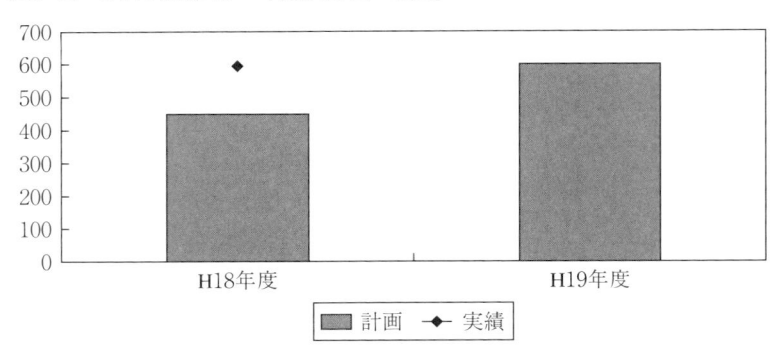

図8-10 「庁内検討用」：年度別計画・実績

図8-11 「庁内検討用」：年度別合計点
■年度別合計得点（庁内・利用者）

H19年度	72

庁内評価の5件法部分をグラフ化したものが図8-12である。各セクションの合計がグラフ化されており、一目でどの項目の得点が高いかがわかる。ま

図8-12 「庁内検討用」：庁内評価　年度・設問区分別得点
■庁内評価　年度・設問区分別得点

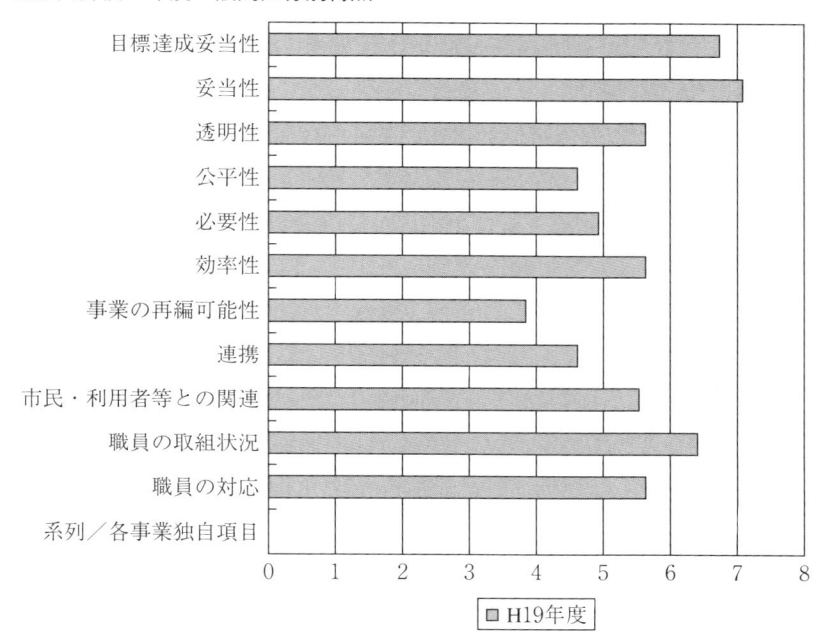

項目	H19年度
目標達成妥当性	約6.7
妥当性	約7.0
透明性	約5.5
公平性	約4.5
必要性	約4.8
効率性	約5.5
事業の再編可能性	約3.7
連携	約4.5
市民・利用者等との関連	約5.5
職員の取組状況	約6.5
職員の対応	約5.5
系列／各事業独自項目	—

図8-13 「庁内検討用」：庁内評価　設問区分別　得点内訳　目標達成妥当性
■庁内評価　設問区分別　得点内訳　目標達成妥当性

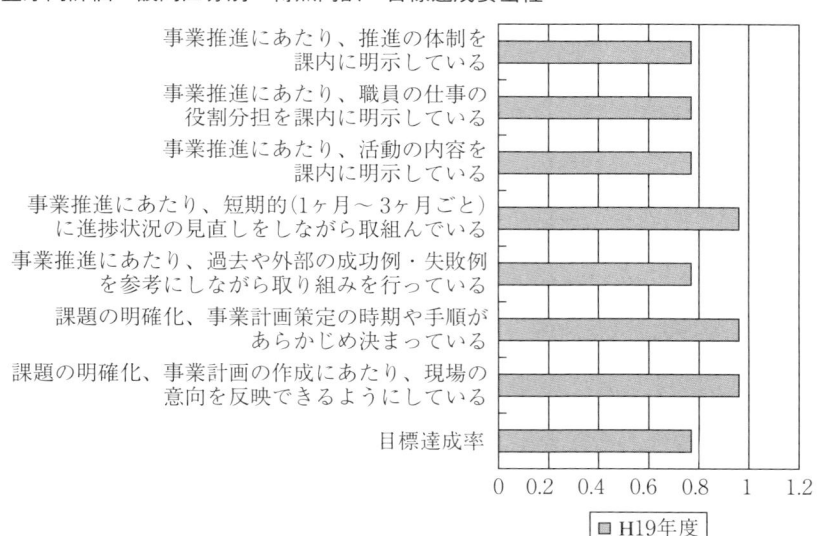

項目	H19年度
事業推進にあたり、推進の体制を課内に明示している	約0.8
事業推進にあたり、職員の仕事の役割分担を課内に明示している	約0.8
事業推進にあたり、活動の内容を課内に明示している	約0.8
事業推進にあたり、短期的(1ヶ月〜3ヶ月ごと)に進捗状況の見直しをしながら取組んでいる	約1.0
事業推進にあたり、過去や外部の成功例・失敗例を参考にしながら取り組みを行っている	約0.8
課題の明確化、事業計画策定の時期や手順があらかじめ決まっている	約1.0
課題の明確化、事業計画の作成にあたり、現場の意向を反映できるようにしている	約1.0
目標達成率	約0.8

た、これも他の項目と同様、年度が積み重なると複雑なグラフとなるが、グラフ化によって年度ごとの比較も可能となる。また、5件法でたずねている各セクションの詳細についてもグラフ化され、細かく内容を検討することができる（図8-13）。

　一連の庁内評価結果のレポートが終了すると、利用者評価結果レポートが出力される。

　まずは、利用者評価の実施件数（配布数および回収数や回収率）を一覧としてみることができ、次いで、利用者評価結果と庁内評価結果とをそれぞれ100点満点で換算しなおした得点が表示される。よって、その事業に関する利用者評価結果と庁内評価結果の得点を比較することができる（図8-14）。またここではグラフを記載しないが、利用者評価の属性部分は、すべて円グラフ化され、各回答者の割合等がわかりやすく表示されるよう工夫を行っている。

図8-14　「庁内検討用」：利用者評価回収率および各得点
■利用者評価回収率

H19年度	配布	50	
	回収	40	80%
	有効回答	10	20%

■利用者評価得点

H19年度	64

■庁内評価得点

H19年度	69

②庁内検討用：「分類別」出力

　次に、「広場事業関連」に属する「分類別」出力を例として取り上げる。「事業別」とグラフ等の表示が類似するものについては割愛し、特徴的なもののみを提示することとする。

　表8-1は庁内評価結果の「分類別」出力の一部である。「広場事業関連」全体の平均が得点化され、レイダーチャート化されるようになっており、結果

が視覚的にわかる。また、複数年度でもレイダーチャート化できるため、年度比較もできる。表8-2は利用者評価結果の「分類別」出力の一部である。庁内評価結果と同様にレイダーチャート化されている。

③庁内検討用：「全体」出力

最後に「全体」の出力である。図8-15を見ると、達成率が5段階評価で示されている。評価した事業全体の目標達成度を5段階評価で表したものである。また、評価実施事業全体の利用者評価と庁内評価の合計得点も100点満点で記載される。達成率は「4」、合計得点は、68点となっている。

表8-1 「庁内検討用」：庁内評価　各区分別評価平均
■庁内評価　設問区分別評価平均

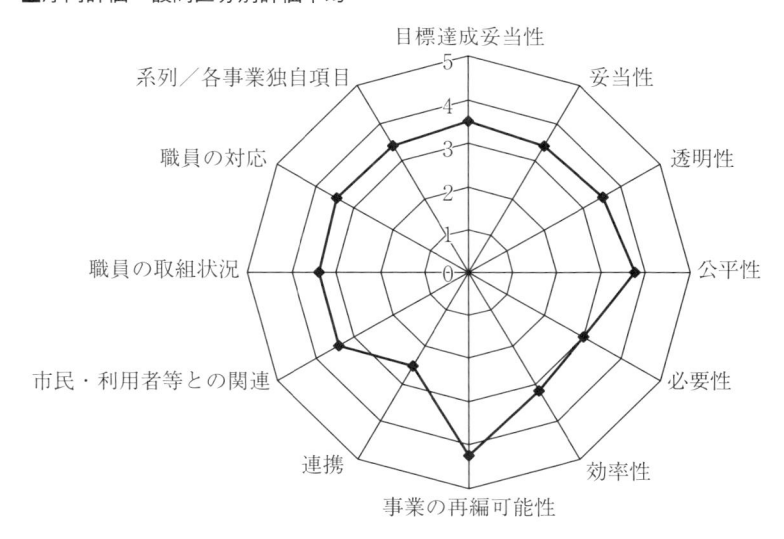

表8-2 「庁内検討用」：利用者評価　設問別評価平均
■利用者評価　設問別評価平均

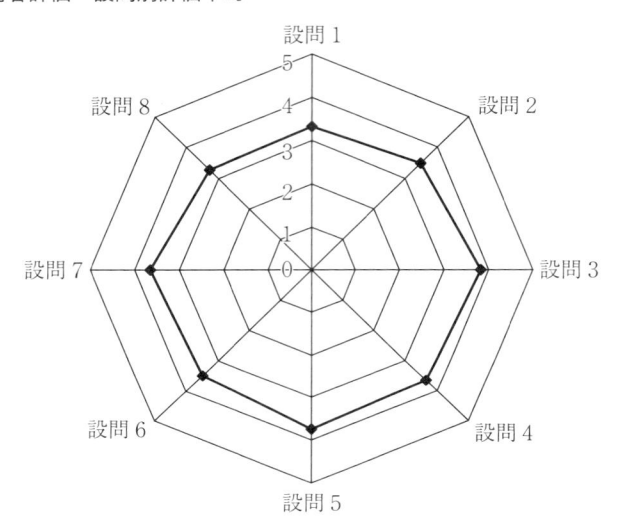

```
設問1　子育ての仲間ができた
設問2　子どもの遊び仲間ができた
設問3　利用・参加しやすい雰囲気だった
設問4　全体として満足できた
設問5　各事業独自項目の設定(1)
設問6　各事業独自項目の設定(2)
設問7　この事業は、次世代育成支援(安心して子どもを産み育てる
　　　環境づくり)に役に立っている
設問8　この事業は、子どもの「子育ち」と家庭の「子育て」を支える
　　　地域を育むのに役に立っている
```

図8-15 「庁内検討用」：全体　達成度と年度別合計得点

■達成率5段階評価

H19年度	4

■年度別合計得点（庁内・利用者）

H19年度	68

また年度・設問区分別得点が「事業別」と同様に棒グラフで表示されることとなっており、各年度の評価データが蓄積されると、その都度グラフ化に反映され、年度比較ができる仕組みとなっている。

利用者評価結果についても、「事業別」と同様の形式で、利用者評価実施数や、利用者評価結果と庁内評価結果とをそれぞれ100点満点で換算しなおした得点が表示されている（図8-16）。利用者評価のグラフ化については、「事業別」と同様の形式をとっているため、ここでは割愛する。

図8-16　「庁内検討用」：全体　利用者評価回収率および各得点

■利用者評価回収率

H19年度	配布	1364	
	回収	675	49%
	有効回答	85	6%

■利用者得点

H19年度	69

■庁内得点

H19年度	67

「全体」出力のひとつの特徴は、表8-3である。その年度に評価を実施した事業の得点が、「利用者評価」・「庁内評価」別に一覧となっている。これによって、各事業の評価結果の比較ができるとともに、利用者と庁内での評価差を簡単に見ることができる。

表8-3 「庁内検討用」：全体　庁内・利用者得点比較
■庁内・利用者得点比較

事務事業評価コード	プランコード	事業名	庁内	利用者
231002	5303	私立保育所一時保育事業費補助事業	65	52
231001	5304	公立保育所延長保育事業	57	65
231005	5306	病後児保育委託事業	73	73
231004	5305	私立保育所休日保育事業費補助事業	66	65
231302	5301	児童くらぶ運営事業	63	64
230801	6103	子育て交流ルーム事業	65	74
230302	1106	子どもの居場所づくり事業	78	74
230601	6102	「家庭子ども支援地域ネットワーク」推進事業	86	76
230606	4603	草の根家庭教育推進事業	74	72
230702	5201	育児ファミリーサポートセンター事業	55	66
230607	4604	「家庭の日」だんらんホリデー事業	66	61
230802	1102	子育て支援センター事業	63	72
230803	6101	地域子育て支援広場事業	63	68
230903	5307	子育て家庭ショートスティ事業	61	84

（3）利点と問題点

①利点

利点は大きく4つある。

1点目は、次世代育成支援行動計画の総合的評価システムの定着化に寄与している点である。具体的に言うと、利用者評価および庁内評価の各年度実施の定着化や、これら評価結果を地域協議会で検討し、次年度課題を抽出するという仕組みを作っていく上で大きな役割を果たしているという点である。

2点目は、計画の進捗状況のチェックに有用かつ効率的であるという点である。これは1点目とも関連するが、毎年評価を行うことで、年度ごとの計画の進捗状況を確認することができる。また、評価ツールがあること、入力システムや出力システムがあることから、効率よく評価を行う仕組みができつつあるからである。

3点目は、データ蓄積やデータ出力が簡便で、実際の評価に伴う入力作業や手間を少なくすることができている点である。これは、利用者評価項目数

が少ないこと、入力方法が簡単であること、ボタン一つで出力が可能であり、評価結果を報告書としてまとめるに際して、分析やグラフ作成等をしなくて済むという点といえる。

4点目は、出力したデータをそのまま報告書として使用することができ、庁内での検討資料のみでなく、地域協議会での検討材料や、情報公開として住民に公表することもできるという点である。

これら4点によって、スムーズに次世代育成支援行動計画の総合的評価が行われ、また、報告書作成の手間等、行政職員の事務処理負担の軽減も行える。情報管理もしやすく、蓄積したデータを活用することで、次世代育成支援行動計画期間終了後、次の計画を立てる際にも役に立つ分析資料とすることができるようになるのである。

②問題点

今回実際にA市において本データベースを使用していただく中で、出てきた問題点をまとめてみたい。最も多かったのは、庁内評価シートの評価項目の量に関する指摘である。項目数が多すぎ、回答に時間がかかるというのが主な訴えであった。評価ツールそのものの改善が必要である。評価項目をもう少しスリム化しなければならない。

次に多かったのは、出力シートの量や内容の問題である。特に「事業別」出力シートをプリントアウトすると、1事業につき18ページにわたって印刷されてしまう。この量では、検討材料として多すぎるという指摘である。出力内容とともにその量を検討していく必要がある。

また、庁内の担当者の負担の問題もある。現在の方式では、庁内評価・利用者評価ともに取りまとめ役の職員にかなりの負担がかかる。よって、もう少し簡便に評価ツールの配布・回収ができるような工夫が求められる。

以上のようないわば「使いにくさ」の改善については、その一部について既に改良を行っている。しかし、各評価ツールそのものの問題点等は、すぐに改良できるものではないため、今後の課題と捉え、次の研究へと引き継いでいく必要性が示唆された。特に利用者評価シートについては、ダミーデータを使用したものであり、現場職員等から評価項目そのものの改良点につい

ても指摘をいただいてはいるが、利用者の方々に評価していただくところにまで到っていない。項目検討と共に、実際の利用者評価に向けて調整を行っていく必要性がある。

第2節　現在の研究

　現在は、第1節の研究内容を受けて利用者評価を中心に研究を進めている。ここまでの利用者評価ツールをさらに改良し、また、利用者評価体制そのものを構築するための研究である。現在行っている研究の主な目的は、市次世代育成支援行動計画記載事業の利用者評価を実施するための、（1）評価ツールおよび評価方法の開発、（2）評価実施体制の構築を行うことである。次世代育成支援行動計画事業は、乳幼児期から青少年期に至るまでさまざまに展開されており、多くの子育て世代が利用している。しかしながら、事業を利用しての効果測定や評価が、定期的に一定の規模でもっとも身近な利用者の手によって行われていない現状がある。そこで、当該事業に関する評価方法や評価ツールを研究開発し、利用者の手による事業評価の実施体制構築を目指している。特に2009（平成21）年度から2010（平成22）年度にかけては、地域子育て支援に関する事業に焦点を置いて研究を進めているところである。

■ 第1項　研究の概要

　本研究は、本章第1節と同様に、M-D & Dの手法を用いて実施している。第1フェーズでは、（1）次世代育成支援事業の利用者評価に関する現状、問題点、課題などを情報収集し、（2）次世代育成支援事業の詳細の把握と評価実施事業を抽出し、さらに（3）利用者評価ツール試案見直しの3つを行う。第2フェーズでは、（1）利用者評価ツールの叩き台の作成、（2）利用者評価ツール叩き台の試行および課題の抽出を行う。第3フェーズでは、（1）利用者評価ツールの改良、（2）利用者評価ツールの完成、（3）利用者評価体制についての検討会の実施と利用者評価体制の構築、（4）利用者評価体制の一般化を視野に入れた、他市での普及に向けた準備を行う、の4

つを行う予定である。なお、本研究においてもひき続きA市の協力を得ている。現在は、第1フェーズの研究を実施しているところである。本書では、第1フェーズで現在行っている利用者評価ツール試案見直しのための、利用者への質的調査の実施について触れることとする。

■第2項　利用者評価ツール開発のための利用者への質的調査

　ここでは、利用者評価ツール試案見直しのための、利用者への質的調査について触れる。実施の目的や調査の概要や手法、結果・考察等についてまとめる。なお、結果・考察については本調査が現在進行中であることを考慮し、詳細に触れることは避ける。

1　質的調査実施の目的

　各事業の現状の把握および評価ツール改良のための情報収集・分析を行うことで、調査対象事業の評価を行うと同時に、分析結果を利用者評価ツール改良に生かすことを目的としている。

2　事業の抽出方法

　上記目的よりA市次世代育成支援行動計画後期計画を主として、利用者評価が必要あるいは可能である事業を選び出した後、これまでの研究で使用してきた評価ツールの3分類（「広場関連」、「保育関連」、「講座関連」）をもとに事業を分類した。さらに3分類それぞれから、質的調査実施可能な事業を選びだした。その際の条件は、（1）利用者から質的調査実施の承諾を得られやすいかどうか、（2）利用者が比較的多く、調査協力をしても個人情報保護が保障できるかどうか（利用者人数が少ないと、誰が調査に協力したか容易に判明する可能性もあるため）、（3）調査実施に必要な空間と時間を確保できる事業であるかどうか、の3点である。その結果研究1年目は、地域子育て支援に関する事業を中心に、「広場関連」事業として「地域子育て支援拠点事業」から2箇所（市内6箇所で実施。担当課の異なるものを抽出）、「保育関連」事業として「体験保育事業」、「育児ファミリーサポートセンター事業」の2箇所の合計3事業4箇所で実施することとなった。いずれ

の決定もすべてA市担当課職員と協議の上行い、関係課の了承を得ている。なお、「講座関連」事業における実施は現在検討中である。

3　調査方法

　利用者へフォーカス・グループ・インタビュー（以下、FGI）の手法を用いて調査を実施した。FGIとは、量的調査では得がたい参加者の生の声を聞くことのできる手法である。また、1対1のインタビューでは得られない「積み上げられた情報」、「幅広い情報」、「ダイナミックな情報」を得ることができる手法である（安梅、2001）。FGIとは、「具体的な状況に即したある特定のトピックについて選ばれた複数の個人によって行われる形式ばらない議論」と言われており（Vaughn S. et al, 1998、井下監訳、2002）、近年ヒューマンサービス領域でニーズ把握や事業評価、サービス開発等に幅広く使われている手法である（安梅、2001、2003、2010）。

（1）FGI協力者のリクルート

　調査に際してまず調査対象事業の実施場所に、A市担当職員と共に筆者が本研究の趣旨・調査方法などの説明に行き、事業担当職員の了承を得た。その後、各事業の担当者に調査に協力してくださる方のリクルートを依頼し、インタビュー協力者を募った。

（2）FGIの実施

　FGI実施に当たっては調査協力者の方々に、本調査の趣旨・目的などを十分説明し、合意を得た上で参加していただいた。また、個人情報保護に細心の注意を払うこともあわせて約束し了承を得た後、承諾書に署名をいただいた上で実施している。インタビューは、FGI手法に則って筆者の作成したインタビューガイドに基づいて実施された。インタビューガイドとは、FGI実施手順や手続き、質問内容などを記載したものであり、調査者がスムーズに調査を実施すると同時に、インタビュー参加者が容易に調査目的や質問内容を理解することができるように作成するもので、FGIには不可欠なものである（安梅、2001）。今回の調査の質問内容は4つである。（1）本事業・サー

ビスを利用しようと思った動機、(2) 実際に利用してみてよかったこと、(3) 実際に利用してみてよくなかったこと、(4) サービスを選択する上で重要と考えていること、である。調査結果は、FGI協力者並びに対象事業の現場担当者へも報告することとなっている。

調査実施中は、FGIの様子をすべて録音・録画し、インタビュアーである筆者の他に、観察者として各インタビュー現場に2名から3名のFGI補助者を付け、インタビュー協力者の表情・様子などを観察してもらった。観察記録は、筆者作成の記録用紙に記入してもらった。

またFGI終了後、協力者の属性等の情報収集のため、簡単な質問紙調査に協力をいただいた。

4　調査対象と実施場所、時間と調査期間

調査対象は、「地域子育て支援拠点事業」2箇所および「体験保育事業」1箇所については、各事業を利用している母親、「育児ファミリーサポートセンター事業」ではサービス提供者である。いずれもA市在住であることが条件である。なお、「育児ファミリーサポートセンター事業」でも、当初利用者に調査実施予定であったが、調整困難であったため提供者側への実施となった。ただし本事業は、地域住民による互助組織であるため、提供者も地域の住民である。

それぞれ1時間から2時間程度、各事業が実施されている場所（「育児ファミリーサポートセンター事業」については、月1回の会議で使用している場所）で調査を行った。調査期間は2010（平成22）年7月末から9月初旬の、約2ヶ月間である。各事業の目的および開催日時等については一覧表にしている（表8-4）。

5　分析方法

まず、インタビューの録音データをすべて逐語録に落とした。次に、逐語録に観察記録の内容を追記し、録画記録も確認してインタビューデータを補強した。逐語録、観察記録、録画記録を合わせて一つインタビューのデータとして扱い、分析を行った。4つのインタビューデータをそれぞれ分析し、

表8-4 FGI実施事業一覧

次世代計画No.	次世代事業名	実施目的	実施場所・開催日時等	担当課	事業分類
1101	地域子育て支援拠点事業	就学前の子どもと保護者が自由に集い、子育てについての情報交換や友だちづくりを進める場所として開催する。	開催場所：Fルーム 開催時間： 　9：00－12：00 　13：00－15：30 土・日・祝日、年末年始休館	子育て支援課	ひろば系
		G科学館児童センター2階集会室をFルームとして整備し、就学前の子どもと保護者が自由に集い、子育てについての情報交換や友達づくりを進める場として開催する。	G科学館Fルーム 開催時間： 　9：30－12：00 　13：00－15：30 火・金・日、祝日の振替日、年末年始休館	G科学館	
1101	保育所の地域子育て支援センター事業 ＊調査実施はこのうち「体験保育」	子育てに関する育児不安の解消のため、保育所が有する人的物的資源を地域に還元する支援策として、体験保育、園庭開放、育児相談、サークル支援などを実施する。	H保育所 体験期間：1ヶ月 対象者：保育所に入所していない就学前の児童。 保育所に入所している児童と共に、同じ生活体験を実施。 実施時間：実施保育所（園）の開所日で、毎週月―金の9：00－16：00。利用料：月額12,000円。 応募の時期等は、「広報」に掲載。	子育て支援課	保育系
5201	育児ファミリーサポートセンター事業	育児の援助を受けたい人（依頼会員）と育児を支援する人（協力会員）が、お互いに助けたり、助けられたりして、育児の相互援助を行う会員組織の支援活動事業の啓発活動を進め、会員相互の交流が図れる事業および市民向けの公開講座を開催する。	実施時間：月―金の7：00－21：00 利用料金：800円／1時間 早朝・夜間、土・日曜、祝日、年末年始、軽度の病気の場合は、900円／1時間兄弟姉妹を預ける場合は、2人目から半額	子育て支援課	保育系

（＊A市「次世代育成支援行動計画後期計画」並びに「Aすくすくぶっく」から筆者作成）

各事業の評価を行うと共に、4つのインタビューデータに共通する内容を利用者評価ツール試案改良に活用する。

分析に当たっては、FGI 手法に沿って内容分析を行った。分析の過程で2度の観察者（2名）によるチェックを行い、インタビュー実施者および観察者2名の合計3名の合意が得られるまで継続して分析を行った。

6 結果・考察
（1）対象者の属性

FGI 協力者の属性を各対象事業別にまとめると以下のようになる（表8-5）。育児ファミリーサポートセンター事業を除いて協力者はすべて就学前の子どもの母親であり、いずれも核家族である。母親の年齢は、25歳から44歳まで幅があるが、最も多いのは30歳－34歳となっている（母親32名中15名：46.9％）。育児ファミリーサポートセンターで年齢が高くなっているのは、長年協力会員として活動している方が多かったためである。また表には記載していないが、育児ファミリーサポートセンター事業を除いて、母親のほとんどが無職であり、32名中「産休・育休中」が2名、「パート・アルバイ

表8-5 FGI 協力者の属性

次世代計画 No.	次世代事業名	FGI 実施場所	参加人数	協力者の年齢	子どもの数	家族構成
1101	地域子育て支援拠点事業	F ルーム	10	25歳－29歳：2名 30歳－34歳：4名 35歳－39歳：3名 40歳－44歳：1名	1人：5名 2人：4名 3人：1名	全員核家族
		G 科学館 F ルーム	12	25歳－29歳：2名 30歳－34歳：7名 35歳－39歳：1名 40歳－44歳：2名	1人：1名 2人：11名	全員核家族
1101	保育所の地域子育て支援センター事業	H 保育所「体験保育」	10	25歳－29歳：1名 30歳－34歳：4名 35歳－39歳：5名	1人：6名 2人：4名	全員核家族
5201	育児ファミリーサポートセンター事業	A 市子育て支援センター	6	35歳－39歳：1名 45歳－49歳：1名 50歳以上：4名	サービス提供者側のため掲載せず	

ト」が1名となっている。

(2) 試案改良に関する結果

　各事業の結果を導き出すと共に、利用者評価ツール試案改良に使用する部分のみ4事業の結果を統合した。本書では、現在分析過程にあるため詳細を述べることは避け、4つの評価事業に共通する利用者評価ツール試案改良のための結果（質問内容：(4) サービスを選択する上で重要と考えていること）を掲載するにとどめる。共通する点は、概ね以下である（2011（平成23）年2月現在）。箇条書きにして示す。各事業の分析結果および全体結果等については、最終報告書で詳細を述べる予定である。

【利用者がサービスを選択する上で重要と考えていること】
・利用しやすい価格であること
・アクセスが便利であること（駐車場の有無、近所にあるか否か）
・利用したい時にすぐに利用できること（予約が可能か否か、待ち時間が少ないか）
・スタッフの質が確保されていること（子どもの年齢に応じた対応等）
・スタッフの態度が受容的であること（あいさつ、笑顔等）
・各サービスの特徴が分かりやすいこと（何のためのサービスであるのか等）
・利用方法が分かりやすく、簡便であること（利用条件や利用方法が明確である等）

(3) 考察

　利用者はサービスを選ぶ際に、利便性や価格、スタッフの質などを重視していることが明らかとなった。ある程度予測された結果であったが、その一方でサービス内容そのものというよりも、利便性やスタッフの質という回答が共通して出てきたことはやや意外ともいえる。また、「利用したい時にすぐ利用できること」や「各サービスの特徴が分かりやいこと」、「利用方法が分かりやすく簡便であること」という3つは、現在のサービスに対する不満や"分かりにくさ"のいわば裏返しの意見として抽出された傾向がある。今

後はより詳細な分析を実施し、具体的に利用者評価ツール改善に活かしていく。

■ 第3項　今後の研究

　これからの研究について簡単に述べる。大きく利用者評価ツール開発と利用者評価体制構築のための研究の2つに分けることができる。前者としては、まず今回のFGI分析を完了し、現在の評価ツールの改良を行うことである。評価ツール改良後は実際に利用者の方々に評価ツールを使って評価を行っていただく試行を実施する共に、評価ツールそのものについて問題点把握のための調査を再度実施する予定である。評価ツール試行後は、問題点を改良し、評価ツールの完成を目指す。

　後者としては、評価体制の構築についての検討会をA市の協力のもと開催し、定期的な評価実施に必要な準備や、評価データ蓄積方法・評価データ活用方法等について十分に議論を重ねていく予定である。

　利用者評価ツールと利用者評価体制の両者が整うことが、定期的かつ安定した利用者評価実施に不可欠である。評価事業の拡大等も視野に入れながら、将来的には次世代育成支援事業の多くで利用者評価を実施できるよう体制づくりをしていきたいと考えている。また、A市に留まらず他市での普及も検討し、利用者評価実施のためのマニュアル作りも行っていく予定である。

引用文献

安梅勅江（2002）『ヒューマンサービスにおけるグループインタビュー法　科学的根拠に基づく質的研究方法の展開』医歯薬出版.

安梅勅江編著（2003）『ヒューマンサービスにおけるグループインタビュー法Ⅱ活用事例編』医歯薬出版.

安梅勅江編著（2010）『ヒューマンサービスにおけるグループインタビュー法Ⅱ論文作成編』医歯薬出版.

A市（2003a）「A市次世代育成支援行動計画（素案）」A市.

A市（2003b）『A市市勢要覧』A市.

A市（2003c）『A市次世代育成支援行動計画策定のための次世代育成支援に関するアンケート調査結果報告書』A市.

A市（2003d）「A市次世代育成支援推進協議会資料」A市.

A市（2004）『A市次世代育成支援行動計画』A市.

A市（2005）「A市次世代育成支援推進協議会資料」A市.

A市（2006）「平成18年度第1回A市次世代育成支援庁内推進委員会資料」A市.

A市次世代育成支援行動計画タウンミーティング実行委員会（2004）『A市次世代育成支援行動計画策定　タウンミーティング実施報告書　「よ〜く

考えよう　こどもとみらい」』A 市.
朴姫淑（2007）「地域福祉のおける住民参加の課題―秋田県旧鷹巣町の高齢者福祉政策から」,『ソシオロゴス』31, 152-169.
朴兪美（2009）「地域福祉における新しい『プロセス重視の枠組み』の提案―高浜市・都城市の検証から―」,『日本の地域福祉』22, 47-59.
地域行動計画研究会（2005）「先行53自治体次世代育成支援地域行動計画調査報告書」, 地域行動計画研究会.
度山徹（2006）「『子ども・子育て応援プラン』の展開と『新しい少子化対策について』のとりまとめ」,『母子保健情報』54, 69-73.
福永英彦（1999）「児童福祉実践からみた自治体エンゼルプランの評価（2）―自治体エンゼルプラン展開の背景としての国・自治体関係」,『関西学院大学社会学部紀要』83, 183-195.
福永英彦（2000a）「児童福祉実践からみた自治体エンゼルプランの評価（2）―T市エンゼルプランの策定実施構造と過程―」,『関西学院大学社会学部紀要』84, 263-273.
福永英彦（2000b）「児童福祉実践から見た自治体エンゼルプランの評価（3）―T市エンゼルプラン策定実施構造・過程の分析―」,『関西学院大学社会学部紀要』85, 199-210.
古川俊一（2002）「特集『政策評価制度の現状と展望』によせて」,『日本評価研究』2（2）, 1-2.
次世代育成支援対策研究会監修（2003）『次世代育成支援対策推進法の解説』社会保険研究所.
行政労務（2003）『次世代育成支援対策推進法』.
石原俊彦, INPN 行政評価研究会（2005）『自治体行政評価スタディ』東洋経済新報社.
岩間伸之（2004）「ソーシャルワーク研究における事例研究法―『価値』と『実践』を結ぶ方法－」,『ソーシャルワーク研究』29（4）.
岩田正美・小林良二・中谷陽明・稲葉昭栄編（2006）『社会福祉研究法　現実世界に迫る14レッスン』有斐閣アルマ.
次世代育成支援システム研究会監修（2003）『社会連帯による次世代育成支

援に向けて―次世代育成支援施策のあり方に関する研究会報告書―』ぎょうせい.

柏女霊峰（2004）「子育て支援と行政の取り組み」,『臨床心理学』4（5），579-585.

柏女霊峰（2005）『次世代育成支援と保育 子育ち・子育ての応援団になろう』全国社会福祉協議会.

柏女霊峰（2006）「少子化対策を考える―少子化対策から次世代育成支援対策へ―」,『生活協同組合研究』2006.8，28-33.

厚生労働省雇用均等・児童家庭局（2003）『地域行動計画策定市町村等担当課長会議』資料.

厚生労働省雇用均等・児童家庭局（2004）『地域行動計画策定市町村等担当課長会議』資料.

厚生労働省（2005）「第22回社会保障審議会児童部会資料　平成17年度雇用均等・児童家庭局　予算（案）の概要」厚生労働省.

厚生労働省雇用均等・児童家庭局（2006a）「全国児童福祉主管課長会議資料Ⅱ」.

厚生労働省雇用均等・児童家庭局（2006b）「次世代育成支援対策交付金（ソフト交付金）における事業計画の事後的評価について」.

厚生省（1980）「人口の再生産率の年次推移」,『厚生白書（昭和55年版）』.

厚生統計協会（2007）『厚生の指標　国民の福祉の動向』54(12)，厚生統計協会.

熊坂信子（2005）『NPMと政策評価　市町村の現場から考える』ぎょうせい.

牧田義輝（2007）『住民参加の再生　空虚な市民論を超えて』勁草書房.

圓山有美（2007）「地域福祉計画策定における住民参加に関わる概念ワード整理に関する整理」,『高崎健康福祉大学総合福祉研究所紀要』4（1），1-28.

増子正・三浦輝美・糟谷昌志・都築光一・加藤由美・関田康慶（2002）「地域福祉活動計画における地域福祉協議会の事業評価に関する研究―住民ニーズ把握の方法としての活用―」,『日本の地域福祉』16，53-62.

山本真実（1997）「子ども家庭福祉施策の評価に関する考察（1）―児童育成

計画の評価の視点から—」,『子ども家庭総合研究所紀要』34, 197-204.
箕浦康子 (2001)「仮説生成法としての事例研究法—フィールドワークを中心に—」,『日本家政学学会』52(3), 293-297.
宮川公男 (1994)『政策科学の基礎』東洋経済新報社.
村松岐夫編 (2006)『テキストブック　地方自治』東洋経済新報社.
武藤安子 (1999)「事例研究法とはなにか」,『日本家政学会誌』50(5), 541-545.
中島修 (2000)「老人保健福祉計画見直しの評価枠組み及び分析方法に関する一考察—岩手県遠野市の事例を中心に—」,『岩手県立大学福祉学部紀要』3(1), 31-40.
中島とみ子 (2003)「住民ニーズに基づく政策評価指標体系の特性—住民ニーズ指標とアカウンタビリティ指標」,『地方自治経営学会誌』9(1), 93-102.
中島とみ子 (2005)「住民満足度概念の展開と政策評価」,『地域政策研究』3(2), 129-147.
中島とみ子 (2006)『住民ニーズと政策評価　理論と実践』ぎょうせい.
西尾勝 (1990)『行政学の基礎概念』東京大学出版会.
小野セレスタ摩耶 (2003)「6歳以下の子どもを持つ母親の保育利用に関する実態と保育需要に関わる要因の分析—T市保育に関する市民意識調査より—」(修士論文).
小野セレスタ摩耶 (2005)「A市次世代育成支援行動計画の1年目の評価—利用者評価を中心に—」関西学院大学21世紀COE若手研究者発表会資料.
小野達也 (2002)「地方自治体の行政評価システムの課題と展望」,『日本評価研究』2(1), 29-37.
大森彌編 (2002)『地域福祉と自治体行政（地域福祉を拓く第4巻）ぎょうせい.
龍慶昭, 佐々木亮 (2000)『「政策評価」の理論と技法』多賀出版.
Rossi H. Peter, Lipsey W. Mark, Freeman E. Howard (2004), Evaluation A Systematic Approach Seventh Edition, 大島巌, 平岡公一, 森俊夫, 元永拓郎監訳 (2005)『プログラム評価の理論と方法　システマティックな対人サービ

ス・政策評価の実践ガイド』日本評論社.
定藤丈弘・坂田周一・小林良二編（1996）『これからの社会福祉　社会福祉計画』有斐閣.
佐々木亮，西川シーク美実（2001）「パフォーマンス・メジャーメント―最近の傾向と今後の展望―」,『日本評価研究』1（2），45-52.
佐々木亮（2003）「特集：評価手法の現状と課題」,『日本評価研究』3（2），1-5.
佐藤徹編（2006）『地域政策と市民参加　「市民参加」への多面的アプローチ』ぎょうせい.
佐藤郁哉（2006）『フィールドワーク　増訂版　書を持って街に出よう』新曜社.
芝野松次郎（2002）『社会福祉実践モデル開発の理論と実際－プロセティック・アプローチに基づく実践モデルのデザイン・アンド・ディベロップメント』有斐閣.
芝野松次郎（2004）「ソーシャルワーク研究における評価研究法―マイクロレベル実践における評価調査を中心として―」,『ソーシャルワーク研究』29（4），292-301.
芝野松次郎（2006）「効果測定と評価」,『社会福祉援助技術論Ⅱ』中央法規，pp.380-411.
芝野松次郎・小野セレスタ摩耶・板野美紀他（2007）「IT活用による次世代育成支援行動計画推進評価と総合的コーディネート・システムに関する開発的研究」,「厚生労働科学研究補助金政策科学推進研究事業　平成18年度総括研究報告書」.
芝野松次郎・小野セレスタ摩耶・板野美紀他（2008）「IT活用による次世代育成支援行動計画推進評価総合コーディネート・システムに関する開発研究」,「厚生労働科学研究補助金政策科学推進研究事業　平成19年度総括・総合研究報告書」.
柴坂寿子（1999）「事例研究の質について考える―『ちゃんとした』事例研究の条件―」,『日本家政学会誌』50（8），877-881.
社会保障審議会福祉部会（2002）「市町村地域福祉計画及び都道府県地域福

祉支援計画策定指針の在り方について(一人ひとりの地域住民への訴え)」厚生労働省.

島田晴雄,三菱総合研究所政策研究部 (1999)『行政評価 スマート・ローカル・ガバメント』東洋経済新報社.

冷水豊 (1983)「福祉サービス評価の基本的課題」,『季刊社会保障研究』19 (1), 70-81.

白鳥令 (1990)『政策決定の理論』東海大学出版会.

外山伸一 (2003)「プログラム評価・業績測定と我が国都道府県の施策評価」,『山梨学院大学法学論集』50, 山梨学院大学, 127-153.

総務省 (2004)『少子化対策に関する政策評価書—新エンゼルプランを対象として—』総務省.

総務省 (2006)『国の政策評価 政策評価の新たなる展開』総務省.

鈴木眞理子・島津淳編 (2005)『地域福祉計画の理論と実践−先進地域に学ぶ住民参加とパートナーシップ』ミネルヴァ書房.

高森敬久・高田眞治・加納恵子・平野隆之 (2003)『地域福祉援助技術論』相川書房.

高山忠雄,安梅勅江 (1996)『グループインタビュー法の理論と実際』川島書店.

武川正吾編 (2005)『地域福祉計画 ガバナンス時代の社会福祉計画』有斐閣アルマ.

武川正吾 (2006)『地域福祉の主流化』法律文化社.

右田紀久惠 (2005)『自治型地域福祉の理論』ミネルヴァ書房.

上野谷加代子・杉崎千洋・松端克文編 (2006)『松江市の地域福祉計画 住民の主体形成とコミュニティーワークの展開』ミネルヴァ書房.

上野谷加代子・松端克文・山縣文治 (2007)『よくわかる地域福祉 第3版』ミネルヴァ書房.

上山信一 (1998)『「行政評価」の時代 経営と顧客の視点から』NTT出版.

上山信一監訳 (2001)『行政評価の世界標準モデル 戦略計画と業績測定』東京法令出版.

Vaughn S .et al (1998), Focus Group Interviews; in Education and Psychology,

Sage，井下理監訳（1999）『グループインタビューの技法』慶應義塾大学出版会.

和気康太（2006）「地域福祉実践研究の方法論的課題—地域福祉計画の研究・開発と評価研究を中心にして—」,『日本の地域福祉』20, 15-30.

渡辺律子（2005）「社会福祉実践における評価の視点—実践を科学化するためには—」,『社会福祉研究』92, 20-29.

渡邊敏文（2007）『地域福祉における住民参加の検証—住民参加活動を中心として—』相川書房.

Weiss H. Carol（1998）, Evaluation second edition, Prentice-Hall.

Wholey S. Joseph, Hatry P. Harry, Newcomer E. Katheryn, et al（1994）,. Handbook of Practical Program Evaluation, Jossey-Bass Publishers.

山縣文治（2002）『現代保育論』ミネルヴァ書房.

山谷清志（1997）『広島修道大学選書12 政策評価の理論とその展開 —政府のアカウンタビリティ—』昇洋書房.

山谷清志（2002）「わが国の政策評価—1996年から2002年までのレビュー」,『日本評価研究』2（2）, 3-15.

山谷清志（2006）『政策評価の実践とその課題—アカウンタビリティのジレンマ—』萌書房.

Yin. H. Robert（1996）, Case Study Research Design and Methods, 近藤公彦訳（1996）『ケース・スタディの方法』千倉書房.

Yin. H. Robert（2003）, Case Study Research Design and Methods, Third Edition, sage publications.

米本秀仁・高橋信行・志村健一編著（2004）『事例研究・教育法—理論と実践力の向上を目指して』川島書店.

http://www.city.itami.hyogo.jp/introduction/yogogao.html（A市ホームページ, 2007年10月24日付け）.

http://www.mhlw.go.jp/topics/bukyoku/seisaku/syousika/040707/index.html（厚生労働省ホームページ, 2007年11月20日付け）.

参考文献

安藤実里（2007）「活動報告：住民との協働で"ものさしづくり"から行った評価『住民との協働』のプロセス評価」,『月刊地域医学』21（4），309-311.

安藤実里（2007）「活動報告プロセス評価について（1）」,『月刊地域医学』21（6），478-480.

藤井美和（2004）「ヒューマンサービス領域におけるソーシャルワーク研究法」,『ソーシャルワーク研究』相川書房，279-285.

平岡公一（1994）「政策立案・計画策定のためのニード推計の論理と技法―要援護老人のための福祉・保健サービスの場合―」,『明治学院大学社会学部紀要』32，51-61.

柏女霊峰（2006）「子ども家庭福祉サービス供給体制のあり方に関する総合的研究」,「平成17年度厚生労働科学研究補助金子ども家庭総合研究事業総括・分担研究報告書」.

柏女霊峰（2008）『淑徳大学総合福祉学部研究叢書　子ども家庭福祉サービス供給体制―切れめのない支援をめざして―』中央法規.

牧里毎治（2006a）「地方分権化と計画福祉行政のなかで」,『ソーシャルワーク研究』31（4），257-265.

牧里毎治（2006b）「地方分権　地域福祉計画の策定と評価によせて」,『社会福祉学』47（2）, 65-69.

丸尾直美（2007）「次世代育成の福祉政策—出生率変動の要因とU字型趨勢変動仮説—」,『経済学論集』（中央大学）47（3・4）, 31-55.

源友利子（2003）「エンパワメント評価の特徴と適用の可能性—Fettermanによる『エンパワメント評価』の理論を中心に」,『日本評価研究』（日本評価学会）3（2）, 70-86.

三好皓一・森田智・藍澤淑雄（2003）「わが国評価におけるより適切なプログラム・セオリーの構築を目指して—国際協力評価と政策評価に焦点を当てて—」,『日本評価研究』（日本評価学会）3（2）, 40-56.

村川浩一編著（2005）『地域福祉計画・次世代育成支援計画ハンドブック』第一法規.

長尾眞文（2003）「実用重視評価の理論と課題」,『日本評価研究』3（2）, 57-69.

中島とみ子（2004）「政策評価指標体系におけるコミュニケーション性—住民満足値の導入に向けて—」,『日本評価研究』（日本評価学会）4（1）, 98-111.

小野セレスタ摩耶（2006）「A市の就学前の子どもを持つ母親の子育て不安・負担に関する研究—テキストマイニングを用いたテキストデータ（自由記述）の分析—」,『子ども家庭福祉学』（日本子ども家庭福祉学会）5, 37-47.

小野セレスタ摩耶（2006）「A市の就学前の子どもを持つ母親の子育て不安・負担のテキストデータ（自由記述）のテキストマイニングによる分析—属性との関係を中心に—」,『子どもの虐待とネグレクト』（日本子どもの虐待防止学会）8（1）, 20-28.

小野セレスタ摩耶（2009）「計画策定プロセス分析の意義と必要性—A市次世代育成支援行動計画策定の取り組みから—」,『Human Welfare』関西学院大学人間福祉学部紀要,（1）, 69-82.

小野セレスタ摩耶（2010）「住民参加による計画策定手法に関する考察—A市次世代育成支援行動計画におけるタウンミーティングを通して—」,

『Human Welfare』関西学院大学人間福祉学部紀要 （2），17-33.
龍慶昭，佐々木亮（2002）『戦略策定の理論と技法　公共・非営利組織の戦略マネジメントのために』多賀出版．
龍慶昭，佐々木亮（2003）『政策評価とレーニング・ブック』多賀出版．
才村純（2005a）「児童福祉サービスにおける利用者保護の現状と課題―第三者評価と苦情処理システムをめぐって―」，『社会福祉研究』財団法人鉄道弘済会，92，63-68.
才村純（2005b）『制度と実践への考察　子ども虐待ソーシャルワーク論』有斐閣．
斎藤達三（2001）『自治体政策評価演習　評価手法の習得と人材育成の進め』ぎょうせい．
斎藤達三監修（2003）『計画と予算の統合　総合計画と政策評価―新展開の行政経営　評価指標・管理・参加・マネジメントシステム―』地域科学研究会．
佐藤郁哉（2008）『質的データ分析法　原理・方法・実践』新曜社．
佐藤竺監修・今川晃・馬場健編（2002）『市民のための地方自治入門　行政主導型から住民参加型へ』実務教育出版．
芝野松次郎（2005）「エビデンスに基づくソーシャルワークの実践的理論化：アカウンタブルな実践へのプラグマティック・アプローチ」，『ソーシャルワーク研究』相川書房，31（１），20-29.
社会福祉の動向編集委員会編集（2007）『社会福祉の動向　2007』中央法規．
山縣文治（2004）「子育て支援サービスの動向と住民主体の視点」，『都市問題研究』56（9），47-57.
山本清（2000）『自治体経営と政策評価　消極的顧客主義を超える NPM を』公人の友社．

| 資料1 | A市次世代育成支援行動計画素案 |

子ども
1．次世代の健全育成に向けた環境の整備
　①児童の健全育成

次世代育成行動計画指針

ID	事業名	事業概要	赤	前	学	青	記載有無	内容
1101	児童館事業	児童の健全な遊びを提供し、子ども同士による交流、親と子のふれあいを深めたり、地域の人々との交流を図る。また親子遊び教室、親子リズム教室、こども教室や、七夕まつり、もちつき会など、季節に応じた行事の取り組みも実施していく。	■	■	■	■	○	（1）地域における子育て支援 エ．児童の健全育成 　地域社会における児童数の減少は、遊びを通じての仲間の形成や児童の社会性の発達と規範意識の形成に大きな影響があると考えられるため、地域において児童が自主的に参加し、自由に遊べ、安全に過ごすことのできる放課後や休日等の居場所づくりの推進が必要である。 （中略）とりわけ、児童の健全育成の拠点施設の一つである児童館が、子育て家庭が気軽に利用できる自由な交流の場として、絵本の読み聞かせや食事セミナーの開催等、親子のふれあいの機会を計画的に提供するとともに、地域において大学生・高校生の活動拠点として、その積極的な受入れと活動の展開を図ることが必要である。（以下、省略）
1102	青少年センター管理運営事業	センターにおいて、青少年が文化・スポーツ等の活動を通じ、技術の習得と創造性を育み、相互の交流の場となるように運営していく。青少年のニーズを的確に把握して更なる内容の充実を図っていく。	■	■	■	■	○ ○	（1）地域における子育て支援 エ．児童の健全育成 （中略）青少年教育施設は、青少年の健全育成に資するして、自然体験活動を始めとする多様な体験活動の機会の提供等を行うとともに、地域における青少年の活動拠点として、その積極的な受入れと活動の展開を図ることが必要である。学校においては、教職員の自主的な参加・協力をつ、学校施設の開放等を推進することが望ましい。 （3）子どもの心身の健やかな成長に資する教育環境の整備 イ．子どもの生きる力の育成に向けた学校の教育環境等の充実 （ウ）健やかな体の育成 　子どもの体力が低下傾向にあり、生活習慣の乱れや肥満増加等の現代的課題が指摘されている現状を踏まえ、子どもが生涯にわたって積極的にスポーツに親しむ習慣、意欲、能力を育成するため、優れた指導者の育成及び確保、指導法の工夫及び改善等を進め、体育の授業を充実させるとともに、子どもが自主的に様々なスポーツに親しむことができる運動部活動についても、外部指導者の活用や地域との連携推進等により改善し、また充実させる等、学校におけるスポーツ環境の充実を図ることが必要である。また、子どもに生涯にわたる心身の健康の保持増進に必要な知識や適切な生活習慣等を身に付けさせるための健康教育を推進することが必要である。
1103	健全育成活動事業	青少年の健全育成及び、青少年が犯罪被害に遭わないようにするために、学校や関係機関及び地域の青少年育成団体等と連携して地域ぐるみの愛護活動をすすめる。	■	■	■	■	○ ○	（1）地域における子育て支援 エ．児童の健全育成 （中略）あわせて、性の逸脱行動の問題点等について教育・啓発を推進することが必要である。また、少年非行問題を抱える児童の立ち直り支援、保護者の子育て支援、特に引きこもり及び不登校への対応においては、児童相談所、学校、保護司、警察、地域ボランティア等が連携して地域社会全体で対処することが必要であり、地域ぐるみの支援ネットワークの整備や個別的・具体的な問題に対して関係者による専門チームを編成し、対応するための参加・協力体制を整備することが望ましい。 （6）子ども等の安全の確保 イ．子どもを犯罪等の被害から守るための活動の推進 （イ）子どもを犯罪等の被害から守るため、関係機関・団体の情報交換を実施

国施策（補助金）				県計画「B子ども未来プラン」		
内容	予算額・全国 (百万円)	担当省	有無	分類	内容	
児童の健全育成の拠点として、地域の特性に応じた積極的な活動や中・高校生の居場所としての児童館の整備の促進	補助金等他の事業も含んだ上で ＊2,020	厚生労働省	△	児童館・児童センターへの支援 児童更生施設活動事業への助成	（中略）B県児童館連絡協議会による研修会を通じて児童館・児童センターの活動の充実を図ると共に、民間の児童厚生施設に対して児童福祉の増進に資するための運営費を補助します。	
			△	青少年を守り育てる県民スクラム運動	複雑・多様化する青少年問題に対応するため、関係機関で対応策などを協議するスクラム会議を開催するとともに、青少年愛護活動推進員や少年愛護活動推進協力員に設置や大人が子どもへの声かけや見守りを行う「Bハート・ブリッジ運動」の推進など青少年を取り巻く良好な環境作りを推進します。	

ID	事業名	事業概要	赤	前	学	青	記載有無	内容
1104	人権啓発映画会の実施	市民を対象に人権啓発映画会を開催し、映像を通して人権について考え、人権尊重の輪を家庭・地域から広めていく。児童くらぶとの連携を図りながら、児童向け映画の上映を推進していく。						
1105	子育て支援むっくむっくルーム事業	就学前の子どもと保護者が自由に集い、子育てについての情報交換や友達づくりをすすめる場として開催する。事業の啓発と内容を充実させる。					○	（1）地域における子育て支援 ア．地域における子育て支援サービスの充実 （ウ）地域の児童の養育に関する各般の問題につき、保らの相談に応じ、必要な情報の提供及び助言を行う事業 （児童福祉法改正による子育て支援事業） （2）おおむね3歳未満の児童及びその保護者が相互の交行う場所を開設し、当該場所において、適当な設備を整等により、当該児童の養育に関する各般の問題に付き、者から相談に応じ、必要な情報提供及び助言を行い、そ必要な援助を行う事業
1106	子育てセンターひろば事業	子育て不安や悩みを持ち、地域の中で孤立しがちな親子のために子育ての相談や幼稚園・保育所・地域における出会いと交流の場として実施。また、子育て支援ボランティアの協力を得て、親子での遊びや子育てについて話し合える友達づくりをすすめる。身近な地域での実施により、地域の人との関わりができる事業へ発展させる。					△	（1）地域における子育て支援 ア．地域における子育て支援サービスの充実 （ウ）地域の児童の養育に関する各般の問題につき、保らの相談に応じ、必要な情報の提供及び助言を行う事業 （児童福祉法改正による子育て支援事業） （2）おおむね3歳未満の児童及びその保護者が相互の交行う場所を開設し、当該場所において、適当な設備を整等により、当該児童の養育に関する各般の問題に付き、者から相談に応じ、必要な情報提供及び助言を行い、そ必要な援助を行う事業
1107	幼稚園の子育て支援事業	未就園児やその保護者への園開放をして、遊び場の提供や保護者の交流の場とする。子育てに不安を抱く保護者への相談活動など、地域の幼児教育センター的な役割を果たしていく。情報発信しながら充実を図る。					○ ○	（1）地域における子育ての支援 ア．地域における子育て支援サービスの充実 （ウ）地域の児童の養育に関する各般の問題につき、保らの相談に応じ、必要な情報の提供及び助言を行う事業 （4）幼稚園において、幼児教育に関する各般の問題につ保護者からの相談に応じ、必要な情報の提供及び助言い、その他必要な援助を行う事業 オ．その他 　アからエまでに掲げる施策を実施するに当たっては、の高齢者の参画を得る等、世代間交流の推進を図ること要である。 　また、幼稚園の園庭・園舎を開放し、子育て相談や市児の親子登録等を推進することや各種の子育て支援サーの場として余裕教室等の公共施設の余裕空間や商店街の店舗を活用することが望ましい。 （3）子どもの心身の健やかな成長に資する教育環境の整イ．子どもの生きる力の育成に向けた学校の教育環境等の （オ）幼児教育の充実 　幼児教育の充実のため、幼児教育についての情報提供め、幼児期の成長の様子や大人の関わり方について保護地域住民等の理解を深めることが必要である。 　また、幼稚園における教育から小学校における教育に移行できるよう、幼稚園と小学校との連携を図る体制築することが必要である。 　さらに、これらを含め、各地域の実情を考慮した、幼の教育活動及び教育環境の充実、幼稚園における子育て充実、幼稚園や保育所と小学校との連携の推進等幼児の振興に関する政策プログラムを策定することも必要で
1108	保育所の地域子育て支援センター事業	子育てに関する育児不安の解消ため、保育所が有する人的物的資源を地域に還元する支援策として、体験保育・園庭開放・育児相談・サークル支援などを市立H保育所で実施。					○	（1）地域における子育ての支援 ア．地域における子育て支援サービスの充実 （ウ）地域の児童の養育に関する各般の問題につき、保らの相談に応じ、必要な情報の提供及び助言を行う事業 （3）保育所その他の施設等において、必要な職員を置により、乳児、幼児等の保育に関する各般の問題につき、者からの相談に応じ、必要な情報の提供及び助言を行うもに、保護者の児童の養育の支援に係る活動を行う民間（子育てサークル）の支援その他の必要な援助を行う事業

内容	予算額・全国 (百万円)	担当省	有無	分類	内容
主に乳幼児（特に0～3歳）を持つ子育て中の親子の交流、集いの場を提供する「つどいの広場」の設置促進	補助金等 151	厚生労働省	○	つどいの広場事業	地域の子育て支援基盤の強化・充実を図るため、公共施設内のスペース、公民館、子育て拠点施設などを活用して、乳幼児を持つ子育て中の親子が気軽に集い、交流や相談ができるよう「つどいの広場」の設置推進を支援します。
主に乳幼児（特に0～3歳）を持つ子育て中の親子の交流、集いの場を提供する「つどいの広場」の設置促進			○	つどいの広場事業	地域の子育て支援基盤の強化・充実を図るため、公共施設内のスペース、公民館、子育て拠点施設などを活用して、乳幼児を持つ子育て中の親子が気軽に集い、交流や相談ができるよう「つどいの広場」の設置推進を支援します。
幼稚園における子育て支援活動の積極的な推進及び地域の幼児教育センターとしての機能充実を図るため、地域の実情に応じた幼稚園の子育て支援について総合的な活動等を実施	補助金等 87	文部科学省	△	私立幼稚園の幼児教育センター機能 私立幼稚園の幼児教育センター支援事業	地域のボランティアの参加等を得て異世代・異年齢児や親同士の交流を深める親子学級を開催します。
未就園児の親子登園、子育てサークルの支援、子育てに関する相談や情報提供等を実施している私立幼稚園に対して特別な助成を行う都道府県に対する補助を実施	補助金等 都道府県に対して 334				
地域の子育て家庭に対する育児相談や子育てサークル支援等を行う地域子育て支援センター事業を推進	4710	厚生労働省			

ID	事業名	事業概要	赤	前	学	青	記載有無	内容
1109	思春期支援事業	性の逸脱行動に伴う妊娠や性行為感染症、薬物使用や喫煙、飲酒、過剰なダイエットなどが表面化してきていることをふまえ、思春期の保険対策の強化と健康教育を推進していく。正しい知識等の普及と市民への啓発の推進。関係部局間で役割を分担したり連携したりする中で思春期保健対策を推進していく。					△ ○	（1）地域における子育ての支援 エ．児童の健全育成 （中略）あわせて、性の逸脱行動の問題点等について、教啓発を推進することが必要である。 （2）母性並びに乳児及び幼児等の健康の確保及び増進 ウ．思春期保健対策の充実 　10歳代の人工妊娠中絶、性感染症罹患率の増大等の問対応するため、性に関する健全な意識のかん養と併せて や性感染症予防に関する正しい知識の普及を図ることがである。 　また、喫煙や薬物等に関する教育、学童期・思春期にる心の問題に係る専門家の養成及び地域における相談体充実等を進めることが必要である。

②次世代の親の育成

ID	事業名	事業概要	赤	前	学	青	記載有無	内容
1201	男女共生教育	学校生活のあらゆる場面で社会的性別（ジェンダー）にとらわれず、一人ひとりの個性を大切にした教育を推進する。男女共生教育の充実とセクシュアルハラスメントについての研究の充実。個性を大切にした教育を推進し、人間性豊かな過ごし方が出来るよう取組みを進める。性別役割分担にとらわれず、男女が互いに協力することの大切さを知り、幸せな生活を営むことができるよう意識改革を図る。特に道徳教育や教科学習及び総合的な学習などの充実に努め全教育活動の中で行う。						
1202	中高生の乳幼児ふれあい体験事業	中高生が保育士などの指導により、乳幼児についての知識理解を深める講習と乳幼児といっしょに遊んだりするなどのふれあい体験を通じて、異世代間の相互理解を深めていく。					○	（3）子どもの心身の健やかな成長に資する教育環境の整 ア．次代の親の育成 　男女が協力して家庭を築くこと及び子どもを生み育てとの意義に関する教育・広報・啓発について、各分野にしつつ効果的な取組を推進することが必要である。 　また、家庭を築き、子どもを生み育てたいと思う男女その希望を実現することができるようにするため、地域の環境整備を進めることが必要である。 　特に、中学生、高校生等が、子どもを生み育てること義を理解し、子どもや家庭の大切さを理解できるようにため、保育所、幼稚園、児童館及び乳幼児健診の場等を し、乳幼児とふれあう機会を広げるための取組みを推進ことが必要である。

内容	予算額・全国 (百万円)	担当省	有無	分類	内容
いくつかの事業が存在。厚生労働省と文部科学省で。何かしらの補助金をもらっている可能性					
・薬物乱用防止教育の充実のため、薬物乱用防止教室の推進、薬物乱用防止教育教材（小・中・高校生用）の作成・配布。研修会（独立行政法人教育研修センターで実施）やシンポジウムの開催等を実施	補助金等 233	文部科学省		薬物の乱用防止対策 薬物乱用防止対策啓発事業	青少年の薬物乱用に関する理解を深める為、学校での薬物乱用防止教育を支援します。
・喫煙防止教育の充実のため、保健体育や特別活動をはじめ学校教育活動全体を通じて喫煙防止に関する指導を行うための喫煙防止教育教材（小・中・高校生用）の作成・配布	補助金等 51	文部科学省	○		
・小学校・中学校・高等学校を含むエイズ教育（性教育）推進地域を指定し、学校・家庭・地域の連携によるエイズ教育（性教育）の実践研究を行い、その成果を普及促進	補助金等 32	文部科学省			
・思春期の子どもが性に関する知識を持ち、性差を十分に理解してお互いを尊重しあうとともに責任ある行動の涵養をはかることが出来るよう取組みを推進	補助金等 *593	厚生労働省			

内容	予算額・全国 (百万円)	担当省	有無	分類	内容
			△	道徳教育実践推進アクションプランの実施	道徳教育の更なる充実を目指し、「『地域教材の開発』手引書」を活用した、地域に根ざした教材による実践的な取組みを展開します。
児童館、公民館、保健センターなどにおいて、年長児童が赤ちゃんと出会い、ふれあい、交流する年長児童の赤ちゃん出会い・ふれあい・交流事業	補助金等 279	厚生労働省	△	中・高校生を対象とした親学習の実施 次世代の親学習支援事業の実施	中・高校生を対象とした、親学習プログラムを開発し、家庭についての意義や、子どもを産み育てる喜びや期待感を育みます。

資料編 215

③子どもの生きる力の育成に向けた教育環境の整備

ID	事業名	事業概要	赤	前	学	青	記載有無	内容
1301	自然学校推進事業	小学校5年生が、学習の場を教室から自然の中へと移し、人や自然とのふれあいをすることで、心身ともに調和のとれた健全な児童の育成を図る。各施設の地域性を有効に活用し、地域の方とのふれあいや活動を重視する取組みを深める。飯盒炊爨やテント泊などの活動の幅を広げ、その失敗経験を活かす繰り返しのプログラムを仕組む。					○ ○	（1）地域における子育て支援 エ．児童の健全育成 （中略）青少年教育施設は、青少年の健全育成に資するして、自然体験活動を始めとする多様な体験活動の機会供与や感動する心等の豊かな人間性、たくましく生きる拠点て、その積極的な受入れと活動の展開を図ることが必要る。学校においては、教職員の自主的な参加・協力をつ、学校施設の開放等を推進することが望ましい。 （3）子どもの心身の健やかな成長に資する教育環境の整ウ．家庭や地域の教育力の向上 （イ）地域の教育力の向上 　子どもが、自分で課題を見つけ、自ら学び主体的にし、行動し、よりよく問題を解決する力や、他人を思い心や感動する心等の豊かな人間性、たくましく生きる健康や体力を備えた生きる力を、学校、家庭及び地域に連携しつつ社会全体ではぐくんでいくことが必要である。このため、地域住民や関係機関等の協力によって、森の豊かな自然環境等の地域の教育資源を活用した子ども様な体験活動の機会の充実、世代間交流の推進及び学校の地域開放、総合型地域スポーツクラブの整備、スポー導者の育成等子どもたちの多様なスポーツニーズに応え域のスポーツ環境の整備を図ること等により、地域の教を向上させることが必要である。 　また、地域における子育てに関連した様々な活動に学教職員が自主的に参加するよう働きかけることも望まし
1302	トライやる・ウイーク事業	中学2年生の生徒が、職場体験活動・勤労生産活動など5日間の学校外での体験活動を通じて地域に学び、「生きる力」をはぐくむことを目指す。さらなる推進協議会の充実により、地域の教育力の向上と、教職員のトライやる・ウイークに対する意識の高揚を図る。						
1303	「町の先生」推進事業	豊かな体験や、専門的な技能を有する人を「町の先生」として学校に招き、地域の教育力を学校に生かすと共に、開かれた学校園作りを推進する。					○ △	（3）子どもの心身の健やかな成長に資する教育環境の整イ．子どもの生きる力の育成に向けた学校の教育環境等の（ア）確かな学力の向上 　子どもが社会の変化の中で主体的に生きていくことがるよう、知識・技能はもとより、学ぶ意欲、思考力、力、問題解決能力等まで含めた確かな学力を身に付けることが重要であることから、子ども、学校及び地域の実踏まえて創意工夫し、子ども一人一人に応じたきめ細か導の充実や外部人材の協力による学校の活性化等の取組推進することが望ましい。 （3）子どもの心身の健やかな成長に資する教育環境の整ウ．家庭や地域の教育力の向上 （イ）地域の教育力の向上 　子どもが、自分で課題を見つけ、自ら学び主体的にし、行動し、よりよく問題を解決する力や、他人を思い心や感動する心等の豊かな人間性、たくましく生きた健康や体力を備えた生きる力を、学校、家庭及び地域に連携しつつ社会全体ではぐくんでいくことが必要である。このため、地域住民や関係機関等の協力によって、森の豊かな自然環境等の地域の教育資源を活用した子ども様な体験活動の機会の充実、世代間交流の推進及び学校の地域開放、総合型地域スポーツクラブの整備、スポー導者の育成等子どもたちの多様なスポーツニーズに応え域のスポーツ環境の整備を図ること等により、地域の教を向上させることが必要である。 　また、地域における子育てに関連した様々な活動に学教職員が自主的に参加するよう働きかけることも望まし

内容	予算額・全国（百万円）	担当省	有無	分類	内容
			○	自然学校の推進	全公立小学校5年生を対象に、5泊6日の日程で、豊かな自然の中で様々な活動を実施することで、心身ともに調和のとれた子どもの育成を図ります。
			○	地域に学ぶ「トライやる・ウィーク」の実施	全公立中学校2年生を対象に、地域や自然の中で生徒の主体性を尊重した1週間の様々な体験活動を通して「生きる力」の育成を図ります。
・優れた知識経験や技能を有する社会人を学校現場に活用するため、教員免許状を有しない者が非常勤の講師として各教科等の領域の一部を担当することができる制度を推進（平成13年度：14,695件）	補助金等（特別非常勤講師配置事業費補助の内数）263	文部科学省	△	「匠の技」探求事業の実施（教育委員会）	高校生のものづくりに関する技術・技能の向上を図るため、ものづくりに関わる高度熟練技能者を講師として招き、生徒の技能検定取得や高度な資格取得を推進します。
			△	多様な学習活動への支援「いきいき学校」応援事業の実施	各学校の創意工夫を生かした特色ある教育活動を支援するため、（中略）、特定の分野での専門性の高い郷土出身者を講師として招き「総合的な学習の時間」などの充実を図ります。

④豊かな学力・保育の向上

ID	事業名	事業概要	赤	前	学	青	記載有無	内容
1401	フィールド・スクール事業	G科学館、昆虫館、博物館、美術館、J文庫、K館などの社会教育施設を活用し、学社融合の視点に立った教育活動を行う。						
1402	スクールカウンセラーの設置	児童・生徒の臨床心理について高度の専門的知識を有するカウンセラー（臨床心理士等）を配置することにより児童生徒の問題行動の解決に資する。					○	（3）子どもの心身の健やかな成長に資する教育環境の整イ．子どもの生きる力の育成に向けた学校の教育環境等の（イ）豊かな心の育成　豊かな心をはぐくむため、指導方法や指導体制の工夫等を進め、子どもの心に響く道徳教育の充実を図るとに、地域と学校との連携・協力による多様な体験活動をする等の取組の充実が必要である。また、いじめ、少年等の問題行動や不登校に対応するために、専門的な相談の強化、学校、家庭、地域及び関係機関との間のネットクづくり等も必要である。
							△	（6）子ども等の安全の確保　ウ．被害に遭った子どもの保護の推進　犯罪、いじめ、児童虐待等により被害を受けた少年の的ダメージを軽減し、立ち直りを支援するため、子どもするカウンセリング、保護者に対する助言等学校等の関関と連携したきめ細かな支援を実施することが必要であ
1403	養護学級・障害児学級なかよしキャンプ	障害のある児童・生徒が親から離れて、指導者と寝食を共にする生活を行う。自然の中で水遊びやキャンプファイヤーなどを楽しみ、参加者全員が安全に生活できるような体制作りを行いながら、日常の生活ではできない体験をさせる。					△	（7）要保護児童への対応などきめ細かな取組の推進　ウ．障害児施策の充実　障害の原因となる疾病や事故の予防及び早期発見、治推進を図るため、妊婦及び乳幼児に対する健康診査や学おける健康診断等を推進することが必要である。　また、障害児の健全な発達を支援し、身近な地域で安て生活できるようにする観点から、保健、医療、福祉、等の各種施策の円滑な連携により、適切な医療及び医学ハビリテーションの提供、在宅サービスの充実、就学支含めた教育支援体制の整備等の一貫した総合的な取組をするとともに、障害児通園（デイサービス）事業を通じ護者に対する育児相談を推進すること等家族への支援を行うことが必要である。　さらに、学習障害（LD）、注意欠陥／多動性障害（ADH高機能自閉症等教育及び療育に特別のニーズのある子とついて、教員の資質向上を図りつつ、適切な教育的支援うことが必要である。　また、保育所や放課後児童健全育成事業における障害受入れを推進するとともに、各種の子育て支援事業との図ることが必要である。
1404	外国人生徒の受け入れ事業	入国後間もない児童・生徒の円滑な受け入れと、日本語理解が不十分な児童・生徒に対して指導援助を行うと共に、交流体験等の活動を通じて、国際化時代に対応した国際理解教育を推進する。						

内容	予算額・全国 (百万円)	担当省	有無	分類	内容
生徒達が悩み、不安等を気軽に話せ、ストレスを和らげるよう、全国の公立中学校に「心の教室相談員」を配置	1.08	文部科学省	○	いじめ、暴力行為、不登校、ひきこもりなどへの教育支援体制の充実こころの相談支援事業の実施	児童生徒の不登校・問題行動等の課題解決に資するため、「心の専門家」であるスクールカウンセラーを全公立中学校・中等教育学校に配置します。また、小学校における問題行動等の増加に対応する為、スクールカウンセラーを小学校に拠点配置し、児童と保護者の心の相談や教職員に対する相談支援を行うと共に、地域内の指導を行います。

ID	事業名	事業概要	赤	前	学	青	記載有無	内容
1405	各教科担当者会	各小学校・中学校の各教科担当代表者が集まり、授業改善や指導法について研究し、わかる授業を推進する。学力向上のための指導法や評価について研修を深める。教職員の自主的な研修を有効に行う。					○ ○	（3）子どもの心身の健やかな成長に資する教育環境の整イ．子どもの生きる力の育成に向けた学校の教育環境等の（ア）確かな学力の向上 　子どもが社会の変化の中で主体的に生きていくことがるよう、知識・技能はもとより、学ぶ意欲、思考力、問題解決能力等まで含めた確かな学力を身に付けることが重要であることから、子ども、学校及び地域の実踏まえて創意工夫し、子ども一人一人に応じたきめ細か導の充実や外部人材の協力による学校の活性化等の取組推進することが望ましい。 （エ）信頼される学校づくり 　学校評議員制度の活用等により、地域及び家庭と学校連携・協力を図ることや、地域の実情に応じた通学区域力的運用等、地域に根ざした特色ある学校づくりを進めとが望ましい。 　また、指導力不足教員に対して厳格に対応するとともに教員一人一人の能力や実績等を適正に評価し、それを配処遇、研修等に適切に結び付けることも重要である。 　さらに、子どもに安全で豊かな学校環境を提供するに、学校施設の整備を適切に行っていくことも必要であ 　あわせて、学校においては、児童生徒が安心して教育けることができるよう、各学校が、家庭や地域の関係機団体とも連携しながら、安全管理に関する取組みを継続行う必要がある。
1406	道徳教育担当者会	道徳的価値及び生き方についての自覚を深め、道徳的実践力を育てる指導を工夫する。奉仕活動やボランティア活動を積極的に取りいれ、自分達のまちは自分で創る意識を持った児童生徒を育てるための研修を行う。					△	（3）子どもの心身の健やかな成長に資する教育環境の整イ．子どもの生きる力の育成に向けた学校の教育環境等の（イ）豊かな心の育成 　豊かな心をはぐくむため、指導方法や指導体制の工夫等を進め、子どもの心に響く道徳教育の充実を図るとに、地域と学校との連携・協力による多様な体験活動をする等の取組みの充実が必要である。また、いじめ、少行等の問題行動や不登校に対応するために、専門的な相制の強化、学校、家庭、地域及び関係機関との間のネワークづくり等も必要である。
1407	学校評議員制度	地域や社会に開かれた学校づくりを一層推進し、学校が家庭や地域と連携しながら、特色ある教育活動を展開する。設置校の増加を図り、より充実した評議員会となるようにする。					○	（3）子どもの心身の健やかな成長に資する教育環境の整イ．子どもの生きる力の育成に向けた学校の教育環境等の（エ）信頼される学校づくり 　学校評議員制度の活用等により、地域及び家庭と学校連携・協力を図ることや、地域の実情に応じた通学区域力的運用等、地域に根ざした特色ある学校づくりを進めとが望ましい。 　また、指導力不足教員に対して厳格に対応するとともに教員一人一人の能力や実績等を適正に評価し、それを配処遇、研修等に適切に結び付けることも重要である。 　さらに、子どもに安全で豊かな学校環境を提供するに、学校施設の整備を適切に行っていくことも必要であ 　あわせて、学校においては、児童生徒が安心して教育けることができるよう、各学校が、家庭や地域の関係機団体とも連携しながら、安全管理に関する取組みを継続行う必要がある。
1408	生徒指導	日常的に社会のルールやマナーを身に付けられるよう、児童生徒の規範意識を高め、自己実現をめざす。幼・小・中連携した取組みをすすめていく。						

内容	予算額・全国 (百万円)	担当省	有無	分類	内容
関連するものがあり、そのうちいずれかを実施している可能性 ・教育委員会・学校において創意工夫をいかすとともに、「心のノート」や「心の先生」を活用した道徳教育の推進、教員の指導力の向上 ・児童生徒が身につける道徳の内容をわかりやすく表した「心のノート」を全ての小・中学生に配布し、道徳性を育成 ・道徳教育の教師用指導手引きを小・中学校の全学級に配布	補助金等 240 補助金等 360 補助金等 49	文部科学省	△	道徳教育実践推進アクションプランの実施	道徳教育の更なる充実を目指し、「『地域教材の開発』手引書」を活用した、地域に根ざした教材による実践的な取組みを展開します。
学校評議員について、都道府県及び市町村の教育委員会に対して、その設置および活用を促進	その他	文部科学省			

ID	事業名	事業概要	赤	前	学	青	記載有無	内容
1409	幼稚園研究推進委員会	各幼稚園が研究テーマに沿った研修を進める。講師を招聘し、指導を受け保育についての見直しを図る。また、保育公開をして自園の取組みを発表することで広く意見を聞き、今後の指導に役立てる。					△	（3）子どもの心身の健やかな成長に資する教育環境の整イ．子どもの生きる力の育成に向けた学校の教育環境等の（オ）幼児教育の充実 　幼児教育の充実のため、幼児教育についての情報提供め、幼児期の成長の様子や大人の関わり方について保護地域住民等の理解を深めることが必要である。 　また、幼稚園における教育から小学校における教育へに移行できるよう、幼稚園と小学校との連携を図る体制築することが必要である。 　さらに、これらを含め、各地域の実情を考慮した、幼の教育活動及び教育環境の充実、幼稚園における子育ての充実、幼稚園や保育所と小学校との連携の推進等幼児の振興に関する政策プログラムを策定することも必要であ
1410	幼稚園教育課程推進委員会	保育について、多面的に捉え研修を深める。教師の関わり方や環境整備の仕方など工夫改善する。「各園ならでは」の教育課程編成をするとともに、保育内容や期の捉え方について研修する。					△	（3）子どもの心身の健やかな成長に資する教育環境の整イ．子どもの生きる力の育成に向けた学校の教育環境等の（オ）幼児教育の充実 　幼児教育の充実のため、幼児教育についての情報提供め、幼児期の成長の様子や大人の関わり方について保護地域住民等の理解を深めることが必要である。 　また、幼稚園における教育から小学校における教育へに移行できるよう、幼稚園と小学校との連携を図る体制築することが必要である。 　さらに、これらを含め、各地域の実情を考慮した、幼の教育活動及び教育環境の充実、幼稚園における子育ての充実、幼稚園や保育所と小学校との連携の推進等幼児の振興に関する政策プログラムを策定することも必要であ
1411	保育所保育研究会	各保育所が、保育テーマに基づき保育実践し、講師を招き実地指導を受けたり、公開保育の場で意見を交換するなど、課題別に研究を深め、保育内容の充実と保育士の資質向上を図る。時宜を得た研修テーマを選択したり、全体研修にとらわれることなく小グループによる研究を深めるなど、より専門的な研究機会としていく。						
1412	異年齢児保育	異年齢児縦割り保育・兄弟姉妹保育など様々な保育形態を工夫し、きめ細やかな保育の推進を図り、子どもの多種多様な経験を保障する中で時代を切り開く「創造的保育」や豊かな感性を育む「育ちあいの保育」を目指す。						
1413	人権保育事業	子どもの人権に焦点を置いて保育実践の中で、乳幼児の成長を保障すると共に部落差別をはじめとするあらゆる差別の実態を認識し、差別を見抜き、差別を許さない保育内容を創造する。 それぞれが他人を認め合う保育に努める。遊びの中から"平等""他人への思いやり"などの意識の高揚を図る。						
1414	統合保育事業	心身に障害のある児童の入所を積極的に考え、保育をする中でお互いが認め合い、人間性豊かに成長できることを目的とし、統合保育で培う「とも育ち」を大切にする。					○	「（7）ウ」要保護児童への対応などきめ細かな取組みの障害児対策の充実
1415	担当制保育	0,1歳児の乳児保育に置いて、特定の保育士の愛情深い関わりを基盤に、信頼関係の形成を重視する。行き届いた環境の下で、様々な欲求を満たすと共に家庭養育の補完を行い、健康で安全　情緒の安定した生活を送れるようにする。						

内容	予算額・全国 (百万円)	担当省	有無	分類	内容

ID	事業名	事業概要	赤	前	学	青	記載有無	内容
1416	世代間交流事業	少子化・核家族化の中で、様々な世代間との関わりが少なくなっている今、お年寄り・中高生との交流の場を提供し、お年寄りを敬う気持ちを培ったり、子育てのノウハウを知らせるなど、啓発活動の一翼を担う。					○	（１）地域における子育ての支援 オ．その他 　アからエまでに掲げる施策を実施するに当たっては、の高齢者の参画を得る等、世代間交流の推進を図ること要である。 　また、幼稚園の園庭・園舎を開放し、子育て相談や未児の親子登園等を推進することや各種の子育て支援サーの場として余裕教室等の公共施設の余裕空間や商店街の店舗を活用することが望ましい。

⑤健やかな心身の育成

ID	事業名	事業概要	赤	前	学	青	記載有無	内容
1501	学校体育行事	体育行事や部活動等の体育・スポーツ活動を充実させ、個性の伸張と連帯感を育成しながら「楽しい体育」を目指し、生涯スポーツを志向する子どもを育成する。園児、児童・生徒のニーズを生かした種目の編成など考えていく。					○	（３）子どもの心身の健やかな成長に資する教育環境の整 イ．子どもの生きる力の育成に向けた学校の教育環境等の （ウ）健やかな体の育成 　子どもの体力が低下傾向にあり、生活習慣の乱れや肥増加等の現代的課題が指摘されている現状を踏まえ、が生涯にわたって積極的にスポーツに親しむ習慣、意能力を育成するため、優れた指導者の育成及び確保、指法の工夫及び改善等を進め、体育の授業を充実させると、子どもが自主的に様々なスポーツに親しむことが運動部活動についても、外部指導者の活用や地域との連推進等により改善し、また充実させる等、学校におけるポーツ環境の充実を図ることが必要である。また、子生涯にわたる心身の健康の保持増進に必要な知識や適活習慣等を身に付けさせるための健康教育を推進する必要である。
1502	中学校部活動推進事業	A市中学校部活動推進委員会により部活動に関する諸問題を調査研究し、部活動の進行充実を図る。完全学校５日制に係る部活動のあり方を共通理解としていくため、部活動推進委員会と各中学校の部活動総務の連携を深め、よりよい活動の仕方を考えていく。						
1503	心肺蘇生講習会	教職員並びに中学校３年生を対象に心肺蘇生法の実技講習を実施し、教職員の救命技術の向上を図るとともに生徒に対しては、「命」の大切さについて考える場とする。						

⑥子どもをとりまく有害環境を取り除く対策の推進

ID	事業名	事業概要	赤	前	学	青	記載有無	内容
1601	環境浄化活動事業	「白ポスト運動」による有害図書・テープ類の回収を行うと共に、図書販売店・ビデオレンタル店・カラオケハウス・玩具類取扱店の巡回調査を行うなど、有害環境総点検活動を地域ぐるみで実施していく。青少年にとって健全な環境を整えることが市民の責務であることの自覚を促す啓発。「青少年を守る店」協力店の拡大。ピンクチラシの「投げ入れ防止ステッカー」の配布。					○	（３）子どもの心身の健やかな成長に資する教育環境の整 エ．子どもを取り巻く有害環境対策の推進 　街中の一般書店やコンビニエンスストア等で、性や暴に関する過激な情報を内容とする雑誌、ビデオ、コンピュータ・ソフト等が販売されていることに加え、テレビ、ターネット等のメディア上の性、暴力等の有害情報にら、子どもに対する悪影響が懸念される状況であるこら、関係機関・団体やPTA、ボランティア等の地域住携・協力をして、関係業界に対する自主的措置を働きかことが必要である。

内容	予算額・全国 (百万円)	担当省	有無	分類	内容
			△	高齢者による 子育て支援活 動の推進 老人クラブに よる子育て支 援活動の推進	高齢者の知識・経験を生かした社会参加への期待が一層高まる中、老人クラブが取組む子育て支援や見守り活動を支援します。

2．援助を要する子ども達が健やかに育つ社会の構築
　①療育支援システムの構築

ID	事業名	事業概要	赤	前	学	青	記載有無	内容
2101	療育マネジメント事業（重点事業）	療育支援研究会を立ち上げ、課題解決に向けての調査研究を進め、障害児のライフステージの中で、福祉、教育、医療が連携し、一貫した支援を行うシステムを確立していく。					○	（7）要保護児童への対応などきめ細かな取組の推進 ウ．障害児施策の充実 　障害の原因となる疾病や事故の予防及び早期発見・治推進を図るため、妊婦及び乳幼児に対する健康診査や学おける健康診断等を推進することが必要である。 　また、障害児の健全な発達を支援し、身近な地域で安て生活できるようにする観点から、保健、医療、福祉、等の各種施策の円滑な連携により、適切な医療及び医学ハビリテーションの提供、在宅サービスの充実、就学支含めた教育支援体制の整備等の一貫した総合的な取組をするとともに、障害児通園（デイサービス）事業を通じ護者に対する育児相談を推進すること等家族への支援もて行うことが必要である。 　さらに、学習障害（LD）、注意欠陥／多動性障害（ADH高機能自閉症等教育及び療育に特別のニーズのある子とついて、教員の資質向上を図りつつ、適切な教育的支援うことが必要である。 　また、保育所や放課後児童健全育成事業における障害受入れを推進するとともに、各種の子育て支援事業とのを図ることが必要である。

　②障害のある児童の施策の充実

ID	事業名	事業概要	赤	前	学	青	記載有無	内容
2201	緊急一時保護者制度	障害児をかかえる介護者が冠婚葬祭等の緊急な要件で一時的に介護が出来なくなった場合で、しかも福祉施設による短期入所の利用が困難な場合に、県に登録した緊急一時保護者の家庭に当該児童を預けることができる。					△	（7）要保護児童への対応などきめ細かな取組の推進 ウ．障害児施策の充実 　障害の原因となる疾病や事故の予防及び早期発見・治推進を図るため、妊婦及び乳幼児に対する健康診査や学おける健康診断等を推進することが必要である。 　また、障害児の健全な発達を支援し、身近な地域で安て生活できるようにする観点から、保健、医療、福祉、等の各種施策の円滑な連携により、適切な医療及び医学ハビリテーションの提供、在宅サービスの充実、就学支含めた教育支援体制の整備等の一貫した総合的な取組をするとともに、障害児通園（デイサービス）事業を通じ護者に対する育児相談を推進すること等家族への支援もて行うことが必要である。 　さらに、学習障害（LD）、注意欠陥／多動性障害（ADH高機能自閉症等教育及び療育に特別のニーズのある子とついて、教員の資質向上を図りつつ、適切な教育的支援うことが必要である。 　また、保育所や放課後児童健全育成事業における障害受入れを推進するとともに、各種の子育て支援事業とのを図ることが必要である。
2202	障害児居宅介護（ホームヘルプ）事業	身体に障害のある児童または知的障害のある児童であって、日常生活を営むのに支障がある場合、その者の家庭において行われる入浴、排泄、食事等の介護、調理、洗濯及び掃除等の家事、生活等に関する相談援助並びに外出時における移動の介護を適切に行う。					○	（7）要保護児童への対応などきめ細かな取組の推進 ウ．障害児施策の充実 　障害の原因となる疾病や事故の予防及び早期発見・治推進を図るため、妊婦及び乳幼児に対する健康診査や学おける健康診断等を推進することが必要である。 　また、障害児の健全な発達を支援し、身近な地域で安て生活できるようにする観点から、保健、医療、福祉、等の各種施策の円滑な連携により、適切な医療及び医学ハビリテーションの提供、在宅サービスの充実、就学支含めた教育支援体制の整備等の一貫した総合的な取組をするとともに、障害児通園（デイサービス）事業を通じ護者に対する育児相談を推進すること等家族への支援もて行うことが必要である。 　さらに、学習障害（LD）、注意欠陥／多動性障害（ADH高機能自閉症等教育及び療育に特別のニーズのある子とついて、教員の資質向上を図りつつ、適切な教育的支援うことが必要である。 　また、保育所や放課後児童健全育成事業における障害受入れを推進するとともに、各種の子育て支援事業とのを図ること

内容	予算額・全国 (百万円)	担当省	有無	分類	内容
障害者等が居宅において日常生活を営むことができるよう、障害者の家庭等にホームヘルパーを派遣して、入浴等の介護、家事等の日常生活を営むのに必要な便宜を供与することにより、障害者の自立と社会参加を促進し、もって障害者の福祉の増進を図ることを目的とする身体障害者居宅介護事業を実施	補助金等 ＊27,896	厚生労働省			

ID	事業名	事業概要	赤	前	学	青	記載有無	内容
2203	障害児デイサービス事業	身体障害のある児童及び知的障害のある児童を対象に、障害児福祉施設へ通い、日常生活における基本的動作の指導、集団生活への適応訓練を当該児童のおかれている環境に応じて適切に行う。K園に加え市内事業所の充実を検討していく。					○	（7）要保護児童への対応などきめ細かな取組の推進 ウ．障害児施策の充実 　障害の原因となる疾病や事故の予防及び早期発見・治推進を図るため、妊婦及び乳幼児に対する健康診査や学おける健康診断等を推進することが必要である。 　また、障害児の健全な発達を支援し、身近な地域で安て生活できるようにする観点から、保健、医療、福祉、等の各種施策の円滑な連携により、適切な医療及び医学ハビリテーションの提供、在宅サービスの充実、就学支含めた教育支援体制の整備等の一貫した総合的な取組み進するとともに、障害児通園（デイサービス）事業を通保護者に対する育児相談を推進すること等家族への支援せて行うことが必要である。 　さらに、学習障害（LD）、注意欠陥／多動性障害（ADH高機能自閉症等教育及び療育に特別のニーズのある子とついて、教員の資質向上を図りつつ、適切な教育的支援うことが必要である。 　また、保育所や放課後児童健全育成事業における障害受入れを推進するとともに、各種の子育て支援事業とのを図ることが必要である。
2204	障害児短期入所事業	介護者の疾病等の理由により、家庭において介護を受けることが一時的に困難となった、身体障害のある児童及び知的障害のある児童が、児童福祉施設に短期間入所することができる事業。					○	（7）要保護児童への対応などきめ細かな取組の推進 ウ．障害児施策の充実 　障害の原因となる疾病や事故の予防及び早期発見・治推進を図るため、妊婦及び乳幼児に対する健康診査や学おける健康診断等を推進することが必要である。 　また、障害児の健全な発達を支援し、身近な地域で安て生活できるようにする観点から、保健、医療、福祉、等の各種施策の円滑な連携により、適切な医療及び医学ハビリテーションの提供、在宅サービスの充実、就学支含めた教育支援体制の整備等の一貫した総合的な取組をするとともに、障害児通園（デイサービス）事業を通じ護者に対する育児相談を推進すること等家族への支援もて行うことが必要である。 　さらに、学習障害（LD）、注意欠陥／多動性障害（ADH高機能自閉症等教育及び療育に特別のニーズのある子とついて、教員の資質向上を図りつつ、適切な教育的支援うことが必要である。 　また、保育所や放課後児童健全育成事業における障害受入れを推進するとともに、各種の子育て支援事業とのを図ることが必要である。
2205	就学指導	心身に障害のある児童生徒の適正な就学（園）について、審議しその指導を行う。保護者のニーズの多様化及び障害が重度化するなどの現状を踏まえ、一人ひとりの個性を大切にした就学指導のあり方を考えていく。また各関係機関と連携を深め、適正な学習指導を行う。特殊教育から特別支援への移行に向けての研修を進める。					○	（7）要保護児童への対応などきめ細かな取組の推進 ウ．障害児施策の充実 　障害の原因となる疾病や事故の予防及び早期発見・治推進を図るため、妊婦及び乳幼児に対する健康診査や学おける健康診断等を推進することが必要である。 　また、障害児の健全な発達を支援し、身近な地域で安て生活できるようにする観点から、保健、医療、福祉、等の各種施策の円滑な連携により、適切な医療及び医学ハビリテーションの提供、在宅サービスの充実、就学支含めた教育支援体制の整備等の一貫した総合的な取組をするとともに、障害児通園（デイサービス）事業を通じ護者に対する育児相談を推進すること等家族への支援もて行うことが必要である。 　さらに、学習障害（LD）、注意欠陥／多動性障害（ADH高機能自閉症等教育及び療育に特別のニーズのある子とついて、教員の資質向上を図りつつ、適切な教育的支援うことが必要である。 　また、保育所や放課後児童健全育成事業における障害受入れを推進するとともに、各種の子育て支援事業とのを図ることが必要である。

内容	予算額・全国 (百万円)	担当省	有無	分類	内容
障害児に対し、通園の方法により日常生活における基本動作の指導、集団生活への適応の訓練を行い、育成を助長する障害児通園（デイサービス）事業を実施	補助金等 2,682	厚生労働省			
障害児・者等の介護を行う家族等が、疾病等を理由に一時的に居宅において介護ができなくなった場合に、一時的に身体障害者援護施設等に保護をする事業を実施	補助金等 2,682	厚生労働省			
			○	就学サポート連携推進事業の推進	注意欠陥／多動性障害など教育上の配慮を要する児童の円滑な就学「小1プログラム」等への対応を目指し、就学前教育から小学校教育へのスムーズな就学をはかる教育連携システムについて研究を行います。

③子どもの人権を守るシステムの普及啓発

ID	事業名	事業概要	赤	前	学	青	記載有無	内容
2301	児童虐待防止対策事業	児童虐待の早期発見・早期対応を図るため、関係機関との連携強化を図りながら、児童虐待防止市民ネットワーク会議や事例検討を中心とした研究会を開催し、児童虐待への理解と啓発に努める。					○	（7）要保護児童への対応などきめ細かな取組の推進 ア．児童虐待防止対策の充実 　虐待の背景は多岐にわたることから、児童虐待を防止しすべての児童の健全な心身の成長、ひいては社会的自立していくためには、発生予防から早期発見・早期対応、保護・支援・アフターケアに至るまでの切れ目のない総合的支援を講ずるとともに、福祉関係者のみならず、医療、保健、教育、警察等の地域における関係機関の協力体制の確立が不可欠である。 　特に住民に最も身近な市町村における虐待防止ネットワークは、予防から自立支援に至るまですべての段階で有効であり、関係行政機関のみならず、NPOやボランティア団体等も含めた幅広い参加と、単なる情報連絡の場にとどまらず個々のケースの解決につながるような取組みが期待されることから、積極的な設置を働きかけることが必要である。 　具体的には、（1）発生予防として、日常的な育児相談等の強化や、養育者が精神的にも肉体的にも最も支援を必要とする出産後間もない時期を中心とした母子保健事業や日常診察の強化、グループワーク等による養育者の孤立を防ぐため専門的な支援サービスメニューの充実、（2）虐待の早期発見・早期対応として、児童虐待に着目した福祉事務所（家庭児童相談室）及び市町村保健センターにおける取組みの充実（主任児童委員、児童委員等の積極的な活用）、（3）保護、支援として、虐待の進行防止、家族再統合や家族の養育機能の再生強化を目指した在宅支援の充実等を図ることが必要である。 　また、母親の育児不安や虐待・いじめ等の問題に早期に対応するための相談体制の整備等、総合的な親と子の心の健康づくり対策を推進することが必要である。

家庭
3．子育て家庭の孤立をなくし、子育ての夢と希望を育む事業の整備
①健診と連携した子育て支援

ID	事業名	事業概要	赤	前	学	青	記載有無	内容
3101	子育てオリエンテーション事業（重点事業）	受診率の非常に高い乳幼児健診の場を活用し、子育て支援に関する情報提供や子育て相談・遊びのノウハウの提供などを行い、乳幼児を抱える家庭が日々の生活の中で育児に対する不安感や孤立感の軽減が出来るようにする。 さらに健診時に必要に応じて同伴している兄弟姉妹の一時保育を実施し、ゆとりを持って健診が受けられるようにする。 またHPなどを活用し、子育てに関する情報提供を行っていく。					○	（2）母性並びに乳児及び幼児等の健康の確保及び増進 ア．子どもや母親の健康の確保 　妊娠期、出産期、新生児期及び乳幼児期を通じて母子の健康が確保されるよう、乳幼児健診、新生児訪問、両親学級、母子保健における健康診査、訪問指導、保健指導等の充実が必要である。 　特に、親の育児不安の解消等を図るため、乳幼児健診等を活用し、親への相談指導等を実施するとともに、児童虐待の発生予防の観点を含め、妊娠期からの継続した支援体制の整備を図ることが必要である。 　また、こうした乳幼児健診等の場を通じて、誤飲、転落、転倒、やけど等の子どもの事故の予防のための啓発等を進めることが望ましい。 　さらに、妊娠及び出産の経過に満足することが良い子につながることから、安全かつ快適であるとともに主体的選択が可能であるなど、母親の視点からみて満足できる「良いお産」の適切な普及を図ることが重要であり、妊婦への出産準備教育や相談の場の提供等を行うことが望ましい。

②不妊に関する支援

ID	事業名	事業概要	赤	前	学	青	記載有無	内容
3201	不妊に関する支援事業	不妊に対する情報提供（カウンセリングや相談機関の案内など）をしたり、経済的支援について国県の動向を見極めた上で対応していく。						

内容	予算額・全国 (百万円)	担当省	有無	分類	内容
児童虐待事件に関して、虐待の早期発見と適切な事件化に努めるとともに、被害を受けた児童へのカウンセリング等の支援、関係機関との連携強化等を推進	ガイドライン等	警察庁			
子どもの事故防止等、母子保健施策として地域の実情に応じた先駆的事業の推進	補助金等 ＊126	厚生労働省	○	市町における母子保健事業の推進 市町が実施する乳幼児健康診査等の充実	市町が実施する乳幼児健康診査や相談指導等の充実強化のための技術的支援を行います。 ・健診の充実・強化 ・乳幼児健康相談、健康教育、情報提供の充実・強化
			○	不妊相談機能の強化 不妊専門相談事業	面接相談の機会を拡大し、不妊治療に加え、不妊治療後の妊婦への不安への対応、不妊予防の情報提供等、相談の充実をはかります。
			○	不妊治療費の助成拡充 特定不妊治療費助成事業	不妊治療の経済的負担の一層の軽減を図るため、助成期間を3年から5年に延長します。

③子どもや母親の健康の確保

ID	事業名	事業概要	赤	前	学	青	記載有無	内容
3301	乳幼児健診事業 4ヵ月健診	乳児期前半の健診として集団で実施している。4ヵ月児が対象。予防接種の受け方や危険防止、離乳食の開始等の講座を実施。					○	（2）母性並びに乳児及び幼児等の健康の確保及び増進 ア．子どもや母親の健康の確保 妊娠期、出産期、新生児期及び乳幼児期を通じて母子の健康が確保されるよう、乳幼児健診、新生児訪問、両親学級等の母子保健における健康診査、訪問指導、保健指導等の充実が必要である。 特に、親の育児不安の解消等を図るため、乳幼児健診を活用し、親への相談指導等を実施するとともに、児童虐待の発生予防の観点を含め、妊娠期からの継続した支援体制の整備を図ることが必要である。 また、こうした乳幼児健診等の場を通じて、誤飲、転落、転倒、やけど等の子どもの事故の予防のための啓発等の取組みを進めることが望ましい。 さらに、妊娠及び出産の経過に満足することが良い子育てにつながることから、安全かつ快適であるとともに主体的な選択が可能であるなど、母親の視点からみて満足できる「いいお産」の適切な普及を図ることが重要であり、妊婦による出産準備教育や相談の場の提供等を行うことが望ましい
3302	乳幼児健診事業 1歳6ヵ月健診	1歳6ヵ月児が対象。集団で実施。栄養のバランス・子どもの発達に合わせた調理の工夫や歯磨きの仕方等の講座を実施。					○	（2）母性並びに乳児及び幼児等の健康の確保及び増進 ア．子どもや母親の健康の確保 妊娠期、出産期、新生児期及び乳幼児期を通じて母子の健康が確保されるよう、乳幼児健診、新生児訪問、両親学級等の母子保健における健康診査、訪問指導、保健指導等の充実が必要である。 特に、親の育児不安の解消等を図るため、乳幼児健診を活用し、親への相談指導等を実施するとともに、児童虐待の発生予防の観点を含め、妊娠期からの継続した支援体制の整備を図ることが必要である。 また、こうした乳幼児健診等の場を通じて、誤飲、転落、転倒、やけど等の子どもの事故の予防のための啓発等の取組みを進めることが望ましい。 さらに、妊娠及び出産の経過に満足することが良い子育てにつながることから、安全かつ快適であるとともに主体的な選択が可能であるなど、母親の視点からみて満足できる「いいお産」の適切な普及を図ることが重要であり、妊婦による出産準備教育や相談の場の提供等を行うことが望ましい
3303	乳幼児健診事業 3歳児健診	3歳児が対象。集団で実施。偏食の工夫・食事のしつけや児童への歯磨き指導等の講座を実施。					○	（2）母性並びに乳児及び幼児等の健康の確保及び増進 ア．子どもや母親の健康の確保 妊娠期、出産期、新生児期及び乳幼児期を通じて母子の健康が確保されるよう、乳幼児健診、新生児訪問、両親学級等の母子保健における健康診査、訪問指導、保健指導等の充実が必要である。 特に、親の育児不安の解消等を図るため、乳幼児健診を活用し、親への相談指導等を実施するとともに、児童虐待の発生予防の観点を含め、妊娠期からの継続した支援体制の整備を図ることが必要である。 また、こうした乳幼児健診等の場を通じて、誤飲、転落、転倒、やけど等の子どもの事故の予防のための啓発等の取組みを進めることが望ましい。 さらに、妊娠及び出産の経過に満足することが良い子育てにつながることから、安全かつ快適であるとともに主体的な選択が可能であるなど、母親の視点からみて満足できる「いいお産」の適切な普及を図ることが重要であり、妊婦による出産準備教育や相談の場の提供等を行うことが望ましい
3304	乳幼児健診事業 10ヵ月児健診	10ヵ月児が対象。個別に受託、医療機関で受診。保健センターと医師の連絡を密にし、今後の健診での育児指導に役立ててもらう。					○	（2）母性並びに乳児及び幼児等の健康の確保及び増進 ア．子どもや母親の健康の確保 妊娠期、出産期、新生児期及び乳幼児期を通じて母子の健康が確保されるよう、乳幼児健診、新生児訪問、両親学級等の母子保健における健康診査、訪問指導、保健指導等の充実が必要である。 特に、親の育児不安の解消等を図るため、乳幼児健診を活用し、親への相談指導等を実施するとともに、児童虐待の発生予防の観点を含め、妊娠期からの継続した支援体制の整備を図ることが必要である。 また、こうした乳幼児健診等の場を通じて、誤飲、転落、転倒、やけど等の子どもの事故の予防のための啓発等の取組みを進めることが望ましい。 さらに、妊娠及び出産の経過に満足することが良い子育てにつながることから、安全かつ快適であるとともに主体的な選択が可能であるなど、母親の視点からみて満足できる「いいお産」の適切な普及を図ることが重要であり、妊婦による出産準備教育や相談の場の提供等を行うことが望ましい

内容	予算額・全国 (百万円)	担当省	有無	分類	内容
			○	市町における 母子保健事業 の推進 市町が実施す る乳幼児健康 診査等の充実	市町が実施する乳幼児健康診査や相談指 導等の充実強化のための技術的支援を行 います。 ・健診の充実・強化 ・乳幼児健康相談、健康教育、情報提供 　の充実・強化
			○	市町における 母子保健事業 の推進 市町が実施す る乳幼児健康 診査等の充実	市町が実施する乳幼児健康診査や相談指 導等の充実強化のための技術的支援を行 います。 ・健診の充実・強化 ・乳幼児健康相談、健康教育、情報提供 　の充実・強化
			○	市町における 母子保健事業 の推進 市町が実施す る乳幼児健康 診査等の充実	市町が実施する乳幼児健康診査や相談指 導等の充実強化のための技術的支援を行 います。 ・健診の充実・強化 ・乳幼児健康相談、健康教育、情報提供 　の充実・強化
			○	市町における 母子保健事業 の推進 市町が実施す る乳幼児健康 診査等の充実	市町が実施する乳幼児健康診査や相談指 導等の充実強化のための技術的支援を行 います。 ・健診の充実・強化 ・乳幼児健康相談、健康教育、情報提供 　の充実・強化

ID	事業名	事業概要	赤	前	学	青	記載有無	内容
3305	健診の事後指導	幼児の発達や育児に関する相談指導を行う。育児不安や虐待の疑いのある個別相談のケース増加を踏まえ、県の健康福祉事務所やその他の関係機関との連携を図り、相談の機会を確保する。					○	（2）母性並びに乳児及び幼児等の健康の確保及び増進 ア．子どもや母親の健康の確保 　妊娠期、出産期、新生児期及び乳幼児期を通じて母子康が確保されるよう、乳幼児健診、新生児訪問、両親学の母子保健における健康診査、訪問指導、保健指導等のが必要である。 　特に、親の育児不安の解消等を図るため、乳幼児健診を活用し、親への相談指導等を実施するとともに、児童の発生予防の観点を含め、妊娠期からの継続した支援体整備を図ることが必要である。 　また、こうした乳幼児健診等の場を通じて、誤飲、転転倒、やけど等の子どもの事故の予防のための啓発等のみを進めることが望ましい。 　さらに、妊娠及び出産の経過に満足することが良い子につながることから、安全かつ快適であるとともに主体選択が可能であるなど、母親の視点からみて満足できるいお産」の適切な普及を図ることが重要であり、妊婦にる出産準備教育や相談の場の提供等を行うことが望まし
3306	マタニティクラス	妊婦とそのパートナーを対象にし、内容は食生活など妊娠中の過ごし方や、おっぱい、赤ちゃんの話などを行う。助産師、栄養士、歯科衛生士、保健師をスタッフとする。					○	（2）母性並びに乳児及び幼児等の健康の確保及び増進 ア．子どもや母親の健康の確保 　妊娠期、出産期、新生児期及び乳幼児期を通じて母子康が確保されるよう、乳幼児健診、新生児訪問、両親学の母子保健における健康診査、訪問指導、保健指導等のが必要である。 　特に、親の育児不安の解消等を図るため、乳幼児健診を活用し、親への相談指導等を実施するとともに、児童の発生予防の観点を含め、妊娠期からの継続した支援体整備を図ることが必要である。 　また、こうした乳幼児健診等の場を通じて、誤飲、転転倒、やけど等の子どもの事故の予防のための啓発等のみを進めることが望ましい。 　さらに、妊娠及び出産の経過に満足することが良い子につながることから、安全かつ快適であるとともに主体選択が可能であるなど、母親の視点からみて満足できるいお産」の適切な普及を図ることが重要であり、妊婦にる出産準備教育や相談の場の提供等を行うことが望まし
3307	母子健康手帳の交付	妊娠の診断を受けた妊婦が妊娠届出書を提出することにより、母子健康手帳を交付する。その際、妊娠出産育児に関する事業や情報を提供する。					○	（2）母性並びに乳児及び幼児等の健康の確保及び増進 ア．子どもや母親の健康の確保 　妊娠期、出産期、新生児期及び乳幼児期を通じて母子康が確保されるよう、乳幼児健診、新生児訪問、両親学の母子保健における健康診査、訪問指導、保健指導等のが必要である。 　特に、親の育児不安の解消等を図るため、乳幼児健診を活用し、親への相談指導等を実施するとともに、児童の発生予防の観点を含め、妊娠期からの継続した支援体整備を図ることが必要である。 　また、こうした乳幼児健診等の場を通じて、誤飲、転転倒、やけど等の子どもの事故の予防のための啓発等のみを進めることが望ましい。 　さらに、妊娠及び出産の経過に満足することが良い子につながることから、安全かつ快適であるとともに主体選択が可能であるなど、母親の視点からみて満足できるいお産」の適切な普及を図ることが重要であり、妊婦にる出産準備教育や相談の場の提供等を行うことが望まし
3308	妊婦健診	生活保護世帯・市民税所得割非課税世帯の妊婦が、妊娠の前期・後期に1回ずつ検診を無料で受診できる制度。					△	（2）母性並びに乳児及び幼児等の健康の確保及び増進 ア．子どもや母親の健康の確保 　妊娠期、出産期、新生児期及び乳幼児期を通じて母子康が確保されるよう、乳幼児健診、新生児訪問、両親学の母子保健における健康診査、訪問指導、保健指導等のが必要である。 　特に、親の育児不安の解消等を図るため、乳幼児健診を活用し、親への相談指導等を実施するとともに、児童の発生予防の観点を含め、妊娠期からの継続した支援体整備を図ることが必要である。 　また、こうした乳幼児健診等の場を通じて、誤飲、転転倒、やけど等の子どもの事故の予防のための啓発等のみを進めることが望ましい。 　さらに、妊娠及び出産の経過に満足することが良い子につながることから、安全かつ快適であるとともに主体選択が可能であるなど、母親の視点からみて満足できるいお産」の適切な普及を図ることが重要であり、妊婦にる出産準備教育や相談の場の提供等を行うことが望まし

内容	予算額・全国 (百万円)	担当省	有無	分類	内容
			○	妊婦健康診査に要する費用の助成	妊婦がより健やかな妊娠期を過ごし、安心して出産を迎えるために重要な妊婦健康診査に要する費用を助成し、健康診査の実施主体である市町の取組みを促進していきます。

ID	事業名	事業概要	赤	前	学	青	記載有無	内容
3309	妊婦訪問	妊娠届出書の内容から判断し、ハイリスクの妊婦を助産師が訪問する。					○	（2）母性並びに乳児及び幼児等の健康の確保及び増進 ア．子どもや母親の健康の確保妊娠期、出産期、新生児及び乳幼児期を通じて母子の健康が確保されるよう、乳幼児健診、新生児訪問、両親学級等の母子保健における健康診査問指導、保健指導等の充実が必要である。 　特に、親の育児不安の解消等を図るため、乳幼児健診を活用し、親への相談指導等を実施するとともに、児童虐待の発生予防の観点を含め、妊娠期からの継続した支援体制の整備を図ることが必要である。 　また、こうした乳幼児健診等の場を通じて、誤飲、転倒、やけど等の子どもの事故の予防のための啓発等の取り組みを進めることが望ましい。 　さらに、妊娠及び出産の経過に満足することが良い子育てにつながることから、安全かつ快適であるとともに主体的選択が可能であるなど、母親の視点からみて満足できる「良いお産」の適切な普及を図ることが重要であり、妊婦に対する出産準備教育や相談の場の提供等を行うことが望まし
3310	新生児訪問	生後1ヵ月までの新生児のうち、希望者へ助産師が訪問を行う。					○	（2）母性並びに乳児及び幼児等の健康の確保及び増進 ア．子どもや母親の健康の確保妊娠期、出産期、新生児及び乳幼児期を通じて母子の健康が確保されるよう、乳幼児健診、新生児訪問、両親学級等の母子保健における健康診査問指導、保健指導等の充実が必要である。 　特に、親の育児不安の解消等を図るため、乳幼児健診を活用し、親への相談指導等を実施するとともに、児童虐待の発生予防の観点を含め、妊娠期からの継続した支援体制の整備を図ることが必要である。 　また、こうした乳幼児健診等の場を通じて、誤飲、転倒、やけど等の子どもの事故の予防のための啓発等の取り組みを進めることが望ましい。 　さらに、妊娠及び出産の経過に満足することが良い子育てにつながることから、安全かつ快適であるとともに主体的選択が可能であるなど、母親の視点からみて満足できる「良いお産」の適切な普及を図ることが重要であり、妊婦に対する出産準備教育や相談の場の提供等を行うことが望まし
3311	乳幼児訪問	相談の内容により、訪問が必要と判断されたケースについて実施する。					○	（2）母性並びに乳児及び幼児等の健康の確保及び増進 ア．子どもや母親の健康の確保妊娠期、出産期、新生児及び乳幼児期を通じて母子の健康が確保されるよう、乳幼児健診、新生児訪問、両親学級等の母子保健における健康診査問指導、保健指導等の充実が必要である。 　特に、親の育児不安の解消等を図るため、乳幼児健診を活用し、親への相談指導等を実施するとともに、児童虐待の発生予防の観点を含め、妊娠期からの継続した支援体制の整備を図ることが必要である。 　また、こうした乳幼児健診等の場を通じて、誤飲、転倒、やけど等の子どもの事故の予防のための啓発等の取り組みを進めることが望ましい。 　さらに、妊娠及び出産の経過に満足することが良い子育てにつながることから、安全かつ快適であるとともに主体的選択が可能であるなど、母親の視点からみて満足できる「良いお産」の適切な普及を図ることが重要であり、妊婦に対する出産準備教育や相談の場の提供等を行うことが望まし
3312	のびのび教室	1歳児の親子を対象 栄養・歯磨きなどの話や、親子遊び、各種相談を実施する。母子事業全体の中での1歳児対象の健康教育として、実施していく。						

内容	予算額・全国 (百万円)	担当省	有無	分類	内容
			○	市町における母子保健事業の推進 市町が実施する乳幼児健康診査等の充実	市町が実施する乳幼児健康診査や相談指導等の充実強化のための技術的支援を行います。 ・健診の充実・強化 ・乳幼児健康相談、健康教育、情報提供の充実・強化

ID	事業名	事業概要	赤	前	学	青	記載有無	内容
3313	育児・ともに語る広場	虐待防止を含めた育児支援の観点から、育児不安や孤立している母親がグループに参加することで子育ての大変さを話して共感し、支え合う。1クール8回。					○	（7）要保護児童への対応などきめ細かな取組の推進 ア．児童虐待防止対策の充実 　虐待の背景は多岐にわたることから、児童虐待を防止すべての児童の健全な心身の成長、ひいては社会的自立していくためには、発生予防から早期発見・早期対応護・支援・アフターケアに至るまでの切れ目のない総合支援を講ずるとともに、福祉関係者のみならず、医療健、教育、警察等の地域における関係機関の協力体制が不可欠である。 　特に住民に最も身近な市町村における虐待防止ネックは、予防から自立支援に至るまですべての段階で有り、関係行政機関のみならず、NPOやボランティア団も含めた幅広い参加と、単なる情報連絡にとどま個々のケースの解決につながるような取組が期待されことから、積極的な設置を働きかけることが必要である具体的には、（1）発生予防として、日常的な育児相の強化や、養育者が精神的にも肉体的にも最も支援をする出産後間もない時期を中心とした母子保健事業や療等の強化、グループワーク等による養育者の孤立をめの専門的な支援サービスメニューの充実、（2）虐発見・早期対応として、児童虐待に着目した福祉事務庭児童相談室）及び市町村保健センターにおける取組実や主任児童委員、児童委員等の積極的な活用、（3）支援等として、虐待の進行防止、家族再統合や家族の能の再生・強化を目指した在宅支援の充実等を図るこ要である。 　また、母親の育児不安や虐待・いじめ等の問題に早応するための相談体制の整備等、総合的な親と子の心づくり対策を推進することが必要である。

④食育の推進

| 3401 | モグモグ離乳食教室 | 離乳食の進め方と作り方 離乳食調理のデモンストレーションと試食・身体測定・参加者同士の交流会を実施する。 | | | | | △ | （2）母性並びに乳児及び幼児等の健康の確保及び増進
イ．「食育」の推進
　朝食欠食等の食習慣の乱れや思春期やせに見られる心と身体の健康問題が子どもたちに生じている現状にみ、乳幼児期からの正しい食事の摂り方や望ましい食定着及び食を通じた豊かな人間性の形成・家族関係のよる心身の健全育成を図るため、保健分野や教育分野とする様々な分野が連携しつつ、乳幼児期から思春発達段階に応じた食に関する学習の機会や情報提供を進ともに、保育所の調理室等を活用した食事づくり等の動や子ども参加型の取組みを進めることが必要である。
　また、低出生体重児の増加等を踏まえ、母性の健康を図る必要があることから、妊娠前からの適切な食生要性を含め、妊産婦等を対象とした食に関する学習の情報提供を進めることが必要である。 |

⑤情報提供と相談体制の充実

| 3501 | 子育てコーディネート事業（新規事業） | 多様な子育て支援サービス情報を一元的に把握する「子育て支援総合コーディネーター」を配置し、インターネット等を活用したサービス利用者への情報提供、ケースマネジメント及び利用援助等の支援を行うことにより、利用者の利便性の向上及びサービス利用の円滑化を図る。
＊コーディネーターの配置
＊つどいの広場事業
＊情報の集約・蓄積→データベース化
＊助言、実施機関に対して利用の援助・斡旋を行う。 | | | | | ○ | （1）地域における子育て支援
ア．地域における子育て支援サービスの充実
（ウ）地域の児童の養育に関する各般の問題につき、保らの相談に応じ、必要な情報の提供及び助言を行う事業

（児童福祉法改正による子育て支援事業）
（2）おおむね3歳未満の児童及びその保護者が相互の行う場所を開設し、当該場所において、適当な設備を等により、当該児童の養育に関する各般の問題につき、者からの相談に応じ、必要な情報提供及び助言を行い、他必要な援助を行う事業

（エ）市町村における子育て支援事業に関する情報の提談及び助言並びにあっせん、調整及び要請等の実施
（ア）から（ウ）までに掲げる子育て支援事業を始めと域における多様な子育て支援サービスに関する情報をに把握し、保護者への情報の提供、ケースマネジメン用援助等を行う事業 |

資料編　239

内容	予算額・全国 (百万円)	担当省	有無	分類	内容
地域における多様な子育て支援サービス情報を一元的に把握する「子育て支援総合コーディネーター」を地域子育て支援センター、NPO等への委託により配置し、利用者への情報提供、ケースマネジメント及び利用援助等の支援を実施 〈部分的に〉 主に乳幼児（特に0～3歳）を持つ子育て中の親子の交流、集いの場を提供する「つどいの広場」設置促進	補助金等 *997 補助金等 151	厚生労働省	○	つどいの広場事業	地域の子育て支援基盤の強化・充実を図るため、公共施設内のスペース、公民館、子育て拠点施設などを活用して、乳幼児を持つ子育て中の親子が気軽に集い、交流や相談ができるよう「つどいの広場」の設置推進を支援します。

ID	事業名	事業概要	赤	前	学	青	記載有無	内容
3502	保健センターもしもし育児相談	乳幼児の成長や、育児に関する相談（電話や面接）を行う。					△	（1）地域における子育ての支援 ア．地域における子育て支援サービスの充実 （ウ）地域の児童の養育に関する各般の問題につき、保＿らの相談に応じ、必要な情報の提供及び助言を行う事業 （3）保育所その他の施設等において、必要な職員を置＿より、乳児、幼児等の保育に関する各般の問題につき、＿者からの相談に応じ、必要な情報の提供及び助言を行＿もに、保護者の児童の養育の支援に係る活動を行う民＿（子育てサークル）の支援その他の必要な援助を行う事＿
3503	子育て支援センター子育て相談事業	子育て支援センターにおいて、電話や来所等で子育ての相談に応じる。相談体制の充実を図り、他の相談機関と連携し、相談内容及び体制の充実を図っていく。					△ ○	（1）地域における子育ての支援 ア．地域における子育て支援サービスの充実 （ア）児童及びその保護者又はその他の者の居宅におい＿者の児童の養育を支援する事業 （イ）児童であって、その保護者がその養育上の不安や＿る援助を受ける必要があるものにつき、その家庭その＿所において保育、養護等に関する相談及び助言その他＿援助を行う事業 （1）地域における子育ての支援 ア．地域における子育て支援サービスの充実 （ウ）地域の児童の養育に関する各般の問題につき、保＿らの相談に応じ、必要な情報の提供及び助言を行う事業 （3）保育所その他の施設等において、必要な職員を置＿より、乳児、幼児等の保育に関する各般の問題につき、＿者からの相談に応じ、必要な情報の提供及び助言を行＿もに、保護者の児童の養育の支援に係る活動を行う民＿（子育てサークル）の支援その他の必要な援助を行う事＿
3504	子育て相談ホットライン事業	休日・夜間を含む24時間の子育て電話相談を開設しているが、相談窓口を充実させることで児童虐待の防止、子育ての不安や悩みのいっそうの解消を図る。					△ ○	（1）地域における子育ての支援 ア．地域における子育て支援サービスの充実 （ウ）地域の児童の養育に関する各般の問題につき、保＿らの相談に応じ、必要な情報の提供及び助言を行う事業 （3）保育所その他の施設等において、必要な職員を置＿より、乳児、幼児等の保育に関する各般の問題につき、＿者からの相談に応じ、必要な情報の提供及び助言を行＿もに、保護者の児童の養育の支援に係る活動を行う民＿（子育てサークル）の支援その他の必要な援助を行う事＿ （7）要保護児童への対応などきめ細かな取組の推進 ア．児童虐待防止対策の充実 　虐待の背景は多岐にわたることから、児童虐待を防＿すべての児童の健全な心身の成長、ひいては社会的自＿していくためには、発生予防から早期発見・早期対応＿護・支援・アフターケアに至るまでの切れ目のない総＿支援を講ずるとともに、福祉関係者のみならず、医＿健、教育、警察等の地域における関係機関の協力体制＿が不可欠である。 　特に住民に最も身近な市町村における虐待防止ネッ＿クは、予防から自立支援に至るまですべての段階で有＿り、関係行政機関のみならず、NPOやボランティア団＿も含めた幅広い参加と、単なる情報連絡の場にとどま＿個々のケースの解決につながるような取組が期待され＿ことから、積極的な設置を働きかけることが必要である＿具体的には、（1）発生予防として、日常的な育児相＿の強化や、養育者が精神的にも肉体的にも最も支援を＿する出産後間もない時期を中心とした母子保健事業や＿療等の強化、グループワーク等による養育者の孤立を＿めの専門的な支援サービスメニューの充実、（2）虐待＿発見・早期対応として、児童虐待に着目した福祉事務＿庭児童相談室）及び市町村保健センターにおける取組＿実や主任児童委員、児童委員等の積極的な活用、（3）＿支援等として、虐待の進行防止、家族再統合や家族の＿能の再生・強化を目指した在宅支援の充実等を図るこ＿要である。 　また、母親の育児不安や虐待・いじめ等の問題に早＿応するための相談体制の整備等、総合的な親と子の心＿づくり対策を推進することが必要である。

内容	予算額・全国 (百万円)	担当省	有無	分類	内容
			○	市町における母子保健事業の推進 市町が実施する乳幼児健康診査等の充実	市町が実施する乳幼児健康診査や相談指導等の充実強化のための技術的支援を行います。 ・健診の充実・強化 ・乳幼児健康相談、健康教育、情報提供の充実・強化
地域の子育て家庭に対する育児相談や子育てサークル支援等を行う地域子育て支援センター事業を推進	補助金等 4,710	厚生労働省			

ID	事業名	事業概要	赤	前	学	青	記載有無	内容
3505	家庭児童相談室における相談事業	家庭で子どもを養育していく上でのさまざまな悩み、心配事について家庭相談員が相談に応じる。件数が増えるだけでなく、内容が複雑・多岐にわたっているため、関係機関と連携した対応をすすめていく。					△ △ ○	(1) 地域における子育て支援 ア．地域における子育て支援サービスの充実 (ア) 児童及びその保護者又はその者の居宅において保護児童の養育を支援する事業 (3) 児童であって、その保護者がその養育上の不安等による援助を受ける必要があるものにつき、その家庭その他の場所において保育、養育等に関する相談及び助言その他の援助を行う事業 (1) 地域における子育て支援 ア．地域における子育て支援サービスの充実 (ウ) 地域の児童の養育に関する各般の問題につき、保護者らの相談に応じ、必要な情報の提供及び助言を行う事業 (3) 保育所その他の施設等において、必要な職員を置くより、乳児、幼児等の保育に関する各般の問題につき、者からの相談に応じ、必要な情報の提供及び助言を行うもに、保護者の児童の養育の支援に係る活動を行う民間（子育てサークル）の支援その他の必要な援助を行う事業 (7) 要保護児童への対応などきめ細かな取組の推進 ア．児童虐待防止対策の充実 　虐待の背景は多岐にわたることから、児童虐待を防止すべての児童の健全な心身の成長、ひいては社会的自立していくためには、発生予防から早期発見・早期対応護・支援・アフターケアに至るまでの切れ目のない総合支援を講ずるとともに、福祉関係者のみならず、医療健、教育、警察等の地域における関係機関の協力体制が不可欠である。 　特に住民に最も身近な市町村における虐待防止ネットクは、予防から自立支援に至るまですべての段階で有効り、関係行政機関のみならず、NPOやボランティア団体も含めた幅広い参加と、単なる情報連絡の場にとどま個々のケースの解決につながるような取組が期待されてことから、積極的な設置を働きかけることが必要である。 　具体的には、(1) 発生予防として、日常的な育児相談の強化や、養育者が精神的にも肉体的にも最も支援を必要る出産後間もない時期を中心とした母子保健事業や日常診の強化、グループワーク等による養育者の孤立を防ぐくめ門的な支援サービスメニューの充実、(2) 虐待の早期発早期対応として、児童虐待に着目した福祉事務所（家庭相談室）及び市町村保健センターにおける取組みの充実任児童委員、児童委員等の積極的な活用、(3) 保護、支として、虐待の進行防止、家族再統合や家族の養育機能の再強化を目指した在宅支援の充実等を図ることが必要である 　また、母親の育児不安や虐待・いじめ等の問題に早期応するための相談体制の整備等、総合的な親と子の心のづくり対策を推進することが必要である。
3506	幼稚園子育て相談事業	子育てに不安や悩みを抱える保護者の相談に応じる。在園児だけでなく、未就園児の保護者への相談体制づくりをしていく。					○	(1) 地域における子育ての支援 ア．地域における子育て支援サービスの充実 (ウ) 地域の児童の養育に関する各般の問題につき、保護者らの相談に応じ、必要な情報の提供及び助言を行う事業 (4) 幼稚園において、幼児教育に関する各般の問題について保護者からの相談に応じ、必要な情報の提供及び助言、その他必要な援助を行う事業
3507	保育所子育て相談事業	来所、又は電話による育児相談を受ける。不審者の侵入等、安全の確保をしながら、地域の子育て支援の拠点として積極的に取組んでいく。					○	(1) 地域における子育ての支援 ア．地域における子育て支援サービスの充実 (ウ) 地域の児童の養育に関する各般の問題につき、保護者らの相談に応じ、必要な情報の提供及び助言を行う事業 (3) 保育所その他の施設等において、必要な職員を置くより、乳児、幼児等の保育に関する各般の問題につき、者からの相談に応じ、必要な情報の提供及び助言を行うもに、保護者の児童の養育の支援に係る活動を行う民間（子育てサークル）の支援その他の必要な援助を行う事業

内容	予算額・全国 (百万円)	担当省	有無	分類	内容
市町村で研修を受けた「子ども家庭支援員」が、軽度な被虐待等の問題を抱えた家庭に対し、訪問などによる育児相談・支援等を実施	補助金等 22	厚生労働省			

⑥充実した家庭生活を送るための親としての学習機械の充実と家族の共同

ID	事業名	事業概要	赤	前	学	青	記載有無	内容
3601	子育て支援センター・子育て支援セミナー事業	対象年齢別の子育て講座や父親との料理講座、子育てグループ相談等、各種子育て講座を開催する。参加者のニーズを把握し、内容を工夫しながら、親子が交流できるセミナーや父親参加のセミナーなどを開催していく。						
3602	親性（ペアレントフッド）の学習機会の充実	「ペアレントフッド」講座、「父親のための産前産後教育」、「孫育て講座」を開催し、親性の学習機会の充実を図っていく。					△	（2）母性並びに乳児及び幼児等の健康の確保及び増進 ア．子どもや母親の健康の確保 　妊娠期、出産期、新生児期及び乳幼児期を通じて母子の健康が確保されるよう、乳幼児健診、新生児訪問、両親学級等の母子保健における健康審査、訪問指導、保健指導等の充実が必要である。 　特に、親の育児不安の解消等を図るため、乳幼児健診等を活用し、親への相談指導等を実施するとともに、児童虐待の発生予防の観点を含め、妊娠期からの継続した支援体制の整備を図ることが必要である。 　また、こうした乳幼児健診等の場を通じて、誤飲、転落、転倒、やけど等の子どもの事故の予防のための啓発等の取組みを進めることが望ましい。 　さらに、妊娠及び出産の経過に満足することが良い子育てにつながることから、安全かつ快適であるとともに主体的な選択が可能であるなど、母親の視点からみて満足できる「良いお産」の適切な普及を図ることが重要であり、妊婦に対する出産準備教育や相談の場の提供等を行うことが望ましい。
3603	子どもの発達と課題に応じた親学習・子育て学習の推進	「4ヵ月検診時家庭教育支援」、「就学前家庭教育学級」、「思春期家庭教育学級」など、機を捉えた学習機械の場を提供し、家庭において子々の子どもの発達や課題に応じたより的確な対応ができるよう、学んだり考えたりできる機会にしていく。					△ ○	（2）母性並びに乳児及び幼児等の健康の確保及び増進 ア．子どもや母親の健康の確保 　妊娠期、出産期、新生児期及び乳幼児期を通じて母子の健康が確保されるよう、乳幼児健診、新生児訪問、両親学級等の母子保健における健康審査、訪問指導、保健指導等の充実が必要である。 　特に、親の育児不安の解消等を図るため、乳幼児健診等を活用し、親への相談指導等を実施するとともに、児童虐待の発生予防の観点を含め、妊娠期からの継続した支援体制の整備を図ることが必要である。 　また、こうした乳幼児健診等の場を通じて、誤飲、転落、転倒、やけど等の子どもの事故の予防のための啓発等の取組みを進めることが望ましい。 　さらに、妊娠及び出産の経過に満足することが良い子育てにつながることから、安全かつ快適であるとともに主体的な選択が可能であるなど、母親の視点からみて満足できる「良いお産」の適切な普及を図ることが重要であり、妊婦に対する出産準備教育や相談の場の提供等を行うことが望ましい。 （3）子どもの心身の健やかな成長に資する教育環境の整備 ウ．家庭や地域の教育力の向上 （ア）家庭教育への支援の充実 　家庭教育は、すべての教育の出発点であり、基本的な倫理観や社会的なマナー、自制心、自立心等を育成する上で重要な役割を果たすものである。 　育児不安や児童虐待の背景として、近年の都市化、核家族化、少子化、地域における地縁的なつながりの希薄化等に伴う家庭の教育力の低下が指摘されていることを踏まえ、公民館等の社会教育施設を始め、乳幼児健診や就学時健診等多くの親が集まるあらゆる機会を活用し、子どもの発達に応じた家庭教育に関する学習機会や情報の提供を行うことが必要である。 　また、子育て経験者等の「子育てサポーター」としての養成・配置等による、子育て中の親が家庭教育に関して気軽に相談できる体制の整備や子育てサークル活動への支援等、地域において子育てを支援するネットワークの形成を図ることが必要である。

内容	予算額・全国 (百万円)	担当省	有無	分類	内容
			△	父親子育てフォーラムの開催事業 (健康生活部)	父親を対象に家庭における父親の役割を再確認し、父親の育児参加を促進・支援するため「父親子育てフォーラム」を開催します。
			○	親講座、祖父母講座の開催	子育て学習センター、公民館、健康福祉事務所、NPOなどにおける、子育てにかかる親講座や祖父母講座の積極的な開催を支援します。
就学時健診等の機会を活用した家庭教育に関する講座の全国的な実施	補助金等 519	文部科学省			

ID	事業名	事業概要	赤	前	学	青	記載有無	内容
3604	家族から始まる共同・協働の家庭生活の再生	「だんらんホリデー」、「子どもの家事参加・わが家の行事推進運動」を実施し、家庭の絆がより深められるようにしていく。					○	（3）子どもの心身の健やかな成長に資する教育環境の整ウ．家庭や地域の教育力の向上 （7）家庭教育への支援の充実 　家庭教育は、すべての教育の出発点であり、基本的な倫や社会的なマナー、自制心、自立心等を育成する上で重役割を果たすものである。 　育児不安や児童虐待の背景として、近年の都市化、核化、少子化、地域における地縁的なつながりの希薄化等う家庭の教育力の低下が指摘されていることを踏まえ、館等の社会教育施設を始め、乳幼児健診や就学時健診等くの親が集まるあらゆる機会を活用し、子どもの発達段応じた家庭教育に関する学習機会や情報の提供を行うこである。 　また、子育て経験者等の「子育てサポーター」として成・配置等による、子育て中の親が家庭教育に関して気相談できる体制の整備や子育てサークル活動への支援等域において子育てを支援するネットワークの形成を図るが必要である。

⑦子育てに関わる経済的負担の軽減

ID	事業名	事業概要	赤	前	学	青	記載有無	内容
3701	乳幼児の入院生活福祉給付金の助成	平成16年10月より、入院時の食事療養費標準負担額（入院時の食事負担金）の県の助成制度が廃止されることが、乳幼児医療に関しては市単独事業としてこれを継続していくことで、子育て期間中の経済的な負担を軽減していく。						
3702	児童手当	義務教育就学前の児童を扶養している人に支給。 第1子　5000円／月 第2子　5000円／月 第3子以降　10000円／月 児童手当法によるもので、所得制限有り。平成16年4月より、対象児童を小学3年生学年末までに拡大。						
3703	児童扶養手当	母子家庭等で18歳までの児童を養育している母等に支給。 全部支給　42000円／月 一部支給　41990円～9910円／月までの10円単位 2人目　5000円／月加算 3人目　3000円／月加算 児童扶養手当法によるもので、所得制限有り。					○	（7）要保護児童への対応などきめ細かな取組の推進 イ．母子家庭等の自立支援の推進 　離婚の増加等により母子家庭等が急増している中で、家庭等の児童の健全な育成を図るためには、母子及び寡祉法や母子家庭の母の就業の支援に関する特別措置法15年法律第126号）の規定を踏まえて、きめ細かな福祉スの展開と自立・就業の支援に主眼を置き、子育てや生援策、就業支援策、養育費の確保策及び経済的支援策、地域の母子家庭等の現状を把握しつつ、総合的な適切に実施していくことが必要である。 　具体的には、子育て短期支援事業、母子家庭等日常生援事業及び保育所の入所に際しての配慮等の各種支援進するとともに、市及び福祉事務所を設置する町村にはは、国の基本方針に則して、母子家庭及び寡婦自立促進を策定する等により、母子家庭等に対する支援を充実することが必要である。 　また、母子家庭の母の就業を促進するため、民間事業対する協力の要請や母子福祉団体等の受注機会の増大へ慮等、必要な施策を講ずるように努めることも重要であ 　さらに、住民に身近な地方公共団体として、母子家庭対する相談体制の充実や施策・取組みについての情報提行うことが必要である。
3704	就学援助事業	経済的理由により就学困難な小中学校の児童・生徒の保護者に対して学用品費等を援助してし就学援助を行い、義務教育の円滑な実施を図る。所得制限、支給制度額等の見直しを検討する。						

資料編　247

内容	予算額・全国 （百万円）	担当省	有無	分類	内容
			○	児童手当の支給（健康生活部）	児童の健全育成をはかるため、小学校第6学年修了前児童（12歳に達する日以降の最初の3月までにある者）を養育している人に対し、第一子・第二子は月額5千円、第三子以降は月額1万円を支給します。
児童扶養手当の支給	補助金等 259,369	厚生労働省			

ID	事業名	事業概要	赤	前	学	青	記載有無	内容
3705	市立高校授業料・入学料減免事業	経済的理由により就学困難な市立高等学校の生徒の保護者に対して、授業料及び入学料を免除・減免することにより就学を奨励する。平成15年度から、定時制についても授業料及び入学料を徴収しているため減免の対象となる。				■		
3706	A市奨学金貸付	教育の機会均等を図るため、経済的理由による就学困難な方に対して奨学金の貸し付けを行う。現在の社会情勢に応じた制度の整備と制度を広く利用していただくための周知活動。幅広く利用していただけるようニーズにあった制度改正等を視野に入れて制度の整備を進める。				■		
3707	私立幼稚園就園奨励費補助事業	私立幼稚園に在園している満3歳児及び4・5歳児の家庭の経済的負担を軽減するため、国の補助を受け、就園奨励費補助金の交付をする。保育料の公私間の格差の是正。補助金の見直しについての検討。				■		
3708	市立幼稚園保育料及び入園料の免除または減額	市立幼稚園就園につき、経済的に困難な世帯に対し、保育料及び入園料の免除または減免により、保護者の経済的負担の軽減を図る。				■		
3709	市営住宅の母子家庭優先枠の拡大	年1回の空家募集に際し、母子家庭優先抽選枠を設けて入居してもらっている。また優先枠で落選しても、2度目の「一般」枠での再抽選の機会を設けている。				■	○	（7）要保護児童への対応などきめ細かな取組の推進 イ．母子家庭等の自立支援の推進 　離婚の増加等により母子家庭等が急増している中で、家庭等の児童の健全な育成を図るためには、母子及び寡祉法や母子家庭の母の就業の支援に関する特別措置法（15年法律第126号）の規定を踏まえて、きめ細かな福祉サスの展開と自立・就業の支援に主眼を置き、子育てや生援策、就業支援策、養育費の確保及び経済的支援策にて、地域の母子家庭等の現状を把握しつつ、総合的な対適切に実施していくことが必要である。 　具体的には、子育て短期支援事業、母子家庭等日常生援事業及び保育所の入所に際しての配慮等の各種支援策進するとともに、市及び福祉事務所を設置する町村にお、国の基本方針に則して、母子家庭及び寡婦自立促進を策定する等により、母子家庭等に対する支援を充実さことが必要である。 　また、母子家庭の母の就業を促進するため、民間事業対する協力の要請や母子福祉団体等の受注機会の増大へ慮等、必要な施策を講ずるように努めることも重要であ。 　さらに、住民に身近な地方公共団体として、母子家庭対する相談体制の充実や施策・取組についての情報提供うことが必要である。

4．多様な考え方や生き方の尊重と、家庭と職業生活の両立の支援
　①男女共同参画機会の形成に向けた啓発

ID	事業名	事業概要	赤	前	学	青	記載有無	内容
4101	男女共同参画社会推進事業	男女共同参画社会の実現に向けた、啓発・講座・相談・情報提供・グループ支援・交流等の諸事業を実施していく（女性交流サロン事業、女性のための行動計画推進市民フォーラム、カウンセリング事業等）。男女共同参画社会の実現を推進する（仮称）男女共同参画センターの整備に向けた取組みを、婦人児童センターのあり方検討を含めて推進していく。				■		

内容	予算額・全国 (百万円)	担当省	有無	分類	内容
			○	高等学校奨学資金貸与事業の実施（教育委員会）	経済的理由により修学困難な高校生の教育の機会均等を確保するため、奨学資金を貸与します。
女性教育指導者その他の女性教育関係者に対する研修、女性教育に関する専門的な調査及び研究を行うことにより、女性教育の振興を図り、もって男女共同参画社会に資する実践的な事業を実施	765	文部科学省			

②仕事と子育ての両立支援

ID	事業名	事業概要	赤	前	学	青	記載有無	内容
4201	育児ファミリーサポートセンター事業	育児の援助を受けたい人（依頼会員）と行いたい人（協力会員）が、お互いに助けたり、助けられたりしながら、育児の相互援助を行う会員組織の支援活動。事業の啓発活動をすすめ、会員相互の交流が図れる事業及び市民向けの公開講座を開催する。					○	（1）地域における子育て支援 ア．地域における子育て支援サービスの充実 （ア）児童及びその保護者又はその他の者の居宅において者の児童の養育を支援する事業 （6）保護者であってその乳児、幼児等の保育等に関するを受けることを希望するものと当該援助を行うことを希る者（個人に限る。以下この（6）において「援助希望という。）との連絡及び調整を行うとともに、援助希望者習その他必要な援助を行う事業 （5）職業生活と家庭生活との両立の推進 ア．多様な働き方の実現及び男性を含めた働き方の見直男性を含めたすべての人が、仕事時間と生活時間のバスがとれる多様な働き方を選択できるようにするととも「働き方の見直し」を進めることが必要である。また、職先の意識や固定的な性別役割分担意識等の働きやすい環阻害する職場における慣行その他の諸要因を解消するこ必要である。このため、労働者、事業主、地域住民等の改革を推進するための広報・啓発、研修、情報提供等にて、国、都道府県、関係団体等と連携を図りながら、地民に身近な市町村においても積極的に推進することが必ある。
4202	求職者就労支援セミナー	求職者を対象として、厳しい雇用環境に対応するための友好的な情報を発信し、受講者が厳しい雇用環境に適応できることを目的としてセミナーを開催する。						

③多様な保育サービスの拡充

ID	事業名	事業概要	赤	前	学	青	記載有無	内容
4301	児童くらぶ事業	市内の小学校等に在学する1年生～3年生までの児童のうち、保護者の就労、病気そのほかの理由により放課後家庭において適切な保育を受けられない児童を対象に、その健全育成を図ることを目的に実施する。					○	（1）地域における子育て支援 ア．地域における子育て支援サービスの充実 （イ）保育所その他の施設において保護者の児童の養育する事業 （1）小学校に就学しているおおむね10歳未満の児童で、その保護者が労働等により昼間家庭にいないものに童福祉法施行令（昭和23年政令第74号）第1条で定めに従い、授業の終了後に児童厚生施設等の施設を利用し切な遊び及び生活の場を与えて、その健全な育成を図（放課後児童健全育成事業） なお、放課後児童健全育成事業の実施に当たっては、委員会等と連携し、小学校や幼稚園を始めとする地域資源の積極的な活用を検討しつつ、対策が必要な児童てを受け入れる体制の整備を目標とした計画的な整備がである。また、その運営に当たっては、民間施設等の高齢者を始めとする地域の人材の活用等、地域の実情に効果的・効率的な取組みを推進することが必要である

内容	予算額・全国 (百万円)	担当省	有無	分類	内容
			○	ファミリーサポートセンター設置推進	既に設置済み
			○	子育てファミリーサポートクラブ運営助成	育児の援助を受けたい人(依頼会員)と育児の援助を行いたい人(提供会員)を組織化した小規模グループ「子育てファミリーサポートくらぶ」の立ち上げや運営を支援します。
			○		学生を含むおおむね35歳未満の若年未就業者に対して、求人情報の提供や相談、キャリアマネージメント、職業紹介などを行います。
			△		市町の若者就職支援施設との連携事業の実施
			△	若年失業者らに対する就業支援 若者しごと倶楽部による就職支援(産業労働部)	「若者しごと倶楽部」から市町の若者就職支援施設への出張カウンセリングを実施するなど連携を図ります。
			△	結婚や出産などを機に退職した女性の再就職に向けた取組みの推進 B 女性再チャレンジ支援システム	結婚や出産等を機に退職した女性の再就業、起業、在宅ワーク等のチャレンジに向け総合的に支援します。
労働等により保護者が昼間家庭にいない小学校低学年児童を対象に、授業の終了後に、児童館、学校の余裕教室などを利用して、放課後児童指導員を配置し適切な遊び及び生活の場と与えて、その健全な育成を図る放課後児童健全育成事業	補助金等 7,432	厚生労働省	○	放課後児童クラブの運営推進 放課後児童健全育成事業	昼間保護者のいない家庭の小学校低学年児童を対象に、児童館の他、幼稚園や保育所、学校の施設などを活用した放課後児童クラブの設置に対して、運営助成を行います。

ID	事業名	事業概要	赤	前	学	青	記載有無	内容
4302	一時保育	育児ノイローゼの解消や疾病などの緊急時に対応するため、市内の保育所において保育所入所児童以外の就学前児童を一時保育することにより育児支援を行う。					○	（1）地域における子育て支援 ア．地域における子育て支援サービスの充実 （イ）保育所その他の施設において保護者の児童の養育をする事業 （5）保護者の疾病その他の理由により家庭において保育することが一時的に困難となった乳児又は幼児につき、保育所等において、適当な設備を備える等により、保育を行う事業（市町村又はその委託を受けて当該保育を行う者が行うものに限る。（6）において同じ。） ・冠婚葬祭、保護者の傷病、入院等により、緊急・一時保育を必要とする児童に対する一時保育事業 （6）おおむね3歳未満の児童であって、その保護者の労働その他の理由により、1月間に相当程度、家庭において保育されることに支障が生ずるものにつき、保育所等において適当な設備を備える等により、保育を行う事業
4303	延長保育	保育所に入所している児童で、延長保育を必要とする児童に対して保育を行う。					○	（1）地域における子育ての支援 イ．保育サービスの充実 　保育サービスについては、子どもの幸せを第一に考えるとともに、利用者の生活実態及び意向を十分に踏まえてサービスの提供体制を整備することが必要であり、特に、待機児童が多い市町村においては、市町村保育計画等に基づき受入児童数の計画的な拡充を図り、待機児童の解消に努めることが必要である。 　こうした保育サービスの充実に当たっては、様々な規制緩置や民間活力を活用して量的な充足を図るとともに、延長保育、休日保育、夜間保育等の多様な保育需要に応じて、広く住民が利用しやすい保育サービスの提供が行われることが必要である。 　また、保育サービスの利用者による選択や質の向上による観点から、保育サービスに関する積極的な情報提供をことが必要である。 　さらに、保育サービスの質を担保する観点から、サー評価等の仕組みの導入、実施等についても取組みを進めとが望ましい。
4304	休日保育	保育所に入所している児童で、休日に保育に欠ける児童に対して保育を行う。					○	（1）地域における子育ての支援 イ．保育サービスの充実 　保育サービスについては、子どもの幸せを第一に考えるとともに、利用者の生活実態及び意向を十分に踏まえてサービスの提供体制を整備することが必要であり、特に、待機児童が多い市町村においては、市町村保育計画等に基づき受入児童数の計画的な拡充を図り、待機児童の解消に努めることが必要である。 　こうした保育サービスの充実に当たっては、様々な規和措置や民間活力を活用して量的な充足を図るとともに、長保育、休日保育、夜間保育等の多様な保育需要に応じ、広く住民が利用しやすい保育サービスの提供が行われるが必要である。 　また、保育サービスの利用者による選択や質の向上による観点から、保育サービスに関する積極的な情報提供をことが必要である。 　さらに、保育サービスの質を担保する観点から、サー評価等の仕組みの導入、実施等についても取組みを進めとが望ましい。
4305	病後児保育	子育てと就労の両立支援の一環として、病気や怪我の回復期にあたり、家庭や集団での保育が困難な乳幼児を一時的に預かる事業としてA乳児院に委託して実施。					○	（1）地域における子育て支援 ア．地域における子育て支援サービスの充実 （イ）保育所その他の施設において保護者の児童の養育をする事業 （4）次に掲げる児童であって、その保護者の労働その他の理由により家庭において保育されることに支障があるものにつき、保育所その他の施設、病院又は診療所（イに掲げるにあっては、病院又は診療所）において、適当な設備を備える等により、保育を行う事業 ア．疾病にかかっているおおむね十歳未満の児童（回復程にあるものに限る。） イ．疾病にかかっているおおむね十歳未満の児童（回復程にあるものを除く。）

内容	予算額・全国 (百万円)	担当省	有無	分類	内容
冠婚葬祭、保護者の疾病、入院等により、緊急・一時的に保育を必要とする児童に対する一時保育事業	補助金等 1,492	厚生労働省	○	一時保育事業 (健康生活部)	保護者の病気、冠婚葬祭等の緊急時や文化活動、スポーツなど親のリフレッシュのため、緊急・一時的に保育が必要となる場合に、専業主婦家庭をはじめすべての児童を気軽に一時的に預けることのできる一時保育事業を積極的に推進します。
親の就労形態の多様化に伴う子どもの保育需要の変化に対応するため、3歳未満児を対象に週2,3日程度、または午前か午後のみ必要に応じて柔軟に利用できる特定保育事業	補助金等 2,188	文部科学省			
保育所の通常の開所時間以外の保育ニーズへの対応を図るための延長保育事業	補助金等 30,091	厚生労働省	○	就労と育児の両立支援を推進する特別保育対策の推進 特別保育対策の推進(延長保育、休日保育、病後児保育)	就労と育児の両立支援を推進するため、延長保育、休日保育、病後時保育(乳幼児健康支援デイサービス事業、子育てショートステイ事業)などを行う保育所等に対して補助などの支援を行います。
日曜・祝日の保護者の勤務等による保育ニーズへの対応を図る休日保育事業	補助金等 254	厚生労働省	○	就労と育児の両立支援を推進する特別保育対策の推進 特別保育対策の推進(延長保育、休日保育、病後児保育)	就労と育児の両立支援を推進するため、延長保育、休日保育、病後時保育(乳幼児健康支援デイサービス事業、子育てショートステイ事業)などを行う保育所等に対して補助などの支援を行います。
			○	就労と育児の両立支援を推進する特別保育対策の推進 特別保育対策の推進(延長保育、休日保育、病後児保育)	就労と育児の両立支援を推進するため、延長保育、休日保育、病後時保育(乳幼児健康支援デイサービス事業、子育てショートステイ事業)などを行う保育所等に対して補助などの支援を行います。

ID	事業名	事業概要	赤	前	学	青	記載有無	内容
4306	子育て家庭ショートステイ事業	保護者が疾病などの社会的な理由で一時的に家庭での養育が困難となった場合に、児童や保護者を児童福祉施設で預かる。					○	（1）地域における子育て支援 ア．地域における子育て支援サービスの充実 （イ）保育所その他の施設において保護者の児童の養育をする事業 （2）保護者が疾病、疲労その他の身体上若しくは精神上環境上の理由により家庭において児童を養育することが的に困難となった場合において、市町村長が適当と認めきに、当該児童につき、児童福祉法施行規則（昭和23年省令第11号）第1条の5の5に定める施設において必要護を行う事業（短期入所生活援助事業） （7）要保護児童への対応などきめ細かな取組の推進 イ．母子家庭等の自立支援の推進 　離婚の増加等により母子家庭等が急増している中で、家庭等の児童の健全な育成を図るためには、母子及び寡祉法や母子家庭の母の就業の支援に関する特別措置法15年法律第126号）の規定を踏まえて、きめ細かな福祉サスの展開と自立・就業の支援に主眼を置き、子育てや生援策、就業支援策、養育費の確保策及び経済的支援策にて、地域の母子家庭等の現状を把握しつつ、総合的な適切に実施していくことが必要である。 　具体的には、子育て短期支援事業、母子家庭等日常生援事業及び保育所の入所に際しての配慮等の各種支援進するとともに、市及び福祉事務所を設置する町村には、国の基本方針に則して、母子家庭及び寡婦自立促進を策定する等により、母子家庭等に対する支援を充実さことが必要である。 　また、母子家庭の母の就業を促進するため、民間事業対する協力の要請や母子福祉団体等の受注機会の増大へ慮等、必要な施策を講ずるように努めることも重要であ 　さらに、住民に身近な地方公共団体として、母子家庭対する相談体制の充実や施策・取組みについての情報提行うことが必要である。

④母子家庭や単親家庭などの経済的支援を含めた自立のための支援の推進

ID	事業名	事業概要	赤	前	学	青	記載有無	内容
4401	母子・父子相談	母子・父子家庭等を対象に、生活一般、生活援護相談を中心に母子自立支援員が相談に応じる。					○	（7）要保護児童への対応などきめ細かな取組の推進 イ．母子家庭等の自立支援の推進 　離婚の増加等により母子家庭等が急増している中で、家庭等の児童の健全な育成を図るためには、母子及び寡祉法や母子家庭の母の就業の支援に関する特別措置法15年法律第126号）の規定を踏まえて、きめ細かな福祉サスの展開と自立・就業の支援に主眼を置き、子育てや生援策、就業支援策、養育費の確保策及び経済的支援策にて、地域の母子家庭等の現状を把握しつつ、総合的な適切に実施していくことが必要である。 　具体的には、子育て短期支援事業、母子家庭等日常生援事業及び保育所の入所に際しての配慮等の各種支援進するとともに、市及び福祉事務所を設置する町村には、国の基本方針に則して、母子家庭及び寡婦自立促進を策定する等により、母子家庭等に対する支援を充実さことが必要である。 　また、母子家庭の母の就業を促進するため、民間事業対する協力の要請や母子福祉団体等の受注機会の増大へ慮等、必要な施策を講ずるように努めることも重要であ 　さらに、住民に身近な地方公共団体として、母子家庭対する相談体制の充実や施策・取組みについての情報提行うことが必要である。

内容	予算額・全国 (百万円)	担当省	有無	分類	内容
児童を養育している家庭の保護者が残業等の理由により、家庭における児童の養育が困難になった場合に、児童養護施設等一時的に養育するショートステイ事業の実施	補助金等 33	厚生労働省	○	就労と育児の両立支援を推進する特別保育対策の推進 特別保育対策の推進（延長保育、休日保育、病後児保育）	就労と育児の両立支援を推進するため、延長保育、休日保育、病後時保育（乳幼児健康支援デイサービス事業、子育てショートステイ事業）などを行う保育所等に対して補助などの支援を行います。

ID	事業名	事業概要	赤	前	学	青	記載有無	内容
4402	家事介助	単身家庭の生活の安定及び福祉の向上を図るため、家事介助員を派遣し、家事などの日常生活の世話を行う。					△	（7）要保護児童への対応などきめ細かな取組の推進 イ．母子家庭等の自立支援の推進 　離婚の増加等により母子家庭等が急増している中で、家庭等の児童の健全な育成を図るためには、母子及び児童福祉法や母子家庭の母の就業の支援に関する特別措置法15年法律第126号）の規定を踏まえ、きめ細かな福祉サービスの展開と自立・就業の支援に主眼を置き、子育てや生活援策、就業支援策、養育費の確保策及び経済的支援策について、地域の母子家庭等の現状を把握しつつ、総合的かつ適切に実施していくことが必要である。 　具体的には、子育て短期支援事業、母子家庭等日常生活支援事業及び保育所の入所に際しての配慮等の各種支援策を推進するとともに、市及び福祉事務所を設置する町村においては、国の基本方針に即して、母子家庭及び寡婦自立促進計画を策定する等により、母子家庭等に対する支援を充実させることが必要である。 　また、母子家庭の母の就業を促進するため、民間事業者に対する協力の要請や母子福祉団体等の受注機会の増大への配慮等、必要な施策を講ずるように努めることも重要である。 　さらに、住民に身近な地方公共団体として、母子家庭等に対する相談体制の充実や施策・取組みについての情報提供を行うことが必要である。
4403	助産施設入所事業	入院助産を受ける必要があるにもかかわらず、経済的理由で受けられない妊婦の出産への経済的不安を軽減するため、市立A病院と連携して少ない費用でお産をしてもらう。						
4404	母子生活支援施設入所事業	母子家庭で、住居、生活などに困っている親子が入所し、自立が出来るよう支援する。母子ホームと連携しながらすすめる。					○	（7）要保護児童への対応などきめ細かな取組の推進 イ．母子家庭等の自立支援の推進 　離婚の増加等により母子家庭等が急増している中で、家庭等の児童の健全な育成を図るためには、母子及び児童福祉法や母子家庭の母の就業の支援に関する特別措置法15年法律第126号）の規定を踏まえ、きめ細かな福祉サービスの展開と自立・就業の支援に主眼を置き、子育てや生活援策、就業支援策、養育費の確保策及び経済的支援策について、地域の母子家庭等の現状を把握しつつ、総合的かつ適切に実施していくことが必要である。 　具体的には、子育て短期支援事業、母子家庭等日常生活支援事業及び保育所の入所に際しての配慮等の各種支援策を推進するとともに、市及び福祉事務所を設置する町村においては、国の基本方針に即して、母子家庭及び寡婦自立促進計画を策定する等により、母子家庭等に対する支援を充実させることが必要である。 　また、母子家庭の母の就業を促進するため、民間事業者に対する協力の要請や母子福祉団体等の受注機会の増大への配慮等、必要な施策を講ずるように努めることも重要である。 　さらに、住民に身近な地方公共団体として、母子家庭等に対する相談体制の充実や施策・取組みについての情報提供を行うことが必要である。

内容	予算額・全国 (百万円)	担当省	有無	分類	内容

地域
5．子育てを支援する地域再生事業の展開
　①地域ぐるみで子育てを支援する事業の実施

ID	事業名	事業概要	赤	前	学	青	記載有無	内容
5101	地域ぐるみの子育て支援事業（仮称）（重点事業）	◎「ひろば」事業の充実 　子育て支援センター・共同利用施設・幼稚園・保育所など、地域の拠点施設で、在宅子育て家庭の乳幼児とその保護者を対象に、遊びの紹介や親子あそび、子育て相談などを内容とする事業を展開し、そこに集う子どもや親同士ができるだけ自然な形で出会い、ふれあう機会となる場づくりを目指す。ベビーカーを押していける範囲に１カ所の実現を目指す。 ◎世代間交流事業の推進 　「ひろば」事業に子育て中の親子以外の参加者を募る。子育て世代と子育て応援世代の交流会を実施し、同じ場所で同じ体験をすることなどを通して互いの理解を深めていく。「生活の知恵」など文化の伝承の機会ともなる。 ◎子育て支援者の育成 　子育て卒業世代や中高生の男女などが、講習会に参加したり実際に子育て中に親子に接したりする中で、子育て支援に必要なスキルを身につけ地域で子育て支援者として活動できるようにしていく。 ◎異世代ネットワークの構築 　赤ちゃん期、児童期、青少年期、成人期、老年期のライフサイクルを念頭に置いた相互の助け合いを、子育て支援という視点から見つめ直し、子育て・子育ち中の親子を含めて、支援し支援される相互援助活動としての異世代交流が、地域に定着していくようにする。					○ ○ ○	◎「ひろば」事業の充実 （１）地域における子育て支援 ア．地域における子育て支援サービスの充実 （ウ）地域の児童の養育に関する各般の問題につき、保護者らの相談に応じ、必要な情報の提供及び助言を行う事業 （児童福祉法改正による子育て支援事業） （２）おおむね３歳未満の児童及びその保護者が相互の交流を行う場所を開設し、当該場所において、適当な設備を整備等により、当該児童の養育に関する各般の問題に付き、者からの相談に応じ、必要な情報提供及び助言を行い、他必要な援助を行う事業 ◎世代間交流事業の推進 （１）地域における子育ての支援 オ．その他 　アからエまでに掲げる施策を実施するに当たっては、の高齢者の参画を得る等、世代間交流の推進を図ること要である。 　また、幼稚園の園庭・園舎を開放し、子育て相談や未児の親子登園等を推進することや各種の子育て支援サーの場として余裕教室等の公共施設の余裕空間や商店街の店舗を活用することが望ましい。 ◎子育て支援者の育成 （３）子どもの心身の健やかな成長に資する教育環境の整 ア．次代の親の育成 　男女が協力して家庭を築くこと及び子どもを生み育てるとの意義に関する教育・広報・啓発について、各分野がしつつ効果的な取組みを推進することが必要である。 　また、家庭を築き、子どもを生み育てたいと思う男女その希望を実現することができるようにするため、地域の環境整備を進めることが必要である。 　特に、中学生、高校生等が、子どもを生み育てること義を理解し、子どもや家庭の大切さを理解できるようにため、保育所、幼稚園、児童館及び乳幼児健診の場等し、乳幼児とふれあう機会を広げるための取組みを推進ことが必要である。

内容	予算額・全国（百万円）	担当省	有無	分類	内容
主に乳幼児（特に0～3歳）を持つ子育て中の親子の交流、集いの場を提供する「つどいの広場」の設置促進	補助金等 151	厚生労働省	○	つどいの広場事業	地域の子育て支援基盤の強化・充実を図るため、公共施設内のスペース、公民館、子育て拠点施設などを活用して、乳幼児を持つ子育て中の親子が気軽に集い、交流や相談ができるよう「つどいの広場」の設置推進を支援します。
			△	高齢者による子育て支援活動の充実 老人クラブによる子育て支援活動の推進	高齢者の知識・経験を活かした社会参加活動への期待が一層高まる中、老人クラブが取組む子育て支援や見守り運動を支援します。

ID	事業名	事業概要	赤	前	学	青	記載有無	内容
5102	家庭・子ども支援ネットワークモデル事業	「PTCA活動」、「ご近所一声運動」「まちの子育てひろば」等の事業を中心に、「家庭・子ども支援」の地域のネットワークをつくる。中学校区単位にモデルを指定し、3年間で全市域へ広げていく。					△ ○ ○	（１）地域における子育ての支援 ウ．子育て支援のネットワークづくり　子育て家庭に対しきめ細かな子育て支援サービス・保育サービスを効果的率的に提供するとともに、サービスの質の向上を図る観ら、地域における子育て支援サービス等のネットワーク成を促進し、また、各種の子育て支援サービス等が、利に十分周知されるよう、子育てマップや子育てガイドの作成・配布等による情報提供を行うことが必要である。 　また、地域住民の多くが子育てへの関心・理解を高め域全体で子育て家庭を支えることができるよう、子育てする意識啓発等を進めることが望ましい。 （１）地域における子育ての支援 エ．児童の健全育成 　（中略）また、少年非行等の問題を抱える児童の立ち直援、保護者の子育て支援並びに引きこもり及び不登校応においては、児童相談所、学校、保護司、警察、地ンティア等が連携して地域社会全体で対処することがあり、地域ぐるみの支援ネットワークの整備や個別的的な問題に対して関係機関による専門チームを編成し、するための参加・協力体制を整備することが望ましい。 （３）子どもの心身の健やかな成長に資する教育環境の整ウ．家庭や地域の教育力の向上 （ア）家庭教育への支援の充実 　家庭教育は、すべての教育の出発点であり、基本的や社会的なマナー、自制心、自立心等を育成する上で割を果たすものである。 　育児不安や児童虐待の背景として、近年の都市化、核化、少子化、地域における地縁的なつながりの希薄化う家庭の教育力の低下が指摘されていることを踏まえ、館等の社会教育施設を始め、乳幼児健診や就学時健診くの親が集まるあらゆる機会を活用し、子どもの発達応じた家庭教育に関する学習機会や情報の提供を行う必要である。 　また、子育て経験者等の「子育てサポーター」として成・配置等による、子育て中の親が家庭教育に関して相談できる体制の整備や子育てサークル活動への支援域において子育てを支援するネットワークの形成を図るが必要である。
5103	子育て交流ルーム運営事業	在宅で子育て中の親の孤立化を防ぐために、地域において乳幼児親子が気軽に立ち寄れ、自由に交流できる場の整備運営。専用使用できる場所の確保。 ボランティアの後継者の確保。定期的に開催することで、地域の拠点作りにしたい。					△	（１）地域における子育ての支援 ア．地域における子育て支援サービスの充実 （ウ）地域の児童の養育に関する各般の問題につき、保らの相談に応じ、必要な情報の提供及び助言を行う事業 （２）おおむね３歳未満の児童及びその保護者が相互に行う場所を開設し、当該場所において、適当な設備を等により、当該児童の養育に関する各般の問題につき、者からの相談に応じ、必要な情報の提供及び助言を行いの他必要な援助を行う事業

②子育て支援ボランティアの育成

ID	事業名	事業概要	赤	前	学	青	記載有無	内容
5201	子育て支援センターボランティア養成講座事業	「ひろば」事業や地域で子育て活動を実践するボランティアを育成するための、講座と体験の場を実施する。ボランティアが活動できる場をつくる。児童から高齢者まで様々な世代の人が、子育て支援ボランティア活動に対する意欲と希望を持って参加できるよう、講座内容などを工夫していく。						

内容	予算額・全国 (百万円)	担当省	有無	分類	内容
			△	子育てボランティアの活動を支援する仕組み 子育て応援ボランティア事業	身近な地域で、子育て支援の団体や機関の連携を強化するとともに、県民が気軽に応援できる環境を創るため、市町単位の地域拠点で、子育て支援者やイベントの情報の共有化、人材のマッチングや親指導ができるボランティアの要請、ファミリーサポートセンターや保育所等の子育て支援事業とのコーディネート等を行う仕組みづくりを推進します。
			○	子育てファミリーサポートくらぶリーダー養成講座の実施	地域で高齢者や主婦等が培った子育ての経験や知識を生かし、積極的に子育て支援に取り組むための子育て支援グループのリーダー養成研修を実施します。

③子育てサークルの育成

ID	事業名	事業概要	赤	前	学	青	記載有無	内容
5301	子育て支援センター子育てサークルの活動支援	子育てサークルマップの作成とサークルへの講師派遣や講師謝礼の一部を助成し、地域の子育てサークル活動を支援する。サークル活動の充実と活動場所の確保。子育てサークルの企画・運営による講習会等を開催する。					○	（1）地域における子育ての支援 ア．地域における子育て支援サービスの充実 (ウ)地域の児童の養育に関する各般の問題につき、保護者らの相談に応じ、必要な情報の提供及び助言を行う事業 （3）保育所その他の施設等において、必要な職員を置くより、乳児、幼児等の保育に関する各般の問題につき、者からの相談に応じ、必要な情報の提供及び助言を行うもに、保護者の児童の養育の支援に係る活動を行う民間（子育てサークル）の支援その他の必要な援助を行う事業
5302	子育てサークルのネットワーク化の推進	市内の子育てサークルの代表者がつどい、各サークルの情報交換をしたり、自らの力でイベントなどを開催する事などを通して、サークル間の連携を図ったり、サークル活動への参加意欲と自信を深めていけるようにする。支援センターが核となり、サークルの主体性を育みつつサークル間の連携ができるようにしていく。					○ △	（1）地域における子育ての支援 ア．地域における子育て支援サービスの充実 (ウ)地域の児童の養育に関する各般の問題につき、保護らの相談に応じ、必要な情報の提供及び助言を行う事業 （3）保育所その他の施設等において、必要な職員を置くより、乳児、幼児等の保育に関する各般の問題につき、者からの相談に応じ、必要な情報の提供及び助言を行うもに、保護者の児童の養育の支援に係る活動を行う民間（子育てサークル）の支援その他の必要な援助を行う事業 ウ．子育て支援のネットワークづくり 子育て家庭に対して、きめ細かな子育て支援サービス・サービスの向上を図る観点から、地域における子育て支援サー等のネットワークの形成を促進し、また、各種の子育てサービス等が、利用者に十分周知されるよう、子育てマや子育てガイドブックの作成・配布等による情報提供をことが必要である。 また、地域住民の多くが子育てへの関心・理解を高め域全体で子育て家庭を支えることができるよう、子育てする意識啓発等を進めることが望ましい。

④地域スポーツクラブの推進

ID	事業名	事業概要	赤	前	学	青	記載有無	内容
5401	スポーツクラブ21	小学校区単位で、地域の人々が一緒になって活動し、スポーツを通じた子ども達の健やかな成長をめざすとともに、市民の健康増進を図っていく地域スポーツクラブ。17小学校区全てで実施していく。					○	（3）子どもの心身の健やかな成長に資する教育環境の整イ．子どもの生きる力の育成に向けた学校の教育環境等の (ウ)健やかな体の育成 子どもの体力が低下傾向にあり、生活習慣の乱れや肥増加等の現代的課題が指摘されている現状を踏まえ、子が生涯にわたって積極的にスポーツに親しむ習慣、意欲能力を育成するため、優れた指導者の育成及び確保、指法の工夫及び改善等を進め、体育の授業の充実させるとに、子どもが自主的に様々なスポーツに親しむことがで運動部活動についても、外部指導者の活用や地域との連推進等により改善し、また充実させる等、学校におけるポーツ環境の充実を図ることが必要である。また、子と生涯にわたる心身の健康の保持増進に必要な知識や適切活習慣等を身に付けさせるための健康教育を推進するこ必要である。 （3）子どもの心身の健やかな成長に資する教育環境のウ．家庭や地域の教育力の向上 (イ)地域の教育力の向上 子どもが、自分で課題を見つけ、自ら学び主体的にし、行動し、よりよく問題を解決する力や、他人を思い心や感動する心等の豊かな人間性、たくましく生きるた健康や体力を備えた生きる力を、学校、家庭及び地域かに連携しつつ社会全体ではぐくんでいくことが必要であ このため、地域住民や関係機関等の協力によって、の豊かな自然環境等の地域の教育資源を活用した子ども様な体験活動の機会の充実、世代間交流の推進及び学校の地域開放、総合型地域スポーツクラブの整備、スポー導者の育成等子どもたちの多様なスポーツニーズに応え域のスポーツ環境の整備を図ること等により、地域の教を向上させることが必要である。 また、地域における子育てに関連した様々な活動に学教職員が自主的に参加するよう働きかけることも望まし

内容	予算額・全国 (百万円)	担当省	有無	分類	内容
地域の子育て家庭に対する育児相談や子育てサークル支援等を行う地域子育て支援センター事業を推進	補助金等 4,710	厚生労働省			
地域の子育て家庭に対する育児相談や子育てサークル支援等を行う地域子育て支援センター事業を推進	補助金等 4,710	厚生労働省			
子どもたちが日常生活の中で家族や仲間と運動・スポーツ活動の楽しさを気軽に楽しむことの出来る環境作りを推進するため、学校・地域・家庭等による総合的な方策を展開 国民の誰もが、それぞれの体力や年齢、技術、興味・関心に応じて、いつでも、どこでもスポーツ活動を行うことができる生涯スポーツクラブや広域スポーツセンターの育成を支援	補助金等 37 補助金等 7441	文部科学省	○	「スポーツクラブ21」の推進	スポーツを通じて地域コミュニティづくりや地域の教育力を活用した青少年の健全育成を図るため、子どもから高齢者まで幅広い年齢層の住民が、小学校区を基本単位とするそれぞれの地域で、様々なスポーツを楽しむことができる地域住民の自主運営による地域スポーツクラブの設置を支援します。

6. 安全・安心の子育て社会を作るため、あらゆる心配を除去する事業の推進

①子育て安心事業の推進

ID	事業名	事業概要	赤	前	学	青	記載有無	内容
6101	小児救急医療体制の充実（仮称）重点事業	広域的な連携を含めた小児救急医療体制の確立に向けて、協議を進めていく。また、小児医療のあり方・対応などを協議する近隣市町との連携調整会議を開催し、小児医療体制の充実を図っていく。特に、保護者を対象に小児と特性、医療に関する知識を習得することを目的とする研修会を開催したり、休日、夜間などの小児医利用に関する電話相談体制の整備を図っていく。					○	（２）母性並びに乳児及び幼児等の健康の確保及び増進 エ．小児医療の充実 　小児医療体制は、安心して子どもを生み、健やかに育てることができる環境の基盤となるものであることから、小児医療の充実・確保に取り組むこと、特に小児救急医療にて、都道府県、近隣の市町村及び関係機関との連携の下極的に取組むことが必要である。
6102	市立A病院小児科における育児支援サービス事業（新規事業）	外来・入院患者を対象に、健康教育、虐待防止、薬の上手なのませ方、新米ママの育児相談などを外来スペースに配置した相談コーナーで行い、子どもが病気の時などの育児不安の解消を目指す。						
6103	保育所への看護師の配置	保育所入所児だけでなく、地域の在宅児の健康相談やケアを行い、小児医療の一助となる公私立保育所に看護師の配置を検討していく。						

②子どもの交通安全を確保するための活動の推進

ID	事業名	事業概要	赤	前	学	青	記載有無	内容
6201	A市幼児交通安全クラブ	幼稚園及び保護者に対して交通安全に関する習慣づけやルールを学べるよう、警察と連携し、公私立幼稚園に出向き交通指導を行っていく。					○	（６）子ども等の安全の確保 ア．子どもの交通安全を確保するための活動の推進 　子どもを交通事故から守るため、警察、保育所、学校、童館、関係民間団体等との連携・協力体制の強化を図り合的な交通事故防止対策を推進することが必要である。 （ア）交通安全教育の推進 　子ども及び子育てを行う親等を対象とした参加・体験践型の交通安全教育を交通安全教育指針（平成10年国家委員会告示第15号）に基づき段階的かつ体系的に行うとに、地域の実情に即した交通安全教育を推進するため、安全教育に当たる職員の指導力の向上及び地域における指導者を育成することが必要である。

③子どもを犯罪被害から守るための活動の推進

ID	事業名	事業概要	赤	前	学	青	記載有無	内容
6301	補導活動事業	地域に密着した街頭補導と「愛の一声運動」を推進していく。合わせ、関係機関・団体と連携したキャンペーン等による広報啓発活動を実施していく。					△	（６）子ども等の安全の確保 イ．子どもを犯罪等の被害から守るための活動の推進 （ウ）学校付近や通学路等においてPTA等の学校関係者犯ボランティア、少年警察ボランティア等の関係機関と連携したパトロール活動を推進
6302	健全育成活動事業	再掲：「子ども　1103」						
6303	自主防犯活動に取り組む市民やボランティア団体への支援	地域住民やボランティア団体が自主的に行うパトロールや啓発活動への支援や、それに必要な人材育成のための研修や講座等の充実を図る。						（６）子ども等の安全の確保 イ．子どもを犯罪等の被害から守るための活動の推進 （ウ）学校付近や通学路等においてPTA等の学校関係者犯ボランティア、少年警察ボランティア等の関係機関と連携したパトロール活動を推進 （エ）子どもが犯罪の被害に遭わないようにするための防習の実施
6304	市民への犯罪情報や地域安全情報の提供	身近な地域を単位として自主防犯活動を推進していけるよう、市民への犯罪情報や地域安全情報の提供を行う。あわせて、効果的な情報提供のあり方を検討する。					○	（６）子ども等の安全の確保 イ．子どもを犯罪等の被害から守るための活動の推進 （ア）住民の自主防犯行動を促進するため、犯罪等に関す報の提供を推進

資料編　265

内容	予算額・全国 (百万円)	担当省	有無	分類	内容
二次医療圏単位で休日及び夜間における小児科医を確保する医療支援事業の実施	545	厚生労働省	○	小児医療体制の整備	小児救急医療体制が整ってない中、医療資源の偏在、育児不安の軽減を図るため、「小児救急(災害)医療システムの整備に関する基本方針」に基づき、各圏域の実情に応じた小児救急医療体制の整備を行います。 ・小児救急医療拠点病院体制整備事業 ・小児救急医療電話相談体制の整備(全県を対象とした小児救急医療相談(#8000)の運営及び地域における相談窓口設置の拡充 ・内科医師等への小児救急医療研修の実施
防犯ボランティアによる自主的なパトロール活動に対し、地域安全情報の提供を含め適切な指導助言を行うとともに、警察官に同行しての合同パトロールの実施、防犯ボランティアの活動についての広報等による支援を推進	ガイドライン等	警察庁	△	まちづくり防犯グループの結成促進・活動支援等	地域での自主防犯活動の担い手となる「まちづくり防犯グループ」の結成等に要する経費の助成、防犯活動用品の支給のほか、防犯活動リーダーの養成、地域の防犯課題の解決をはかるための専門家派遣、グループ間の交流促進を行います。 また、新たにグループ等の活動を先導等していく「地域安全まちづくり推進員」の設置やグループ等の活動を連携していくためのネットワークづくりへの支援を行います。

④被害にあった子どもの保護の推進

ID	事業名	事業概要	赤	前	学	青	記載有無	内容
6401	相談活動事業	学校及び関係機関と連携し少年問題の相談に応じる。学校、PTA、児童・生徒、市民への広報啓発活動を進める。センター通信やチラシ等で相談活動の周知を図る。					△	（1）地域における子育て支援 エ．児童の健全育成 （中略）あわせて、性の逸脱行動の問題点等について、教啓発を推進することが必要である。また、少年非行等の問題を抱える児童の立ち直り支援、保護者の子育て支援並びにひきこもり及び不登校への対応においては、児童相談所、学校、保護司、警察、地域ボランティア等が連携して地域全体で対処することが必要であり、地域ぐるみの支援ネットワークの整備や個別的・具体的な問題に対して関係機関や専門チームを編成し、対応するための参加・協力体制を整備することが望ましい。

⑤教育施設環境の整備

ID	事業名	事業概要	赤	前	学	青	記載有無	内容
6501	小中学校のエレベーター整備	階段の利用が困難な児童・生徒の、学校生活における上下階の移動を容易にするため、市内の小中学校すべてに順次エレベーターを整備していく。						
6502	小中学校のバリアフリー対策	障害を持つ児童・生徒が学校生活を安心して送るため、また、学校開放などにより誰もが使いやすい施設とするため、バリアとなる段差や便所等、施設・設備を計画的に整備していく。						

⑥安全な道路環境の整備

ID	事業名	事業概要	赤	前	学	青	記載有無	内容
6601	道路安全対策事業	生活基盤である道路の安全対策事業として、ベビーカーの使用者や子どもが安全かつ安心して通行できる道路の整備を計画的に進めるとともに、道路を良好な状態に保つように維持管理に努める。 道路内での歩行者等の交通安全の確保と、バリアフリー化の推進。 身近に利用される道路を中心に、側溝の蓋掛等により有効幅員を広げ、安全に使用できる歩行空間や、交通安全施設の整備を図るとともに、ポケットパーク等の親子・妊婦等が憩える場を創出する。					△	（4）子育てを支援する生活環境の整備 ウ．安全な道路交通環境の整備 　子ども、子ども連れの親等が安全・安心に通行することができる道路交通環境を整備するため、次の取組みを行うことが必要である。 （ア）高齢者、身体障害者等の公共交通機関を利用した移動円滑化の促進に関する法律（平成12年法律第68号）に基づき、幅の広い歩道の整備を推進 （イ）死傷事故発生割合が高い「あんしん歩行エリア」にて、歩道、ハンプ、クランク等の整備を重点的に実施し、生活道路における通過車両の進入や速度の抑制、幹線道路における交通の流れの円滑化等を推進

⑦安心して外出できる環境の整備

ID	事業名	事業概要	赤	前	学	青	記載有無	内容
6701	都市公園整備事業	「みどりの基本計画」に基づき、市民の参画と協働のもと、都市の基幹的な施設である公園・緑地を整備している。公園の設計については、特にバリアフリー化や犯罪等の防止等に配慮する。 ・多くの住民が愛着を持つ、魅力ある公園を整備するため、公園計画段階から住民の参画と協働によるまちづくりを進めていく。 ・住民の参画と協働による公園の管理・樹木等の育成を進めていく。 ・防犯面について、公園内に死角を生み出さないような施設計画をしたり、支障樹木等の管理を徹底していく。 ・公園に関心を持つ地域の住民が増えるような活動を育成、支援していく。 ・近隣公園以上の大型公園では、子育て期の親たちが公園に出かけたくなるように、多目的トイレの設置及びバリアフリー化など施設面の充実を図る。					○	（4）子育てを支援する生活環境の整備 エ．安心して外出できる環境の整備 （ア）公共施設、公共交通機関、建築物等のバリアフリー化 　妊産婦、乳幼児連れの者等すべての人が安心して外出しよう、道路、公園、公共交通機関、公的建築物等において段差の解消等のバリアフリー化を推進することが必要である。 （イ）子育て世帯にやさしいトイレ等の整備 　公共施設等において、子どもサイズの便器・手洗い器、ベビーベッド、ベビーチェア、ゆったりした化粧室、授乳設置などの子育て世帯が安心して利用できるトイレの整備、商店街の空き店舗等を活用した託児施設等の場の整備をすることが必要である。 オ．安全・安心まちづくりの推進等 　子どもが犯罪等の被害に遭わないようなまちづくりをするため、道路、公園等の公共施設や住居の構造、設備、等について、次の犯罪等の防止に配慮した環境設計を行うことが必要である。 （ア）通学路や公園等における防犯灯、緊急通報装置等の設備の整備の推進 （イ）道路、公園、駐車・駐輪場等及び公衆便所並びに共同の構造、設備の改善、防犯設備の整備の推進及びこれらの必要性に関する広報啓発活動の実施

内容	予算額・全国 (百万円)	担当省	有無	分類	内容
幅の広い歩道等の整備等による歩行空間のバリアフリー化を推進	補助金等 314,052	国土交通省	△	安全・快適なバリアフリー化の推進 歩道のリニューアル	段差や波打ち歩道の解消により、安全・快適なユニバーサルデザインの歩道整備に取組みます。
高齢者・障害者等をはじめとする全ての人々が日常的な健康づくりや余暇活動が行えるようにユニバーサルデザインによる都市公園等の整備を推進。			△	安心して子どもが遊べる空間作りの推進 都市公園や河川における親水施設の整備	親子などが、多様なスポーツ・レクリエーションに活用できる場、自然教育や環境学習の場となる都市公園の整備を図ると共に、河川空間の持つ水辺の魅力を高め、水に親しみふれることができるよう、快適な水辺が実感できる河川空間の整備を推進します。

| 資料 2 | | 素案109事業のうち、指針・国施策・県計画いずれにもあてはまらなかった事業（20事業） |

数	ID	事業名	事業概要	赤	前	学	青
1	1104	人権啓発映画会の実施	市民を対象に人権啓発映画会を開催し、映像を通して人権について考え、人権尊重の輪を家庭・地域から広めていく。 児童くらぶとの連携を図りながら、児童向け映画の上映を推進していく。			■	
2	1401	フィールド・スクール事業	G科学館、昆虫館、博物館、美術館、J文庫、K館などの社会教育施設を活用し、学社融合の視点に立った教育活動を行う。			■	
3	1404	外国人生徒の受け入れ事業	入国後間もない児童・生徒の円滑な受け入れと、日本語理解が不十分な児童・生徒に対して指導援助を行うと共に、交流体験等の活動を通じて、国際化時代に対応した国際理解教育を推進する。			■	
4	1408	生徒指導	日常的に社会のルールやマナーを身に付けられるよう、児童生徒の規範意識を高め、自己実現をめざす。幼・小・中連携した取組みをすすめていく。			■	
5	1411	保育所保育研究会	各保育所が、保育テーマに基づき保育実践し、講師を招き実地指導を受けたり、公開保育の場で意見を交換するなど、課題別に研修を深め、保育内容の充実と保育士の資質向上を図る。時宜を得た研修テーマを選択したり、全体研修にとらわれることなく小グループによる研究を深めるなど、より専門的な研究機会としていく。		■		
6	1412	異年齢児保育	異年齢児縦割り保育・兄弟姉妹保育など様々な保育形態を工夫し、きめ細やかな保育の推進を図り、子どもの多種多様な経験を保障する中で時代を切り開く「創造的保育」や豊かな感性を育む「育ちあいの保育」を目指す。		■		
7	1413	人権保育事業	子どもの人権に焦点を置いて保育実践の中で、乳幼児の成長を保障すると共に部落差別をはじめとするあらゆる差別の実態を認識し、差別を見抜き、差別を許さない保育内容を創造する。 それぞれが他人を認め合う保育に努める。遊びの中から"平等""他人への思いやり"などの意識の高揚を図る。		■		
8	1415	担当制保育	0、1歳児の乳児保育に置いて、特定の保育士の愛情深い関わりを基盤に、信頼関係の形成を重視する。行き届いた環境の下で、様々な欲求を満たすと共に家庭養育の補完を行い、健康で安全、情緒の安定した生活を送れるようにする。		■		
9	1502	中学校部活動推進事業	A市中学校部活動推進委員会により部活動に関する諸問題を調査研究し、部活動の進行充実を図る。完全学校5日制に係る部活動のあり方を共通理解としていくため、部活動推進委員会と各中学校の部活動総務の連携を深め、よりよい活動の仕方を考えていく。				■
10	1503	心肺蘇生講習会	教職員並びに中学校3年生を対象に心肺蘇生法の実技講習を実施し、教職員の救命技術の向上を図るとともに生徒に対しては、「命」の大切さについて考える場とする。				■
11	3701	乳幼児の入院生活福祉給付金の助成	平成16年10月より、入院時の食事療養費標準負担額（入院時の食事負担金）の県の助成制度が廃止されることが、乳幼児医療に関しては市単独事業としてこれを継続していくことで、子育て期間中の経済的な負担を軽減していく。	■			

数	ID	事業名	事業概要	赤	前	学	青
12	3704	就学援助事業	経済的理由により就学困難な小中学校の児童・生徒の保護者に対して学用品費等を援助しもし就学援助を行い、義務教育の円滑な実施を図る。所得制限、支給制度額等の見直しを検討する。			■	■
13	3705	市立高校授業料・入学料減免事業	経済的理由により就学困難な市立高等学校の生徒の保護者に対して、授業料及び入学料を免除・減免することにより就学を奨励する。平成15年度から、定時制についても授業料及び入学料を徴収しているため減免の対象となる。			■	■
14	3707	私立幼稚園就園奨励費補助事業	私立幼稚園に在園している満3歳児及び4・5歳児の家庭の経済的負担を軽減するため、国の補助を受け、就園奨励費補助金の交付をする。保育料の公私間の格差の是正。補助金の見直しについての検討。		■		
15	3708	市立幼稚園保育料及び入園料の免除または減額	市立幼稚園就園につき、経済的に困難な世帯に対し、保育料及び入園料の免除または減免により、保護者の経済的負担の軽減を図る。		■		
16	4403	助産施設入所事業	入院助産を受ける必要があるにもかかわらず、経済的な理由で受けられない妊婦の出産への経済的不安を軽減するため、市立A病院と連携して少ない費用でお産をしてもらう。	■			■
17	6102	市立A病院小児科における育児支援サービス事業（新規事業）	外来・入院患者を対象に、健康教育、虐待防止、薬の上手なのませ方、新米ママの育児相談などを外来スペースに配置した相談コーナーで行い、子どもが病気の時などの育児不安の解消を目指す。	■	■		■
18	6103	保育所への看護師の配置	保育所入所児だけでなく、地域の在宅児の健康相談やケアを行い、小児医療の一助となる公私立保育所に看護師の配置を検討していく。	■	■		■
19	6501	小中学校のエレベーター整備	階段の利用が困難な児童・生徒の、学校生活における上下階の移動を容易にするため、市内の小中学校すべてに順次エレベーターを整備していく。			■	■
20	6502	小中学校のバリアフリー対策	障害を持つ児童・生徒が学校生活を安全に安心して送るため、また、学校開放などにより誰もが使いやすい施設とするため、バリアとなる段差や便所等、施設・設備を計画的に整備していく。			■	■

＊事業名によって市名がわかってしまうものについては一部改変している。

| 資料3 | タウンミーティング報告書 |

子ども
1．次世代の健全育成に向けた環境の整備
　主な意見
　①『居場所作り』が大切⇒子育て中の保護者の集える所と、子ども（乳幼児～青少年、障害児）の居場所の必要性を訴える声が最も多い
　　・既存の施設を大いに利用して、居場所としての環境を整える
　　・運営を補助するリーダーの育成
　　・保護者の集う場所では、一部自主運営も検討する
　②居場所や、地域で活動するリーダー（青少年）の育成
　③乳幼児を連れていける（安全な）場所の確保
　④学力の保障（基礎学力の保障、及び習熟度の高い子どもには、その子の能力に合わせたレベルの学力保障）
　⑤学校応援団（ボランティア）の設置と積極的取入れ
　⑥子どもと教師の意思疎通を密にする
　⑦命の尊さ、人間関係の作り方、自分の感情をコントロールする方法、などの教育

◆施策の方向性と具体的事業
　①児童の健全育成

NO	事業名	素案の文言	赤	前	学	青	意見
1101	児童館事業	児童の健全な遊びを提供し、子ども同士による交流、親と子のふれあいを深めたり、地域の人々との交流を図る。また親子遊び教室、親子リズム教室、こども教室や、七夕まつり、もちつき会など、季節に応じた行事の取り組みも実施していく。					○『子どもの居場所』の一つとして位置づけ、その機能を充実する。子どもや保護者をひきつける魅力づくり。 　児童館の情報を積極的に発信し、子ども達や保護者にその魅力が十分伝わるように工夫を行う。 ・『子どもの居場所』リーダー育成（主に中～大学生。地域のOK）と充実。 　リーダーは、子どもの遊び相手をしたり、お兄さんお姉さん立場であったり、一部運営を手伝ったりしてはどうか。 ・青少年、大学生向きのメニューも充実させる。これをリーダー成に活かす。 ・イベント時間の再検討（13時～は子どもの昼寝時間。10時～イベントを増やして欲しいとの意見を反映する）。 ・乳幼児を安全に遊ばせることのできる空間（乳幼児対応の部の設置。 ・父親の参加を促す企画を行う。 ・子どもによる自主運営（参画）も取り入れる。
1102	青少年センター管理運営事業	センターにおいて、青少年が文化・スポーツ等の活動を通じ、技術の習得と創造性を育み、相互の交流の場となるように運営していく。青少年のニーズを的確に把握して更なる内容の充実を図っていく。					
1103	健全育成活動事業	青少年の健全育成及び、青少年が犯罪被害に遭わないようにするために、学校や関係機関及び地域の青少年育成団体等と連携して地域ぐるみの愛護活動をすすめる。					・地域で子育てできる手立てを－まずは、地域で子育てができるように、顔見知りになれるような関係づくりを行う。町の声の動の継続・推進。 ・喫煙に対する教育。 ・命の大切さ教育（健全育成を目的として）。 ・小学校の集団下校の奨励（強制ではない）。
1104	人権啓発映画会の実施	市民を対象に人権啓発映画会を開催し、映像を通して人権について考え、人権尊重の輪を家庭・地域から広めていく。 児童くらぶとの連携を図りながら、児童向け映画の上映を推進していく。					・A市内の保育所・幼稚園・小学校・中学校・高校等で行う。 ・子どもを育てる保護者の意識も大切なので、保護者対応の啓進も検討する。

資料編 271

比較	本案
TM影響有 変更はあるが因果関係不明 変更なし 反映なし	＊素案から変更された部分は、下線で示している。

比較	NO	事業名	事業概要	赤	幼	学	青
"『子どもの居場所』"の一つとしての機能を持たせる"リーダー育成"等の表現を用い、事業内容を一部TMに沿った形で変更している。	1104	継続 児童館事業	<u>『子どもの居場所』としての機能を持たせ、児童に健全な遊びや安全安心な遊び場を提供し、子どもの相手をする大学生がリーダーとなって「みんなであそぼ」事業も展開する。</u>また、子ども同士による交流、親と子のふれあいを深めるため児童向けの講座・教室を開催し、地域の人々との交流を深めるイベント等を実施する。				
変更なし	1105	充実 青少年センター管理営業事業	センターにおいて、青少年が文化・スポーツ等の活動を通し、技術の習得と創造性を育み、相互の交流の場となるように運営していく。青少年のニーズを的確に把握して、更なる内容の充実を図っていく。				
変更なし	1108	継続 健全育成活動事業	青少年の健全育成および、青少年が犯罪被害に遭わないようにするために、学校や関係機関および地域の青少年育成団体等と連携して地域ぐるみの愛護活動を進める。				
変更はあるが因果関係不明。対象成長過程に「幼児期」追加。	1109	継続 人権啓発映画会の実施	人権啓発映画会を開催し、映像を通して人権について考え、人権尊重の輪を広げていく。 　また、「出前講座」の実施や学校園の教材用としてビデオの貸し出し等を含め、広く周知を図り学校園、地域等と連携しながら推進していく。				

NO	事業名	素案の文言	赤	前	学	青	意見
1105	子育て支援センターむっくむっくルーム	就学前の子どもと保護者が自由に集い、子育てについての情報交換や友達づくりをすすめる場として開催する。事業の啓発と内容を充実させる。					○子育てサークルの育成や活動サポートを行う（サークルが生まれる雰囲気つくりや、サークル運営のアドバイス、サークル活動場所確保の手伝い、etc.） ・子育て支援センターの施設（Lプラザの施設？）を、個人参加だけでなく、子育てサークルも利用できるようにする。 ・むっくむっくから子育てサークルが生まれ、育つように支援 ・未就園児（3歳、4歳）の親子が集う場の提供を行う。 ・駐車場の確保（交通のアクセスが悪く、マイカーの運転ができないと行けないや、駐車場が狭すぎて行けない）を検討する。 ・市の公共施設の閉館時間延長を検討する（保育所の子ども保護者と利用しやすいように）。 ・共働きの親にも配慮した子育て支援（公共施設を平日夕方も開館、イベント開催日時の配慮等）。 　日曜日ルームの開放を行う（父親とのふれあい、共働き世帯利用など）。
1106	子育て支援センターひろば事業	子育て不安や悩みを持ち、地域の中で孤立しがちな親子のために子育ての相談や幼稚園・保育所・地域における出会いと交流の場として実施。また、子育て支援ボランティアの協力を得て、親子での遊びや子育てについて話し合える友達作りづくりをすすめる。身近な地域での実施により、地域の人との関わりができる事業へ発展させる。					○子育てサークルの育成や活動サポートを行う（サークルが生まれる雰囲気つくりや、サークル運営のアドバイス、サークル活動場所確保の手伝い、etc.） 待機児童の集える場や、1歳未満の赤ちゃんを遊ばせる場の確保 ・先々、親のつながりを継続しやすいように、ひろばの時に工夫 ・イベント時間の再検討（13時～は子どもの昼寝時間。10時～イベントを増やして欲しいとの意見を反映して）。 ・定員の増加。…抽選枠を広げて欲しい。行きたいときにいけるようになればよいのでは。 ・共働きの親にも配慮した子育て支援（公共施設を平日夕方も開館、イベント開催日時の配慮等）。 ・待機児童への幼稚園開放などの支援を行う。 ・地域の人の参加も促す（紙芝居を読んでくれる人、etc.）。
1107	幼稚園の子育て支援事業	未就園児やその保護者への園開放をして、遊び場の提供や保護者の交流の場とする。子育てに不安を抱く保護者への相談活動や、地域の幼児教育センター的な役割を果たしていく。情報発信しながら充実を図る。					○遊びボランティアとして、地域の人の参加も促す 地域の第一次相談窓口としての機能充実させる ・地域の人への参加も促す（例えば、折り紙やお手玉、竹工作、お絵かきなどを一緒にしてくれる人を募集し、ときどきもらう。特別の日を設けてもよいし、子どもの自由遊びに、いつでも気軽に来ていただいても良い）。 ・幼稚園の保護者や幼稚園に遊びに来る保護者などが、（保育以外なら）いつでも気軽に育児相談できる体制作り。 ・在園児はもちろん、在園児の周辺の手が必要な子ども、家庭の援の場にする。親にはカウンセリングのニーズがあるが、教師にはその専門知識は弱いため、予算や人的補充の具体策計画に書き込む。必要であれば子育て特化事業として、市から予算をとることも検討する。
1108	保育所の地域子育て支援センター事業	子育てに関する育児不安解消のため、保育所が有する人的物的資源を地域に還元する支援策として、体験保育・園庭開放・育児相談・サークル支援などを市立H保育所で実施。					○地域の第一次相談窓口としての機能をより充実させる ・園庭開放の充実。 ・乳児にふれあう機会がなかった親向けに、妊娠安定期での例訪問（母親学級？）を行う。そこで離乳食を作っているのを見たり、0歳児と過ごしたり、保育士の対応を見たり、不安を相談したりできるようにする。児童虐待の予防の一端にもな

比較	NO	事業名	事業概要	赤	幼	学	青
変更なし	1101	充実 子育て支援センター むっくむっくルーム事業	就学前の子どもと保護者が自由に集い、子育てについての情報交換や友達づくりを進める場として開催する。事業の啓発と内容を充実させる。	■	■		
事業そのものが変更・削除					■		
変更なし	1103	充実 幼稚園の子育て支援事業	未就園児やその保護者へ開放をして、遊び場の提供や保護者の交流の場とする。子育てに不安を抱く保護者への相談活動など、地域の幼児教育センター的な役割を果たしていく。情報発信の工夫をしながら充実を図る。また、回数についても増加の方向で検討する。		■		
「事業の拡大」と記されているが、それ以外変更なし。 因果関係は不明	1102	継続 保育所の地域子育て支援センター事業	子育てに関する育児不足の解消のため、保育所が有する人的物的資源を地域に還元する支援策として、体験保育・園庭開放・育児相談・サークル支援などを実施する。また、この体験・実績を活かし事業の拡大を目指す。	■	■		

NO	事業名	素案の文言	赤	前	学	青	意見
1109	思春期支援事業	性の逸脱行動に伴う妊娠や性行為感染症、薬物使用や喫煙、飲酒、過剰なダイエットなどが表面化してきていることをふまえ、思春期の保健対策の強化と健康教育を推進していく。正しい性知識等の普及と市民への啓発の推進。関係部局間で役割を分担したり連携したりする中で思春期保健対策を推進していく。					○『正しい知識』…教科書的な知識だけでなく、例えば現場で体験している専門家の話や、視覚的手段（ビデオ）なども利用するなどの工夫を行い、心に届く教育を行う。 『保護者教育』…家庭での教育も重要であり、そのために保護者教育も行う。 『思春期の心のケア』…「指導」中心から「支援」中心へ。思春期の子ども達に正しい知識を伝えるとともに、こころの面が支えられるようにカウンセリングをはじめ、あらゆるサポート体制を整えていくように変更。 ・「禁煙や薬物等に関する教育、学童期・思春期における心の問題に係る専門家の確保及び地域における相談体制の充実」…先ず無理なら専門家、性教育に関するNPO団体に出前講座をしてもらう。／地域の施設よりは、学校で性教育を行う方が、全児童に伝えられるので中学校での提供を望む。／映像を見るだけ、教科書や資料を読むだけの授業が多い中、担任や担任の妻の体験（妊娠・出産）を話す等具体的事例は子どもの胸に届いて、活用する。 ・市民病院産婦人科医（または看護師）や少年愛護センターや支援課など、生々しい実態を直接している部門による出前講座や公開講座を行い、子どもや保護者の意識向上を行う。 ・青少年が自分たちの思いを反映できる場を保障する。たとえば少年課に「青少年ホットライン」を設置し、青少年の訴えを保障し、その訴えについては、青少年の代表も含めた「再審議会」のような機関を設置し、検討・実現していくシステム作る。 ・DVに関する教育を行う。 ・性教育の充実…人工中絶にからみ、命の大切さを教育する。 ・中絶、薬物にからみ、自分の体、相手の体の大切さ教育を行う ・保護者や地域の力を借りて、学校を支えて行く。
11**	居場所つくり事業						○市内にあるさまざまな施設を利用し、その施設に応じた形で場所つくりを行う。（単なる安全な遊び場〜指導者やリーダーがいて企画物のある場まで、さまざまあって良いと考える。）可能なところには、『子どもの居場所』リーダーを置く。リーダーは、子どもの遊び相手をしたり、お兄さんお姉さん的立場であったり、一部運営を手伝いをするなど、色々な働きが考えられる ・『子どもの居場所』リーダー養成（主に中〜大学生。地域のOKを）を養成する。 ・児童館、青少年センターを含め、子ども連れの保護者やこどもが利用する市の各種施設（Lプラザ、公民館、図書館、G科学昆虫館、etc.）、共同利用施設、放課後の幼稚園や学校、などさまざまなところで、その施設に応じた形の居場所つくりを行う ・文科省「子ども教室推進事業」との連携ができている部分にこれとの連携を図ってはどうか。 ・共同利用施設では、子育て支援対応の利用時間を確保する。利用センターの利用がしにくいので、誰でも利用がしやすいに、また、時間を考え開放できるようにマニュアルを作っていく。（例）共同使用施設は、例えば15時〜17時（19時）でも自由にいけるようにし、大人も子どももふらりと入れるにする。地域の人にも顔を見てもらえる。 ・それぞれの地域に子どもの居場所を設ける…安全で、気楽にいる場所。学年を超えたもう少し小さい子どもとのふれあいのある環境にする。今は、子どもがのびのびと自由に遊べるところほとんどない。 ・学校施設の開放⇒放課後の幼稚園や学校の園庭、図書室、プールルームなどの開放。児童クラブのこどももそれ以外の子ども一緒にすごせるようにする。地域の力を借りて、折り紙や工作、碁・将棋などの遊びを一緒にしたり、宿題を見てくれる大人参加も促す。 ・子ども同士で遊び、勉強できる場もあっていい。 ・児童クラブか否かに関わらず、放課後全員がいける教室を設（大阪では既に行われている）。

比較	NO	事業名	事業概要	赤	幼	学	青
具体的な問題が省かれているが、全体的なニュアンスは同じ。	2103	継続 思春期の身体と心の教育	思春期の子どもの身体と心のアンバランスな成長に起因するさまざまな問題や悩みに対して、正しい知識の学習や心の健康相談などを通して、心身の健やかな育ちを図る。				■
TMを受けて新規事業	1106	継続 子どもの居場所づくり事業	心豊かでたくましい子どもを社会全体で育むため、社会教育施設や学校等を活用し、安全、安心な子どもたちの居場所を整備するとともに地域の大人を指導員として配置し、放課後や週末におけるさまざまな体験活動や交流活動を支援し、地域における教育環境の再生を図る。 また、青少年センター事業として、子ども茶道・生花体験教室、各種スポーツ大会等を開催するなど体験を積み重ねる機会を提供する。子どもの居場所は、子ども自ら発見するものであり、それを見守るのが大人の役割だという考えのもと、イベント、教室などを開催する。今後、新規事業として子ども囲碁大会、子ども書道大会を開催していく。			■	■

NO	事業名	素案の文言	赤	前	学	青	意見
11**	居場所づくり事業						・荒れている小学校の校区では、安心して公園で遊ばせることできない。子どもだけで行かせることのできる安心な場所要。親が働いている間、子どもが思いっきり遊べる運動の場しい。 ・運動場がスポーツサークルに占有されているので、一般生徒由に使用できるようにする（曜日分け、防護ネットによる活所の分離など）。 ・ベビーカーで歩いていける範囲に乳幼児親子対応の居場所（1歳未満の赤ちゃんを遊ばせる場所）を。既存施設の有効活検討。 ・子ども用イベント時間の再検討。市が行うイベントは13時～ぐらいの時間帯が多いが、保育所に通っている子どもは昼寝間。無理に参加させようとすると、生活リズムが狂う。週明ら、また子育て中に負担をかけることを考え、参加をあきらめるもある。午前10時ぐらいからのイベントを増やすことを検討す ・1歳未満の赤ちゃんを遊ばせる場所の確保。 ・南西部支援施設、支援事業が遅れているので、充実を行う。使用施設を利用したひろばや園庭開放の回数増加も検討したい。 ・Hにある母子保健センターの一般開放。 ・親子同士が親のみで悩みを話し合えるような場。 ・子育て中の保護者が集える場は、利用者の主体的運営を検討す ・地域の教育力の活性化も視野に入れて、スポーツなどの体験や学生が集うこともできる仕組みを作る。 ・仕掛け作り…大きな箱物が無理でも、公園にちょっとバスケゴールがあるとか、子どもが集まりやすい仕掛けを作る。 ・校庭について。A市には運動場設置が少ない。社会教育とのについてA市は配慮して欲しい。
11**	プレーパーク事業						・プレーパークとは、乳幼児～青少年が自然体験をしながら遊場、親たちのくつろぎの場、子育て情報やり取りの場、プリーダー育成の場、などのうち、一部または全部の機能を持ものを考えている。
11**	心の育成支援事業（命の大切さ教育を行う）						・例として、助産婦や救急救命士の生の話を聞く、子ども（人）を失った人の話を聞く、人工中絶というものの実態を知何か、体験活動も入れる。具体的な事件事故を事例に、皆たり意見交換をする中で命について考える。低年齢児には、物を飼う中で生や死に接する体験をする、ビデオをみる、話聞くなどの方法もある。
11**	心の育成支援事業（正しい意思疎通の訓練）						
11**	引きこもりの予防と対策						○カウンセラー（1402）の充実や、教師や親が兆候を見逃さうにするシステム、兆候があったときにすぐ対処できるシ、兆候を見逃さない方法や対処法を教師や親が習得するシを充実させる。 ・「特別な支援を必要とする子ども」は、児童の6.9%いる。親力、お金の限りがんばるがそれでも限界がある。計画に、引もり児やその可能性のある子に対応する項目を盛り込む。 ・引きこもりは、「ならせない」「なってからの手当て」の2要であり、この2つの視点を持って事業を行う。…引きこもなってしまうと、外に出るのは本当に大変。その入り口でのがとても大切。ほんの一言で立ち直れた子もいる。 ・「学校と地域連携」連携強化：実際には学校・民生委員を強る。→民生委員は、いつでも動けるようにスタンバイしてが、連絡がないと動けない。学校から連絡が来るのは子ど「事（こと）」をおこしてからである。「事を起こす可能性の子ども」についても民生委員に連絡をいれてはどうか？そうば、事前に働きかけができる。
11**	市長部局と教育委員会の連携を練る機関の立ち上げ						

比較	NO	事業名	事業概要	赤	幼	学	青
反映なし							
TMを受けて新規事業	1107	継続 みんなで遊ぼう広場（プレイパーク）事業	A養護学校の向い「ゆうゆう」隣接空き地で開催。「自分の責任で自由に遊ぶ」をモットーに自由に創意工夫し、手遊び、仲間づくりをしながら色々な体験ができる場を、子どもに提供する。		■	■	■
反映なし							
反映なし							
反映なし							
反映なし							

資料編　277

②次世代の親の育成

NO	事業名	素案の文言	赤	前	学	青	意見
1201	男女共生教育	学校生活のあらゆる場面で社会的性別（ジェンダー）にとらわれず、一人ひとりの個性を大切にした教育を推進する。男女共生教育の充実とセクシュアルハラスメントについての研究の充実。個性を大切にした教育を推進し、人間性豊かな過ごし方が出来るよう取り組みを進める。性別役割分担にとらわれず、男女が互いに協力することの大切さを知り、幸せな生活を営むことができるよう意識改革を図る。特に道徳教育や教科学習及び総合的な学習などの充実に努め全教育活動の中で行う。					○社会的性別（ジェンダー）の簡単な歴史や背景、外国の男女の実態、日本での現状と問題点など、男女共生に関する広くい知識と認識を習得させる。 　学校内セクハラの防止と対策に対し、第三者を入れる。 　父親の育児参加を促す企画を行う。 ・ジェンダーにとらわれずに活躍している社会人の話を聞く機作る（各個人が、自分の能力を活かして生きるすばらしさを る）。 ・DV教育 ・男女平等の観点を…「男女共生教育」の中では、基本的人権 重という立場から「男女平等」と言う観点が必要。 ・教職員も教育をする…子ども自身だけでなく教職員も含め、共生教育の必要性がある。 ・小・中・高の学校のセクハラ教育。 ・校外にセクハラ対策の第三者機関を作る。 ・更衣時や内科検診時など、学校生活の中で性的に不快な（な）環境がないかを、教師・保護者・生徒・第三者の目で見 査し、問題があれば改善を行う。関係者に広くアンケートを て問題点の有無とその根源を調べ、対策に結びつける。 　父親の育児参加を促す企画の充実。 　中学生以上は特に父親が大切。低年齢から一緒にいて、中（思春期）になって、外見上離れても、心の深いところでつな っているように。例として、男性の育児参加、家事参加を実行 いる方の話を聞く機会を作る。／夫婦は一緒に家庭を築き上 大切さを教える。（先々の家庭崩壊対策の一環にもなる？） ・地域行事で父親同士が顔見知りになり、参加していく（昔は だった）。／父親の出番の地域行事を行う。／幼稚園で、父 親の後に園庭清掃をすることで参加機会を作る。等の案があっ
1202	中高生の乳幼児ふれあい体験事業	中高生が保育士などの指導により、乳幼児についての知識理解を深める講習と乳幼児といっしょに遊んだりするなどのふれあい体験を通じて、異世代間の相互理解と深めていく。					○体験の内容・時期・期間について工夫を行う。 ・学校のある期間の体験のみではなく、夏休みなどを利用し、参観の体験コースも作る。 ・産科に一日いて、そこの様子を感じたり、新生児や、授乳の をみたり、（運がよければ）出産からまだあまり日にちの経 いない産婦さんの話を聞いたりできる機会を作る。

③子どもの生きる力の育成に向けた教育環境の整備

NO	事業名	素案の文言	赤	前	学	青	意見
1301	自然学校推進事業	小学校5年生が、学習の場を教室から自然の中へと移し、人や自然とのふれあいをすることで、心身ともに調和の取れた健全な児童の育成を図る。各施設の地域性を有効に活用し、地域の方とのふれあいや活動を重視する取組みを深める。飯盒炊爨やテント泊などの活動の幅を広げ、その失敗経験を活かす繰り返しのプログラムを仕組む。					

資料編　279

比較	NO	事業名	事業概要	赤	幼	学	青
TMの意見が反映され、男女の人権尊重意識の醸成、啓発講座を行うという具体案が盛り込まれている。	2101	継続 男女共生教育	学校生活のあらゆる場面で一人ひとりの個性を大切にした教育を推進する。 　男女共生教育の充実とセクシュアルハラスメントについての研修の充実。個性を大切にした教育を推進し、人間性豊かな過ごし方ができるよう取り組みを進める。男女が互いに協力することの大切さを知り、幸せな生活を営むことができるよう意識改革を図る。 　特に道徳教育や教科学習および総合的な学習などの充実に努め、全教育活動の中で行う。また、男女共同参画社会の理念に基づいて教職員の意識改革を図るため、男女の人権尊重意識の醸成、啓発講座を行う。				
対象年齢に赤ちゃん期・幼児期追加。しかし、文章に変更はなし。	2102	継続 中高生の乳幼児ふれあい体験事業	中高生が保育士などの指導により、乳幼児についての知識理解を深める講習と乳幼児といっしょに遊んだりするなどのふれあい体験を通じて、異世代間の相互理解を深めていく。				
変更なし	2201	継続 自然学校推進事業	小学校5年生が、学習の場を教室から自然の中へと移し、人や自然とふれあい、心身共に調和の取れた健全な児童の育成を図る。各施設の地域性を有効に活用し、地域の方とのふれあいや活動を重視する取組みを深める。 　飯盒炊さんやテント泊などの活動の幅を広げ、その失敗経験を活かす繰り返しのプログラムを編成する。				

NO	事業名	素案の文言	赤	前	学	青	意見
1302	トライやる・ウィーク事業	中学2年生の生徒が、職場体験活動・勤労生産活動など5日間の学校外での体験活動を通じて地域に学び、「生きる力」をはぐくむことを目指す。さらなる推進協議会の充実により、地域の教育力の向上と、教職員のトライやる・ウイークに対する意識の高揚を図る。					○形骸化を防ぎ、中身の充実や多様化を図る。 ・子どもが主役の事業充実を図る。 ・働くお父さん（お母さん）の見学会を行う…意外に親の仕事を知らない子どもが多い。自分の親でなくても良いが、働く親の姿を見ることは有意義である。トライやる・ウィークは、まとめにやって（中学各学年でも）いろいろな仕事を見て、将来の可能性を見つける場を増やす。 ・コミュニティウィークを作って、子どもの出番を作る…子どもも地域のお祭りや子育てに参加意志を持っている。子どもが、自分がやりたいと思っていることに参加する機会を与える。そのことがボランティア意識を生むきっかけにもなりえる。その経験を発展的に生かせるように。例）中学一年生はコミュニティウィク、中学二年生はトライやるとする。 ・現在の"トライやる"以外に、夏休みや土日などを利用したいろな体験コースを作る。⇒地域の行事の手伝い、農作物の刈れや収穫、etc. 地域と子どもの交流にも役立つ。 ・高校生のアルバイトを条件付きで許可を検討する。現在、許可している高校としていない高校がある。トライやる・ウィーク延長として考えてはどうか。社会の経験、働いてお金を得る経験、職場（地域）とのふれあいなど、得るものがあると思う。野放では問題があれば、例えばアルバイト募集を、学校を通して制度にしてはどうか？そこで学校が職場や金額、勤務時間のチェックができる（大学ではそのような制度をとっているところもある）
1303	「町の先生」推進事業	豊かな体験や、専門的な技能を有する人を「町の先生」として学校に招き、地域の教育力を学校に生かすと共に、開かれた学校園作りを推進する。					・学校ボランティア（学校応援隊）の導入 ・「町の先生」の事業を推進…土曜日など利用して、先生ができない部分のフォローする。また、地域の人の体験や経験・技術を生かして「町の先生」として、子どもの教育に協力するといった事業を、より推進するなど。 　クラブ指導にも「町の先生」を適応する。
13**	ボランティア体験推進事業						・ボランティアの機会を増やす…例）例えば親がユネスコで勉強している間に、子ども同士が遊ぶという（ボランティア？）る。日本に住んでいる外国人の子どもも、日本人の子どもと触れる機会が少ないので必要とされている。また、介護、地域行事の手伝い、子育て事業の手伝い（リーダー育成につながる）、パトロールの同伴、その他にもいろいろある。 ・社協のジュニアボランティアのような活動を展開する…大学生や小学生が入ってやっており、まだ手探り状態のようであるが良い体験になっている。弱者への思いやりなどが身に付く。いろなことを子ども達が経験して、将来に向けて芽がでることがあるのではないか。 ・中学生は自分で働けるが、勉強や部活で忙しくなるので、小から行う。
13**	活動リーダーの育成						・子どもが、自らの興味知識を伸ばすとともに、自分が役に立つ人間であることを実感させる。
13**	自然体験推進事業						・場所は例えば、市内施設や市民健康村の宿泊施設を利用する。 ・市民健康村で自主企画をしたり、公民館や青少年センター・昆虫館・G科学館・その他の市内の施設で企画をすることも考えられる。また、市内を中心とした各種団体にも企画を働きかける。 ・内容は、宿泊を伴った自然教室、工作教室、冒険教室、体験教室、体力つくり教室、リーダー育成講座など、さまざま考えられる。

④確かな学力・保育の向上

| 1401 | フィールド・スクール事業 | G科学館、昆虫館、博物館、美術館、J文庫、K館などの社会教育施設を活用し、学社融合の視点に立った教育活動を行う。 | | | | | ・子ども用企画の充実…『子ども会』を作り、その分野に興味を持つ子どもを育てるまたは『友の会』を作り、親子参加を可能にして、家族で関わりながら、その分野に興味を持つ子どもを育てる |

資料編　281

比較	NO	事業名	事業概要	赤	幼	学	青
変更なし	2203	継続 トライやる・ウィーク事業	中学校2年生の生徒が、職場体験活動・勤労生産活動など5日間の学校外での体験活動を通して地域に学び、「生きる力」を育むことをめざす。推進協議会をさらに充実し、地域の教育力の向上と、教職員のトライやる・ウィークに対する意識の高揚を図る。				
TMで出た応援事業の例として「いきいき学校」と称し、記されている。	2205	継続 「町の先生」推進事業	豊かな体験や、専門的な技能を有する人を「町の先生」として学校に招き、地域の教育力を学校に活かすとともに、開かれた学校園づくりを推進する。さらに「いきいき学校」応援事業等で学校ボランティアを活用し、各学校園の特色ある取組みを進める。				
反映なし							
反映なし							
反映なし							

比較	NO	事業名	事業概要	赤	幼	学	青
変更なし	2301	継続 フィールド・スクール事業	G科学館、昆虫館、博物館、美術館、J文庫、K館などの社会教育施設を活用し、学社融合の視点に立った教育活動を行う。				

NO	事業名	素案の文言	赤	前	学	青	意見
1402	スクールカウンセラーの配置	児童・生徒の臨床心理について高度の専門的知識を有するカウンセラー（臨床心理士等）を配置することにより児童生徒の問題行動の解決に資する。					○スクールカウンセラーの機能の活性化（形骸化防止）カウンセリングルームを設置しカウンセラーを常駐としたり度な専門知識と経験を持つカウンセラーだけでなく、フットワの良い、子どもの年齢に近い大学生（心理学を勉強している）人も行うなど、子どもや先生が早期に気軽に相談できるようにする。 ・「スクールカウンセラーが機能していない」、「相談者でなくの言いなり」との印象をもたれているケースが複数ある。者の立場にたったカウンセリングがうけられるカウンセラーに。 ・トラブルを抱えつつも、温かさを求めて学校に来る子どもの皿、最後の助けになるカウンセラーに。 ・カウンセリングルームを設置しカウンセラーを常駐とする。んだり荒れている生徒が、決まった相談受付日に会いに行くのは無理。また、問題の早期対処（事前対処）の体制をともにも必要。問題が発生する前から子どもが自由に出入りで環境とすることで、カウンセラーと子どもに信頼関係ができ談にいきやすくなる。大きな問題になる前に、対処すること能となる。 ・相談は教師を通して予約するシステムから、原則予約なしにする（必要に応じて、予約用の時間も確保する）。予約は教通さない方法にする。 ・教師もカウンセリングを受けることのできる体制を作る…ススを抱え込む教師もいる。教師の質も変化してきて、生徒とも同士のけんかのようになる人もいる。学年主任の先生が助を出す場合もある。教師にもカウンセラーが必要。 ・学外にカウンセラーを…子どもは学内でカウンセラーを置い学校の悩みも、家庭の悩みも相談しにくいので、学外にあり生を通さなくても相談できる機関（第三者機関など）をつく ・不登校、非行対策…高学年ほど不登校、非行が多い。その対盛り込む。 ・学校のカウンセラーにしても誰がなっているのか？校長をさいた方がなっている場合、不登校の子どもについて、結局学先生の味方をしていることがある。子どものためになってい。本当に子どもがカウンセラーを利用するのかな？と思う相談に行けない。 ・カウンセラーでも子どもの心を見抜ける人が必要。肩書きがても、子どもの気持ちがわからないと。
1403	養護学校・障害児学級なかよしキャンプ	障害のある児童・生徒が親から離れて、指導者と寝食を共にする生活を行う。自然の中で水遊びやキャンプファイヤーなどを楽しみ、参加者全員が安全に生活できるような体制作りを行いながら、日常の生活ではできない体験をさせる。					
1404	外国人生徒の受け入れ事業	入国後間もない児童・生徒の円滑な受け入れと、日本語理解が不十分な児童・生徒に対して指導援助を行うと共に、交流体験等の活動を通じて、国際化時代に対応した国際理解教育を推進する。					・在日コリアン3世への支援。 ・在日外国人の子どもに対する教育支援という項目をもう少します。 ・国際理解教育を取り入れる。国際理解教育は子ども達が興味ちやすいので取り入れていってはどうか。また、トライやるクにもかかわるので、関連しやすいものを事業に取り入れてではどうか。

資料編 283

比較	NO	事業名	事業概要	赤	幼	学	青
TMの意見から、早期解決にも重点を置いた事業内容になっている。 学齢期が追加	2207	充実 スクールカウンセラーの配置	児童生徒の臨床心理について高度の専門的知識を有するカウンセラー（臨床心理士等）を配置し、子どもの心に寄り添い、悩みを解決する。 また、保護者からの相談にも応じ、早期解決を図る。				
変更なし	2202	継続 養護学校・障害児学級 なかよしキャンプ	障害のある児童・生徒が親から離れて、指導者と寝食を共にし、自然の中で水遊びやキャンプファイヤーなどを楽しむ。安全に配慮しながら、日常生活ではできないキャンプならではの体験を実践する。				
変更なし	2303	継続 外国人生徒の受け入れ事業	入国後間もない児童生徒の円滑な受け入れと、日本語理解が不十分な児童生徒に対して指導援助を行うとともに、交流体験等の活動を通して、国際化時代に対応した国際理解教育を推進する。				

NO	事業名	素案の文言	赤	前	学	青	意見
1405	各教科担当者会	各小学校・中学校の各教科担当代表者が集まり、授業改善や指導法について研究し、わかる授業を推進する。学力向上のための指導法や評価について研修を深める。教職員の自主的な研修を有効に行う。					○学力の保障（基礎学力の保障、および習熟度の高い子どもにその子の能力に合わせたレベルの学力保障を行う。 ・「習熟度レベルの高い生徒」については、更なる学力的成長す指導を行う（習得レベル別授業など）。全員を同じレベルてるのでなく、個々の子どもの能力に応じた指導が必要であ ・心の問題や、やりがいばかり重視していて、学力に関する内かなり少ない。基本的な学力をきっちりとつけられること、び学力向上のためのことをもっともっと充実させる。 ・中学校が楽しいと思えるくらいの基礎学力を小学校でつけて…小学校で基本的な学力が身についていなかったら、中学行ったら「荒れるのが当たり前」と思う。 ・新人、中堅教員の啓発や研修の一層の充実。 ・先生同士の垣根、学校・地域・家庭の垣根を外して、皆でこを育てようと言う意識を育てる。 ・学力の部分にもっと具体的な事業を入れる。…学力の低下、的な学力がもっと必要。心の問題ややりがいをみつけるとい分も大切だが、このような計画案では、そういう部分だけにいっているようにも感じる。学力に関わる事業が少なすぎる。 ・１年生担当を（初めて）持つ先生の幼稚園（保育所）実習年生の扱いに戸惑っておられるような先生を時々見かけるの
1406	道徳教育担当者会	道徳的価値及び生き方についての自覚を深め、道徳的実践力を育てる指導を工夫する。奉仕活動やボランティア活動を積極的に取りいれ、自分達のまちは自分で創る意識を持った児童生徒を育てるための研修を行					・ボランティアにステップアップできるような研修を行う。
1407	学級評議員制度	地域や社会に開かれた学校づくりを一層推進し、学校が家庭や地域と連携しながら、特色ある教育活動を展開する。設置校の増加を図り、より充実した評議員会となるようにする。					○学校評議員が名誉職化したり、形骸化しないように工夫を行制度の充実と活性化を図る。 オンブードのような監視機能を持たせる。 ・広い分野からの人選を行う。一部は公募性とする。また、常しい風を入れるために、評議員の任期を決め、入れ替えを行 ・活動内容を地域や保護者に広く伝える。評議員が子どもや活者、地域の声を吸い上げるシステムを作る。提言活動の活性ど。 ・保護者や生徒、卒業生の意見にも耳を傾ける。⇒例えば、学位で年一回アンケートを行い、学校がどのように受けとめらいるかを点検し、必要なことに関しては改善を提言する。最一回の実施を義務付ける。 ・教育委員会と現場、保護者の連携がうまくできていないことる。そのときの交通整理も一部行う。(例：小学校入学説明人形劇は、現場の先生には不要論もあるが、その声を上げるが無い。保護者から内容に関し疑問の声も上がっている。に、保護者には人形劇手伝い募集がかかっていたなど、やっることがバラバラ。このようなときに三者から意見や助言く。)

比較	NO	事業名	事業概要	赤	幼	学	青
変更なし	2304	継続 各教科担当者会	各小学校、中学校の各教科担当代表者が集まり、授業改善や指導法について研究し、わかる授業を推進する。学力向上のための指導法や評価について研修を深める。教職員の自主的な研修を有効に行う。			■	
変更なし	2206	継続 道徳教育	道徳的価値および生き方についての自覚を深め、道徳的実践力を育てる指導を工夫する。奉仕活動やボランティア活動を積極的に取り入れ、自分たちのまちは自分で創る意識を持った児童生徒を育てるための教職員研修を行う。			■	
変更なし	2208	継続 学校評議員制度	地域や社会に開かれた学校づくりを一層推進し、学校が家庭や地域と連携しながら、特色ある教育活動を展開する。設置校の増加を図り、より充実した評議員会とする。			■	

NO	事業名	素案の文言	赤	前	学	青	意見
1408	生徒指導	日常的に社会のルールやマナーを身に付けられるよう、児童生徒の規範意識を高め、自己実現をめざす。幼・小・中連携した取組みをすすめていく。					・教師への人権教育（学校の中で子どもの人権が無い。指導と名目での人権侵害はゆるされないことの徹底を行う） ・児童・生徒の意見表明権を保障する仕組みをつくることが必要 ・教師と子どもの意思疎通を重視する。⇒教師には、なぜそうかを充分説明する義務、子どもの意見を充分聞く義務がある。 ・校則に関して、生徒と教師が意思疎通を行う。必要に応じてしを行う。…現在生徒には理解しがたい校則が多々あり、不反発の一因にもなっている。（何十年も前にできてそのままにているものや、何の説明もなく突然できる校則の中に、生徒理解できないものがある）。 ・体罰は犯罪であることの意識徹底。 ・子どもの人格を否定する言葉、俗に言う罵詈雑言の類での指禁止。 ・指導に限度を超えているものがないか、第三者がチェックステムを作る。例えば、14** の『学校と保護者と地域の連携会で定期的に三者合同で確認する。または、子どもの人権にる第三者機関の利用。 ・文中に「幼・小・中の連携」とあるように、成長過程に「前」の追加も。 ・根本の解決を行う…根本の解決をしないまま、荒れているも、その親、家庭だけが悪者にされることがある。 ・不登校の子、荒れる原因を作っている子のフォロー…中学校生は「広めないにはどうしたらいいのか？」という視点で見るが、一歩踏み込んで、不登校の子、荒れる原因を作っていのフォローなどを行う。 ・小中学校の先生交流を行う。悪いグループが小学校でできて、中学校で広めている。 ・子どもの信頼を勝ち取る…子どもが荒れる一因には、学校やへの不信感もある。信頼をいかに勝ち取っていくかの工夫う。例えば、年に一度教師に対する不満（思い）を書かせたで、見えることもあるのでは。
1409	幼稚園研究推進委員会	各幼稚園が研究テーマに沿った研修を進める。講師を招聘し、指導を受け保育についての見直しを図る。また、保育公開をして自園の取り組みを発表することで広く意見を聞き、今後の指導に役立てる。					・3歳未満児の幼稚園受け入れ推進（公立、私立を問わず）。
1410	幼稚園教育課程推進委員会	保育について、多面的に捉え研修を深める。教師の関わり方や環境整備の仕方など工夫改善する。「各園ならでは」の教育課程編成をするとともに、保育内容や期の捉え方について研修する。					・子どもや保護者に対する時に、男女行動参画の視点を持つ。 ・父親の育児参加を促す視点を取り入れる（父親の参加しやす事の企画など）。 ・幼保の交流を行う⇒遠足その他の行事を合同で行ったり、平保育を子ども達がともに経験し、楽しむ機会を作る。 ・公立幼稚園の抽選について改善する。説明責任を果たす保護者の不満は大きい。抽選をなくすか、それが無理な場合なぜそのようなシステムになっているかを毎年説明し、理解める努力をする。 ・幼保一元化の是非を検討する。…特に規模が小さい公立幼は、教諭は園長を入れて3人だけ。教諭も保護者も負担がて大変。一元化の是非を検討する。 ・保健センターの事業に対する私立幼稚園の一部開放…「のび育児教室」など、保健センターの事業にも、もし要請が土・日・と園を開放している私立幼稚園を会場として提供とは可能。
1411	保育所保育研究会	各保育所が、保育テーマに基づき保育実践し、講師を招き実地指導を受けたり、公開保育の場で意見を交換するなど、課題別に研究を深め、保育内容の充実と保育士の資質向上を図る。時宜を得た研修テーマを選択したり、全体研修にとらわれることなく小グループによる研究を深めるなど、より専門的な研究機械としていく。					○子育て支援の地域の核施設としていく。 　　待機児童対策…今後の保育希望者数の変動の試算を高い精行い、待機児童についての具体的対策を目標数字をつけて保育所以外の受け皿も考えている場合、その事業の具体的内数値目標もつける。 ・企業内託児システムの充実支援…保育の受け皿の一つとして業（事業者）が企業内での託児のシステムの充実を図る。（父親）も安心して仕事と育児が両立できるのでは。 ・事業者との協力、協働…保育所を増やすことは大切であるがの方法はいろいろある。そのいろいろな方法を事業・計画に入れる。 ・地域の親子の受け入れ…地域の子ども（乳幼児）が保育所のも達との生活体験をし、その間に保護者が悩みなど話し合えうな交流の時間をつくる。

資料編　287

比較	NO	事業名	事業概要	赤	幼	学	青
変更なし	2209	継続 生徒指導	日常的に社会のルールやマナーを身につけられるよう、児童生徒の規範意識を高め、自己実現をめざす。小・中連携した取り組みを進めていく。				
変更なし	1201	継続 幼稚園研究推進委員会	各幼稚園が研究テーマに沿った研修を進める。講師を招き、指導を受け保育についての見直しを行う。また、保育公開をして自園の取り組みを発表することで広く意見を聞き、教職員の資質向上を図るとともに、今後の指導に役立てる。				
成長過程の赤ちゃん期が削除。因果関係不明。	1202	継続 幼稚園教育課程推進委員会	保育について、教職員の関わり方や環境整備の仕方などを多面的に捉え、指導法の工夫改善をする。「各園ならでは」の特色ある教育課程編成をする。				
変更なし	1203	継続 保育所保育研究会	保育研究会　各保育所（園）が、保育テーマに基づき保育実践し、講師を招き実地指導を受けたり、公開保育の場で意見を交換するなど、課題別に研究を深め、保育内容の充実と保育士の資質向上を図る。時宜を得た研修テーマを選択したり、全体研修にとらわれることなく小グループによる研究を深めるなど、より専門的な研究機会としていく。				

NO	事業名	素案の文言	赤	前	学	青	意見
1412	異年齢児保育	異年齢時縦割り保育・兄弟姉妹保育など様々な保育形態を工夫し、きめ細やかな保育の推進を図り、子どもの多種多様な経験を保障する中で時代を切り開く「創造的保育」や豊かな感性を育む「育ちあいの保育」を目指す。					
1413	人権保育事業 ●対象の追加● 学齢期・青少年期・教職員も入れる。	子どもの人権に焦点を置いて保育実践の中で、乳幼児の成長を保障すると共に部落差別をはじめとするあらゆる差別の実態を認識し、差別を見抜き、差別を許さない保育内容を創造する。それぞれが他人を認め合う保育に努める。遊びの中から"平等""他人"への思いやり" などの意識の高揚を図る。					・男女共同参画の意識も取り入れる。
1414	総合保育事業	心身に障害のある児童の入所を積極的に考え、保育をする中でお互いが認め合い、人間性豊かに成長できることを目的とし、統合保育で培う「とも育ち」を大切にする。					・事業には予算的裏づけや、具体的目標を記入する。…内容はいのだが、幼稚園関係者の立場から言うと、具体的目標をいれと、実現が難しい部分がある。（例：私立幼稚園への補助を象児一人に対し14000円/月からいくらにする。公立の場合生を現状の人数体制から、何人つける体制に変えるなど）
1415	担当制保育	0、1歳児の乳児保育に置いて、特定の保育士の愛情深い関わりを基盤に、信頼関係の形成を重視する。行き届いた環境の下で、様々な欲求を満たすと共に家庭養育の補完を行い、健康で安全な情緒の安定した生活を送れるようにする。					
1416	世代間交流事業	少子化・核家族化の中で、様々な世代間との関わりが少なくなっている今、お年寄り・中高生との交流の場を提供し、お年寄りを敬う気持ちを培ったり、子育てのノウハウを知らせるなど、啓発活動に一翼を担う。					・小学校の班登校導入検討（現在はしないで2校のみ）…自どもの学年ではない子も知ることができる。下の学年の時は年に世話になり、高学年になれば下の子をみるというつなか子ども同士にもできている。昨年のS台の事件の時も、クラ連絡網ができていて、班登校の親同士で声をかけ合い、見に行中学生になっても顔を知っているので、声をかけやすい。 ・旗当番時の声かけ（あいさつ）運動 ・共同利用施設の開放⇒誰でも自由に行って集える時間帯を作 ・地域行事運営へ各世代の参加を促す。子どもの手伝い参加も
14**	学校と外部との連携						・チューター制度⇒教師志望の学生（教職を取っている学生や職浪人など）と連携する。 ・土曜スクール⇒補講やステップアップ講座を土曜に行う。教ついて実績と蓄積のある外部（塾や他の学校）との連携を外部の風を吹き込む。 ・土曜おもしろスクール⇒スポーツ選手や、社会で専門知識を人材などとの連携。各教科（国語、算数、理科、体育、音etc.）の持っている本当のおもしろさを子どもに伝える。（学よっては）仕事に対する具体的イメージも与える。 ・クラブ活動の指導に外部との連携を行う。クラブOBやそのに秀でた人を積極的に指導者として迎える。役割分担を行い師は、指導者への安全指導や全般的な管理を行う。 ・トップアスリートを中心にスポーツ復興をする市内NPOとの連携。 ・芸術・文化を復興する市内NPOとの連携。 ・商店街の活性化を高校生が考える授業（市内のある高校）『具体的なアイデア』をたくさん提示することが計画を生きのにする一番の近道。
14**	学校ボランティア（学校応援隊）						・教師でなくてもできる仕事は、学校ボランティア（有償ボティアを含む）の協力を得る。学校のHP更新、図書館運営伝い、事務的な作業、etc。 ・門番、放課後の部活動指導を行う。 ・学校ボランティア（学校応援隊）により副担任制→授業中、ている子、動く子を見る役。学校に先生以外の大人が一人と、LD、LHDの子ども達にもいい影響を与えることができまた、荒れている子も、誰かが見ていてくれることが大切。 ・高校生、小中学校でのボランティア参加可能とする。相互に

288

比較	NO	事業名	事業概要	赤	幼	学	青
変更なし	1204	継続 異年齢児保育	異年齢児縦割り保育・兄弟姉妹保育などさまざまな保育形態を工夫し、きめ細やかな保育の推進を図り、子どもの多種多様な経験を保障する中で思いやりやいたわりの心、豊かな感性を育む「育ち合いの保育」をめざす。		■		
TMの男女共同参画の意識も取り入れる、という意見から共に生きる社会の創造という意識が盛り込まれている。	1205	継続 人権保育事業	子どもの人権に焦点をおいた保育実践の中で、乳幼児の成長を保障し、それぞれがお互いを認め合う保育を展開する。また、遊びの中から「平等」「思いやり」などの意識の高揚を図り、子どもの時から人権を尊重し、共に生きる社会を創造する意識や感性を育てる。		■		
変更なし	1206	充実 統合保育事業	障害のある児童を保育する中で、子どもたちがお互いを認め合い、人間性豊かに成長することをめざす。		■		
変更なし	1207	継続 担当制保育	0～1歳児の乳児保育において、特定の保育士の愛情深い関わりを基盤に、信頼関係の形成を重視する。行き届いた環境のもとで、さまざまな欲求を満たすと共に家庭養育の補完を行い、健康で安全な情緒の安定した生活を送れるようにする。		■		
変更なし	1208	継続 世代間交流事業	少子化・核家族化の中で、さまざまな世代間との関わりが少なくなっている。 今、高齢者や中高生との交流の場を提供し、高齢者を敬う気持ちを培ったり、子育てのノウハウを知らせるなど、啓発活動の一翼を担う。		■		
反映なし							
新規事業であるが、TMとの因果関係は不明。	2302	新規 学校サポーター事業	教師志望の学生等との連携の上、学校の要望に応じ、基礎学力や学習意欲の向上、遊びや相談などサポート体制を検討する。			■	

NO	事業名	素案の文言	赤	前	学	青	意見
14**	勉強できる環境作りと基礎学力の保障・学力向上						○「学力の保障」は、国の「次世代育成支援行動計画の策定指にもきちんと項目があるものであり、Aの素案にもしっかり込む。また、A市の公立学校の子どもの学力が低下して（元から低い?）原因を調査し、対策を行う。 　高校受験制度の見直し（学力レベルや子どもの特性に合わせ由に高校を選べる制度にする）…総合選抜制により、中学生が に勉強しない（学力低下、真剣に勉強をする習慣がつかない） が起きている。また、高校で学内の学力のばらつきが大きいた 個々の子どもが、自分の学力を適切に伸ばすことができない。 ・外部（市内の他の学校、他市・他県の学校、大学や塾、予備 のノウハウを吸収する機会を積極的に作る。 ・魅力ある学校作り…A・Nの保護者の7割以上が公立小・ 高・に不満を持ち、7割弱が可能であれば私学を検討すると 新聞による調査がある（2004.9.11）。公立のどこに問題があ を調べ、魅力ある学校に努める。きちんとした教育を受けた 思うなら、市外に引っ越すか、私学にいくしかないという意 広まりつつあり、対策は重要かつ急務。 ・小中学校の学力レベル向上…ここでいう「学力」は、各項目 いて、どこまでのレベルのものを、どれだけ理解し、身につ いるか?という意味。Aの学力は他市より低いというデータ ている。基礎学力も"生きる力"である。基礎学力をつける で、子どもの可能性が広がる。生活基盤をしっかり築ける職 ることにもつながる。数十年近隣の教育内容をみている外部 機関でも、「小・中・高ともAはレベルが低い（特に北部の は低い）。こんな教育環境では、Aの子は本当にかわいそう」 評価されている。 が、加えて、中・高は学力をつけることも大切。無理しすぎは 性・人権に反するかもしれないが、学力も人間性を高めるため 要である。今の学校は勉強する雰囲気ではない。 ・高校の学力レベル低下対策…進学のデータを見ると、Aの高 明らかにレベルが落ちてきている。対し、Kの高校は上がっ ている。先生の授業に対する取り組み、保護者の学校への関 KとAではかなり違う。 　（ここで言う「学力」は、各科目について、どこまでのレ のものを、どれだけ理解し、身につけているか?という意味。 ・「わかる授業を勧める…キャンペーン」…「わかる授業」を なで考える。「できる授業」の先生のやり方を学ぶ、取り入れ 対象は先生。 ・教師が授業の準備や、授業研究に専念できる体制作り…教師 授業以外のことで時間が取られすぎ、授業内容を考えること 分時間を取れないのが現状。教師がしなくてもよい事務作業 用を事務職や学校ボランティアが受けて、教師が授業や子ど 専念できるようにする。 ・学校ボランティア（学校応援隊）の活発導入。 ・他市の学校の風を入れる…Aは閉鎖的になっているのでは? の学校を見学したり、他市から受け入れたりして外の風（刺 を入れる。 ・勉強をする習慣をつける…中学校の荒れからか?学力低下、 をする習慣がついていない。 ・基礎学力（生きる力）や考える力（指示待にならないように 身につけることを保障する。 ・中高で、希望者に補習や土曜日の学校の開放を行う（学校ボ ティアや外部との協業も視野に入れる）。

比較	NO	事業名	事業概要	赤	幼	学	青
反映なし							

NO	事業名	素案の文言	赤	前	学	青	意見
14**	子どもの主体性をのばす						・子どもの社会参加を保障する取組み…少年事件や少年問題の背景はさまざまだが、その背景の一つに、子どもの自己肯定感情（自分を大切な存在と思う感情）が深く傷つけられているということがある。自己肯定感情が乏しければ、他人を人間として大切にする感情も乏しいものとならざるを得ない。国際比較調査でも、「自分自身への満足」「私は価値ある人間である」と感じている子どもが人間として大切にされていると実感でき、自らの存在を肯定的なものと安心して受け止められるような条件を、家庭でも地域でも、学校でも、作ることが切実に求められている。そのためにも、子どもが自由に意見を述べる権利を保障し、その意見を尊重し、子どもの社会参加を保障する取り組みが重要。社会のルールを尊重する主権者として成長することができる。この趣旨を盛り込む。 ・子どもが学校の中で意見を表明できる環境を作る…学校の中でどうやって子どもが生き生きと暮らしていけるかは、大半の時間を暮らしている学校で必要なこと。結局、子どもがいかに学校の中で意見を言えて、それを実現していくのかということが保障されているのかということしかないのではないか。学校現場の中にそこに置くべき。 ・広報で子ども用のページを作る…意見表明の一例。そこでも意見を言えるようなものにする。（世田谷区ではやっている。高校生は面白いもの書く。視点が違う。） ・意見表明の機会を学校内で保障すればと思う。 ・子どもが主役の事業が不足しているので、充実を図る。
14**	学校と保護者と地域の連携						・3者が連携しやすい仕組みつくりと、学校情報の積極的な発行う。 ・3者が定期的に本音で話し合える場を持ち、学校関係の問題いて話し合い、その原因解明と対策を3者が協力して行ってい ・学校と保護者が問題を共有する。…教育委員会は、一方的に庭」に啓蒙ばかり押し付ける。学校と保護者が問題を共有し解決策を生みだしていく。 ・保護者や地域の力を借りて、学校を支えていく…市は、家庭には力を入れているようだが、学校教育に関しては、まだまだ学校の中だけでなんとかしなければならない仕組みになっているのでは？それでは教師も子どもも、しんどいと思う。保護者域の力を借りて、学校を支えて行く方法が必要。 ・学校へ行こうキャンペーン…文化祭や体育祭を利用して、校へ行こうキャンペーン」をして、親や地域を受け入れる。 ・中学になると、親子（特に父親）との交流が減るので、親子生（・地域）が交わる何かがほしい（実施例：親子ソフト、学校へ来て一緒に花壇作りなど。親や地域の人が来ていろ手伝い、うまくいった）。 ・保護者以外も受け入れる参観日を設ける。（すでに一部小中では、「1週間誰でも自由に参観期間」や「保護者以外もO観」を行っているところもある）。 ・学校からの発信（学校説明会）…今学校で何が起こっているを、公民館のようなところで公開説明する。現状では、市民片的な情報しか知らないのでかえって不安になる（例：指導の変化とその対応についての説明。例えば、性教育を実際にもにどのように教えているのか？円周率の扱いについて、な ・一部学校が回覧板にいれている"学校便り"のように、学校親や地域に歩み寄っていく計画を追加する。 ・学校のHPの情報発信を行う。おそらく市内全ての幼稚園校のHPはある。これは評価できるが、何年も更新していなころがほとんど。情報発信の方法として活かせていない。 ・情報発信は、全て教師の負担にするのではなく、大いに学校団（ボランティア）の協力を得ればよいと思う。これも連携端になる。 ・垣根をはずして地域や市で「子どもを育てよう」という意識生同士の垣根をとって、みんなで子どもをみようという気持育てる。
14**	会社との連携						・次世代育成に賛同する会社を募り、その会社の次世代育成支を作ってもらう。例えば、体育館やグランドの開放、スポー文化活動の指導・支援、会社見学、体験、など。賛同していとをその会社のPRに使えるようにするなど、参加を促す仕つくりも行う。 ・会社や団体が提供している、学校用学習プログラムの活用ば、企業の小学校用出張教室プログラムのようなもの）。

比較	NO	事業名	事業概要	赤	幼	学	青
反映なし							
反映なし							
反映なし							

NO	事業名	素案の文言	赤	前	学	青	意見
14**	学校図書館の充実						・学校図書館の充実。図書館に専任の司書職員の配置（当面ボランティアも含めて）。登校時間～17時までと、土曜日は可能な限り開館することを目標とする。

⑤健やかな身体の育成

NO	事業名	素案の文言	赤	前	学	青	意見
1501	学校体育行事	体育行事や部活動等の体育・スポーツ活動を充実させ、個性の伸張と連帯感を育成しながら「楽しい体育」を目指し、生涯スポーツを志向する子どもを育成する。園児、児童・生徒のニーズを生かした種目の編成などを考えていく。					・指導計画書や、当計画の事業概要に反したり現場教育に対する指導の見直し…体育が軍隊式行進のみの中学があり、子どもの体育嫌い、学校嫌いを誘発している。指導計画書では5時間／年に、実際は4月から10月初めの連合体育大会まで、そればかりやっている。罵言雑言や威圧的な指導を行い、体育の授業を子どもを教師の高圧的指導下に入れるために使っている。
1502	中学校部活動推進事業	A市中学校部活動推進委員会により部活動に関する諸問題を調査研究し、部活動の進行充実を図る。完全学校5日制に係る部活動のあり方を共通理解としていくため、部活動推進委員会と各中学校の部活動総務の連携を深め、よりよい活動の仕方を考えていく。					・開かれた部活動つくり⇒市内の生徒であれば、誰でも受け入れるようにする。つまり、子どもにとって、自分の求める部活動・部活動指導者が他校にいる場合、他校の部活でも参加できるようにする。
1503	心肺蘇生講習会 ■事業名変更■「救急法指導」に変更する。	教職員並びに中学校3年生を対象に心肺蘇生法の実技講習を実施し、教職員の救命技術の向上を図るとともに生徒に対しては、「命」の大切さについて考える場とする。					・素案にある『心肺蘇生講習会』にくわえ、『着衣水泳』『一般救急法指導』『災害時の対応法』など。あわせて、対象学齢追加する。
15**	郊外スポーツの充実						・市内のトップアスリートを中心としてスポーツを通してまちづくりを行うNPOとの連携、など
15**	指導者への安全指導						・内容が、熱中症、心肺蘇生術を含む救急法、非常時の救急体校外移動時の安全管理、etc.。全員、年一回は受けることを義務づけてはどうか。

⑥子どもをとりまく有害環境を取り除く対策の推進

NO	事業名	素案の文言	赤	前	学	青	意見
1601	環境浄化活動事業	「白ポスト運動」による有害図書・テープ類の回収を行うと共に、図書販売店・ビデオレンタル店・カラオケハウス・玩具類取扱店の巡回調査を行うなど、有害環境総点検活動を地域ぐるみで実施していく。青少年にとって健全な環境を整えることが市民の責務であることの自覚を促す啓発。「青少年を守る店」協力店の拡大。ピンクチラシの「投げ入れ防止ステッカー」の配布。					

比較	NO	事業名	事業概要	赤	幼	学	青
TMの意見により、もともと行っていた事業を充実事業として追加	2306	充実 学校図書館	学校図書館における図書購入の検討やボランティアの活用による学校図書館の活性化を図ると共に児童生徒の国語力向上のため、朝の読書等の取り組みを推進する。 また、司書教諭の資格を有する指導員の配置についても検討する。				
内容が省略されているが因果関係不明	2401	継続 学校体育事業	体育行事や部活動等の体育・スポーツ活動を充実させ、個性の伸長と連帯感を育成しながら「楽しい体育」をめざし、生涯スポーツを志向する子どもを育成する。				
変更なし	2402	充実 中学校部活動	A市中学校部活動推進委員会により部活動に関する諸問題を調査研究し、部活動の振興充実を図る。完全学校5日制に係る部活動の在り方を共通理解していくため、部活動推進委員会と各中学校の部活動総務係の教職員との連携を深め、よりよい活動の仕方を考えていく。				
変更なし	2403	充実 心肺蘇生講習会	教職員ならびに中学校3年生を対象に心肺蘇生法の実技講習を実施し、教職員の救命技術の向上を図るとともに、生徒に対しては「命」の大切さについて考える場とする。				
反映なし							
反映なし							
変更なし	1301	充実 環境浄化活動事業	「白ポスト運動」による有害図書・テープ類の回収を行うと共に、図書販売店・ビデオレンタル店・カラオケハウス・玩具類取扱店の巡回調査を行うなど、有害環境総点検活動を地域ぐるみで実施していく。 青少年にとって健全な環境を整えることが市民の責務であることの自覚を促す啓発や「青少年を守る店」協力店の拡大、ピンクチラシの「投げ入れ防止ステッカー」の配布を行う。				

子ども
2．援助を要する子ども達が健やかに育つ社会の構築
　主な意見
　①子ども（特に中学生）の人権が守られていない、子どもの人権を守るための具体的施設が必要との意見が多い。特に、どもの人権オンブズパーソンのような第三者機関の設置を」との声が多くあった。
　②軽度発達障害児（者）対応の事業充実
　③「児童虐待防止」の充実（人的にも、施設内容的にも充実させる）

◆施策の方向性と具体的事業
①療育支援システムの構築

NO	事業名	素案文言	赤	前	学	青	意見
2101	療育マネジメント事業（仮称） ↓ ☆重点事業	療育支援研究会を立ち上げ、課題解決に向けての調査研究を進め、障害児のライフステージの中で、福祉、教育、医療が連携し、一貫した支援を行うシステムを確立していく。					・K園やP園の今後の計画を具体案に記入する。（有料化になきたが、これに関する今後の計画も含めて）。 ・小学校に上がると福祉サービスを受けにくいので、その間のがりを情報の集約・利用者のニーズにあった支援を受けれるにする。 ・障害のある子を持ち、子育てに困難を感じている親の声に耳け、適切な支援をする体制を作る。 ・ハンディを持つ子どもの保護者の意見も計画に取り入れてい市が子育て当事者のヒアリングを行った対象の中に、K園やに語る会」など、ハンディを持つ子どもの保護者がなかった。 ・ハンディを持つ子どもを遊ばせるところを地域（市南部）にる…現在は、行くところが無く、引きこもりの状態になっる。おもちゃライブラリーや、Lプラザのように、子どもをせることができる施設（部屋）の確保を行う。 ・学校でも問題があった場合、学外での養育支援や転校、フリクール、通信教育などの選択肢もそろえる（軽度発達障害で指定の学校になじめないケースもあるため）。 ・療育マネジメント事業は軽度発達障害の子も対象とする。 ・専門の担当医師、保護者、療育担当者、心理面のカウンセラ学校（幼稚園）などが一緒に話ししながらやっていくシステム（今は、全てがバラバラに、皆が個々に悩みながらやってい ・軽度発達障害では、3歳半健診くらいで（はっきりした診断かなくても）可能性のある子を見つけ対応するシステムを作現状は、親は漠然と不安を感じ、健診などでは「親の愛情不と傷つけられ、誰にも相談できない精神状態に追い込まれるの時期の対応も必要。 ・障害児のライフプランを作成。 ・みんなで互いに受け入れるような、活動をうながす。…普通もしんどい。病気の子もしんどい。しんどい子はいっぱい自治会新聞を出しているところも市内にある。ほわほわした感じ。身近なことを共有できる。 ・病院に中高生向きの総合外来を作る…思春期外来はあるが、内科のイメージがあって、気軽には行きにくい。 ・子ども（子育て）ケアマネジメント導入…老人介護に行ってケアマネジメントを、悩みを持つ子どもや障害児（障害者）行う。

②障害のある児童の施設の充実

NO	事業名	素案文言	赤	前	学	青	意見
2201	緊急一時保護者制度	障害児をかかえる介護者が冠婚葬祭等の緊急な要件で一時的に介護が出来なくなった場合で、しかも福祉施設による短期入所の利用が困難な場合に、県に登録した緊急一時保護者の家庭に当該児童を預けることができる。					・緊急時に子どもを見てもらえる制度の健常児家庭への一部適出産、入院、事故、その他どうしてもぬけられない用事のに、子どもを安心して預けられるようにする。（他の事業でじことをまかなえる場合、それでもOK）。
2202	障害児居宅介護（ホームヘルプ）事業	身体に障害のある児童または知的障害のある児童であって、日常生活を営むのに支障がある場合、その者の家庭において行われる入浴、排泄、食事等の介護、調理、洗濯及び掃除等の家事、生活等に関する相談援助並びに外出時における移動の介護を適切に行う。					・ヘルパーの適用を、高齢者だけでなく、障害者（児）、乳幼者にも広げる。障害者（児）にヘルパーがつくことで、例え出時には、本人も、まわりの人も安心感を持つことができる。

資料編　297

比較	本案
TM 影響有 : 変更はあるが因果関係不明 : 変更なし : 反映なし	＊素案から変更された部分は、下線で示している。

比較	NO	事業名	事業概要	赤	幼	学	青
事業名が変更されている。素案文言と違い、段階や程度、ニーズに合わせたシステム及び支援の策定を事業概要では記している。TM の意見も反映されている。	3101	新規　重点発達支援マネジメント事業	障害の程度を問わず発達に関して支援が必要な子どもに対して、総合的な相談ができるシステムを構築し、情報を一元化する。 　また、医療を含めた専門的な支援方針を策定し、各成長過程を通じた支援を行う。				
変更なし	3201	充実 緊急一時保護者制度	障害のある子どもをかかえる介護者が冠婚葬祭等の緊急な用件で一時的に介護ができなくなった場合で、しかも福祉施設による短期入所の利用が困難な場合に、県に登録した緊急一時保護者の家庭がその子どもを預かる。				
変更なし	3203	充実 障害児居宅介護（ホームヘルプ）事業	身体に障害のある子どもまたは知的に障害のある子どもであって、日常生活を営むのに支障がある場合、その者の家庭において行われる入浴、排せつ、食事等の介護、調理、洗濯および掃除等の家事、生活等に関する相談助言ならびに外出時における移動の介護を適切に行う。				

NO	事業名	素案の文言	赤	前	学	青	意見
2203	障害児デイサービス事業	身体障害のある児童及び知的障害のある児童を対象に、障害児福祉施設へ通い、日常生活における基本的動作の指導、集団生活への適応訓練を当該児童のおかれている環境に応じて適切に行う。K園に加え市内事業所の充実を検討していく。					
2204	障害児短期入所事業	介護者の疾病等の理由により、家庭において介護を受けることが一時的に困難となった、身体障害のある児童及び知的障害のある児童は、児童福祉施設に短期入所することができる事業。					
2205	就学指導	心身に障害のある児童生徒の適正な就学（園）について、審議しその指導を行う。保護者のニーズの多様化及び障害が重度化するなどの現状を踏まえ、一人ひとりの個性を大切にした就学指導のあり方を考えていく。また各関係機関と連携を深め、適正な学習指導を行う。特殊教育から特別支援教育への移行に向けての研修を進める。					

③子どもの人権を守るシステムの普及啓発

NO	事業名	素案の文言	赤	前	学	青	意見
2301	児童虐待防止対策事業	児童虐待の早期発見・早期対応を図るため、関係機関との連携強化を図りながら、児童虐待防止市民ネットワーク会議や事例検討を中心とした研究会を開催し、児童虐待への理解と啓発に努める。					○相談受け入れ体制の大幅な充実（人数および、専門知識の圧倒的不足を補う）。民間の虐待防止プログラムや、虐待防止市民ネットワークの活… ・児童虐待ほか、人権に関する市民の自助グループが育つため援を行う。…たとえばCAPのような市民の自助グループが育うなきっかけ作りに、もっと力を入れる。 ・「ネットワーク会議」だけでなく、予防対策、早期発見・対家庭への相談・カウンセリング、緊急一時保護などの支援策り込む。 ・いじめ、不登校、少年非行等への対応について、項目を挙げ策を掲載する。 ・親や大人が相談できる機関はあるが、子ども自身がもっと気相談できるような場所をもっと作る。 ・健診にこない人や家にひきこもっている人の訪問（3305健診後指導に一部再掲）。 ・健診時にフリーの保育士、保健士を多く配置し、順番待ちの者との接触を多く持つことにより、潜在的な不安や問題を持護者の掘り起こしを行う。（3301～3304検針に再掲）。 ・保護者や地域（および教師）へ児童虐待と連絡義務について育徹底。
23**	第三者機関の設置						○他市の第三者機関を調査し、Aに適した計画を立てる。 ・調査対象の一例として、他市（他府県）には、Kの『子ども権オンブズパーソン』や、民間と連携したOの『被害者救済テム』などもある。市（府県）によってシステムはさまざま。 ・第三者機関をAでも作るべき（複雑の強い意見）。素案にはどもの人権に対し、最初のうたい文句にはあるものの、具体施設があまりに乏しい。 ・「子どもの権利条約」を、子どものわかる言葉に置き換えてども達の目の届くところに掲示する。

比較	NO	事業名	事業概要	赤	幼	学	青
素案文言に早期療育必要児に対する指導というニュアンスがない。福祉施設へ通うという部分が無い。K園や市内事務所の充実の検討が省かれている。特にTMでの意見はないため、TMの影響はないと考える。	3204	充実 障害児デイサービス事業	障害をもつ子どもあるいは早期療育を必要とする子どもを対象に、日常生活における基本的動作の指導、集団生活を支援していく。	■	■		
変更なし	3205	充実 障害児短期入所事業	介護者の疾病等の理由により、家庭において介護を受けることが一時的に困難となった、身体に障害のある子どもおよび知的に障害のある子どもが、児童福祉施設に短期間入所することができる事業。	■	■	■	■
変更なし	3206	継続 就学指導	心身に障害のある子どもの適正な就学（園）について、審議しその指導を行う。親のニーズの多様化および障害が重度化するなどの現状を踏まえ、一人ひとりの個性を大切にした就学指導の在り方を考えていく。 また各関係機関との連携を深め、適正な就学指導を行う。特殊教育から特別支援教育への移行に向けての研修を進める。		■	■	■
変更なし	3301	充実 児童虐待防止対策事業	児童虐待の未然防止・早期発見・早期対応を図るため、児童虐待防止市民ネットワーク会議を効率的に機能させる。また、事例検討を中心とした研究会を開催し、関係機関との連携強化を図る。さらに、市民や関係機関を対象とした講演会を開催し、児童虐待への理解と啓発に努める。	■	■	■	■
反映なし							

NO	事業名	素案の文言	赤	前	学	青	意見
23**	学校での子どもの人権を守る具体的施策						・教師への基本的人権教育…学校で発表する作文の検閲(教師にとって不都合なところの削除指示など)や、子どもの人格を否定するような罵言雑言での指導が一部学校で行われている。(学校)でおこりえる事例を取り上げた、具体的人権教育を行う。 ・学校と保護者と地域が連携した話し合い会を定期的に持つ。可能な限り、原因追求と対策は三者合同で行う。(14**参照) ・子どもの保護と基本的人権の尊重の立場から、「子どもの権利条約」の啓発・普及に努めること、子どもにわかりやすいパンフレットなどの作成を盛り込む。 ・Aの公立学校(特に中学)には子どもの人権の侵害があるのでその対策を行う。公立私立両方を経験してこれを実感したとの声もあり。子どもの人権を守る具体的施策を行う。 ・子どもに人権を教える事業項目はあるが、子どもの人権を守る項目が欠如しているので加える。 ・今の学校で、本当に子どもの人権が守られているのか? ・Aで暮らしたいという子どもがいるのか? ・親が、Aで子育てしたいと思うか?→このための案を、具体的に書く。 ・授業を受ける権利の確保…非常にささいなことで、授業時間なのに「別室指導」という名目で別室に隔離する中学がある。長期間隔離されることも多い。授業を受ける権利を確保する。 ・プライバシーの確保…修学旅行の荷物を送る際に、ある生徒の荷物を本人の居ないところで開け、中を点検し、勝手にブラシをかけるということも実際にあった。 ・子どもの人権について中学生とその保護者に人権に関するアンケートを行い、現状を把握し、今後の計画に反映していく…中学生へのアンケートに子どもの人権に関する質問が無い。これは、学校での子どもの人権がどうなっているのかが把握できていない。現状をわかっていないで素案を作っている。 ・学校自由選択制度を取り入れる…現状では指定された学校が嫌なら逃げ場が無い。それは不登校につながる、逃げ道を作らないと息が詰まる。また、好きな学校、好きな先生のいる学校を選ぶことで、子どもも学校も活性化されるのでは? ・第三者機関によるチェック・提言・指導システム…ある中学校の体育教師は、子どもへの言葉遣いがあまりにもひどい。学校内部の指導だけでは無理、限界や価値観から外れていることもある。 ・学校に関する情報を集め、共有する機関を作る。

比較	NO	事業名	事業概要	赤	幼	学	青
反映なし							

家庭
3．子育て家庭の孤立をなくし、子育ての夢と希望を育む事業の整備
　主な意見
　①情報提供の工夫
　②仲間作りの場の提供
　③父親の育児への積極的参加
　④いろいろな事業の相談窓口の多様化
　⑤参加型事業の実施方法（時間、曜日）の工夫

NO	事業名	素案文言	赤	前	学	青	意見
3101	子育てオリエンテーション事業（仮称） ↓ ☆重点事業	受診率の非常に高い乳幼児健診の場を活用し、子育て支援に関する情報提供や子育て相談・遊びのノウハウの提供などを行い、乳幼児を抱える家庭が日々の生活の中で育児に対する不安感や孤立感の軽減が出来るようにする。 さらに健診時に必要に応じて同伴している兄弟姉妹の一時保育を実施し、ゆとりを持って健診が受けられるようにする。 またHPなどを活用し、子育てに関する情報提供を行っていく。					・待ち時間を有効に活用した内容。 ・親同士話ができサークルの情報の提供。 ・図書館事業で行っている幼児期の読み聞かせなども盛り込む。 ・健診の回数を増やすことで1回の対象者を減らし住居地域別い、親同士交流のきっかけの場にする。

②不妊に対する支援事業

NO	事業名	素案文言	赤	前	学	青	意見
3201	不妊に対する支援事業	不妊に対する情報提供（カウンセリングや相談機関の案内など）をしたり、経済的支援について国県の動向を見極めた上で対応していく。					・不妊治療に対する精神的な支援としてカウンセラーを紹介しンフレットを病院の窓口に置く。

③子どもや母親の健康の確保

NO	事業名	素案文言	赤	前	学	青	意見
3301	乳幼児健診事業 4ヵ月児健診	乳児期前半の健診として集団で実施している。4ヵ月児が対象。予防接種の受け方や危険防止、離乳食の開始等の講座を実施。					
3302	乳幼児健診事業 1歳6ヵ月児健診	1歳6ヵ月児が対象。集団で実施。栄養のバランス・子どもの発達に合わせた調理の工夫や歯磨きの仕方等の講座を実施。					・保健センター事業の実施方法に工夫。 ・健診の時間を午前中から始める。 ・ゆったり丁寧に応対して欲しい。 ・第二子以降も参加可能な乳幼児教室を行う。
3303	乳幼児健診事業 3歳児健診	3歳児が対象。集団で実施。偏食の工夫・食事のしつけや児童への歯磨き指導等の講座を実施。					
3304	乳幼児健診事業 10ヵ月児健診	10ヵ月児が対象。個別に受託、医療機関で受診。保健センターと医師の連絡を密にし、今度の健診での育児指導に役立ててもらう。					
3305	健診の事後指導	幼児の発達や育児に関する相談指導を行う。 育児不安や虐待の疑いのある個別相談のケース増加を踏まえ、県の健康福祉事務所やその他の関係機関との連携を図り、相談の機会を確保する。					・保健センター実施業の実施方法に工夫。 ・栄養指導、献立レシピ等具体的な内容。
3306	マタニティクラス	妊婦とそのパートナーを対象にし、内容は食生活など妊娠中の過ごし方や、おっぱい、赤ちゃんの話などを行う。助産師、栄養士、歯科衛生士、保健師をスタッフとする。					・保健センター実施業の実施方法に工夫。 ・第二子以降でも参加可能な教室を。 ・保育所等で実際に離乳食を作るところを見る、0歳児と過ごし保育士の対応を見て勉強し色々相談できる場も必要。

資料編　303

比較	本案
TM影響有 変更はあるが因果関係不明 変更なし 反映なし	＊素案から変更された部分は、下線で示している。

比較	NO	事業名	事業概要	赤	幼	学	青
健診時に必要に応じて同伴している兄弟姉妹の一時保育を実施し、ゆとりを持って健診が受けられるようにする。 またHPなどを活用し、子育てに関する情報提供を行っていく、が省かれている。 TMの意見からの反映は特になし。	4101	新規　重点 子育てオリエンテーション事業	受診率の高い乳幼児健診の場を活用し、子育て支援に関する情報提供や子育て相談・遊びのノウハウの提供などを行い、乳幼児を抱える家庭が日々の生活の中で育児に対する不安感や孤立感の軽減ができるようにする。 また、子どもの誕生時に合わせた子育て支援情報を提供する。				
文面は違うが、不妊及びそれに対する経済面での支援の情報提供についてどちらも書かれている。 特にTMの意見の反映はなし。	4201	充実 不妊に対する支援事業	公的機関だけでなく、医療機関とも協力しながら、不妊に関する専門相談機関や、県が実施する治療費助成事業について広く情報を提供するよう努める。				
変更なし	4301	継続 乳幼児健診事業 4ヵ月児健診	乳児期前半の健診として集団で実施。予防接種の受け方や危険防止、離乳食の開始等の保健指導・個別相談を実施する。				
成長過程が幼児期から赤ちゃん期へ変更。 TMからの反映は特になし。	4303	継続 乳幼児健診事業 1歳6ヵ月児健診	集団で実施。 栄養のバランス・子どもの発達に合わせた調理の工夫や歯磨きの仕方等の保健指導・個別相談を実施する。				
変更なし	4304	継続 乳幼児健診事業 3歳児健診	集団で実施。 偏食の工夫・食事のしつけや児童への歯磨き指導等の保健指導・個別相談を実施する。				
変更なし	4302	継続 乳幼児健診事業 10ヵ月児健診	個別に受託医療機関で実施。 保健センターと医師の連絡を密にし、経過観察の必要な児に対して保健センターでフォローアップする。				
乳幼児健診受診後の子どもとその保護者を対象に具体的な相談・指導対象を記入している。 TMの意見の反映はあり。	4306	継続 健診の事後指導	乳幼児健診受診後の子どもとその保護者を対象に発達や育児に関する相談・指導を行う。育児不安や虐待の疑いのある個別相談ケースの増加を踏まえ、県の健康福祉事務所やその他の関係機関との連携を図り、相談の機会を確保する。				
TM時に出た保健センター実施業の実施方法に工夫、という意見を主に反映し、「新米パパとママの育児セミナー」開催が設けられている。	4307	充実 マタニティクラス	妊婦とそのパートナーを対象にし、食生活など妊娠中のすごし方や、おっぱい、赤ちゃんの話などの講座を実施。助産師、栄養士、歯科衛生士、保健師をスタッフとする。また、平成16年度から、年1回、土曜日に、「新米パパとママの育児セミナー」を開催する。				

NO	事業名	素案の文言	赤	前	学	青	意見
3307	母子健康手帳の交付	妊娠の診断を受けた妊婦が妊娠届出書を提出することにより、母子健康手帳を交付する。その際、妊娠出産育児に関する事業や情報を提供する。					・保健センター実施業の実施方法に工夫。 ・交付時にファミリーサポート事業のことをPRする。 ・父親の育児参加促進のための父子手帳を配ってはどうか。
3308	妊娠検診	生活保護世帯・市民税所得割非課税世帯の妊婦が、妊娠の前期・後期に1回ずつ検診を無料で受診できる制度。					・保健センター実施業の実施方法に工夫。 ・A市及び周辺の参加、助産院の情報（場所、費用）の提供。
3309	妊娠訪問	妊娠届出書の内容から判断し、ハイリスクの妊婦を助産師が訪問する。					
3310	新生児訪問	生後1ヵ月までの新生児のうち、希望者へ助産師が訪問を行う。					・保健センター実施業の実施方法に工夫。 ・保健師、助産師を増員し希望者だけでなくできるだけ多く訪る。特に新生児訪問。 ・窓口の明確化。
3311	乳幼児訪問	相談の内容により、訪問が必要と判断されたケースについて実施する。					
3312	のびのび教室	1歳児の親子を対象 栄養・歯磨きなどの話や、親子遊び、各種相談を実施する。母子事業全体の中での1歳児対象の健康教育として、実施していく。					・保健センター実施業の実施方法に工夫。 ・第二子以降でも参加可能な教室を。
3313	育児・ともに語る広場	虐待防止を含めた育児支援の観点から、育児不安や孤立している母親がグループに参加することで子育ての大変さを話して共感し、支え合う。 1クール8回。					・保健センター実施業の実施方法に工夫。 ・閉じこもり親子へのアプローチも工夫。 ・児童虐待防止プログラムを導入すれば。 ・PR不足？「育児ともに語る広場」を全く知らない。

④食育の推進

NO	事業名	素案の文言	赤	前	学	青	意見
3401	モグモグ離乳食教室	離乳食の進め方と作り方 離乳食調理のデモンストレーションと試食・身体測定・参加者同士の交流会を実施する。					・年長児対象の食育も重要では。 ・第二子以降も参加可能な教室を。
34**	中学生以上に対する食育の推進 ■事業名変更■ 中学生→ 小・中学生						・小学校では、外部ボランティアを導入する。大人（外部ボランティア）も一緒に食事をすることで、落ち着いて食べる雰囲気作。食事や食べ物の大切さの指導も取り入れる。 ・成長期の体力づくりに必要なバランスの取れた食の指導推進。 ・中学校の食生活の実態調査を（市民参加型で）行う。

⑤情報提供と相談体制の充実

NO	事業名	素案の文言	赤	前	学	青	意見
3501	子育てコーディネート事業 ↓ 新規事業	多様な子育て支援サービス情報を一元的に把握する「子育て支援総合コーディネーター」を配置し、インターネット等を活用したサービス利用者への情報提供、ケースマネジメント及び利用援助等の支援を行うことにより、利用者の利便性の向上及びサービス利用の円滑化を図る。 ＊コーディネーターの配置 ＊つどいの広場事業 ＊情報の集約・蓄積→データベース化 ＊助言、実施機関に対して利用の援助・斡旋を行う。					・情報の提供、広報、PRは重要であり、力を入れて充実させて。インターネットだけでなく使いやすく充実した冊子やハンドブック・マップ等の印刷物も製作。 ・働いているので土日にも問い合わせができれば。 ・24時間サポート体制が必要。 ・初産の母親を対象とした情報提供の方法。 ・民生委員やファミリーサポートセンターの存在・役割を周知する。 ・広報の充実、紙面づくりの工夫（若い世代も目を通すような）。 ・NPOとも連携し商店街の空室を利用したひろばの充実。 ・転入時に子育て情報提供の工夫。 ・情報発信方法の調査検討を行う。（情報を受け取る側であるを中心として、効果的情報発信方法の調査検討を行い、そのを参考にして情報発信を行う。）

資料編　305

比較	NO	事業名	事業概要	赤	幼	学	青
変更なし	4308	充実 母子健康手帳の交付	妊娠の診断を受けた妊婦が妊娠届出書を提出することにより、母子健康手帳を交付する。その際、妊娠出産育児に関する事業や情報を提供する。	■			
変更なし	4309	継続 妊娠検診	生活保護世帯・市民税所得割非課税世帯の妊婦が、妊娠の前期・後期に1回ずつ検診を無料で受診できる。	■			
変更なし	4310	継続 妊婦訪問	妊娠届出書の内容から判断し、ハイリスクの妊婦を保健師・助産師が訪問する。	■			
TM時の意見が反映され、生後3ヵ月児まで対象月齢が広げられた。	4311	充実 新生児訪問	従来は生後1ヵ月までの新生児を対象にしていたものを、おおむね生後3ヵ月児まで対象月齢を広げ、保護者の希望に応じて保健師・助産師が訪問を行う。	■			
文章に変更はあるが、TMの反映なし。	4312	継続 乳幼児訪問	他機関からの連絡や相談の内容により、訪問が必要と判断した乳幼児とその保護者について保健師が訪問を行う。	■	■		
変更なし	4313	継続 のびのび教室	1歳児の親子を対象に栄養・歯磨きなどの話や、親子遊び、各種相談を実施する。母子事業全体での1歳児対象の健康教育として実施。	■			
変更なし	4314	継続 育児・ともに語る広場	虐待予防も含めた育児支援の観点から、育児不安や孤立している母親がグループに参加することで子育ての大変さを話して共感し、支えあう。1クール8回。	■			

比較	NO	事業名	事業概要	赤	幼	学	青
変更なし	4401	継続 モグモグ離乳食教室	離乳食の進め方と作り方や離乳食調理のデモンストレーションと試食・身体測定・参加者同士の交流会を実施する。	■			
反映なし							

比較	NO	事業名	事業概要	赤	幼	学	青
「子育て支援総合コーディネーター」と「子育て支援アドバイザー」の違い。具体的な業務内容の違いは不明。名称が違うだけか？他は変更なし。	4501	新規 子育てコーディネート	子育て支援アドバイザーを配置し、多様な子育て支援サービス情報を総合的に把握し、発信する。インターネット等を活用したサービス利用者への情報提供および利用援助等の支援を行うことにより、利用者の利便性の向上およびサービス利用の円滑化を図る。	■	■	■	■

NO	事業名	素案の文言	赤	前	学	青	意見
3502	保健センターもしもし育児相談	乳幼児の成長や、育児に関する相談（電話や面接）を行う。					
3503	子育て支援センター子育て相談事業	子育て支援センターにおいて、電話や来所等で子育ての相談に応じる。相談体制の充実を図り、他の相談機関と連携し、相談内容及び体制の充実を図っていく。					
3504	子育て相談ホットライン事業	休日・夜間を含む24時間の子育て電話相談を開設しているが、相談窓口を充実させることで児童虐待の防止、子育ての不安や悩みのいっそうの解消を図る。					・24時間サポート体制が必要。 ・子育て支援に関する情報が不十分。Lプラザを知らない人も多い ・電話だけでなくメールでも相談できる窓口があれば。
3505	家庭児童相談室における相談事業	家庭で子どもを養育していく上でのさまざまな悩み、心配事について家庭相談員が相談に応じる。件数が増えるだけでなく、内容が複雑・多岐にわたっているため、関係機関と連携した対応をすすめていく。					
3506	幼稚園子育て相談事業	子育てに不安や悩みを抱える保護者の相談に応じる。在園児だけでなく、未就園児の保護者への相談体制づくりをしていく。					
3507	保育所子育て相談事業	来所、又は電話による育児相談を受ける。不審者の侵入等、安全の確保をしながら、地域の子育て支援の拠点として積極的に取り組んでいく。					
35**	生活援助ヘルパー制度として ■事業概要変更■ ファミリーサポートの運用拡大を図っていく。						

⑥充実した家庭生活を送るための親としての学習機会の充実と家族の共同

NO	事業名	素案の文言	赤	前	学	青	意見
3601	子育て支援センター子育て支援セミナー事業	対象年齢別の子育て講座や父親との料理講座、子育てグループ相談等、各種子育て講座を開催する。参加者のニーズを把握し、内容を工夫しながら、親子が交流できるセミナーや父親参加のセミナーなどを開催していく。					・父親の育児参加促進のため父親が活躍できるイベントの工夫。 ・保育士等に話しを聞く、話しを聞いてもらう場。 ・親が子どもから離れて子育てを学ぶ場を作る。
3602	親性（ペアレントフッド）の学習機会の充実	「ペアレントフッド」講座、「父親のための産前産後教育」、「孫育て講座」を開催し、親性の学習機械の充実を図っていく。					・父親の育児への積極的な参加の促進。 ・対象者の参加しやすい時間帯で企画して欲しい。 ・行政主体でなく市民の手で行える物がいいのでは。
3603	子どもの発達と課題に応じた親学習・子育て学習の推進	「4ヵ月検診時家庭教育支援」、「就学前家庭教育学級」、「思春期家庭教育学級」など、機を捉えた学習機会の場を提供し、家庭においてその時々の子どもの発達や課題に応じたより的確な対応ができるよう、学んだり考えたりできる機会にしていく。					・将来の事を考えた学習も大切。基礎学力をつけることと部活時間・内容のバランスを考える必要性。

資料編　307

比較	NO	事業名	事業概要	赤	幼	学	青
変更なし	4502	継続 保健センターもしもし育児相談	乳幼児の成長や、育児に関する相談（電話や面接）を行う。	■	■		
変更なし	4503	継続 子育て支援センター子育て相談事業	子育て支援センターにおいて、電話や来所等で子育ての相談に応じる。 　他の相談機関と連携し、より適切な対応等ができるよう相談体制の充実を図る。	■	■		
変更なし	4504	継続 子育て相談ホットライン事業	休日・夜間を含む24時間対応の子育て電話相談を実施。相談窓口を充実させることで児童虐待の防止、子育ての不安や悩みの解消を図る。	■	■	■	■
変更なし	3302	充実 家庭児童相談室における相談事業	家庭で子どもを養育していく上でのさまざまな悩み、心配事について家庭相談員が相談に応じる。 　相談件数の増加と共に内容も複雑・多岐にわたっているため、関係機関と連携した対応を進め、相談体制の充実を図る。	■	■	■	
変更なし	4505	継続 幼稚園子育て相談事業	子育てに不安や悩みを抱える保護者の相談に応じる。在園児だけでなく、未就園児の保護者への相談体制づくりをしていく。		■		
変更なし	4506	継続 保育所子育て相談事業	来所、または電話による育児相談を受ける。 不審者の侵入等、安全の確保をしながら、地域の子育て支援の拠点として積極的に取り組んでいく。	■	■		
反映なし							

比較	NO	事業名	事業概要				
変更なし	4601	継続 子育て支援センター子育て支援セミナー事業	対象年齢別の子育て講座や父親との料理講座、子育てグループ相談等、各種子育て講座を開催する。参加者のニーズを把握し、内容を工夫しながら、親子が交流できるセミナーや父親参加のセミナーなどを開催していく。				
TMの意見が反映し、行政主体だけでなく、公民館と連携するという策が盛り込まれた。	4602	継続 親性（ペアレントフッド）の学習機会の充実	公民館と連携して「ペアレントフッド講座」、「父親のための産前産後講座」、「孫育て講座」等を開催し、親性の学習機会の充実を図る。				
変更なし	4603	継続 子どもの発達と課題に応じた親学習・子育て学習の推進（草の根家庭教育推進事業）	「4ヵ月児健診時家庭教育支援」、「就学前家庭教育学級」、「思春期家庭教育学級」などの機会を捉えた学習の場を提供し、家庭においてその時々の子どもの発達や課題に応じたより的確な対応ができるよう、学んだり考えたりできる機会にしていく。				

NO	事業名	素案の文言	赤	前	学	青	意見
3604	家族から始まる共同／協働の家庭生活の再生	「だんらんホリデー」、「子どもの家事参加・わが家の行事推進運動」を実施し、家庭の絆がより深められるようにしていく。					・父親の育児への積極的な参加の促進。 ・親子一緒に参加できる事業の企画。 ・だんらんホリデーは特に必要はない。その日が休みでない親どうなるのかということも考え、第3日曜につき1回と限定必要は無いのでは。

⑦子育てに関わる経済的負担の軽減

NO	事業名	素案の文言	赤	前	学	青	意見
3701	乳幼児の入院生活福祉給付金の助成	平成16年10月より、入院時の食事療養費標準負担額（入院時の食事負担金）の県の助成制度が廃止されることが、乳幼児医療に関しては市単独事業としてこれを継続していくことで、子育て期間中の経済的な負担を軽減していく。					・医療費助成等の経済的支援の充実。
3702	児童手当	義務教育就学前の児童を扶養している人に支給。 第1子　5000円／月 第2子　5000円／月 第3子以降　10000円／月 児童手当法によるもので、所得制限有り。平成16年4月より、対象児童を小学3年生学年末までに拡大。					
3703	児童扶養手当	母子家庭等で18歳までの児童を養育している母等に支給。 全額支給　42000円／月 一部支給　41990円～9910円／月までの10円単位 2人目　5000円／月加算 3人目　3000円／月加算 児童扶養手当法によるもので、所得制限有り。					・事業内容の詳細な情報提供と有効な方法の検討。広報だけでHP、携帯の活用。 ・助成制度を充実させて欲しい。
3704	就学援助事業	経済的理由により就学困難な小中学校の児童・生徒の保護者に対して学用品費等を援助してし就学援助を行い、義務教育の円滑な実施を図る。所得制限、支給制度額等の見直しを検討する。					
3705	市立高校授業料・入学料減免事業	経済的理由により就学困難な市立高等学校の生徒の保護者に対して、授業料及び入学料を免除・減免することにより就学を奨励する。平成15年度から、定時制についても授業料及び入学料を徴収しているため減免の対象となる。					（前頁と同様）
3706	A市奨学金貸付	教育の機会均等を図るため、経済的理由による就学困難な方に対して奨学金の貸し付けを行う。現在の社会情勢に応じた制度の整備と制度を広く利用していただくための周知活動。幅広く利用していただけるようニーズにあった制度改正等を視野に入れて制度の整備を進める。					・事業内容の詳細な情報提供と有効な方法の検討。広報だけでHP、携帯の活用。 ・助成制度を充実させて欲しい。
3707	私立幼稚園就園奨励費補助事業	私立幼稚園に在園している満3歳児及び4・5歳児の家庭の経済的負担を軽減するため、国の補助を受け、就園奨励費補助金の交付をする。保育料の公私間の格差の是正。補助金の見直しについての検討。					
3708	市立幼稚園保育料及び入園料の免除または減額	市立幼稚園就園につき、経済的に困難な世帯に対し、保育料及び入園料の免除または減額により、保護者の経済的負担の軽減を図る。					・保育料が他市に比べて高い。

比較	NO	事業名	事業概要	赤	幼	学	青
事業名が変更されている。素案文言ででた「だんらんホリデー」がそのまま事業として成り立っている。TMの影響は不明	4604	充実 だんらんホリデー	家族だんらんや親子のふれあいを通して家族の絆を深めるとともに、市民ぐるみで子どもの健やかな成長を図る機会とする。	■	■	■	■
変更なし	4701	充実 乳幼児の入院生活福祉給付金の助成	平成16年10月より、入院時の食事療養費標準負担額（入院時の食事療養負担金）の県の助成制度が廃止されたが、乳幼児医療に関しては市単独事業としてこれを継続していくことで、子育て期間中の経済的な負担を軽減する。	■	■		
変更なし	4704	充実 児童手当	義務教育就学前の児童を養育している人に支給 　第1子　　5,000円／月 　第2子　　5,000円／月 　第3子以降 10,000円／月 児童手当法によるもので、所得制限あり。平成16年4月より、対象児童を小学3年生学年末までに拡大。	■	■	■	
変更なし	4705	継続 児童扶養手当	母子家庭等で18歳までの児童を養育している母等に支給 　全部支給　42,000円／月 　一部支給　41,990～9,910円／月までの10円単位 　2人目　　5,000円／月加算 　3人目　　3,000円／月加算 児童扶養手当法によるもので、所得制限あり。	■	■	■	
変更なし	4706	継続 就学援助事業	経済的な理由により就学困難な小中学校の児童生徒の保護者に対して学用品費等を援助して就学援助を行い、義務教育の円滑な実施を図る。所得制限、支給限度額等の見直しを検討する。			■	
変更なし	4707	継続 市立高校授業料・入学料減免事業	経済的な理由により修学困難な市立高等学校の生徒の保護者に対して、授業料および入学料を免除・減額することにより就学を奨励する。平成15年度から、定時制についても授業料および入学料を徴収しているため、減免の対象としている。			■	
変更なし	4708	継続 A市奨学金貸付	教育の機会均等を図るため、経済的な理由により修学困難な方に対して奨学金の貸し付けを行う。現在の社会情勢に応じた制度の整備と、制度を広く利用できるための広報活動をする。幅広く利用できるよう、ニーズに合った制度改正等を視野に入れて制度の整備を進める。			■	
変更なし	4709	継続 私立幼稚園就園奨励費補助事業	私立幼稚園に在園している満3歳児および4・5歳児の家庭の経済的負担を軽減するため、国の補助を受け、就園奨励費補助金の交付をする。保育料の公私間の格差を是正する。補助金額の見直しについての検討を行う。		■		
変更なし	4710	継続 市立幼稚園保育料および入園料の免除または減額	市立幼稚園就園につき、経済的に困難な世帯に対し、保育料および入園料の免除または減免により、保護者の経済的負担の軽減を図る。		■		

NO	事業名	素案の文言	赤	前	学	青	意見
3709	市営住宅の母子家庭優先枠の拡大	年1回の空家募集に際し、母子家庭優先抽選枠を設けて入居してもらっている。また優先枠で落選しても、2度目の「一般」枠での再抽選の機会を設けている。					
37**	外国人学校						・朝鮮人学校の子どもへの支援も明確にすべきでは。 ・朝鮮人学校の子どもに対する支援を膨らませていく。

比較	NO	事業名	事業概要	赤	幼	学	青
意見からの反映ではないが、「配偶者からの暴力の防止および被害者の保護に関する法律」の制定に伴い、一時的な住宅の確保を行うため、関係部局等と調整を行う、という案が付け加えられている。TMの影響は不明	4711	継続 市営住宅の母子家庭優先枠の拡大	年1回の空家募集に際し、母子家庭優先枠を設け、母子家庭の入居しやすい環境づくりに努める。さらに、「配偶者からの暴力の防止および被害者の保護に関する法律」の制定に伴い、一時的な住宅の確保を行うため、関係部局等と調整を行う。				
反映なし							

資料編 311

家庭

4．多様な考え方や生き方の尊重と、家庭と職業生活の両立の支援
　主な意見
　①父親の育児への積極的な参加の促進
　②産休や育休など、子育てのための時短実施を奨励
　③児童くらぶ事業の充実

◆施策の方向性と具体的事業
①男女共同参画社会の形成に向けた啓発

NO	事業名	素案文言	赤	前	学	青	意見
4101	男女共同参画社会推進事業 ■事業名変更■ 参画整備という言葉に置き換える。	男女共同参画社会の実現に向けた、啓発・講座・相談・情報提供・グループ支援・交流等の諸事業を実施していく（女性交流サロン事業、女性のための行動計画推進市民フォーラム、カウンセリング事業等）。男女共同参画社会の実現を推進する（仮称）男女共同参画センターの整備に向けた取り組みを、婦人児童センターのあり方検討を含めて推進していく。					・父親の育児への積極的な参加の促進。 ・男女共同参画社会といいながら女性中心に考えられているのがおかしいのでそれを見直す。 ・父親向けの育児情報を盛り込んだ（父子手帳）の配布。 ・PTA役員や地域、子供会などの役員および、子育て中の保護者対象の講座を、積極的に継続的に行う。

②仕事と子育ての両立支援

NO	事業名	素案文言	赤	前	学	青	意見
4201	育児ファミリーサポートセンター事業	育児の援助を受けたい人（依頼会員）と行いたい人（協力会員）が、お互いに助けたり、助けられたりして、育児の相互援助を行う会員組織の支援活動。事業の啓発活動をすすめ、会員相互の交流が図れる事業及び市民向けの公開講座を開催する。					・ファミリーサポート事業のよりいっそうの推進。 ・ファミリーサポートへ助成を行い利用する側の料金軽減。
4202	求職者就労支援センター	求職者を対象として、厳しい雇用環境に対応するための友好的な情報を発信し、受講者が厳しい雇用環境に適応できることを目的としてセミナーを開催する。					・セミナーだけを行うのではなくハローワークと連携した支援を行う
42**	育児休業制度の定着						・産休や育休、子育てのための時短実施を市が奨励する。例え目標数値を設定し、それをクリアすることを奨励する。優良場は公表や表彰をするなど、その会社の利点につながる奨励を取り入れる。男性の育児休暇取得件数とその期間にも注る。結婚や出産後も仕事を続けている率にも注目する。 ・各会社が、その会社の次世代育成支援計画を作り、実行するを奨励する。

③多様な保育サービスの拡充

NO	事業名	素案文言	赤	前	学	青	意見
4301	児童くらぶ事業	市内の小学校等に在学する1年生～3年生までの児童のうち、保護者の就労、病気そのほかの理由により放課後家庭において適切な保育を受けられない児童を対象に、その健全育成を図ることを目的に実施する。					・現在、多いところで定員の2倍以上（平均して定員の1.3倍入っており、なおかつ希望者は増加傾向が続いている。子どもを見る環境は悪くなる一途である。今後の増加傾向を試算し情にあった定員の増員、施設の整備を行い、わかりやすく充た内容の提示。 ・年齢の引き上げ（6年生まで）と時間の延長（6時まで）。 ・障害児の受け入れの見直し。
4302	一時保育	育児ノイローゼの解消や疾病などの緊急時に対応するため、市内の保育所において保育所入所児童以外の就学前児童を一時保育することにより育児支援を行う。					
4303	延長保育	保育所に入所している児童で、延長保育を必要とする児童に対して保育を行う。					

	比較	本案
TM影響有 :変更はあるが因果関係不明 :変更なし :反映なし		＊素案から変更された部分は、下線で示している。

	比較	NO	事業名	事業概要	赤	幼	学	青
	変更なし。（素案文言にある具体的な策が削られている）	5101	充実 男女共同参画社会推進事業	男女共同参画社会の実現に向けた啓発・講座・相談・情報提供・グループ支援・交流等の諸事業を実施していく。	■	■	■	■

	変更なし	5201	継続 育児ファミリーサポートセンター事業	育児の援助を受けたい人（依頼会員）と育児を支援する人（協力会員）が、お互いに助けたり、助けられたりして、育児の相互援助を行う会員組織の支援活動。事業の啓発活動を進め、会員相互の交流が図れる事業および市民向けの公開講座を開催する。	■	■	■	
変更なし	5202	継続 求職者就労支援セミナー	求職者を対象として、厳しい雇用環境に対応するための有効的な情報を発信し、受講者が厳しい雇用環境に適応できることを目的として、セミナーを開催する。	■	■	■	■
TMの意見がそのまま反映され、まとめたものが事業概要として提案されている。	5203	新規 育児休業セミナー	仕事を持つ親やA市内の事業者に対し、育児休業に関するPRやセミナーを行い奨励し呼びかけていく。	■	■	■	■

	TMで出た、受容年齢の引き上げ、障害児の受け入れ、そして環境整備の三つ全てが反映されている。具体的には、障害のある子は6年まで全て受け入れ、それ以外は従来と同じ、入所が多ければ、1.5～2室を活用して量的・質的に充実を図る。	5301	継続 児童くらぶ事業	市内の小学校等に在学する1年生～3年生までのすべての児童、および4年生～6年生までの障害のある児童を対象に就労、疾病等の理由により放課後、家庭において「保育に欠ける」児童の健全育成を図ることを目的に実施する。また、入所児童の多いくらぶについては、1.5室～2室を活用し、量的・質的にも充実を図る。			■	
変更なし	5303	充実 一時保育	育児ノイローゼの解消や疾病などの緊急時に対応するため、市内の保育所において保育所入所児童以外の就学前児童を一時保育することにより育児支援を行う。	■	■		
変更なし	5304	充実 延長保育	保育所に入所している児童で、延長保育を必要とする児童に対して保育を行う。	■	■		

NO	事業名	素案の文言	赤	前	学	青	意見
4304	休日保育	保育所に入所している児童で、休日に保育に欠ける児童に対して保育を行う。					
4305	病後児保育	子育てと就労の両立支援の一環として、病気や怪我の回復期にあたり、家庭や集団での保育が困難な乳幼児を一時的に預かる事業としてA乳児院に委託して実施。					
4306	子育て家庭ショートステイ事業	保護者が疾病などの社会的な理由で一時的に家庭での養育が困難となった場合に、児童や保護者を児童福祉施設で預かる。					

④母子家庭や単親家庭などの経済的支援を含めた自立のための支援の推進

NO	事業名	素案の文言	赤	前	学	青	意見
4401	母子・父子相談 ■事業名変更■ 名称を変更し「単親相談」としては。	母子・父子家庭等を対象に、生活一般。生活援護相談を中心に母子自立支援員が相談に応じる。					・4402家事介助とあわせて単親家庭支援としては。 ・父子家庭は母子家庭より厳しい状況にある。父子家庭に対し実した事業をつくっていって欲しい。相談事業も父子家庭のも考慮した時間、曜日を考えて欲しい。
4402	家事介助	単親家庭の生活の安定及び福祉の向上を図るため、家事介助員を派遣し、家事などの日常生活の世話を行う。					・内容を具体的に記述して欲しい。
4403	助産施設入所事業	入院助産を受ける必要があるにもかかわらず、経済的な理由で受けられない妊婦の出産への経済的不安を軽減するため、市立A病院と連携して少ない費用でお産をしてもらう。					
4404	母子生活支援施設入所事業	母子家庭で、住居、生活などに困っている親子が入所し、自立が出来るよう支援する。母子ホームと連携しながらすすめる。					・現在のような経済支援だけでなく経済的に自立できるようにローワークと連携した就業支援、求人情報の提供、技術習得の提供が必要では。

〈その他項目〉
・パソコンや携帯より印刷物の方がいいのでは。
・パンフやチラシをスーパー等に置けるようにして欲しい。
・回覧板を有効に使う。
・子育て支援センターにタッチパネル操作で情報が得れる端末を設置する。
・市内に小児科、産婦人科が少ないので、増えるようなくふうをして欲しい。
・小さい子どもを連れての移動は車が不可欠だが、駐車スペースがすくなかったり、路線バスの乗り継ぎを見直して欲しい。
・保健センターの事業を要請があれば土日に園を開放している。私立幼稚園でも実施可能です。

比較	NO	事業名	事業概要	赤	幼	学	青
変更なし	5305	充実 休日保育	保育所に入所している児童で、休日に保育に欠ける児童に対して保育を行う。	■	■		
変更なし	5306	充実 病後児保育	子育てと就労の両立支援の一環として、病気やけがの回復期にあたり、家庭や集団での保育が困難な乳幼児を一時的に預かる事業として実施する。	■	■		
変更なし	5307	継続 子育て家庭ショートステイ事業	保護者が疾病などの社会的な理由で一時的に家庭での養育が困難となった場合に、児童や保護者を児童福祉施設で預かる。	■	■	■	■

比較	NO	事業名	事業概要	赤	幼	学	青
変更なし	5401	継続 母子・父子等のひとり親家庭相談事業	母子自立支援員が、母子・父子等のひとり親家庭を対象に生活一般、生活援護相談に応じる。	■	■	■	■
変更なし	5402	継続 家事介助派遣事業	ひとり親家庭の生活の安定および福祉の向上を図るため、家事介助員を派遣し、家事などの日常生活の世話を行う。	■	■	■	■
変更なし	5403	継続 助産施設入所事業	入院助産を受ける必要があるにもかかわらず、経済的な理由で受けられない妊婦に対して、市立A病院と連携して分娩費用を軽減する。	■			
変更なし	5404	継続 母子生活支援施設入所事業	母子家庭で、住居、生活などに困っている親子が入所し、自立ができるよう支援する。母子ホームと連携しながら進める。	■	■	■	■

地域
5．子育てを支援する地域再生事業の展開
　主な意見
　①幼い子どもの保護者は、子ども連れで足を運ぶ事が困難であり、自宅の近所での子育て支援事業の実施を強く望んでいる
　②異世代の交流と相互支援による地域ぐるみの子育てを望んでいる
　③子育て支援者によるバックアップを望んでいる
　④とかく母親対象中心になりがちな施策に対し、父親の育児協力を促す施策を望む声が上がっている
　⑤子育てをするために、人とつながるのがよいことだと思いつつ、一歩が踏み出せない人が多く、そのきっかけづくりを行政に求めている
　⑥幼児から大人まで、気軽に自由に安全に、人と出会い、語らえる場を地域に作ることを望んでいる

◆施策の方向性と具体的事業
①地域ぐるみで子育てを支援する事業の実施

NO	事業名	素案文言	赤	前	学	青	意見
5101	地域ぐるみの子育て支援事業（仮称） ↓ ☆重点事業	◎「ひろば」事業の充実 子育て支援センター・共同利用施設・幼稚園・保育所など、地域の拠点施設で、在宅子育て家庭の乳幼児とその保護者を対象に、遊びの紹介や親子あそび、子育て相談などを内容とする事業を展開し、そこに集う子どもや親同士ができるだけ自然な形で出会い、ふれあう機会となる場づくりを目指す。ベビーカーを押していける範囲に1ヵ所の実現を目指す ◎世代間交流事業の推進 「ひろば」事業に子育て中の親子以外の参加者を募る。子育て世代と子育て応援世代の交流会を実施し、同じ場所で同じ体験をすることなどを通して互いの理解を深めていく。「生活の知恵」など文化の伝承の機会ともなる。 ◎子育て支援者の育成 子育て卒業世代や中高生の男女などが、講習会に参加したり実際に子育てに親子に接したりする中で、子育て支援に必要なスキルを身につけ地域で子育て支援者としてかつどうできるようにしていく。 ◎異世代ネットワークの構築 赤ちゃん期、児童期、青少年期、成人期、老年期のライフサイクルを念頭に置いた相互の助け合いを、子育てという視点から見つめ直し、子育て・子育ち中の親子を含めて、支援し支援される相互援助活動としての異世代交流が、地域に定着していくようにする。					○「ひろば事業の充実」自主性を尊重し、自主的に運営 　父親も参加できる事業展開 　「引きこもる親子」の出て行きやすい場の設定 　誰でも自由に行ける時間（15時から19時）と場の設定 ・用意された事業に参加するだけでなく、保護者自身が施設を利用して活動を展開する。 ・異年齢の子どもが共に遊べる事業を推進する。 ・父親が参加できる交流事業を推進する。 ・居住区の近くで親子が知り合いを作れるようにバックアップする。 ・親子同士の交流を助ける役割の人材を派遣する。 ・保健センターでの講座の機会などを利用し、地域に住む親子り合えるきっかけを作る。 ・地域に、小中学生が自主管理しながら利用できる空間を作る。 ・市内在住の大学生らを地域の子育て支援活動のリーダーに養成する ・現在は高齢者の利用が多くなりがちになっている地域の共同利用施設を、子育てサークルや、子ども自身の自主的活動にも有効利用する ・地域の共同利用施設を、例えば15時～19時は、大人も子どもも自由に気軽に誰でも出入りできる空間にして、地域の人が子ども顔見知りになる機会を作る。 ・特に現時点で子育て支援事業が手薄になっている市の南西部において、重点的に事業展開していく。 ・人とつながるのが苦手な現代の親世代のために、市が「きっかけ作り」をする。 ・子育て支援のコーディネーター役になれる人を市が養成する講座をひらく。 ・市が発行している子育て関係の情報誌や印刷物をしない各地共施設などにおいてPRする。 ・子育て関係の自主グループ作りをバックアップする。 ・妊娠安定期から、要請に応じて、市が地域で子育てに関する講習会を開催する。 ・大きな予算をかけなくても、例えば公園にバスケットゴールひとつ設置する、などのように、子どもが集まりやすいしかけ工夫する。 ○異年齢の子どもが共に遊べる事業の推進 　地域住民に限らず外部（企業・大学・学生）も取り込んだ子支援大学生らを子育て支援のリーダーに… 　高齢者による子育て支援 ・増え続ける高齢者層を、子育てに巻き込む。 ・地区社協活動・子ども会・自治会の見直し。 ・地域の子どもの顔を大人が知る。自分の子どもと異なる年齢どもとの交流を持つことで、地域の横のつながりを作る。 ・子どもが、子ども会などに参加できるような「ゆとり」を持ようにする対策を考える。 ○ヘルパー育成制度の創設ならびにヘルパー育成の促進 ・現在の「ホームヘルプサービス」を、子育て中の親も利用する（親の悩み・不安を聞いたり家事援助を行うことによって親の負担を軽減することができる）。

比較	本案
TM 影響有 : 変更はあるが因果関係不明 : 変更なし : 反映なし	＊素案から変更された部分は、下線で示している。

比較	NO	事業名	事業概要	赤	幼	学	青
特に TM の影響はない。 事業概要に変更はあるが、TM の内容が反映されているかどうかはわからない。 世代間交流事業の推進の項目が、「ひろば」事業の充実に吸収されている。 また、「異世代ネットワーク」が「多世代交流」に変更されている。	6101	新規　重点 地域ぐるみの子育て支援事業	「ひろば」事業の充実 ・子育て支援センター・共同利用施設・幼稚園・保育所など、地域の拠点施設で、在宅子育て家庭の乳幼児とその保護者を対象に、遊びの紹介や親子あそび、子育て相談などを内容とする事業を展開し、そこに集う子どもや親同士ができるだけ自然な形で出会い、ふれあう機会となる場づくりをめざす。ベビーカーを押して行ける範囲に1ヵ所の実現をめざす。 ・「ひろば」事業に子育て・子育ち中の親子以外の参加者を募る。子育て世代と子育て応援世代の交流会を実施し、同じ場所で同じ体験をすることなどを通して互いの理解を深めていく。「生活の知恵」など文化の伝承の機会ともする。 子育て支援者の育成 　子育て応援世代や中高生などが、講習会に参加したり実際に子育て中の親子に接したりする中で、子育て支援に必要なスキルを身につけ地域の子育て支援者として活動できるようにしていく。 多世代交流の推進 　赤ちゃん期、幼児期、学齢期、青少年期、成人期、老年期のライフサイクルを念頭に置いた相互の助け合いを子育て支援という視点から見つめ直し、多様な世代交流が、地域の中に定着するよう支援していく。				

NO	事業名	素案の文言	赤	前	学	青	意見
5101							・子育て経験者や、子育て支援に協力したいという意志を持つ者が、ヘルパーの資格を取りやすいように、資格取得の費用を援助する。 ・介護士資格取得条件のうち、子育て支援に必要なものだけを習得すれば習得できる「子育てヘルパー資格」を作り、資格取得を進する。 ・市民が自主的に子育て支援に関するボランティアをはじめたり、グループを結成したりすることをうながすような講座を積極的に開催 ・ボランティア団体への補助金を継続的に支給する。 ○幼稚園・保育園の待機児サークル活動等への援助。小学生からのボランティアの機会を増やす ・幼稚園に入れない待機児サークルの活動を、活動場所確保などを通じて援助する。 ・小学生の時期からボランティアの機会を増やし（例えば外国人の親がユネスコの日本語教室で学ぶ間、子ども同士で遊ぶ、などのネットワーク作りに役立てる。 ・子どもが成長してクラスが変わっても友達関係が続けられるような、地域のネットワークをつくる。
5102	家庭・子ども支援ネットワークモデル事業	「PTCA活動」、「ご近所一声運動」「まちの子育てひろば」等の事業を中心に、「家庭・子ども支援」の地域のネットワークをつくる。中学校区単位にモデルを指定し、3年間で全市域へ広げていく。					○父親参加を視野に入れた取組みを ・父親の参加を視野に入れて取り組む。 ・いわゆる「荒れる」青少年に対しては、思春期の子どもの特性をよく理解した上、対症療法ではなく、「地域の大人として何ができるか」といった視点から、問題に取組む。 ・空き店舗を、誰でも利用できる交流の場として利用するなど地域に子どもの居場所を作る。 ・学校と地域が接点を持ち、子どもを違った角度からも見守れるようにする。
5103	子育て交流ルーム運営事業	在宅で子育て中の親の孤立化を防ぐために、地域において乳幼児親子が気軽に立ち寄り、自由に交流できる場の整備運営。専用使用できる場所の確保。 ボランティアの後継者の確保。定期的に開催することで、地域の拠点作りにしたい。					○利用者による主体的運営 ○乳幼児親子対応のルームを作る ・子育て中親子のグループが、無料で借りられる場所を増やす。 ・地域ごとにボランティアを養成。 ・利用者に主体的に運営させる。 ・児童館に乳幼児親子対応の部屋を作る。

②子育て支援ボランティアの育成

| 5201 | 子育て支援センターボランティア養成講座事業 | 「ひろば」事業や地域で子育て活動を実践するボランティアを育成するための、講座と体験の場を実施する。ボランティアを育成するための、講座と体験の場を実施する。児童から高齢者まで様々な世代の人が、子育て支援ボランティア活動に対する意欲と希望を持って参加できるよう、講座内容などを工夫していく。 | | | | | ○年齢に応じたボランティア講座
「地域のお兄さんお姉さん」作り
高齢者による子育て支援
地域におけるボランティア組織作りとその活用
・成人を対象とするものだけでなく、子どものころから、年齢に応じたボランティア講座を開催。
・子どもの成長を「地域のお兄さんお姉さん」が支援する、とリーダーの養成を推進する。
・講座に通うための市バス運賃を助成する。
・増え続ける高齢者層を子育てに巻き込んでいく、3世代交流に力点を置く。
・子育て経験者や、子育て支援に協力したいという意志を持つ者が、ヘルパーの資格を取りやすいように、資格取得の費用を援助する。
・介護士資格取得条件のうち、子育て支援に必要なものだけを習得すれば習得できる「子育てヘルパー資格」を作り、資格取得を進する。
・ボランティアを組織化して活用する。 |

③子育てサークルの育成

| 5301 | 子育て支援センター子育てサークルの活動支援 | 子育てサークルマップの作成とサークルへの講師派遣や講師謝礼の一部を助成し、地域の子育てサークル活動を支援する。サークル活動の充実と活動場所の確保。子育てサークルの企画・運営による講習会等を開催する。 | | | | | ・幼稚園・保育所待機児サークルへの支援。 |

比較	NO	事業名	事業概要	赤	幼	学	青
変更はあるが、TMの影響はない。事業名が「すこやか事業」とされている。素案文言での具体的な事業名が各種連携事業と、まとめられている。対象年齢に「赤ちゃん期」が追加。	6102	充実 家庭・子ども支援地域ネットワーク事業（すこやか事業）	学校・家庭・地域が行動連携した「ご近所一声運動」や各種連携事業を中心に「家庭・子ども支援」の地域ネットワークを作る。複数の幼稚園、小学校に中学校が参加した校区を単位に3年間で全市域に広げていく。				
変更なし	6103	継続 子育て交流ルーム運営事業	在宅で子育て中の親の孤立化を防ぐために、地域において乳幼児親子が気軽に立寄れ、自由に交流できる場の整備運営。継続使用できる場所の確保やボランティアの後継者の確保を行い、定期に開催することで、地域の拠点づくりにつなげていく。				
事業そのものが変更・削除							
変更なし	6301	充実 子育て支援センター子育てサークルの活動支援	子育てサークルマップの作成とサークルへの講師派遣や講師謝礼の一部を助成し、地域の子育てサークル活動を支援する。サークル活動の充実と活動場所の確保、子育てサークルの企画・運営による講習会等を開催する。				

NO	事業名	素案の文言	赤	前	学	青	意見
5302	子育てサークルネットワーク化の推進	市内の子育てサークルの代表者がつどい、各サークルの情報交換をしたり、自らの力でイベントなどを開催する事などを通して、サークル間の連携を図ったり、サークル活動への参加意欲と自信を深めていけるようにする。支援センターが核となり、サークルの主体性を育みつつサークル間の連携ができるようにしていく。					・サークルに関わるボランティアも組織化して、利用しやすくする

④地域スポーツクラブの推進

NO	事業名	素案の文言	赤	前	学	青	意見
5401	スポーツクラブ21	小学校区単位で、地域の人々が一緒になって活動し、スポーツを通じた子ども達の健やかな成長をめざすとともに、市民の健康増進を図っていく地域スポーツクラブ。17小学校区全てで実施していく。					○多世代交流の教育的意義を重視し、一層の定着・発展を促す子育ての悩みも話し合える場に ・スポーツを共に楽しむ中で自然に地域のつながりができることを目指し、あらゆる人が積極的に参加できるような企画を推進 ・学校のクラブ活動をしている子どももさんかできるような方考える。

比較	NO	事業名	事業概要	赤	幼	学	青
変更なし	6302	充実 子育てサークルネットワーク化の推進	市内の子育てサークルの代表者が集い、各サークルの情報交換をしたり、自らの力でイベントなどを開催する事などを通して、サークル間の連携を図ったり、サークル活動への参加意欲と自信を深めていけるようにする。 　支援センターが核となり、サークルの主体性を育みつつサークル間の連携ができるようにしていく。	■	■		
変更なし	6401	充実 スポーツクラブ21	小学校区単位で、地域の人々が一緒になって活動し、スポーツを通じて子どもたちの健やかな成長をめざすとともに、市民の健康増進を図っていく会費制の地域スポーツクラブ。17小学校区全てで実施していく。	■	■	■	■

地域
6．安全・安心の子育て社会を作るため、あらゆる心配を除去する事業の推進
　主な意見
　①子どもが関係する犯罪が多発する昨今の社会情勢を受け、子どもの安全に関する関心は高く、行政と地域が連携して
　　も守ることが必要と考えている
　②市民病院を核とした小児科医療の展開を望んでいる
　③安全な遊び場所の新規建設とボランティア配置への要望

◆施策の方向性と具体的事業
①子育て安心事業の推進

NO	事業名	素案文言	赤	前	学	青	意見
6101	小児救急医療体制の充実（仮称）↓☆重点事業	広域的な連携を含めた小児救急医療体制の確立に向けて、協議を進めていく。また、小児医療のあり方・対応などを協議する近隣市町との連携調整会議を開催し、小児医療体制の充実を図っていく。特に、保護者を対象に小児と特性、医療に関する知識を習得することを目的とする研修会を開催したり、休日、夜間などの小児医利用に関する電話相談体制の整備を図っていく。					・小児科の一時救急を請け負う施設（またはシステム）の整備める。 ・安心して出産・子育てができるように産婦人科、小児科を増やす ・『連絡調整会議を開催し』を『連絡調整会議を設立する』にす会議が一時的でなく、継続的に開催され、機能することが必要 ・小児科の一時救急を請け負う設備（またはシステム）の整備める。 （一例として、S診療所を小児救急の拠点とする計画を進める。）民病院は二次救急なのに、軽症の患者も直接来るために、二次としての機能に支障が出ているため。
6102	市立A病院小児科における育児支援サービス事業↓新規事業■事業概要変更■A病院が核となり、地域の小児科と連携しながら幼稚園への看護師配置	外来・入院患者を対象に、健康教育、虐待防止、薬の上手なのませ方、新米ママの育児相談などを外来スペースに配置した相談コーナーで行い、子どもが病気の時などの育児不安の解消を目指す。					・A病院が核となり、地域の小児科と連携。患者に近くの小児を紹介するなど情報提供する。 ・A病院の待ち時間を分かりやすく表示。 ・地域医療の充実も図る。
6103	保育所への看護師の配置	保育所入所児だけでなく、地域の在宅児の健康相談やケアを行い、小児医療の一助となる公私立保育所に看護師の配置を検討していく。					・幼稚園にも看護師を配置。

②子どもの交通安全を確保するための活動の推進　→子どもを事故から守るための活動の推進

NO	事業名	素案文言	赤	前	学	青	意見
6201	A市幼児交通安全クラブ●対象の追加●公私立幼稚園だけでなく学齢期・青年期にも。	幼稚園及び保護者に対して交通安全に関する習慣づけやルールを学べるよう、警察と連携し、公私立幼稚園に出向き交通指導を行っていく。					・自転車のルールと実技指導。 ・交通安全指導。

③子どもを犯罪被害から守るための活動の推進

NO	事業名	素案文言	赤	前	学	青	意見
6301	補導活動事業	地域に密着した街頭補導と「愛の一声運動」を推進していく。合わせて、関係機関・団体と連携したキャンペーン等による広報啓発活動を実施していく。					○子どもの夜間徘徊に対し、親の責任を明記し、条例化 ・子どもの深夜徘徊に対し親の責任を明記するなどして、条例化す ・不登校・非行対策を推進。

資料編 323

	比較	本案
TM影響有 ：変更はあるが因果関係不明 ：変更なし ：反映なし		＊素案から変更された部分は、下線で示している。

	比較	NO	事業名	事業概要	赤	幼	学	青
	TMの意見を受けてか小児救急について具体的な策が書かれている。さらに、かかりつけ医師の推進と小児救急知識の普及啓発についても新たに付け加えられている。	7101	新規　重点 小児医療体制の充実	子どもが病気やけがをした時、安心して医療にかかれるよう小児医療体制の充実を図る。特に小児救急については、県が設置する「小児救急医療対策検討委員会」の中で、近隣市町との広域的な小児救急医療体制の強化対策について検討していく。 また、個別の予防接種、10ヵ月児健診等の事業を通じて、かかりつけ医師の推進を図るとともに、小児救急知識の普及啓発に努める。				
	名称変更されているが、特にTMの影響はなし。	7102	充実 市立A病院	小児科における育児支援サービス事業外来・入院患者を対象に健康教育、虐待防止、薬の上手な飲ませ方、子育て初心者の育児相談などを外来スペースに設置した相談コーナーで行い、子どもが病気の時などの育児不安の解消をめざす。				
	変更なし	7103	充実 保育所への看護師の配置	保育所入所児だけでなく、地域の在宅児の健康相談やケアを担い、小児医療の一助となるよう公私立保育所への看護師の配置を検討していく。				
	変更なし	7201	継続 幼児交通安全クラブ	幼稚園児およびその保護者に対して基本的な交通安全に関する習慣づけやルールを学べるよう、警察をはじめとする関係機関と連携し、公・私立幼稚園における交通安全指導を行っていく。				
	変更なし	7301	継続 補導活動事業	地域に密着した街頭補導と「愛の一声運動」を推進していく。あわせて、関係機関・団体と連携したキャンペーン等による広報啓発活動を実施していく。				

NO	事業名	素案の文言	赤	前	学	青	意見
6305	自主防犯活動に取組む市民やボランティア団体への支援 ●対象の追加● 赤ちゃん期を追加	地域住民やボランティア団体が自主的に行うパトロールや啓発活動への支援や、それに必要な人材育成のための研修や講座等の充実を図る。					・子どもも一緒にパトロールするなど、子ども自身の防犯意識も合わせて推進。 ・自治会のネットワークなども活用。 ・学校のガードマンの継続配置。 ・地域ボランティアの活用。
6304	市民への防犯情報や地域安全情報の提供 ●対象の追加● 情報提供については赤ちゃん期の保護者も対象に入れる。	身近な地域を単位として自主防犯活動を推進していけるよう、市民への犯罪情報や地域安全情報の提供を行う。あわせて、効果的な情報提供のあり方を検討する。					・(K市、M市で行われているように) 異常事態の発生をメー、希望者に配信する。 ・教育委員会と子育て支援課が情報を共有、発信する。 ・既に市内Ⅰ幼稚園で導入されている、パソコンを利用した「ネットワーク」を、市内の各地域でも導入。 ・子どもの帰宅時間に合わせてチャイムを鳴らすなどの取り組み。 ・対応が的確にできるような内容の情報配信に努める。 ・防犯ネットワークの導入 (具体案)・・・帰宅時間になるとイムを鳴らす。
63**	学校施設の防犯・及び訓練の実施 ■事業概要 防犯意識を高め、被害を未然に防ぐため、具体的な訓練や指導を行う。	身近な地域を単位として自主防犯活動を推進していけるよう、市民への犯罪情報や地域安全情報の提供を行う。あわせて、効果的な情報提供のあり方を検討する。					・防犯についての具体的な訓練を学校で実施。 ・子どもが自分自身の安全を守るため、CAPのワークショップ幼・小・中学校で行う。 ・身を守る方法を学ぶ (例：CAPを毎年行う)。 ・家の防犯、電話番号の聞きだしへの対応など、さまざまなケの対応指導。 ・公立幼稚園の防犯強化。 ・幼稚園の園庭開放時に、ガードマンを派遣。

④被害にあった子どもの保護の推進

NO	事業名	素案の文言	赤	前	学	青	意見
6401	相談活動事業	学校及び関係機関と連携し少年問題の相談に応じる。学校、PTA、児童生徒、市民への広報啓発活動を進める。センター通信やチラシ等で相談活動の周知を図る。					○第三者による相談機関の設置 ・子どものバックグラウンドを把握している地域の大人に相談るようにする。 ・学校関係者だけでなく、第三者による相談機関の設置。

⑤教育施設環境の整備

NO	事業名	素案の文言	赤	前	学	青	意見
6501	市立学校のエレベーター整備 ■事業概要変更■ 市内の小中学校→市立学校	階段の利用が困難な児童・生徒の、学校生活における上下階の移動を容易にするため、市内の小中学校すべてに順次エレベーターを整備していく。					・早急に全校に対応を。 ＊高校にも対応を。
6502	市立学校のバリアフリー対策	障害を持つ児童・生徒が学校生活を安全に安心して送るため、また、学校開放などにより誰もが使いやすい施設とするため、バリアとなる段差や便所等、施設・設備を計画的に整備していく。					・早急に全校に対応を。 ・もっと具体的な内容の盛り込みを。 ＊高校にも対応を。
65**	教育設備						○教育整備の安全確保

比較	NO	事業名	事業概要	赤	幼	学	青
TMで出た、パトロールや防犯意識教育が反映され、地域住民の自主的なパトロールや啓発活動が盛り込まれている。	7302	充実 地域防犯活動への支援	地域住民が自主的に行うパトロールや啓発活動への支援や、それに必要な人材育成のための研修や講座等の充実を図る。				
TMの意見で挙げられた地域を主体とした犯罪情報や、防犯対策および安全情報の提供が反映されている。さらに、ホームページやメールを利用した防犯ネットワーク案もそのまま反映されている。	7303	充実 市民への犯罪情報や地域安全情報の提供	身近な地域を単位として自主防犯活動を促進できるよう、市民への犯罪情報や地域安全情報の提供を行う。あわせて、効果的な情報提供のあり方を検討していく。 また教育委員会では、不審者情報等の「子どもの安全に関する情報」を随時ホームページに掲載し、希望者にはメールで配信している。				
反映なし							

比較	NO	事業名	事業概要	赤	幼	学	青
変更なし	7401	継続 相談活動事業	学校および関係機関と連携し少年問題の相談に応じる。学校、PTA、児童生徒、市民への広報啓発活動を進める。センター通信やチラシ等で相談活動の周知を図る。				

比較	NO	事業名	事業概要	赤	幼	学	青
変更なし	2501	充実 小中学校のエレベーター整備	階段の利用が困難な児童生徒の、学校生活における上下階の移動を容易にするため、市内の小中学校すべてに順次エレベーターを設置していく。				
変更なし	2502	充実 小中学校のバリアフリー対策	障害のある児童生徒が学校生活を安全に安心して送るため、また、学校開放などにより誰もが使い易い施設とするため、バリアとなる段差や便所等、施設・設備を計画的に整備していく。				
反映なし							

⑥安全な道路環境の整備

NO	事業名	素案の文言	赤	前	学	青	意見
6601	道路安全対策事業	生活基盤である道路の安全対策事業として、ベビーカーの使用者や子ども達が安全かつ安心して通行できる道路の整備を計画的に進めるとともに、道路を良好な状態に保つように維持管理に努める。道路内での歩行者等の交通安全の確保と、バリアフリー化の推進。身近に利用される道路を中心に、側溝の蓋掛等により有効幅員を広げ、安全に使用できる歩行空間や、交通安全施設の整備を図るとともに、ポケットパーク等の親子・妊婦等が憩える場を創出する。					○地域の皆の目が届く掲示にしてほしい ・地域のみんなの目が届く道路に。 ・住民の意見を良く聴きながら、必要な場所に信号機を増設してい ・市民に対し、自転車の乗り方やマナーの指導を徹底し、放置■車を減らす。

⑦安心して外出できる環境の整備

NO	事業名	素案の文言	赤	前	学	青	意見
6701	都市公園整備事業	「みどりの基本計画」に基づき、市民の参画と協働のもと、都市の基幹的な施設である公園・緑地を整備している。公園の設計については、特にバリアフリー化や犯罪等の防止等に配慮する。 ・多くの住民が愛着を持つ、魅力ある公園を整備するため、公園計画段階から住民の参画と協働によるまちづくりを進めていく。 ・住民の参画と協働による公園の管理・樹木等の育成を進めていく。 ・防犯面について、公園内に死角を生み出さないような施設計画をしたり、支障樹木等の管理を徹底していく。 ・公園に関心を持つ地域の住民が増えるような活動を育成、支援していく。 ・近隣公園以上の大型公園では、子育て期の親たちが公園に出かけたくなるように、多目的トイレの設置及びバリアフリー化など施設面の充実を図る。					○室内にアスレチック施設がある遊び場所を作る 　子どもと遊ぶボランティアの配置 ・ゴミのない、美しい公園に。 ・子どもを遊ばせ易い遊具の設置。 ・室内にアスレチック施設がある遊び場所を造る。 ・子どもと遊ぶボランティアの配置。

比較	NO	事業名	事業概要	赤	幼	学	青
変更なし	7501	継続 道路安全対策事業	生活基盤である道路の安全対策事業として、ベビーカーの使用者や子どもたちが安全かつ安心して通行できる道路の整備を計画的に進めるとともに、道路を良好な状態に保つよう維持管理に努める。道路内での歩行者等の交通安全の確保と、バリアフリー化を推進する。 身近に利用される道路を中心に、側溝の蓋掛等により有効幅員を広げ、安全に使用できる歩行空間や、交通安全施設の整備を図るとともに、ポケットパーク等、地域住民（親子・妊婦等）が憩える場を創出する。				
変更なし	7601	継続 都市公園整備事業	「みどりの基本計画」に基づき、市民の参画と協働のもと、都市の基幹的な施設である公園・緑地を整備している。公園の設計については、特にバリアフリー化や犯罪等の防止等に配慮する。 ・多くの住民が愛着を持つ、魅力のある公園を整備するため、公園計画段階から住民の参画と協働によるまちづくりを進めていく。 ・住民の参画と協働による公園の管理・樹木等の育成を進めていく。 ・防犯面について、公園内に死角を生み出さないような施設計画をしたり、支障樹木等の管理を徹底していく。 ・公園に関心を持つ地域の住民が増えるような活動を育成、支援していく。 ・近隣公園以上の大型公園では、子育て期の親たちが公園に出かけたくなるように、多目的トイレの設置およびバリアフリー化など施設面の充実を図る。				

資料4

TMの意見が採用され変更された12事業とTMによって追加されたと思われる5事業（計17事業）

数	NO	事業名	事業概要	赤	幼	学	青	有無	比較
	TMの意見が採用され変更された12事業
1	1104	継続 児童館事業	『子どもの居場所』としての機能を持たせ、児童に健全な遊びや安全安心な遊び場を提供し、遊びの相手をする大学生がリーダーとなって「みんなであそぼ」事業も展開する。また、子ども同士による交流、親と子のふれあいを深めるため児童向けの講座・教室を開催し、地域の人々との交流を深めるイベント等を実施する。					○	"『子どもの居場所』の一つとしての機能を持たせる""リーダー育成"等の表現を用い、事業内容を一部TMに沿った形で変更している。
2	2101	継続 男女共生教育	学校生活のあらゆる場面で一人ひとりの個性を大切にした教育を推進する。男女共生教育の充実とセクシュアルハラスメントについての研修の充実。個性を大切にした教育を推進し、人間性豊かな過ごし方ができるよう取り組みを進める。男女が互いに協力することの大切さを知り、幸せな生活を営むことができるよう意識改革を図る。特に道徳教育や教科学習および総合的な学習などの充実に努め、全教育活動の中で行う。また、男女共同参画社会の理念に基づいて教職員の意識改革を図るため、男女の人権尊重意識の醸成、啓発講座を行う。					○	TMの意見が反映され、男女の人権尊重意識の醸成、啓発講座を行うという具体案が盛り込まれている。
3	2205	継続 「町の先生」推進事業	豊かな体験や、専門的な技能を有する人を「町の先生」として学校に招き、地域の教育力を学校に活かすとともに、開かれた学校園づくりを推進する。さらに、いきいき学校応援事業等で学校ボランティアを活用し、各学校園の特色ある取り組みを進める。					○	TMで出た応援事業の例として「いきいき学校」と称し、記されている。
4	2207	充実 スクールカウンセラーの配置	児童生徒の臨床心理について高度の専門的知識を有するカウンセラー（臨床心理士等）を配置し、子どもの心に寄り添い、悩みを解決する。また、保護者からの相談にも応じ、早期解決を図る。					○	TMの意見から、早期解決にも重点を置いた事業内容になっている。学齢期が追加。
5	1205	継続 人権保育事業	子どもの人権に焦点をおいた保育実践の中で、乳幼児の成長を保障し、それぞれがお互いを認めあう保育を展開する。また、遊びの中から「平等」「思いやり」などの意識の高揚を図り、子どもの時から人権を尊重し、共に生きる社会を創造する意識や感性を育てる。					○	TMの男女共同参画の意識も取り入れる、という意見から共に生きる社会の創造という意識が盛り込まれている。
6	2306	充実 学校図書館	学校図書館における図書購入の検討やボランティアの活用による学校図書館の活性化を図ると共に児童生徒の国語力向上のため、朝の読書等の取り組みを推進する。また、司書教諭の資格を有する指導員の配置についても検討する。					○	TMの意見により、もともと行っていた事業を充実事業として追加。
7	4307	充実 マタニティクラス	妊婦とそのパートナーを対象にし、食生活など妊娠中のすごし方や、おっぱい、赤ちゃんの話などの講座を実施。助産師、栄養士、歯科衛生士、保健師をスタッフとする。また、平成16年度から、年1回、土曜日に、「新米パパとママの育児セミナー」を開催する。					○	TM時に出た保健センター実施業の実施方法に工夫、という意見を主に反映し、「新米パパとママの育児セミナー」開催が設けられている。
8	4311	充実 新生児訪問	従来は生後1ヵ月までの新生児を対象にしていたものを、おおむね生後3ヵ月児まで対象月齢を広げ、保護者の希望に応じて保健師・助産師が訪問を行う。					○	TM時の意見が反映され、生後3ヵ月児まで対象月齢が広げられた。
9	4602	継続 親性（ペアレントフッド）の学習機会の充実	公民館と連携して「ペアレントフッド講座」、「父親のための産前産後講座」、「孫育て講座」等を開催し、親性の学習機会の充実を図る。					○	TMの意見が反映し、行政主体だけでなく、公民館と連携するという策が盛り込まれた。

328

資料編　329

10	5301	継続 児童くらぶ事業	市内の小学校等に在学する1年生～3年生までのすべての児童、および4年生～6年生までの障害のある児童を対象に就労、疾病等の理由により放課後、家庭において「保育に欠ける」児童の健全育成を図ることを目的に実施する。また、入所児童の多いくらぶについては、1.5室～2室を活用し、量的・質的にも充実を図る。			○	TMで出た、受容年齢の引き上げ、障害児の受け入れ、そして環境整備の三つ全てが反映されている。具体的には、障害のある子は6年まで全て受け入れ、それ以外は従来と同じ、入所が多ければ、1.5～2室を活用して量的・質的に充実を図る。
11	7302	充実 地域防犯活動への支援	地域住民が自主的に行うパトロールや啓発活動への支援や、それに必要な人材育成のための研修や講座等の充実を図る。			○	TMで出た、パトロールや防犯意識教育が反映され、地域住民の自主的なパトロールや啓発活動が盛り込まれている。
12	7303	充実 市民への犯罪情報や地域安全情報の提供	身近な地域を単位として自主防犯活動を促進できるよう、市民への犯罪情報や地域安全情報の提供を行う。あわせて、効果的な情報提供のあり方を検討していく。 また教育委員会では、不審者情報等の「子どもの安全に関する情報」を随時ホームページに掲載し、希望者にはメールで配信している。			○	TMの意見で挙げられた地域を主体とした犯罪情報や、防犯対策および安全情報の提供が反映されている。さらに、ホームページやメールを利用した防犯ネットワーク案もそのまま反映されている。
			TMによって本案に追加されたと思われる5事業				
1	1106	継続 子どもの居場所づくり事業	心豊かでたくましい子どもを社会全体で育むため、社会教育施設や学校等を活用し、安全、安心な子どもたちの居場所を整備するとともに地域の大人を指導員として配置し、放課後や週末におけるさまざまな体験活動や交流活動を支援し、地域における教育環境の再生を図る。 また、青少年センター事業として、子ども茶道・生花体験教室、各種スポーツ大会等を開催するなど体験を積み重ねる機会を提供する。子どもの居場所は、子ども自ら発見するものであり、それを見守るのが大人の役割だという考えのもと、イベント、教室などを開催する。今後、新規事業として子ども囲碁大会、子ども書道大会を開催していく			○	TMを受けて新規掲載事業。
2	1107	継続 みんなで遊ぼう広場（プレイパーク）事業	A養護学校の向い「ゆうゆう」隣接空き地で開催。「自分の責任で自由に遊ぶ」をモットーに自由に創意工夫し、手遊び、仲間づくりをしながら色々な体験ができる場を、子どもに提供する。			○	TMを受けて新規掲載事業。
3	5203	新規 育児休業セミナー	仕事を持つ親やA市内の事業者に対し、育児休業に関するPRやセミナーを行い奨励し呼びかけていく。			○	TMの意見がそのまま反映されている。まとめたものが事業概要として提案されている。
4	7101	新規　重点 小児医療体制の充実	子どもが病気やけがをした時、安心して医療にかかれるよう小児医療体制の充実を図る。特に小児救急については、県が設置する「小児救急医療対策検討委員会」の中で、近隣市町との広域的な小児救急医療体制の強化対策について検討していく。 また、個別の予防接種、10ヵ月児健診等の事業を通じて、かかりつけ医師の推進を図るとともに、小児救急知識の普及啓発に努める。			○	TMの意見を受けてか小児救急について具体的な策が書かれている。さらに、かかりつけ医師の推進と小児救急知識の普及啓発についても新たに付け加えられている。
5	3101	新規　重点 発達支援マネジメント事業	障害の程度を問わず発達に関して支援が必要な子どもに対して、総合的な相談ができるシステムを構築し、情報を一元化する。 また、医療を含めた専門的な支援方針を策定し、各成長過程を通じた支援を行う。			○	事業名が変更されている。素案文言と違い、段階や程度、ニーズに合わせたシステム及び支援の策定を事業概要では記している。TMの意見も反映されている。

内容に変更のあった事業19事業

数	NO	事業名	事業概要	赤	幼	学	青	有無	比較
	内容変更のあった19事業								
1	1109	継続 人権啓発映画会の実施	人権啓発映画会を開催し、映像を通して人権について考え、人権尊重の輪を広げていく。 また、「出前講座」の実施や学校園の教材用としてビデオの貸し出し等を含め、広く周知を図り学校園、地域等と連携しながら推進していく。					△	変更はあるが因果関係不明。 対象成長過程に「幼児期」追加。
2	1102	継続 保育所の地域子育て支援センター事業	子育てに関する育児不足の解消のため、保育所が有する人的物的資源を地域に還元する支援策として、体験保育・園庭開放・育児相談・サークル支援などを実施する。また、この体験・実績を活かし事業の拡大を目指す。					△	「事業の拡大」と記されているが、それ以外変更なし。 因果関係は不明。
3	2103	継続 思春期の身体と心の教育	思春期の子どもの身体と心のアンバランスな成長に起因するさまざまな問題や悩みに対して、正しい知識の学習や心の健康相談などを通して、心身の健やかな育ちを図る。					△	具体的な問題が省かれているが、全体的なニュアンスは同じ。
4	2102	継続 中高生の乳幼児ふれあい体験事業	中高生が保育士などの指導により、乳幼児についての知識理解を深める講習と乳幼児といっしょに遊んだりするなどのふれあい体験を通じて、異世代間の相互理解を深めていく。					△	対象年齢に赤ちゃん期・幼児期追加。 文章に変更はなし。
5	1202	継続 幼稚園教育課程推進委員会	保育について、教職員の関わり方や環境整備の仕方などを多面的に捉え、指導法の工夫改善をする。「各園ならでは」の特色ある教育課程編成をする。					△	成長過程の赤ちゃん期が削除。 因果関係不明。
6	2302	新規 学校サポーター事業	教師志望の学生等との連携の上、学校の要望に応じ、基礎学力や学習意欲の向上、遊びや相談などサポート体制を検討する。						新規事業であるが、TMとの因果関係は不明。
7	2401	継続 学校体育事業	体育行事や部活動等の体育・スポーツ活動を充実させ、個性の伸長と連帯感を育みながら「楽しい体育」をめざし、生涯スポーツを志向する子どもを育成する。						内容が省略されているが因果関係不明。
8	3204	充実 障害児デイサービス事業	障害をもつ子どもあるいは早期療育を必要とする子どもを対象に、日常生活における基本的動作の指導、集団生活を支援していく。					△	素案文言に早期療育必要児に対する指導というニュアンスはない。福祉施設へ通うという部分が無い。「K園や市内事務所の充実の検討」が省かれている。 特にTMでの意見はないため、TMの影響はないと考える。
9	4101	新規　重点 子育てオリエンテーション事業	受診率の高い乳幼児健診の場を活用し、子育て支援に関する情報提供や子育て支援・遊びのノウハウの提供などを行い、乳幼児を抱える家庭が日々の生活の中で育児に対する不安感や孤立感の軽減ができるようにする。 また、子どもの誕生時に合わせた子育て支援情報を提供する。					△	「健診時に必要に応じて同伴している兄弟姉妹の一時保育を実施し、ゆとりを持って健診が受けられるようにする。またHPなどを活用し、子育てに関する情報提供を行っていく」が省かれている。 TMの意見からの反映は特になし。
10	4201	充実 不妊に対する支援事業	公的機関だけでなく、医療機関とも協力しながら、不妊に関する専門相談機関や、県が実施する治療費助成事業について広く情報を提供するよう努める。					△	文面は違うが、不妊及びそれに対する経済面での支援の情報提供についてどちらも書かれている。 特にTMの意見の反映はなし
11	4303	継続 乳幼児健診事業 1歳6ヵ月児健診	集団で実施。 栄養のバランス・子どもの発達に合わせた調理の工夫や歯磨きの仕方等の保健指導・個別相談を実施する。					△	成長過程が幼児期から赤ちゃん期へ変更。 特にTMからの反映はなし。

資料編　331

12	4306	継続 健診の事後指導	乳幼児健診受診後の子どもとその保護者を対象に発達や育児に関する相談・指導を行う。育児不安や虐待の疑いのある個別相談のケースの増加を踏まえ、県の健康福祉事務所やその他の関係機関との連携を図り、相談の機会を確保する。				△	乳幼児健診受診後の子どもとその保護者を対象と具体的な相談・指導対象を記入している。 TMの意見の反映はなし。
13	4312	継続 乳幼児訪問	他機関からの連絡や相談の内容により、訪問が必要と判断した乳幼児とその保護者について保健師が訪問を行う。				△	文章に変更はあるが、TMの反映なし。
14	4501	新規 子育てコーディネート	子育て支援アドバイザーを配置し、多様な子育て支援サービス情報を総合的に把握し、発信する。インターネット等を活用したサービス利用者への情報提供および利用援助等の支援を行うことにより、利用者の利便性の向上およびサービス利用の円滑化を図る。				△	「子育て支援総合コーディネーター」と「子育て支援アドバイザー」の違い。具体的な業務内容の違いは不明。名称が違うだけか？他は変更なし。
15	4604	充実 だんらんホリデー	家族だんらんや親子のふれあいを通して家族の絆を深めるとともに、市民ぐるみで子どもの健やかな成長を図る機会とする。				△	事業名が変更されている。素案文言ででた「だんらんホリデー」がそのまま事業として成り立っている。 TMの影響は不明。
16	4711	継続 市営住宅の母子家庭優先枠の拡大	年1回の空家募集に際し、母子家庭優先枠を設け、母子家庭の入居しやすい環境づくりに努める。さらに、「配偶者からの暴力の防止および被害者の保護に関する法律」の制定に伴い、一時的な住宅の確保を行うため、関係部局等と調整を行う。				△	意見からの反映ではないが、「配偶者からの暴力の防止および被害者の保護に関する法律」の制定に伴い、一時的な住宅の確保を行うため、関係部局等と調整を行う」という案が付け加えられている。TMの影響は不明。
17	6101	新規　重点 地域ぐるみの子育て支援事業	「ひろば」事業の充実 ・子育て支援センター・共同利用施設・幼稚園・保育所など、地域の拠点施設で、在宅子育て家庭の乳幼児とその保護者を対象に、遊びの紹介や親子あそび、子育て相談などを内容とする事業を展開し、そこに集う子どもや親同士ができるだけ自然な形で出会い、ふれあう機会となる場づくりをめざす。ベビーカーを押して行ける範囲に1ヶ所の実現をめざす。子育て支援課 ・「ひろば」事業に子育て・子育ち中の親子以外の参加者を募る。子育て世代と子育て応援世代の交流会を実施し、同じ場所で同じ体験をすることなどを通して互いの理解を深めていく。「生活の知恵」など文化の伝承の機会ともする。 子育て支援者の育成 　子育て応援世代や中高生などが、講習会に参加したり実際に子育て中の親子に接したりする中で、子育て支援に必要なスキルを身につけ地域の子育て支援者として活動できるようにしていく。 多世代交流の推進 　赤ちゃん期、幼児期、学齢期、青少年期、成人期、老年期のライフサイクルを念頭に置いた相互の助け合いを子育て支援という視点から見つめ直し、多様な世代交流が、地域の中に定着するよう支援していく。				△	特にTMの影響はない。事業概要に変更はあるが、TMの内容が反映されているかどうかはわからない。 世代間交流事業の推進の項目が、「ひろば」事業の充実に吸収されている。また、「異世代ネットワーク」が「多世代交流」に変更されている。
18	6102	充実 家庭・子ども地域ネットワーク事業（すこやか事業）	学校・家庭・地域が行動連携した「ご近所一声運動」や各種連携事業を中心に「家庭・子ども支援」の地域ネットワークを作る。複数の幼稚園、小学校に中学校が参加した校区を単位に3年間で全市域に広げていく。				△	変更はあるが、TMの影響はない。 事業名が「すこやか事業」とされている。素案文言での具体的な事業名が各種連携事業名、とまとめられている。 対象年齢に「赤ちゃん期」が追加。
19	7102	充実 市立A病院	小児科における育児支援サービス事業 外来・入院患者を対象に健康教育、虐待防止、薬の上手な飲ませ方、子育て・初心者の育児相談などを外来スペースに設置した相談コーナーで行い、子どもが病気の時などの育児不安の解消をめざす。				△	名称変更されているが、特にTMの影響はなし。

| 資料5 | 素案から変更のあった事業（本案）（31事業）
（内容変更及びTM影響があったもの） | | | | 次世代育成行動計画指針 |

NO	事業名	事業概要	赤	前	学	青	記載有無	内容
1104	継続 児童館事業	『子どもの居場所』としての機能を持たせ、児童に健全な遊びや安全安心な遊び場を提供し、子どもの相手をする大学生がリーダーとなって「みんなであそぼ」事業も展開する。また、子ども同士による交流、親と子のふれあいを深めるため児童向けの講座・教室を開催し、地域の人々との交流を深めるイベント等を実施する。					○	（1）地域における子育て支援 エ．児童の健全育成 　地域社会における児童数の減少は、遊びを通じての仲間関係の形成や児童の社会性の発達と規範意識の形成に大きな影響があると考えられるため、地域において児童が自主的に参加し、自由に遊べ、安全に過ごすことのできる放課後や休日等の居場所づくりの推進が必要である。 　（中略）とりわけ、児童の健全育成の拠点施設の一つである児童館が、子育て家庭が気軽に利用できる自由な交流の場として、絵本の読み聞かせや食事セミナーの開催等、親子のふれあいの機会を計画的に提供するとともに、地域における中学生・高校生の活動拠点として、その積極的な受入れと活動の展開を図ることが必要である。（以下、省略）
1109	継続 人権啓発映画会の実施	人権啓発映画会を開催し、映像を通して人権について考え、人権尊重の輪を広げていく。 また、「出前講座」の実施や学校園の教材用としてビデオの貸し出し等を含め、広く周知を図り学校園、地域等と連携しながら推進していく。						
1102	継続 保育所の地域子育て支援センター事業	子育てに関する育児不足の解消のため、保育所が有する人的物的資源を地域に還元する支援策として、体験保育・園庭開放・育児相談・サークル支援などを実施する。また、この体験・実績を活かし事業の拡大を目指す。					○	（1）地域における子育ての支援 ア．地域における子育て支援サービスの充実 　（ウ）地域の児童の養育に関する各般の問題につき、保護者らの相談に応じ、必要な情報の提供及び助言を行う事業 （3）保育所その他の施設等において、必要な職員を置くことにより、乳児、幼児等の保育に関する各般の問題につき、保護者からの相談に応じ、必要な情報の提供及び助言を行うとともに、保護者の児童の養育の支援に係る活動を行う民間団体（子育てサークル）の支援その他の必要な援助を行う事業
2103	継続 思春期の身体と心の教育	思春期の子どもの身体と心のアンバランスな成長に起因するさまざまな問題や悩みに対して、正しい知識の学習や心の健康相談などを通して、心身の健やかな育ちを図る。					△ ○	（1）地域における子育ての支援 エ．児童の健全育成 　（中略）あわせて、性の逸脱行動の問題点等について教育・啓発を推進することが必要である。 （2）母性並びに乳児及び幼児等の健康の確保及び増進 ウ．思春期保健対策の充実 　10歳代の人工妊娠中絶、性感染症罹患率の増大等の問題に対応するため、性に関する健全な意識のかん養と併せて避妊や性感染症予防に関する正しい知識の普及を図ることが重要である。 　また、喫煙や薬物等に関する教育、学童期・思春期における心の問題に係る専門家の養成及び地域における相談体制の充実等を進めることが必要である。

資料編 333

国施策（補助金）					県計画「B子ども未来プラン」		
内容	予算額・全国（百万円）	担当省		有無	分類	内容	
児童の健全育成の拠点として、地域の特性に応じた積極的な活動や中・高校生の居場所としての児童館の整備の促進	補助金等 他の事業も含んだ上で ＊2,020	厚生労働省		△	児童館・児童センターへの支援 児童更生施設活動事業への助成	（中略）B県児童館連絡協議会による研修会を通じて児童館・児童センターの活動の充実を図ると共に、民間の児童構成し悦に対して児童福祉の増進に資するための運営費を補助します。	
地域の子育て家庭に対する育児相談や子育てサークル支援等を行う地域子育て支援センター事業を推進	4710	厚生労働省					
いくつかの事業が存在。厚生労働省と文部科学省で、何かしらの補助金をもらっている可能性							
・薬物乱用防止教育の充実のため、薬物乱用防止教室の推進、薬物乱用防止教育教材（小・中・高校生用）の作成・配布。研修会（独立行政法人教育研修センターで実施）やシンポジウムの開催等を実施	補助金等 233	文部科学省		○	薬物の乱用防止対策 薬物乱用防止対策啓発事業	青少年の薬物乱用に関する理解を深める為、学校での薬物乱用防止教育を支援します。	
・喫煙防止教育の充実のため、保健体育や特別活動をはじめ学校教育活動全体を通じて喫煙防止に関する指導を行うための喫煙防止教育教材（小・中・高校生用）の作成・配布	補助金等 51	文部科学省					
・小学校・中学校・高等学校を含むエイズ教育（性教育）推進地域を指定し、学校・家庭・地域の連携によるエイズ教育（性教育）の実践研究を行い、その成果を普及促進	補助金等 32	文部科学省					
・思春期の子どもが性に関する知識を持ち、性差を十分に理解してお互いを尊重しあうとともに責任ある行動の涵養をはかることが出来るよう取組みを推進	補助金等 ＊593	厚生労働省					

ID	事業名	事業概要	赤	前	学	青	記載有無	内容
2101	継続 男女共生教育	学校生活のあらゆる場面で一人ひとりの個性を大切にした教育を推進する。 男女共生教育の充実とセクシュアルハラスメントについての研修の充実。個性を大切にした教育を推進し、人間性豊かな過ごし方ができるよう取組みを進める。男女が互いに協力することの大切さを知り、幸せな生活を営むことができるよう意識改革を図る。 特に道徳教育や教科学習および総合的な学習などの充実に努め、全教育活動の中で行う。また、男女共同参画社会の理念に基づいて教職員の意識改革を図るため、男女の人権尊重意識の醸成、啓発講座を行う。						
2102	継続 中高生の乳幼児ふれあい体験事業	中高生が保育士などの指導により、乳幼児についての知識理解を深める講習と乳幼児といっしょに遊んだりするなどのふれあい体験を通じて、異世代間の相互理解を深めていく。					○	(3) 子どもの心身の健やかな成長に資する教育環境の整 ア．次代の親の育成 　男女が協力して家庭を築くこと及び子どもを生み育てとの意義に関する教育・広報・啓発について、各分野がしつつ効果的な取組みを推進することが必要である。 　また、家庭を築き、子どもを生み育てたいと思う男女その希望を実現することができるようにするため、地域の環境整備を進めることが必要である。 　特に、中学生、高校生等が、子どもを生み育てること義を理解し、子どもや家庭の大切さを理解できるようにため、保育所、幼稚園、児童館及び乳幼児健診の場等をし、乳幼児とふれあう機会を広げるための取組みを推進ことが必要である。
2205	継続 「町の先生」推進事業	豊かな体験や、専門的な技能を有する人を「町の先生」として学校に招き、地域の教育力を学校に活かすとともに、「いきいき学校」応援事業等で学校ボランティアを活用し、各学校園の特色ある取組みを進める。					○ △	(3) 子どもの心身の健やかな成長に資する教育環境の整 イ．子どもの生きる力の育成に向けた学校の教育環境等の (ア) 確かな学力の向上 　子どもが社会の変化の中で主体的に生きていくことがるよう、知識・技能はもとより、学ぶ意欲、思考力、力、問題解決能力等まで含めた確かな学力を身に付けさことが重要であることから、子ども、学校及び地域の実踏まえて創意工夫し、子ども一人一人に応じたきめ細か導の充実や外部人材の協力による学校の活性化等の取組推進することが望ましい。 (3) 子どもの心身の健やかな成長に資する教育環境の整 ウ．家庭や地域の教育力の向上 (イ) 地域の教育力の向上 　子どもが、自分で課題を見つけ、自ら学び主体的に行動し、よりよく問題を解決する力や、他人を思い心や感動する心等の豊かな人間性、たくましく生きる健やかな体力を備えた生きる力を、学校、家庭及び地域に連携しつつ社会全体ではぐくんでいくことが必要である このため、地域住民や関係機関等の協力によって、森豊かな自然環境等の地域の教育資源を活用した子ども様な体験活動の機会の充実、世代間交流の推進及び学校の地域開放、総合型地域スポーツクラブの整備、スポー導者の育成等子どもたちの多様なスポーツニーズに応え域のスポーツ環境の整備を図ること等により、地域の教を向上させることが必要である。 また、地域における子育てに関連した様々な活動に学教職員が自主的に参加するよう働きかけることも望ましい

334

内容	予算額・全国 (百万円)	担当省	有無	分類	内容
			△	道徳教育実践推進アクションプランの実施	道徳教育の更なる充実を目指し、「『地域教材の開発』手引書」を活用した、地域に根ざした教材による実践的な取組みを展開します。
児童館、公民館、保健センターなどにおいて、年長児童が赤ちゃんと出会い、ふれあい、交流する年長児童の赤ちゃん出会い・ふれあい・交流事業	補助金等 279	厚生労働省	△	中・高校生を対象とした親学習の実施 次世代の親学習支援事業の実施	中・高校生を対象とした、親学習プログラムを開発し、家庭についての意義や、子どもを産み育てる喜びや期待感を育みます。
・優れた知識経験や技能を有する社会人を学校現場に活用するため、教員免許状を有しない者が非常勤の講師として各教科等の領域の一部を担当することができる制度を推進（平成13年度：14,695件）	補助金等 （特別非常勤講師配置事業費補助の内数） 263	文部科学省	△ △	「匠の技」探求事業の実施（教育委員会） 多様な学習活動への支援「いきいき学校」応援事業の実施	高校生のものづくりに関する技術・技能の向上を図るため、ものづくりに関わる高度熟練技能者を講師として招き、生徒の技能検定取得や高度な資格取得を推進します。 各学校の創意工夫を生かした特色ある教育活動を支援するため、（中略）、特定の分野での専門性の高い郷土出身者を講師として招き「総合的な学習の時間」などの充実を図ります。

ID	事業名	事業概要	赤	前	学	青	記載有無	内容
2207	充実 スクールカウンセラーの配置	児童生徒の臨床心理について高度の専門的知識を有するカウンセラー（臨床心理士等）を配置し、子どもの心に寄り添い、悩みを解決する。 また、保護者からの相談にも応じ、早期解決を図る。					○ △	（3）子どもの心身の健やかな成長に資する教育環境の整 イ．子どもの生きる力の育成に向けた学校の教育環境等の （イ）豊かな心の育成 　豊かな心をはぐくむため、指導方法や指導体制の工夫等を進め、子どもの心に響く道徳教育の充実を図るとに、地域と学校との連携・協力による多様な体験活動をする等の取組みの充実が必要である。また、いじめ、少行等の問題行動や不登校に対応するために、専門的な相制の強化、学校、家庭、地域及び関係機関との間のネワークづくり等も必要である。 （6）子ども等の安全の確保 ウ．被害に遭った子どもの保護の推進 　犯罪、いじめ、児童虐待等により被害を受けた少年の的ダメージを軽減し、立ち直りを支援するため、子どもするカウンセリング、保護者に対する助言等学校等の関関と連携したきめ細かな支援を実施することが必要であ
1202	継続 幼稚園教育課程推進委員会	保育について、教職員の関わり方や環境整備の仕方などを多面的に捉え、指導法の工夫改善をする。「各園ならでは」の特色ある教育課程編成をする。					△	（3）子どもの心身の健やかな成長に資する教育環境の整 イ．子どもの生きる力の育成に向けた学校の教育環境等の （オ）幼児教育の充実 　幼児教育の充実のため、幼児教育についての情報提供め、幼児期の成長の様子や大人の関わりについて保護地域住民等の理解を深めることが必要である。 　また、幼稚園における教育から小学校における教育へに移行できるよう、幼稚園と小学校との連携を図る体制築することが必要である。 　さらに、これらを含め、各地域の実情を考慮した、幼の教育活動及び教育環境の充実、幼稚園における子育ての充実、幼稚園や保育所と小学校との連携の推進等幼児の振興に関する政策プログラムを策定することも必要であ
1205	継続 人権保育事業	子どもの人権に焦点をおいた保育実践の中で、乳幼児の成長を保障し、それぞれがお互いを認め合う保育を展開する。また、遊びの中から「平等」「思いやり」などの意識の高揚を図り、子どもの時から人権を尊重し、共に生きる社会を創造する意識や感性を育てる。						
2401	継続 学校体育事業	体育行事や部活動等の体育・スポーツ活動を充実させ、個性の伸長と連帯感を育成しながら「楽しい体育」をめざし、生涯スポーツを志向する子どもを育成する。					○	（3）子どもの心身の健やかな成長に資する教育環境の整 イ．子どもの生きる力の育成に向けた学校の教育環境等の （ウ）健やかな体の育成 　子どもの体力が低下傾向にあり、生活習慣の乱れや肥増加等の現代的課題が指摘されている現状を踏まえ、子が生涯にわたって積極的にスポーツに親しむ習慣、意欲能力を育成するため、優れた指導者の育成及び確保、指法の工夫及び改善を進め、体育の授業を充実させるとに、子どもが自主的に様々なスポーツに親しむことが運動部活動についても、外部指導者の活用や地域の推進等により改善し、また充実させる等、学校におけポーツ環境の充実を図ることが必要である。また、子ど生涯にわたる心身の健康の保持増進に必要な知識や適切活習慣等を身に付けさせるための健康教育を推進する必要である。

内容	予算額・全国 (百万円)	担当省	有無	分類	内容
生徒達が悩み、不安等を気軽に話せ、ストレスを和らげるよう、全国の公立中学校に「心の教室相談員」を配置	1.08	文部科学省	○	いじめ、暴力行為、不登校、ひきこもりなどへの教育支援体制の充実 こころの相談支援事業の実施	児童生徒の不登校・問題行動等の課題解決に資するため、「心の専門家」であるスクールカウンセラーを全公立中学校・中等教育学校に配置します。また、小学校における問題行動等の増加に対応する為、スクールカウンセラーを小学校に拠点配置し、児童と保護者の心の相談や教職員に対する相談支援を行うと共に、域内の指導を行います。

ID	事業名	事業概要	赤	前	学	青	記載有無	内容
3101	新規 重点 発達支援マネジメント事業	障害の程度を問わず発達に関して支援が必要な子どもに対して、総合的な相談ができるシステムを構築し、情報を一元化する。 また、医療を含めた専門的な支援方針を策定し、各成長過程を通じた支援を行う。					○	（7）要保護児童への対応などきめ細かな取組の推進 ウ．障害児施策の充実 　障害の原因となる疾病や事故の予防及び早期発見・治療推進を図るため、妊婦及び乳幼児に対する健康診査や学校における健康診断等を推進することが必要である。 　また、障害児の健全な発達を支援し、身近な地域で安心して生活できるようにする観点から、保健、医療、福祉、教育等の各種施策の円滑な連携により、適切な医療及び医学的リハビリテーションの提供、在宅サービスの充実、就学支援を含めた教育支援体制の整備等の一貫した総合的な取組みを推進するとともに、障害児通園（デイサービス）事業を通じ保護者に対する育児相談を推進すること等家族への支援を併せて行うことが必要である。 　さらに、学習障害（LD）、注意欠陥／多動性障害（ADHD）、高機能自閉症等教育及び療育に特別のニーズのある子どもについて、教員の資質向上を図りつつ、適切な教育的支援を行うことが必要である。 　また、保育所や放課後児童健全育成事業における障害児の受入れを推進するとともに、各種の子育て支援事業との連携を図ることが必要である。
3204	充実 障害児デイサービス事業	障害をもつ子どもあるいは早期療育を必要とする子どもを対象に、日常生活における基本的動作の指導、集団生活を支援していく。					○	（7）要保護児童への対応などきめ細かな取組の推進 ウ．障害児施策の充実 　障害の原因となる疾病や事故の予防及び早期発見・治療推進を図るため、妊婦及び乳幼児に対する健康診査や学校における健康診断等を推進することが必要である。 　また、障害児の健全な発達を支援し、身近な地域で安心して生活できるようにする観点から、保健、医療、福祉、教育等の各種施策の円滑な連携により、適切な医療及び医学的リハビリテーションの提供、在宅サービスの充実、就学支援を含めた教育支援体制の整備等の一貫した総合的な取組みを推進するとともに、障害児通園（デイサービス）事業を通じ保護者に対する育児相談を推進すること等家族への支援を併せて行うことが必要である。 　さらに、学習障害（LD）、注意欠陥／多動性障害（ADHD）、高機能自閉症等教育及び療育に特別のニーズのある子どもについて、教員の資質向上を図りつつ、適切な教育的支援を行うことが必要である。 　また、保育所や放課後児童健全育成事業における障害児の受入れを推進するとともに、各種の子育て支援事業との連携を図ることが必要である。
4101	新規 重点 子育てオリエンテーション事業	受診率の高い乳幼児健診の場を活用し、子育て支援に関する情報提供や子育て相談・遊びのノウハウの提供などを行い、乳幼児を抱える家庭が日々の生活の中で育児に対する不安感や孤立感の軽減ができるようにする。 また、子どもの誕生時に合わせた子育て支援情報を提供する。					○	（2）母性並びに乳児及び幼児等の健康の確保及び増進 ア．子どもや母親の健康の確保 　妊娠期、出産期、新生児期及び乳幼児期を通じて母子の健康が確保されるよう、乳幼児健診、新生児訪問、両親学級等の母子保健における健康診査、訪問指導、保健指導等の充実が必要である。 　特に、親の育児不安の解消等を図るため、乳幼児健診等を活用し、親への相談指導等を実施するとともに、児童虐待の発生予防の観点も含め、妊娠期からの継続した支援体制の整備を図ることが必要である。 　また、こうした乳幼児健診等の場を通じて、誤飲、転落・転倒、やけど等の子どもの事故の予防のための啓発等の取組みを進めることが望ましい。 　さらに、妊娠及び出産の経過に満足することが良い子育てにつながることから、安全かつ快適であるとともに主体的な選択が可能であるなど、母親の視点からみて満足できる「よいお産」の適切な普及を図ることが重要であり、妊婦に対する出産準備教育や相談の場の提供等を行うことが望ましい。
4201	充実 不妊に対する支援事業	公的機関だけでなく、医療機関とも協力しながら、不妊に関する専門相談機関や、県が実施する治療費助成事業について広く情報を提供するよう努める。						

資料編　339

内容	予算額・全国 (百万円)	担当省	有無	分類	内容
			△	発達障害者支援体制の整備	自閉症、注意欠陥／多動性障害などの発達障害をできるだけ早期に発見し、その子供の状況に応じて適切に発達支援が行われるよう、就学前児童を中心に子供家庭センター、健康福祉事務所、市町、幼稚園、保育所、その他地域の療育機関との連携のもと、早期発見、早期発達支援体制の整備を進めます。 ・健康福祉事務所における発達障害療育相談の実施 ・発達障害児への支援等の強化のための子ども家庭センターの体制強化 ・発達障害児早期支援検討会の開催（構成員：医師、保健師、保育士等） ・私立幼稚園における発達障害児の受け入れ支援 ・民間保育所における発達障害児等軽度障害児の受け入れ拡充支援 ・発達障害児の療育支援 ・発達障害児に対する療育手帳の交付 ・保育所等における発達障害巡回相談の実施
障害児に対し、通園の方法により日常生活における基本動作の指導、集団生活への適応の訓練を行い、育成を助長する障害児通園（デイサービス）事業を実施	補助金等 2,682	厚生労働省			
子どもの事故防止等、母子保健施策として地域の実情に応じた先駆的事業の推進	補助金等 ＊126	厚生労働省	○	市町における母子保健事業の推進 市町が実施する乳幼児健康診査等の充実	市町が実施する乳幼児健康診査や相談指導等の充実強化のための技術的支援を行います。 ・健診の充実・強化 ・乳幼児健康相談、健康教育、情報提供の充実・強化
			○	不妊相談機能の強化 不妊専門相談事業	面接相談の機会を拡大し、不妊治療に加え、不妊治療後の妊婦への不安への対応、不妊予防の情報提供等、相談の充実をはかります。
			○	不妊治療費の助成拡充 特定不妊治療費助成事業	不妊治療の経済的負担の一層の軽減を図るため、助成期間を3年から5年に延長します。

ID	事業名	事業概要	赤	前	学	青	記載有無	内容
4303	継続 乳幼児健診事業 1歳6ヵ月児健診	集団で実施。 栄養のバランス・子どもの発達に合わせた調理の工夫や歯磨きの仕方等の保健指導・個別相談を実施する。					○	（2）母性並びに乳児及び幼児等の健康の確保及び増進 ア．子どもや母親の健康の確保 　妊娠期、出産期、新生児期及び乳幼児期を通じて母子の健康が確保されるよう、乳幼児健診、新生児訪問、両親学級等の母子保健における健康診査、訪問指導、保健指導等の充実が必要である。 　特に、親の育児不安の解消等を図るため、乳幼児健診等を活用し、親への相談指導等を実施するとともに、児童虐待の発生予防の観点を含め、妊娠期からの継続した支援体制の整備を図ることが必要である。 　また、こうした乳幼児健診等の場を通じて、誤飲、転落、やけど等の子どもの事故の予防のための啓発等の取組みを進めることが望ましい。 　さらに、妊娠及び出産の経過に満足することがよい子育てにつながることから、安全かつ快適であるとともに主体的な選択が可能であるなど、母親の視点からみて満足できる「よいお産」の適切な普及を図ることが重要であり、妊婦に対する出産準備教育や相談の場の提供等を行うことが望ましい
4306	継続 健診の事後指導	乳幼児健診受診後の子どもとその保護者を対象に発達や育児に関する相談・指導を行う。育児不安や虐待の疑いのある個別相談のケースの増加を踏まえ、県の健康福祉事務所やその他の関係機関との連携を図り、相談の機会を確保する。					○	（2）母性並びに乳児及び幼児等の健康の確保及び増進 ア．子どもや母親の健康の確保 　妊娠期、出産期、新生児期及び乳幼児期を通じて母子の健康が確保されるよう、乳幼児健診、新生児訪問、両親学級等の母子保健における健康診査、訪問指導、保健指導等の充実が必要である。 　特に、親の育児不安の解消等を図るため、乳幼児健診等を活用し、親への相談指導等を実施するとともに、児童虐待の発生予防の観点を含め、妊娠期からの継続した支援体制の整備を図ることが必要である。 　また、こうした乳幼児健診等の場を通じて、誤飲、転落、やけど等の子どもの事故の予防のための啓発等の取組みを進めることが望ましい。 　さらに、妊娠及び出産の経過に満足することがよい子育てにつながることから、安全かつ快適であるとともに主体的な選択が可能であるなど、母親の視点からみて満足できる「よいお産」の適切な普及を図ることが重要であり、妊婦に対する出産準備教育や相談の場の提供等を行うことが望ましい
4307	充実 マタニティクラス	妊婦とそのパートナーを対象にし、食生活など妊娠中のすごし方や、おっぱい、赤ちゃんの話などの講座を実施。助産師、栄養士、歯科衛生士、保健師をスタッフとする。また、平成16年度から、年1回、土曜日に、「新米パパとママの育児セミナー」を開催する。					○	（2）母性並びに乳児及び幼児等の健康の確保及び増進 ア．子どもや母親の健康の確保 　妊娠期、出産期、新生児期及び乳幼児期を通じて母子の健康が確保されるよう、乳幼児健診、新生児訪問、両親学級等の母子保健における健康診査、訪問指導、保健指導等の充実が必要である。 　特に、親の育児不安の解消等を図るため、乳幼児健診等を活用し、親への相談指導等を実施するとともに、児童虐待の発生予防の観点を含め、妊娠期からの継続した支援体制の整備を図ることが必要である。 　また、こうした乳幼児健診等の場を通じて、誤飲、転落、やけど等の子どもの事故の予防のための啓発等の取組みを進めることが望ましい。 　さらに、妊娠及び出産の経過に満足することがよい子育てにつながることから、安全かつ快適であるとともに主体的な選択が可能であるなど、母親の視点からみて満足できる「よいお産」の適切な普及を図ることが重要であり、妊婦に対する出産準備教育や相談の場の提供等を行うことが望ましい
4311	充実 新生児訪問	従来は生後1ヵ月までの新生児を対象にしていたものを、おおむね生後3ヵ月児まで対象月齢を広げ、保護者の希望に応じて保健師・助産師が訪問を行う。					○	（2）母性並びに乳児及び幼児等の健康の確保及び増進 ア．子どもや母親の健康の確保 　妊娠期、出産期、新生児期及び乳幼児期を通じて母子の健康が確保されるよう、乳幼児健診、新生児訪問、両親学級等の母子保健における健康診査、訪問指導、保健指導等の充実が必要である。 　特に、親の育児不安の解消等を図るため、乳幼児健診等を活用し、親への相談指導等を実施するとともに、児童虐待の発生予防の観点を含め、妊娠期からの継続した支援体制の整備を図ることが必要である。 　また、こうした乳幼児健診等の場を通じて、誤飲、転落、やけど等の子どもの事故の予防のための啓発等の取組みを進めることが望ましい。 　さらに、妊娠及び出産の経過に満足することがよい子育てにつながることから、安全かつ快適であるとともに主体的な選択が可能であるなど、母親の視点からみて満足できる「よいお産」の適切な普及を図ることが重要であり、妊婦に対する出産準備教育や相談の場の提供等を行うことが望ましい

有無	内容	予算額・全国(百万円)	担当省	有無	分類	内容
				○	市町における母子保健事業の推進 市町が実施する乳幼児健康診査等の充実	市町が実施する乳幼児健康診査や相談指導等の充実強化のための技術的支援を行います。 ・健診の充実・強化 ・乳幼児健康相談、健康教育、情報提供の充実・強化
				○	妊婦健康診査に要する費用の助成	妊婦がより健やかな妊娠期を過ごし、安心して出産を迎えるために重要な妊娠健康診査に要する費用を助成し、健康診査の実施主体である市町の取組みを促進していきます。

資料編 341

ID	事業名	事業概要	赤	前	学	青	記載有無	内容
4312	継続 乳幼児訪問	他機関からの連絡や相談の内容により、訪問が必要と判断した乳幼児とその保護者について保健師が訪問を行う。					○	（2）母性並びに乳児及び幼児等の健康の確保及び増進 ア．子どもや母親の健康の確保妊娠期、出産期、新生児期び乳幼児期を通じて母子の健康が確保されるよう、乳幼児診、新生児訪問、両親学級等の母子保健における健康診訪問指導、保健指導等の充実が必要である。 　特に、親の育児不安の解消等を図るため、乳幼児健診を活用し、親への相談指導等を実施するとともに、児童虐の発生予防の観点から、妊娠期からの継続した支援体制整備を図ることが必要である。 　また、こうした乳幼児健診等の場を通じて、誤飲、転倒、やけど等の子どもの事故の予防のための啓発等の取みを進めることが望ましい。 　さらに、妊娠及び出産の経過に満足することが良い子につながることから、安全かつ快適であるとともに主体選択が可能であるなど、母親の視点からみて満足できるいお産」の適切な普及を図ることが重要であり、妊婦に出産準備教育や相談の場の提供等を行うことが望ましい
4501	新規 子育てコーディネート	子育て支援アドバイザーを配置し、多様な子育て支援サービス情報を総合的に把握し、発信する。インターネット等を活用したサービス利用者への情報提供および利用援助等の支援を行うことにより、利用者の利便性の向上およびサービス利用の円滑化を図る。					○ ○ ○	（1）地域における子育て支援 ア．地域における子育て支援サービスの充実 （ウ）地域の児童の養育に関する各般の問題につき、保護者らの相談に応じ、必要な情報の提供及び助言を行う事業 （児童福祉法改正による国の子育て支援事業） （2）おおむね3歳未満の児童及びその保護者が相互の交流行う場所を開設し、当該場所において、適当な設備を整え等により、当該児童の養育に関する各般の問題につき、者からの相談に応じ、必要な情報提供及び助言を行い、他必要な援助を行う事業 （エ）市町村における子育て支援事業に関する情報の提供、談及び助言並びにあっせん、調整及び要請等の実施 （ア）から（ウ）までに掲げる子育て支援事業を始め地域における多様な子育て支援サービスに関する情報を一的に把握し、保護者への情報の提供、ケースマネジメン利用援助等を行う事業
4602	継続 親性（ペアレントフッド）の学習機会の充実	公民館と連携して「ペアレントフッド講座」、「父親のための産前産後講座」、「孫育て講座」等を開催し、親性の学習機会の充実を図る。					△	（2）母性並びに乳児及び幼児等の健康の確保及び増進 ア．子どもや母親の健康の確保妊娠期、出産期、新生児期び乳幼児期を通じて母子の健康が確保されるよう、乳幼児診、新生児訪問、両親学級等の母子保健における健康診訪問指導、保健指導等の充実が必要である。 　特に、親の育児不安の解消等を図るため、乳幼児健診を活用し、親への相談指導等を実施するとともに、児童虐の発生予防の観点から、妊娠期からの継続した支援体制整備を図ることが必要である。 　また、こうした乳幼児健診等の場を通じて、誤飲、転倒、やけど等の子どもの事故の予防のための啓発等の取みを進めることが望ましい。 　さらに、妊娠及び出産の経過に満足することが良い子につながることから、安全かつ快適であるとともに主体選択が可能であるなど、母親の視点からみて満足できるいお産」の適切な普及を図ることが重要であり、妊婦に出産準備教育や相談の場の提供等を行うことが望ましい
4604	充実 だんらんホリデー	家族だんらんや親子のふれあいを通して家族の絆を深めるとともに、市民ぐるみで子どもの健やかな成長を図る機会とする。						（3）子どもの心身の健やかな成長に資する教育環境の整備 ウ．家庭や地域の教育力の向上 （ア）家庭教育への支援の充実 　家庭教育は、すべての教育の出発点であり、基本的倫や社会的なマナー、自制心、自立心等を育成する上で重役割を果たすものである。 　育児不安や児童虐待の背景として、近年の都市化、核家化、少子化、地域における地縁的なつながりの希薄化等う家庭の教育力の低下が指摘されていることを踏まえ、館等の社会教育施設を始め、乳幼児健診や就学時健診等くの親が集まるあらゆる機会を活用し、子どもの発達段応じた家庭教育に関する学習機会や情報の提供を行うこ必要である。 　また、子育て経験者等の「子育てサポーター」として成・配置等による、子育て中の親が家庭教育に関して気相談できる体制の整備や子育てサークル活動への支援等域において子育てを支援するネットワークの形成を図るが必要である。

減無	内容	予算額・全国 (百万円)	担当省	有無	分類	内容
	地域における多様な子育て支援サービス情報を一元的に把握する「子育て支援総合コーディネーター」を地域子育て支援センター、NPO等への委託により配置し、利用者への情報提供、ケースマネジメント及び利用援助等の支援を実施 〈部分的に〉 主に乳幼児（特に0〜3歳）を持つ子育て中の親子の交流、集いの場を提供する「つどいの広場」設置促進	補助金等 ＊997 補助金等 151	厚生労働省	○	つどいの広場事業	地域の子育て支援基盤の強化・充実を図るため、公共施設内のスペース、公民館、子育て拠点施設などを活用して、乳幼児を持つ子育て中の親子が気軽に集い、交流や相談ができるよう「つどいの広場」の設置推進を支援します。
				○	親講座、祖父母講座の開催	子育て学習センター、公民館、健康福祉事務所、NPOなどにおける、子育てにかかる親講座や祖父母講座の積極的な開催を支援します。

ID	事業名	事業概要	赤	前	学	青	記載有無	内容
4711	継続 市営住宅の母子家庭優先枠の拡大	年1回の空家募集に際し、母子家庭優先枠を設け、母子家庭の入居しやすい環境づくりに努める。さらに、「配偶者からの暴力の防止および被害者の保護に関する法律」の制定に伴い、一時的な住宅の確保を行うため、関係部局等と調整を行う。	■	■	■	■	○	（7）要保護児童への対応などきめ細かな取組の推進 イ．母子家庭等の自立支援の推進 　離婚の増加等により母子家庭等が急増している中で、母子家庭等の児童の健全な育成を図るためには、母子及び寡婦福祉法や母子家庭の母の就業の支援に関する特別措置法（平成15年法律第126号）の規定を踏まえて、きめ細かな福祉サービスの展開と自立・就業の支援に主眼を置き、子育てや生活支援策、就業支援策、養育費の確保策及び経済的支援策について、地域の母子家庭等の現状を把握しつつ、総合的な対策を適切に実施していくことが必要である。 　具体的には、子育て短期支援事業、母子家庭等日常生活支援事業及び保育所の入所に際しての配慮等の各種支援策を推進するとともに、市及び福祉事務所を設置する町村においては、国の基本方針に則して、母子家庭及び寡婦自立促進計画を策定する等により、母子家庭等に対する支援を充実させることが必要である。 　また、母子家庭の母の就業を促進するため、民間事業者に対する協力の要請や母子福祉団体等への受注機会の増大への配慮等、必要な施策を講ずるように努めることも重要である。 　さらに、住民に身近な地方公共団体として、母子家庭等に対する相談体制の充実や施策・取組みについての情報提供を行うことが必要である。
5301	継続 児童くらぶ事業	市内の小学校等に在学する1年生～3年生までのすべての児童、および4年生～6年生までの障害のある児童を対象に就労、疾病等の理由により放課後、家庭において「保育に欠ける」児童の健全育成を図ることを目的に実施する。また、入所児童の多いくらぶについては、1.5室～2室を活用し、量的・質的にも充実を図る。					○	（1）地域における子育て支援 ア．地域における子育て支援サービスの充実 （イ）保育所その他の施設において保護者の児童の養育を支する事業 （1）小学校に就学しているおおむね10歳未満の児童であって、その保護者が労働等により昼間家庭にいないものに、児童福祉法施行令（昭和23年政令第74号）第1条で定める基準に従い、授業の終了後に児童厚生施設等の施設を利用して適切な遊び及び生活の場を与えて、その健全な育成を図る事業（放課後児童健全育成事業） 　なお、放課後児童健全育成事業の実施に当たっては、教育委員会等と連携し、小学校や幼稚園を始めとする地域の社会資源の積極的な活用を検討しつつ、対策が必要な児童のすべてを受け入れる体制の整備を目標とした計画的な整備が必要である。また、その運営に当たっては、民間施設の活用や高齢者を始めとする地域の人材の活用等、地域の実情に応じた効果的・効率的な取組みを推進することが必要である。

域	内容	予算額・全国 (百万円)	担当省	有無	分類	内容
	労働等により保護者が昼間家庭にいない小学校低学年児童を対象に、授業の終了後に、児童館、学校の余裕教室などを利用して、放課後児童指導員を配置し適切な遊び及び生活の場を与えて、その健全な育成を図る放課後児童健全育成事業	補助金等 7,432	厚生労働省	○	放課後児童クラブの運営推進 放課後児童健全育成事業	昼間保護者のいない家庭の小学校低学年児童を対象に、児童館の他、幼稚園や保育所、学校の施設などを活用した放課後児童クラブの設置に対して、運営助成を行います。

ID	事業名	事業概要	赤	前	学	青	記載有無	内容
6101	新規 重点 地域ぐるみの子育て支援事業	「ひろば」事業の充実 ・子育て支援センター・共同利用施設・幼稚園・保育所など、地域の拠点施設で、在宅子育て家庭の乳幼児とその保護者を対象に、遊びの紹介や親子あそび、子育て相談などを内容とする事業を展開し、そこに集う子どもや親同士ができるだけ自然な形で出会い、ふれあう機会となる場づくりをめざす。ベビーカーを押して行ける範囲に1ヶ所の実現をめざす。 ・「ひろば」事業に子育て・子育ち中の親子以外の参加者を募る。子育て世代と子育て応援世代の交流会を実施し、同じ場所で同じ体験をすることなどを通して互いの理解を深めていく。「生活の知恵」など文化の伝承の機会ともする。 子育て支援者の育成 　子育て応援世代や中高生などが、講習会に参加したり実際に子育て中の親子に接したりする中で、子育て支援に必要なスキルを身につけ地域の子育て支援者として活動できるようにしていく。 多世代交流の推進 　赤ちゃん期、幼児期、学齢期、青少年期、成人期、老年期のライフサイクルを念頭に置いた相互の助け合いを子育て支援という視点から見つめ直し、多様な世代交流が、地域の中に定着するよう支援していく。					○ ○ ○	◎「ひろば」事業の充実 （1）地域における子育て支援 ア．地域における子育て支援サービスの充実 （ウ）地域の児童の養育に関する般の問題につき、保護者らの相談に応じ、必要な情報の提供及び助言を行う事業 （児童福祉法改正による子育て支援事業） （2）おおむね3歳未満の児童及びその保護者が相互の交流を行う場所を開設し、当該場所において、適当な設備を整備等により、当該児童の養育に関する般の問題に付き、保護者からの相談に応じ、必要な情報提供及び助言を行い、他必要な援助を行う事業 ◎世代間交流事業の推進 （1）地域における子育ての支援 オ．その他 　アからエまでに掲げる施策を実施するに当たっては、地域の高齢者の参画を得る等、世代間交流の推進を図ることが必要である。 　また、幼稚園の園庭・園舎を開放し、子育て相談や未就児の親子登園等を推進することや各種の子育て支援サービスの場として余裕教室等の公共施設の余裕空間や商店街の空き店舗を活用することが望ましい。 ◎子育て支援者の育成 （3）子どもの心身の健やかな成長に資する教育環境の整備 ア．次代の親の育成 　男女が協力して家庭を築くこと及び子どもを生み育てることの意義に関する教育・広報・啓発について、各分野が連携しつつ効果的な取組みを推進することが必要である。 　また、家庭を築き、子どもを生み育てたいと思う男女がその希望を実現することができるようにするため、地域等の環境整備を進めることが必要である。 　特に、中学生、高校生等が、子どもを生み育てることの意義を理解し、子どもや家庭の大切さを理解できるようにするため、保育所、幼稚園、児童館及び乳幼児健診の場等を活用し、乳幼児とふれあう機会を広げるための取組みを推進することが必要である。

内容	予算額・全国(百万円)	担当省	有無	分類	内容
主に乳幼児（特に0〜3歳）を持つ子育て中の親子の交流、集いの場を提供する「つどいの広場」の設置促進	補助金等 151	厚生労働省	○	つどいの広場事業	地域の子育て支援基盤の強化・充実を図るため、公共施設内のスペース、公民館、子育て拠点施設などを活用して、乳幼児を持つ子育て中の親子が気軽に集い、交流や相談ができるよう「つどいの広場」の設置推進を支援します。
			△	高齢者による子育て支援活動の充実 老人クラブによる子育て支援活動の推進	高齢者の知識・経験を活かした社会参加活動への期待が一層高まる中、老人クラブが取り組む子育て支援や見守り運動を支援します。

ID	事業名	事業概要	赤	前	学	青	記載有無	内容
6102	充実 家庭・子ども支援地域ネットワーク事業（すこやか事業）	学校・家庭・地域が行動連携した「ご近所一声運動」や各種連携事業を中心に「家庭・子ども支援」の地域ネットワークを作る。複数の幼稚園、小学校に中学校が参加した校区を単位に３年間で全市域に広げていく。					△	（１）地域における子育ての支援 ウ．子育て支援のネットワークづくり 　子育て家庭に対して、きめ細かな子育て支援サービス育サービスを効果的・効率的に提供するとともに、サーの質の向上を図る観点から、地域における子育て支援サス等のネットワークの形成を促進し、また、各種の子育援サービス等が、利用者に十分周知されるよう、子育てプや子育てガイドブックの作成・配布等による情報提供うことが必要である。 　また、地域住民の多くが子育てへの関心・理解を高め、域全体で子育て家庭を支えることができるよう、子育てする意識啓発等を進めることが望ましい。
							○	（１）地域における子育ての支援 エ．児童の健全育成 　（中略）また、少年非行等の問題を抱える児童の立ち直援、保護者の子育て支援並びに引きこもり及び不登校へ応においては、児童相談所、学校、保護司、警察、地域ンティア等が連携して地域社会全体で処することが必あり、地域ぐるみの支援ネットワークの整備や個別的、的な問題に対して関係機関による専門チームを編成し、するための参加・協力体制を整備することが望ましい。
							△	（３）子どもの心身の健やかな成長に資する教育環境の整ウ．家庭や地域の教育力の向上 （ア）家庭教育への支援の充実 　家庭教育は、すべての教育の出発点であり、基本的倫や社会的なマナー、自制心、自立心等を育成する上で重役割を果たすものである。 　育児不安や児童虐待の背景として、近年の都市化、核化、少子化、地域における地縁的なつながりの希薄化等家庭の教育力の低下が指摘されていることを踏まえ、館等の社会教育施設を始め、乳幼児健診や就学時健診等くの親が集まるあらゆる機会を活用し、子どもの発達段応じた家庭教育に関する学習機会や情報の提供を行うこ必要である。 　また、子育て経験者等の「子育てサポーター」として成・配置等による、子育て中の親が家庭教育に関して気相談できる体制の整備や子育てサークル活動への支援等域において子育てを支援するネットワークの形成を図るが必要である。
7101	新規　重点 小児医療体制の充実	子どもが病気やけがをした時、安心して医療にかかれるよう小児医療体制の充実を図る。特に小児救急については、県が設置する「小児救急医療対策検討委員会」の中で、近隣市町との広域的な小児救急医療体制の強化対策について検討していく。 　また、個別の予防接種、10か月児健診等の事業を通じて、かかりつけ医師の推進を図るとともに、小児救急知識の普及啓発に努める。					○	（２）母性並びに乳児及び幼児等の健康の確保及び増進 エ．小児医療の充実 　小児医療体制は、安心して子どもを生み、健やかに育ことができる環境の基盤となるものであることから、小療の充実・確保に取組むこと、特に小児救急医療につい都道府県、近隣の市町村及び関係機関との連携の下、積取組むことが必要である。
7102	充実 市立Ａ病院	小児科における育児支援サービス事業外来・入院患者を対象に健康教育、虐待防止、薬の上手な飲ませ方、子育て初心者の育児相談などを外来スペースに設置した相談コーナーで行い、子どもが病気の時などの育児不安の解消をめざす。						

内容	予算額・全国(百万円)	担当省	有無	分類	内容
二次医療圏単位で休日及び夜間における小児科医を確保する医療支援事業の実施	545	厚生労働省	○	小児医療体制の整備	小児救急医療体制が整ってない中、医療資源の偏在、育児不安の軽減を図るため、「小児救急（災害）医療システムの整備に関する基本方針」に基づき、各圏域の実情に応じた小児救急医療体制の整備を行います。 ・小児救急医療拠点病院体制整備事業 ・小児救急医療電話相談体制の整備（全県を対象とした小児救急医療相談（＃8000）の運営及び地域における相談窓口設置の拡充） ・内科医師等への小児救急医療研修の実施

資料編　349

ID	事業名	事業概要	赤	前	学	青	記載有無	内容
7302	充実 地域防犯活動への支援	地域住民が自主的に行うパトロールや啓発活動への支援や、それに必要な人材育成のための研修や講座等の充実を図る。					○	（6）子ども等の安全の確保 イ．子どもを犯罪等の被害から守るための活動の推進 （ウ）学校付近や通学路等においてPTA等の学校関係者・犯ボランティア、少年警察ボランティア等の関係機関・と連携したパトロール活動を推進 （エ）子どもが犯罪の被害に遭わないようにするための防習の実施
7303	充実 市民への犯罪情報や地域安全情報の提供	身近な地域を単位として自主防犯活動を促進できるよう、市民への犯罪情報や地域安全情報の提供を行う。あわせて、効果的な情報提供のあり方を検討していく。 　また教育委員会では、不審者情報等の「子どもの安全に関する情報」を随時ホームページに掲載し、希望者にはメールで配信している。					○	（6）子ども等の安全の確保 イ．子どもを犯罪等の被害から守るための活動の推進 （ア）住民の自主防犯行動を促進するため、犯罪等に関す報の提供を推進

内容	予算額・全国 (百万円)	担当省	有無	分類	内容
防犯ボランティアによる自主的なパトロール活動に対し、地域安全情報の提供を含め適切な指導助言を行うとともに、警察官に同行しての合同パトロールの実施、防犯ボランティアの活動についての広報等による支援を推進	ガイドライン等	警察庁	△	まちづくり防犯グループの結成促進・活動支援等	地域での自主防犯活動の担い手となる「まちづくり防犯グループ」の結成等に要する経費の助成、防犯活動用品の支給のほか、防犯活動リーダーの養成、地域の防犯課題の解決をはかるための専門家派遣、グループ間の交流促進を行います。また、新たにグループ等の活動を先導等していく「地域安全まちづくり推進員」の設置やグループ当の活動を連携していくためのネットワークづくりへの支援を行います。

タウンミーティングによって新しく追加されたと考えられる事業（5事業）

NO	事業名	事業概要	赤	幼	学	青	記載有無	次世代育成行動計画指針 内容
1106	継続 子どもの居場所づくり事業	心豊かでたくましい子どもを社会全体で育むため、社会教育施設や学校等を活用し、安全、安心な子どもたちの居場所を整備するとともに地域の大人を指導員として配置し、放課後や週末におけるさまざまな体験活動や交流活動を支援し、地域における教育環境の再生を図る。 また、青少年センター事業として、子ども茶道・生花体験教室、各種スポーツ大会等を開催するなど体験を積み重ねる機会を提供する。子どもの居場所は、子ども自ら発見するものであり、それを見守るのが大人の役割だという考えのもと、イベント、教室などを開催する。今後、新規事業として子ども囲碁大会、子ども書道大会を開催していく					○	（1）地域における子育ての支援 エ．児童の健全育成 　地域社会における児童数の減少は、遊びを通じての仲間の形成や児童の社会性の発達と規範意識の形成に大きな影響があると考えられるため、地域において児童が自主的に参加し、自由に遊べ、安全に過ごすことのできる放課後や週末等の居場所づくりの推進が必要である。 　また、児童の健全育成を図る上で、児童館、公民館、青少年教育施設、学校等の社会資源及び主任児童委員、児童委員、子育てに関する活動を行うNPO、地域ボランティア、子ども会、自治会等を活用した取組を進めることが効果的である。とりわけ、児童の健全育成の拠点施設の一つである児童館が、子育て家庭が気軽に利用できる自由な交流の場として、絵本の読み聞かせや食事セミナーの開催等、親子のふれあいの機会を計画的に提供するとともに、地域における中学生・高校生の活動拠点として、その積極的な受入れと活動の展開を図ることが必要である。青少年教育施設は、青少年の健全育成に資する場として、自然体験活動を始めとする体験活動の機会の提供等を行うとともに、地域における青少年の活動拠点として、その積極的な受入れと活動の展開を図ることが必要である。学校においては、教職員の自主参加・協力を得つつ、学校施設の開放等を推進することが望ましい。 　さらに、このような社会資源を活用して、福祉部局と教育委員会が連携し、夏季及び冬季の休業日等における児童の居場所づくりにも配慮することが望ましい。 　また、主任児童委員又は児童委員が、地域において、児童の健全育成や虐待の防止の取組み等子どもと子育て家庭の支援を住民と一体となって進めることが必要である。
1107	継続 みんなで遊ぼう広場（プレイパーク）事業	A養護学校の向い「ゆうゆう」隣接空き地で開催。「自分の責任で自由に遊ぶ」をモットーに自由に創意工夫し、手遊び、仲間づくりをしながら色々な体験ができる場を、子どもに提供する。						
2302	新規 学校サポーター事業	教師志望の学生等との連携の上、学校の要望に応じ、基礎学力や学習意欲の向上、遊びや相談などサポート体制を検討する。					△	（3）子どもの心身の健やかな成長に資する教育環境の整備 イ．子どもの生きる力の育成に向けた学校の教育環境等の充実 　次代の担い手である子どもが個性豊かに生きる力を伸ばすことができるよう、次のような取組みにより、学校の教育環境等の整備に努めることが必要である。 （ア）確かな学力の向上 　子どもが社会の変化の中で主体的に生きていくことができるよう、知識・技能はもとより、学ぶ意欲、思考力、判断力、表現力、問題解決能力等まで含めた確かな学力を身に付けさせることが重要であることから、子ども、学校及び地域の実態を踏まえて創意工夫し、子ども一人一人に応じたきめ細かな指導の充実や外部人材の協力による学校の活性化等の取組を推進することが望ましい。
2306	充実 学校図書館	学校図書館における図書購入の検討やボランティアの活用による学校図書館の活性化を図ると共に児童生徒の国語力向上のため、朝の読書等の取組みを推進する。 また、司書教諭の資格を有する指導員の配置についても検討する。						

	国施策（補助金）			県計画「B子ども未来プラン」		
無	内容	予算額・全国（百万円）	担当省	有無	分類	内容
	・青少年の「社会性」を育むため、教育委員会、学校、青少年教育施設、青少年団体等が連携・協力して取組む青少年の体験活動を総合的に推進 ・児童館、公民館、保健センター等の公的施設を活用し、年長児童等が赤ちゃんと出会い、ふれあう場づくり、中・高校生の交流の場づくり、絵本の読み聞かせ、親と子の食事セミナーを開催する児童ふれあい交流促進事業	補助金等 ＊55 補助金等 ＊997	文部科学省 厚生労働省	△	若者ゆうゆう広場事業の推進 ・若者ゆうゆう広場事業の推進	地域団体と協働しながら、学校帰りの中・高校生などが気軽に立ち寄り、集う仲間と交流できる「若者ゆうゆう広場」を、商店街の空き店舗や公民館、自治会館などを活用して開設し、活動の広がりを支援します。
				○	子どもの冒険ひろばの展開 ・子どもの冒険ひろば事業の推進	地域団体と協働しながら、子どもたちが自分の責任で自由に遊べる「子どもの冒険ひろば」を、県内各地の公園や空き地、学校の校庭などを活用して開設していくとともに、活動の広がりを促進していくための支援を充実します。

ID	事業名	事業概要	赤	前	学	青	記載有無	内容
5203	新規 育児休業セミナー	仕事を持つ親やA市内の事業者に対し、育児休業に関するPRやセミナーを行い奨励し呼びかけていく。					○	（5）職業生活と家庭生活との両立の推進 ア．多様な働き方の実現及び男性を含めた働き方の見直し 　男性を含めたすべての人が、仕事時間と生活時間のバランスがとれる多様な働き方を選択できるようにするとともに「働き方の見直し」を進めることが必要である。また、職場先の意識や固定的な性別役割分担意識等の働きやすい環境を阻害する職場における慣行その他の諸要因を解消することが必要である。このため、労働者、事業主、地域住民等の意識改革を推進するための広報・啓発、研修、情報提供等について、国、都道府県、関係団体等と連携を図りながら、地域住民に身近な市町村においても積極的に推進することが必要である。

載無	内容	予算額・全国(百万円)	担当省	有無	分類	内容
	・育児休業の取得率等について設定した社会全体の目標値の達成に向けて、事業主等に対して意識啓発を実施	その他	厚生労働省	○	育児休業取得率	特に事業として取り上げられてはいないが、数値目標として育児休業取得率が上げられている。

本案で追加されていた事業（17事業）

次世代育成行動計画指針

NO	事業名	事業概要	赤	幼	学	青	記載有無	内容
2210	継続 教育相談事業	幼児・児童・生徒の健全な成長を支援するため、本人やその保護者ならびに関係者を対象にした来所または電話等による教育相談。カウンセリングや遊戯療法、箱庭療法、医療相談等そのケースに合わせた臨床心理士による継続的な心の支援を行う。					○	（3）子どもの心身の健やかな成長に資する教育環境の整備 （イ）豊かな心の育成 　豊かな心をはぐくむため、指導方法や指導体制の工夫改等を進め、子どもの心に響く道徳教育の充実を図るとともに、地域と学校との連携・協力による多様な体験活動を推進する等の取組みの充実が必要である。また、いじめ、少年行等の問題行動や不登校に対応するために、専門的な相談制の強化、学校、家庭、地域及び関係機関との間のネットワークづくり等も必要である。
2211	継続 不登校対策推進委員会	不登校問題解決のため、不登校対策推進委員会を設置し、研修会、事例研究会、施設見学等を積極的に行う。また、各学校においてもスクールカウンセラー等の参加を得て、個々の児童生徒への対応をするとともに情報交換を密にし、その解決を図る。					○	（3）子どもの心身の健やかな成長に資する教育環境の整備 （イ）豊かな心の育成 　豊かな心をはぐくむため、指導方法や指導体制の工夫改等を進め、子どもの心に響く道徳教育の充実を図るとともに、地域と学校との連携・協力による多様な体験活動を推進する等の取組みの充実が必要である。また、いじめ、少年行等の問題行動や不登校に対応するために、専門的な相談制の強化、学校、家庭、地域及び関係機関との間のネットワークづくり等も必要である。
2212	充実 不登校対策事業	不登校の児童生徒に仲間との出会いの機会を与え、さまざまな体験活動を通して自立心や社会性、人との関わり方等の力を養い、学校や社会に復帰できるように指導と援助を行う教室として、市内に2ヵ所の適応教室（やまびこ館）を運営。第1やまびこ館は体験活動を中心に集団への適応を促し、第2やまびこ館は、不登校児童生徒を対象に学習支援を中心に適応指導を実施。 　また、ひきこもり傾向の児童生徒を対象に大学院生を派遣する「メンタルフレンド派遣」事業を行う。					○	（3）子どもの心身の健やかな成長に資する教育環境の整備 （イ）豊かな心の育成 　豊かな心をはぐくむため、指導方法や指導体制の工夫改等を進め、子どもの心に響く道徳教育の充実を図るとともに、地域と学校との連携・協力による多様な体験活動を推進する等の取組みの充実が必要である。また、いじめ、少年行等の問題行動や不登校に対応するために、専門的な相談制の強化、学校、家庭、地域及び関係機関との間のネットワークづくり等も必要である。
2305	継続 教職員のスキルアップ事業	児童生徒の確かな学力の向上をめざし、「わかる授業」を推進するための指導法を研究する。各学校において、研究発表会を実施し教職員のスキルアップを図る。					○	（3）子どもの心身の健やかな成長に資する教育環境の整備 （ア）確かな学力の向上 　子どもが社会の変化の中で主体的に生きていくことができるよう、知識・技能はもとより、学ぶ意欲、思考力、表力、問題解決能力等まで含めた確かな学力を身に付けさせことが重要であることから、子ども、学校及び地域の実態踏まえて創意工夫し、子ども一人一人に応じたきめ細かな導の充実や外部人材の協力による学校の活性化等の取組み推進することが望ましい。
2204	継続 子どもシンポジウム	次代を担う子どもたちが、学校や社会の問題を主体的に学び、社会を構成する一員としての自覚を高めるとともに、自由に自分の意見を発表する場を確保し、21世紀を担うリーダーづくりに資する。						

国施策（補助金）					県計画「B子ども未来プラン」		
	内容	予算額・全国 (百万円)	担当省	有無	分類	内容	
	・児童生徒の早期発見・早期対応をはじめ、より一層きめ細かな支援を行うため、教員や適応指導教室指導員の研修、家庭への訪問指導など不登校対策に関する中核的機関を充実し、学校・家庭・関係機関が連携した地域ぐるみのサポートシステムの整備を推進（再掲）	補助金等 851	文部科学省				

ID	事業名	事業概要	赤	前	学	青	記載有無	内容
3202	新規 障害児タイムケア事業	障害のある児童生徒の、放課後や夏休み等の長期休業時における居場所を確保し、健全育成のための活動の場とする。あわせて、親の就業支援と介護休息（レスパイト）を図る。					○	（7）要保護児童への対応などきめ細かな取組の推進 ウ．障害児施策の充実 　障害の原因となる疾病や事故の予防及び早期発見・治療推進を図るため、妊婦及び乳幼児に対する健康診査や学校における健康診断等を推進することが必要である。 　また、障害児の健全な発達を支援し、身近な地域で安心して生活できるようにする観点から、保健、医療、福祉、教育等の各種施策の円滑な連携により、適切な医療及び医学的リハビリテーションの提供、在宅サービスの充実、就学支援を含めた教育支援体制の整備等の一貫した総合的な取組を推進するとともに、障害児通園（デイサービス）事業を通じて保護者に対する育児相談等を推進すること等家族への支援も併せて行うことが必要である。 　さらに、学習障害（LD）、注意欠陥／多動性障害（ADHD）、高機能自閉症等教育及び療育に特別のニーズのある子どもについて、教員の資質向上を図りつつ、適切な教育的支援を行うことが必要である。 　また、保育所や放課後児童健全育成事業における障害児の受入れを推進するとともに、各種の子育て支援事業との連携を図ることが必要である。
4305	新規 乳幼児発達相談事業	乳幼児期における身体面での発達に関して、小児科医等による相談・指導を行い、必要な場合は、専門機関との連携を図る。					○	（2）母性並びに乳児及び幼児等の健康の確保及び増進 ア．子どもや母親の健康の確保 　妊娠期、出産期、新生児期及び乳幼児期を通じて母子の健康が確保されるよう、乳幼児健診、新生児訪問、両親学級等の母子保健における健康診査、訪問指導、保健指導等の実施が必要である。 　特に、親の育児不安の解消等を図るため、乳幼児健診の場を活用し、親への相談指導等を実施するとともに、児童虐待の発生予防の観点を含め、妊娠期からの継続した支援体制の整備を図ることが必要である。 　また、こうした乳幼児健診等の場を通じて、誤飲、転落、転倒、やけど等の子どもの事故の予防のための啓発等の取組みを進めることが望ましい。 　さらに、妊娠及び出産の経過に満足することが良い子育てにつながることから、安全かつ快適であるとともに主体的な選択が可能であるなど、母親の視点からみて満足できる「よいお産」の適切な普及を図ることが重要であり、妊婦に対する出産準備教育や相談の場の提供等を行うことが望ましい
4315	新規 育児支援家庭訪問事業	出産後間もない時期（概ね1年程度）の養育者が育児ストレス等により子育てに対して不安や負担感を強く感じている家庭を対象として、助産師等が訪問して育児指導・相談を行う。					○	（2）母性並びに乳児及び幼児等の健康の確保及び増進 ア．子どもや母親の健康の確保 　妊娠期、出産期、新生児期及び乳幼児期を通じて母子の健康が確保されるよう、乳幼児健診、新生児訪問、両親学級等の母子保健における健康診査、訪問指導、保健指導等の実施が必要である。 　特に、親の育児不安の解消等を図るため、乳幼児健診の場を活用し、親への相談指導等を実施するとともに、児童虐待の発生予防の観点を含め、妊娠期からの継続した支援体制の整備を図ることが必要である。 　また、こうした乳幼児健診等の場を通じて、誤飲、転落、転倒、やけど等の子どもの事故の予防のための啓発等の取組みを進めることが望ましい。 　さらに、妊娠及び出産の経過に満足することが良い子育てにつながることから、安全かつ快適であるとともに主体的な選択が可能であるなど、母親の視点からみて満足できる「よいお産」の適切な普及を図ることが重要であり、妊婦に対する出産準備教育や相談の場の提供等を行うことが望ましい
4702	継続 乳幼児医療費助成	0歳児～6歳児義務教育就学前までの乳幼児を対象に保険給付における自己負担相当額を助成する。（0歳児は所得制限なし、1歳児からあり）						

減無	内容	予算額・全国 (百万円)	担当省	有無	分類	内容
				○	市町における母子保健事業の推進 ・市町が実施する乳幼児健康診査等の充実	市町が実施する乳幼児健康診査や相談指導等の充実強化のための技術的支援を行います。 ・乳幼児健康診査の充実・強化 ・乳幼児健康相談、健康教育、情報提供の充実・強化
				△	育児支援ネットの総合的推進事業	未熟児等のハイリスク児や養育上支援を必要とする家庭を早期に把握し、フォローしていくために、医療機関等と地域保健所が連携し、早期からの子育て支援をする体制を充実強化します。
				○	乳幼児医療費の負担軽減 ・乳幼児医療費の助成	乳幼児の疾病又は負傷について、医療保険による給付が行われた場合に、その自己負担分から福祉医療での一部負担金を控除した額を公費で助成します。

ID	事業名	事業概要	赤	前	学	青	記載有無	内容
4703	継続 母子家庭等医療費助成	母子家庭の母とその児童、父子家庭の父とその児童並びに遺児を対象に、保険給付における自己負担相当額を助成する。（所得制限あり）児童とは、18歳に達する年度末までの者、ただし、高等学校在学中の場合は、20歳の誕生日の月末までとする。					○	（7）要保護児童への対応などきめ細かな取組の推進 イ．母子家庭等の自立支援の推進 　離婚の増加等により母子家庭等が急増している中で、母子家庭等の児童の健全な育成を図るためには、母子及び寡婦福祉法や母子家庭の母の就業の支援に関する特別措置法（15年法律第126号）の規定を踏まえて、きめ細かな福祉サービスの展開と自立・就業の支援に主眼を置き、子育てや生活支援策、就業支援策、養育費の確保策及び経済的支援策について、地域の母子家庭等の現状を把握しつつ、総合的な対策を適切に実施していくことが必要である。 　具体的には、子育て短期支援事業、母子家庭等日常生活支援事業及び保育所の入所に際しての配慮等の各種支援策を進めるとともに、市及び福祉事務所を設置する町村においては、国の基本方針に則して、母子家庭及び寡婦自立促進計画を策定する等により、母子家庭等に対する支援を充実させることが必要である。 　また、母子家庭の母の就業を促進するため、民間事業に対する協力の要請や母子福祉団体等の受注機会の増大への配慮等、必要な施策を講ずるように努めることも重要である。 　さらに、住民に身近な地方公共団体として、母子家庭等に対する相談体制の充実や施策・取組みについての情報提供を行うことが必要である。
4712	継続 市営住宅の若年世帯優先枠の拡大	年1回の空家募集に際し、若年世帯（35歳以下）向け優先枠を設け、若年世帯の入居しやすい環境づくりに努める。						
4713	継続 市民特別賃貸住宅若年世帯家賃支援事業	若年世帯（35歳以下）に対して家賃支援（公営住宅並み家賃）を行うことにより若い世代の入居を促進し、活力ある人口の流入、定着を図る。						
4714	継続 市バス子ども運賃の一部無料化	従来の市バス運賃は、乳児（1歳未満）は無料であったが、1歳から小学校就学前の子どもは、旅客1人に対して同伴1人が無料であった。平成16年11月29日から、小学校就学前の子どもについては、2人まで無料とし、子育て家庭の経済負担の軽減に努め、市バスサービスの充実を図る。						
5302	継続 通常保育	就労、疾病等の理由により、「保育に欠ける」子どもの保育を実施する。また現在、国において検討されている総合施設への取組みや保育所の民間移管について、調査研究を行っていく。					○	（1）地域における子育ての支援 イ．保育サービスの充実 　保育サービスについては、子どもの幸せを第一に考えるとともに、利用者の生活実態及び意向を十分に踏まえてサービスの提供体制を整備することが必要であり、特に、待機児童が多い市町村においては、市町村保育計画等に基づき保育所受入児童数の計画的な拡充を図り、待機児童の解消に努めることが必要である。 　こうした保育サービスの充実に当たっては、様々な規制緩和措置や民間活力を活用して量的な充足を図るとともに、延長保育、休日保育、夜間保育等の多様な保育需要に応じて、広く住民が利用しやすい保育サービスの提供が行われることが必要である。 　また、保育サービスの利用者による選択や質の向上に資する観点から、保育サービスに関する積極的な情報提供を行うことが必要である。 　さらに、保育サービスの質を担保する観点から、サービス評価等の仕組みの導入、実施等についても取組みを進めることが望ましい。
6201	継続 ジュニアボランティアクラブ	児童生徒に対する福祉学習の一環として、年間を通じてさまざまなボランティア活動や車いす体験、手話体験等の体験学習を実施する。						

資料編　361

載無	内容	予算額・全国(百万円)	担当省	有無	分類	内容
				△	新婚世帯・子育て世帯の公営住宅への優先入居	B公営住宅改革推進の一環として、少子・高齢社会に対応した先導的取組みを進めるため、住宅に困窮する新婚世帯・子育て世帯に、子育てに適する県営住宅への優先入居による支援を実施します。
				△	新婚世帯・子育て世帯の公営住宅への優先入居	B公営住宅改革推進の一環として、少子・高齢社会に対応した先導的取組みを進めるため、住宅に困窮する新婚世帯・子育て世帯に、子育てに適する県営住宅への優先入居による支援を実施します。
				△	保育所の整備の推進・保育所の整備推進	次世代育成支援対策推進法に基づく市町村計画や市町保育計画に基づき、新たな施設の整備や定員の見直し等必要な整備を計画的に推進します。

ID	事業名	事業概要	赤	前	学	青	記載有無	内容
6202	継続 夏季ボランティア体験学習(明日に架ける橋)	児童生徒が夏休み期間中に地域において実施しているさまざまな地域福祉活動に、地域の一員として参加することにより地域ボランティアを経験する機会として実施する。						
6203	継続 ハンディキャップスポーツフェスタ	ボランティア活動の実践の場として、また障害者スポーツを通して障害者への理解を深め、今後の継続したボランティア活動に発展されることを目的に、ハンディキャップスポーツフェスタ実行委員会を組織して実施する。						

減無	内容	予算額・全国 (百万円)	担当省	有無	分類	内容

あとがき

　本研究は、A市において次世代育成支援行動計画前期計画の策定に関わる機会をいただいたことがきっかけで始まりました。今年で8年目になりますが、本書の中でも示したように住民参加を重視した取組みには課題が山積しています。しかしながら、これからも住民参加の視点で子どもと家庭の問題に向き合い、子育て支援のために、そして次世代を創っていく子どもの未来のために、少しでも役立つような評価システムづくりを目指して、地道に努力していきたいと思っています。

　本書は、2008（平成20）年度関西学院大学博士学位論文を部分的に加筆修正したものです。博士学位論文では、A市における次世代育成支援行動計画前期計画の策定から実施1年目までの3年間について研究としてまとめています。そのため、本書でも次世代育成支援行動計画前期計画当時のことがメインであり、それ以降の法改正並びに後期計画については十分に触れることができていません。また、法や制度についても当時のままの表現となっています。そのためお読みになった方々には、やや古く感じる点もあるかと思います。

　第1章から第7章までは、博士学位論文の内容を中心にしていますが、一部は「住民参加による計画策定手法に関する考察─A市次世代育成支援行動

計画におけるタウンミーティングを通して―」『Human Welfare』第2号、pp.17-33（関西学院大学人間福祉学部紀要）および、「計画策定プロセス分析の意義と必要性―A市次世代育成支援行動計画策定の取り組みから―」『Human Welfare』第1号、pp.69-82（関西学院大学人間福祉学部紀要）の内容を加筆しています。第8章は、今回の出版にあたり、博士論文執筆以降現在まで継続して行ってきた研究の進捗状況とその概要をまとめたものとなっています。

　本研究の実施・本論文そして本著の執筆に当たっては本当に多くの方のご指導やご協力、そして励ましをいただきました。心から感謝申し上げます。
　指導教授である芝野松次郎先生（関西学院大学）には、博士課程前期課程からご指導をいただいてきました。そして、本研究の対象であるA市と関わるきっかけとチャンスを与えてくださいました。研究の過程でさまざまな壁にぶつかり、弱気になったり、悩んだりしている未熟な筆者をいつもやさしく温かく励ましてくださり、また指導してくださいました。先生からご指導をいただくたびに、地に足の着いた研究の大切さ、柔軟な発想力やひらめきの重要性など多くのことを学ばせていただきました。
　柏女霊峰先生（淑徳大学）には、大変ご多忙の中、論文を読んでいただき、筆者に不足している視点や発想等を丁寧にご教示いただきました。また、ご教示のみならず、温かい励ましのお言葉を何度も下さり、執筆のエネルギーまでいただきました。才村純先生（関西学院大学）には、過密なスケジュールの中、論文を丁寧に読んでいただき、たくさんのご指導や細やかなコメントをいただきました。柏女霊峰先生、才村純先生からのご指摘やコメントに対し、どれだけ応えることができたのか不安もありますが、今後も継続していく本研究に着実な推進力を与えていただいたと実感しております。

　A市職員のみなさまには、いわば"部外者"である筆者にも関わらず、本当に温かく接していただきました。人間的にも研究者としても未熟な筆者の意見やアイディアを否定することなく聞いてくださり、たくさんのご意見や

ご協力をいただきました。本研究はA市のみなさまのご協力なしには、前に進むことができませんでした。また、A市住民の多くのみなさまには、研究の過程でさまざまにご協力をいただき、たくさんの気づきと刺激を与えていただきました。

芝野研究室やゼミのみなさまにも大きな励ましとご指導をいただきました。客観的な視点や重要な気づきをたくさんくださいました。また、本研究の分析の際には多大なるご協力をいただいています。さらには、学部学生の方々にもデータの入力やアンケートの発送等多くの面でご協力をいただきました。大学院同期の友人たちにも励まされました。

神戸女学院大学在学中から温かいまなざしでいつも見守ってくださっている松田高志先生（神戸女学院大学（当時））、学部在学中のみならず大学院に入ってからも時々連絡をくださり、励まし続けてくださる岩田泰夫先生（神戸女学院大学）。このお二人の先生がいらっしゃらなければ、今の筆者は存在しなかったと思います。また、関西学院大学出版会の田中直哉様には、本書出版にあたり本当にお世話になりました。そして、どんなときにも一番にそばにいて見守り支えてくれた家族の存在は、本当にかけがえのないものだと痛感しています。

最後になりましたが、みなさまに改めて心からの感謝を申し上げます。

なお、本書第1章から第7章については、文部科学省21世紀COEプログラム「人類の幸福に資する社会調査」（関西学院大学）の個人研究費助成（2004（平成16）年度、2005（平成17）年度）および、2006（平成18）年度関西学院大学大学院奨励研究員助成を受け実施したものです。
　また第8章は、2006（平成18）年度・2007（平成19）年度厚生労働科学研究費補助金（政策科学総合研究事業（政策科学推進研究事業））「IT活用による次世代育成支援行動計画推進評価と総合的コーディネート・システムに

関する開発的研究（主任研究者　芝野松次郎）」の一部、2009（平成21）年度（財）全労済協会公募研究「次世代育成支援行動計画における地域子育て支援事業の評価に関する研究（主任研究者　小野セレスタ摩耶）」そして、2010（平成22）年度日本学術振興会研究費補助金（若手研究B、課題番号22730459）「次世代育成支援事業の利用者評価体制の構築に関する開発的研究（主任研究者　小野セレスタ摩耶）」による助成を受け実施したものです。

　ここに心からの謝意を表します。

2011年7月
小野セレスタ摩耶

索　引

● 欧　字 ●

F
Freeman E. Howard　39

G
GAO（General Accounting Office）　32, 40
GPRA（Government Performance and Results Act）　32

I
IT活用による次世代育成支援行動計画推進評価の開発的研究　171, 173

L
Lipsay W. Mark　39

N
NPM（New Public Manajemant）　33

P
PDCAサイクル　26
Program Evaluation　31

R
Rossi H. Peter　5, 7, 39, 40, 41, 42, 43, 59

V
Vaughn S.　194

W
Weiss H. Carol　41, 42
Wholey S.Joseph　41

Y
Yin H. Robert　54, 55, 56

● か　な ●

あ
アウトカム評価　30, 39
安梅勅江　194

い
1.57ショック　2, 13
岩間伸之　55
インパクト評価　39, 40

う
上野谷加代子　24, 28
上山信一　5, 33
右田紀久惠　27

え
エスノメソドロジー　54
エンゼルプラン（今後の子育てのための施策の基本的方向について）　2, 11, 12, 15

か
拡大事務局　61, 62, 66, 67, 71, 86, 89, 90, 92

確定的評価　42
柏女霊峰　13, 15, 17
課題計画　24, 26
加納恵子　24, 25

き

既存の資料　8, 164, 168
基本計画　24
基本構想　21, 23, 24
基本目標　98, 99
基本理念　2, 15, 16, 17, 98, 134, 135, 156
行政機関が行う政策の評価に関する法律　5, 26, 33, 34
行政計画　1, 4, 24, 151, 166
行政自己評価（行政による自己評価）　6, 8
行政評価　4, 5, 26, 27, 28, 32, 33, 34, 35, 36, 37, 38, 39, 51, 57, 160, 165, 169, 175
行政評価システム　36, 175
行政評価の問題点　34, 37, 38
業績測定（Performance Measurement）　33
協働　5, 96, 152, 170
緊急保育対策等５か年事業　12, 14

く

国により推進が期待されている事業（国による指針記載の事業、国施策、国の施策）　60, 80, 81, 82, 86, 88, 102, 103, 104, 105, 106, 111

け

計画　23, 24
計画化　24
計画策定　7, 8, 9, 10, 20, 22, 25, 26, 27, 28, 48, 49, 51, 52, 53, 56, 57, 58, 59, 60, 110, 111, 112, 150
計画策定手法　26, 27, 28
計画策定スケジュール　61, 69, 70, 71, 89, 110, 150
計画策定手順　30, 69, 71, 150, 151
計画策定手続き　28, 51, 58, 69, 70, 86, 95
計画策定プロセス（計画策定のプロセス）　49, 51, 60, 61, 62, 86, 88, 162
計画策定プロセスの分析　7, 10, 57, 58, 59, 60, 88, 163, 164
計画推進　6, 7, 51, 113, 171, 172, 173
計画素案（素案）　10, 51, 52, 53, 60, 80, 81, 82, 83, 86, 88, 98, 99, 100, 101, 102, 103, 104, 106, 111
計画評価　4, 6, 8, 9, 29, 32, 34, 51, 53, 161, 162
計画本案（本案）　10, 51, 52, 53, 60, 80, 81, 82, 86, 88, 98, 99, 100, 101, 102, 103, 104, 106, 111
形成的評価　43
研究プロセス　45, 51
県次世代育成支援行動計画（県計画）　51, 53, 56, 57

こ

合計特殊出生率　2, 11, 13, 14, 46, 47
講座事業関連　116, 122, 125, 127, 134, 137, 138, 139, 142, 145, 148

厚生労働省　3, 12, 13, 14, 15, 17, 18, 61, 68, 69, 70, 72, 73, 77, 83, 110, 114, 156, 157, 158, 162
構想計画　24, 26
公聴会　3, 20, 28, 70, 72, 110
行動計画策定指針（指針）　3, 16, 19, 51, 52, 53, 69, 70, 71, 102, 103, 104, 106, 111
行動計画策定の手引き（策定の手引き、手引き）　22
交付金　12, 17, 18, 19, 22, 53, 85, 86, 114, 115, 153, 154, 156, 168, 169, 175
公平性　36, 183
国庫補助　17, 22, 37
国庫補助金改革　17
国庫補助負担金　17
子ども・子育て応援プラン　15, 16
子どもシンポジウム　89, 91, 106, 110, 157
子どもの視点　19, 30, 157, 158
個別計画　24
個別事業計画　24
個別部門計画　24
コミュニティワーク　26, 27, 54

さ

サービスの質の視点　20, 158
サービス評価　20, 31
サービス利用者の視点　20
財源の一般化　154
佐々木亮　33, 34, 37, 39, 40
佐藤郁哉　8
三位一体の財政改革　17
参与観察　8, 54, 55

し

事業（Project）　33
試行と改良　172, 173, 174
施策（Program）　33
次世代育成支援企業アンケート　69
次世代育成支援行動計画　7, 17, 23, 24, 34, 43, 68
次世代育成支援行動計画後期計画　193, 196
次世代育成支援対策の推進　2, 6
次世代育成支援小委員会　62, 67, 68, 92, 93
次世代育成支援シンポジウム　89, 90, 91, 110
次世代育成支援対策　2, 6, 11, 12, 14, 15, 16, 17, 18, 19, 25, 53, 58, 81, 113, 114, 156, 174, 178
次世代育成支援対策推進法（次世代法）　2, 3, 6, 12, 15
次世代育支援対策地域協議会（地域協議会）　6, 8, 10, 19, 113, 148, 149, 169
次世代育成支援に関するアンケート調査　63, 64, 66
次世代育成支援に関する基本的な事項　19
次世代育成支援に関する当面の取組方針　2, 14, 15
次世代育成支援に向けての懇談会　63, 65, 66, 72
次世代育成支援の基本理念　156
次世代育成支援の独自性　156, 157
次世代育成支援行動計画の位置づけ　23

索引　371

次世代育成支援部会　61, 62, 67, 68, 71, 89, 90, 92, 93, 155
市町村行動計画　3, 17, 18, 19, 20, 21, 68, 81
市町村行動計画の内容に関する事項　21, 81
執行評価　33
実施計画　2, 12, 14, 16, 24, 26
児童育成計画　4, 12, 24, 30
児童福祉法の一部改正（児童福祉法一部改正）　3, 16
芝野松次郎　30, 171
冷水豊　4, 31, 32
事務局　49, 51, 61, 62, 66, 67, 71, 86, 88, 89, 90, 91, 92, 94, 95, 97, 114, 149, 155, 157
事務事業評価　4, 32, 169, 175, 179, 190
事務事業評価事業　175
事務事業評価表　175, 179
社会福祉法　25, 59
修正デザイン・アンド・ディベロップメント（M-D & D）　171, 172, 173, 192
重点施策　53, 115
住民参加　1, 3, 4, 5, 6, 8, 20, 26, 27, 28, 29, 51, 52, 56, 57, 59, 70, 86, 87, 88, 110, 111, 112, 151, 152, 153, 154, 155, 157, 158, 163, 164, 167
住民参加型　5, 8
住民参加型アクションリサーチ　8
住民参加手法（住民参加の手法）　28, 154
住民参加の視点（「住民参加」の視点）　4, 8, 87, 157, 163

住民参加の重要性　27, 51
住民参加の定義　151
住民主体　5, 153, 154
住民ニーズ　5, 7, 51, 56, 72, 81, 83, 86, 150, 152
住民ニーズ調査（住民アンケート調査）　63, 72
住民による評価　28
住民の満足　7, 53
住民の満足度　53
少子化社会対策大綱　14, 16, 17
少子化社会対策基本法　2, 14, 15, 16, 17
少子化社会対策推進関係閣僚会議　2, 15
少子化社会を考える懇談会中間取りまとめ　2, 15
少子化対策　2, 3, 11, 12, 13, 14, 15, 17, 81
少子化対策に関する政策評価書―新エンゼルプランを対象として―　13
少子化対策プラスワン　2, 14, 15
少子化対策臨時特例交付金　12
少子化の原因　12
少子化問題　11
情報公開　3, 4, 5, 20, 28, 70, 72, 110, 162, 164, 166, 167, 178, 183, 191
将来人口推計　11
白鳥令　25
事例研究（ケース・スタディ）　54, 55, 56
事例研究法　54
事例の研究　53, 57
新エンゼルプラン（重点的に推進すべき

少子化対策の具体的実施計画について）　2, 12, 14
人口減少社会　12, 14
人口置換水準　11

す

推進体制　21

せ

成果重視　4, 33, 38, 57, 165
成果評価　4, 31, 38
政策（Policy）　33
政策評価　5, 13, 26, 33, 34, 35, 36, 39, 40
先行モデル市町村（先行モデル市、先行市町村）　22, 45, 110, 156

そ

総合計画　4, 24, 35, 50
総合的評価　6, 8, 30, 53, 161, 166, 171, 172, 173, 174, 176, 177, 178, 182, 190, 191
総合的評価システム　161, 166, 171, 190
総合的評価データベース・システム　172, 173, 174, 176, 177, 178
相談事業関連　116, 122, 125, 127, 134, 137, 138, 139, 142, 145, 148, 175
総務省　2, 4, 5, 13, 15, 26, 33
ソフト交付金（次世代育成支援対策交付金）　17, 18, 154, 169
ソフト交付金関連事業　53, 86, 156, 168

た

第三者的機関　6, 8
第三者的な機能　6
タウンミーティング　10, 49, 58, 66, 68, 88, 89, 93, 94, 95, 96, 97, 98, 104, 105, 110, 111, 112, 151, 152, 153, 154, 155, 157, 167
タウンミーティング実行委員会　10, 88, 89, 91, 92, 93, 94, 95, 96, 110, 157, 167
高田眞治　24, 25, 26
高森敬久　24, 25
武川正吾　23, 24, 25, 27, 28
叩き台のデザイン　172, 173, 174

ち

地域行動計画　19, 20, 22, 25, 27, 83, 158
地域行動計画策定先行市町村　22
地域行動計画策定の手引き　83
地域子育て支援拠点事業　193, 195, 196, 197
地域住民　3, 18, 20, 70, 110, 195
地域における子育て支援事業　3, 17
地域福祉活動計画　29
地域福祉計画　3, 6, 21, 25, 26, 27, 28, 29, 30, 50, 55, 154, 155, 166
地域福祉の推進（地域福祉推進）　25
地方分権　24, 27, 28, 154
地方分権化　154
庁内策定研究会　49, 61, 62, 66, 83, 86, 89, 90, 92
庁内評価　8, 10, 43, 53, 58, 59, 113, 114, 115, 116, 117, 125, 126, 135,

索引　373

141, 142, 143, 144, 145, 146, 147, 148, 149, 159, 160, 161, 166, 169, 171, 177, 179, 184, 185, 186, 187, 189, 190, 191
庁内評価ツール　53, 115, 141, 172, 173, 174, 175
庁内評価ツールの開発　175

て

定性的評価手法　37
定性評価　35
定量的評価手法　37
定量評価　35
データベース　10, 51, 84, 165, 166, 170, 171, 172, 173, 174, 175, 176, 177, 178, 182, 191
データベース化　51, 84, 171
データベース開発　166, 177

と

特定事業　16, 18, 19, 22, 84, 85, 115
特定事業主　16, 19
都道府県行動計画　17, 19, 21
トライアンギュレーション　55, 56

な

内閣府　17
中島とみ子　4, 5, 28, 29, 33

に

ニーズ推計　73, 77, 83, 153
ニーズ調査　1, 3, 5, 6, 20, 22, 51, 56, 57, 58, 70, 72, 86, 152, 153
西尾勝　23, 25

は

ハード交付金（次世代育成支援対策施設整備交付金）　17
パブリック・コメント　28

ひ

ヒアリング　3, 10, 28, 49, 51, 56, 61, 65, 66, 67, 69, 71, 72, 77, 81, 83, 86, 87, 152, 153, 173, 174
評価システム　5, 36, 61, 165, 166, 171, 173, 175, 190
評価手法　29, 30, 32, 37, 38, 39, 54, 59
評価体制　5, 10, 51, 61, 169, 170, 173, 192, 199
評価ツール　35, 36, 114, 115, 141, 147, 162, 163, 166, 168, 169, 170, 173, 174, 175, 190, 191, 192, 193, 197, 198, 199
平野隆之　24
広場事業関連　116, 118, 124, 127, 134, 136, 138, 139, 142, 143, 146, 186

ふ

フィールドワーク　8, 54
フォーカス・グループ・インタビュー（FGI）　194, 195, 196, 197
普及と誂え　172
福祉対策審議会　61, 62, 67, 68, 71, 89, 92
部長会　49, 61, 66, 71, 86
プログラム評価　5, 26, 31, 33, 36, 37, 38, 39, 40, 41, 42, 54, 59

プログラムプロセス・モニタリング　40
プロセス評価　4, 7, 8, 9, 10, 30, 31, 32, 38, 39, 40, 41, 42, 43, 53, 57, 58, 59, 113, 114, 115, 158, 159, 160, 162, 163, 164
プロセス評価の視点　4
プロセス評価の重要性　30, 31, 38, 41, 163
プロセス評価の必要性　31, 32
プロセス評価の方法　41
プロトコル　43, 58, 164
分野計画　4, 24, 27, 29, 32, 38, 113

ほ

保育事業関連　116, 120, 124, 127, 134, 137, 138, 139, 142, 144, 147
保育所待機児童解消対策　12
補助金　12, 17, 82, 171, 173

ま

マネジメント・サイクル　26

み

宮川公男　25

む

村松岐夫　154

も

モデル質問紙　22, 60, 72, 73, 77, 83, 86, 157
問題の把握と分析　172, 173

や

山縣文治　11, 12, 13, 24, 28
山本真実　4, 5, 29, 32

よ

4つのフェーズ　172
米本秀二　54

り

龍慶昭　33, 39, 40
利用者の視点　20, 158, 159
利用者の満足度　6
利用者評価（利用者による評価、住民（利用者）による評価）　6, 8, 10, 43, 53, 58, 59, 113, 114, 127, 128, 129, 135, 141, 142, 143, 144, 145, 146, 147, 148, 149, 159, 160, 171, 177, 180, 181, 192
利用者評価体制　192, 199
利用者評価ツール　53, 116, 127, 141, 169, 172, 173, 174, 175, 192, 193, 197, 198, 199
利用者評価ツールの開発　174, 175

わ

和気康太　30, 42, 55
渡部律子　31

人名索引

● 欧字 ●

F
Freeman E. Howard　39

L
Lipsay W. Mark　39

R
Rossi H. Peter　5, 7, 39, 40, 41, 42, 43, 59

V
Vaughn S.　194

W
Weiss H. Carol　41, 42
Wholey S.Joseph　41

Y
Yin H. Robert　54, 55, 56

● かな ●

あ
安梅勅江　194

い
岩間伸之　55

う
上野谷加代子　24, 28
上山信一　5, 33

う（右）
右田紀久惠　27

か
柏女霊峰　13, 15, 17
加納恵子　24, 25

さ
佐々木亮　33, 34, 37, 39, 40
佐藤郁哉　8

し
芝野松次郎　30, 171
冷水豊　4, 31, 32
白鳥令　25

た
高田眞治　24, 25, 26
高森敬久　24, 25
武川正吾　23, 24, 25, 27, 28

な
中島とみ子　4, 5, 28, 29, 33

に
西尾勝　23, 25

ひ
平野隆之　24

み
宮川公男　25

む

村松岐夫　154

や

山縣文治　11, 12, 13, 24, 28
山本真実　4, 5, 29, 32

よ

米本秀二　54

り

龍慶昭　33, 39, 40

わ

和気康太　30, 42, 55
渡部律子　31

著者略歴

小野セレスタ摩耶（おの　せれすた　まや）
1977年　神戸生まれ
2001年　神戸女学院大学文学部卒業
2003年　関西学院大学大学院社会学研究科博士課程前期課程修了　修士（社会福祉学）
2006年　関西学院大学大学院社会学研究科博士課程後期課程　単位取得満期退学
2008年　関西学院大学大学院人間福祉研究科博士課程後期課程修了　博士（人間福祉）
現　在　滋慶医療科学大学院大学医療管理学研究科　専任講師
主著・論文　『MINERVA社会福祉士養成テキストブック　児童や家庭に対する支援と子ども家庭福祉制度』（共著）ミネルヴァ書房　2009年
　　　　　　「A市の就学前の子どもを持つ母親の子育て不安・負担のテキストデータ（自由記述）のテキストマイニングによる分析―属性との関係を中心に―」（単著）『子どもの虐待とネグレクト』第8巻第1号　日本子どもの虐待防止学会　2006年
　　　　　　「A市の就学前の子どもを持つ母親の子育て不安・負担に関する研究―テキストマイニングを用いたテキストデータ（自由記述）の分析―」（単著）『子ども家庭福祉学』第5号　日本子ども家庭福祉学会　2006年

次世代育成支援行動計画の総合的評価
住民参加を重視した新しい評価手法の試み

2011 年 10 月 31 日初版第一刷発行

著　者　　小野セレスタ摩耶

発行者　　田中きく代
発行所　　関西学院大学出版会
所在地　　〒 662-0891
　　　　　兵庫県西宮市上ケ原一番町 1-155
電　話　　0798-53-7002

印　刷　　大和出版印刷株式会社

©2011 Ono Shrestha Maya
Printed in Japan by Kwansei Gakuin University Press
ISBN 978-4-86283-092-0
乱丁・落丁本はお取り替えいたします。
本書の全部または一部を無断で複写・複製することを禁じます。
http://www.kwansei.ac.jp/press